A Encenação Contemporânea

Coleção Estudos
Dirigida por J. Guinsburg

Equipe de realização – Tradução: Nanci Fernandes; Edição de Texto: Iracema A. de Oliveira; Revisão: Jonathan Busato; Sobrecapa: Sergio Kon; Produção: Ricardo W. Neves e Sergio Kon.

Patrice Pavis

A ENCENAÇÃO
CONTEMPORÂNEA
ORIGENS, TENDÊNCIAS, PERSPECTIVAS

PERSPECTIVA

Título do original francês
La Mise en scène contemporaine – Origines, tendances, perspectives

© Armand Colin, Paris, 2007

CIP-BRASIL. CATALOGAÇÃO-NA-FONTE
SINDICATO NACIONAL DOS EDITORES DE LIVROS, RJ

P365e

Pavis, Patrice, 1947-
  A encenação contemporânea : origens, tendências, perspectivas / Patrice Pavis; [tradução Nanci Fernandes]. – [1. reimpr.] São Paulo: Perspectiva, 2013.
  34 il. (Estudos; 279)

  Tradução de: La mise en scène contemporaine : origines, tendances, perspectives
  Inclui bibliografia
  ISBN 978-85-273-0897-7

  1. Representação teatral. 2. Teatro – História. 3. Teatro – Produção e direção. I. Título. II. Série.

10-4384. CDD: 792
          CDU: 792

01.09.10   17.09.10   021471

1ª edição – 1ª reimpressão
[PPD]

Direitos reservados em língua portuguesa à
EDITORA PERSPECTIVA LTDA.

Av. Brigadeiro Luís Antônio, 3025
01401-000 São Paulo SP Brasil
Telefax: (011) 3885-8388
www.editoraperspectiva.com.br

2019

Sumário

Agradecimentos..................................... XIX
Prefácio..XXIII

1. DE ONDE VEM A ENCENAÇÃO?
   ORIGEM E TEORIA............................. 1
   1 As Origens da Encenação: Marcos Históricos...... 9
      1.1 Émile Zola 9
      1.2 André Antoine........................... 10
      1.3 A Corrente Simbolista 13
   2 Etapas da Evolução da Encenação................ 15
      2.1 De 1887 a 1914 15
      2.2 Anos de 1900 a 1930...................... 16
      2.3 Anos de 1910 a 1930....................... 17
      2.4 Anos de 1920 a 1940...................... 17
      2.5 Anos de 1930 e 1940...................... 17
      2.6 Anos de 1945 a 1965...................... 20
      2.7 A Ruptura de 1968 e a Reação Política
           dos Anos de 1970 20

    2.8 O "Tudo Cultural" dos Anos de 1980........ 21
    2.9 O Retorno do Texto e da Nova Dramaturgia,
         ao Longo dos Anos de 1990................ 21

2. NAS FRONTEIRAS DA ENCENAÇÃO............ 25
    1 A Leitura Cênica 25
    2 A Não-Encenação 28
    3 A Encenação Improvisada 37

3. ENCENAÇÃO, PERFORMANCE:
    QUAL É A DIFERENÇA?....................... 43
    1 Encenação e Performance: Uma Dupla Instável.... 43
         1.1 Nos Anos de 1910 e 1920................... 46
         1.2 Nos Anos de 1920 e 1930................... 46
         1.3 Nos Anos de 1930 e 1940................... 47
         1.4 Os Anos de 1950 e 1960.................... 47
         1.5 Os Anos de 1970 48
         1.6 A Partir dos Anos de 1980................. 52
    2 O Estado Atual da Dupla Performance/
        Encenação.................................... 54
         2.1 A Constituição do Texto Contemporâneo.... 55
         2.2 Da Autoridade à Alteridade................. 57
         2.3 A Colocação no Corpo.................... 59
    3 Cinco Exemplos de Cooperação................ 60
         3.1 Simon McBurney: *Mnemonic* (Mnemônico) . 60
         3.2 Peter Brook: *Je prends ta main dans la mienne*
             (Eu Seguro Tua Mão na Minha) 62
         3.3 Declan Donnellan: *A Noite de Reis* 63
         3.4 Jean Lambert-wild: *Mue. Première
             mélopée* (Muda. Primeira Melopeia) 65
         3.5 *Les Coréens* (Os Coreanos) Encenado
             na Coreia 70
    4 Conclusões: *Performance Studies/Theatre Studies*.. 79

4. TENDÊNCIAS DA CENOGRAFIA NA FRANÇA .. 85

  1 Os Poderes da Ilusão Cênica 88
  2 O Fantasma e o Real 89
  3 Travessia da Imagem 91
  4 Os Ecos do Espaço 94
  5 A Migração dos Microespaços 96
  6 O Silêncio do Espaço 97
  7 Conclusões Gerais........................... 100

5. O "PÔR EM JOGO"
   TEXTOS CONTEMPORÂNEOS 105

  1 *Combat de nègre et de chiens* (Combate de Negro
     e de Cães) 108
  2 *Papa doit manger* (Papai Precisa Comer)........ 110
  3 *Le Bonheur du vent* (A Felicidade do Vento) 113
  4 *À tous ceux qui...* (A Todos Aqueles que...) 117
  5 *Hier, c'est mon anniversaire* (Ontem é Meu
     Aniversário)................................ 123
  6 *Les Baigneuses* (As Banhistas) 126
  7 Conclusões................................. 129

6. A ARMADILHA INTERCULTURAL:
   RITUALIDADE E ENCENAÇÃO NOS VÍDEOS
   DE GÓMEZ-PEÑA 135

  1 Contexto Atual............................. 138
  2 Ritual? 140
  3 Antropologia Invertida?...................... 143
  4 Um Corpo de Identidades Variáveis?........... 145
  5 A Encenação como Teatralização de Rituais? 148

7. O TEATRO EM OUTRA CULTURA:
   O EXEMPLO DA COREIA 155

   1 Uma Temporada no Paraíso 156
   2 O Teatro Coreano Visto de Longe.............. 162
      2.1 Para Onde Vai a Sociedade?.............. 162
      2.2 Para Onde Vai a Cultura?................. 165
      2.3 Para Onde Vai a Encenação? 168
      2.4 Entre a Encenação e a Performance 169

8. AS MÍDIAS NO PALCO........................ 173

   1 Teatro e Mídias 173
   2 Tecnologias/Mídias......................... 178
   3 As Outras Mídias na Representação............ 179
   4 Marcos Históricos 180
   5 Possibilidades do Vídeo no Palco 182
   6 Efeitos das Mídias em Nossa Percepção......... 183
   7 Propostas para Análise das Mídias
      na Encenação.............................. 185
   8 Hipóteses Finais............................ 186
   9 Três Exemplos 190
      9.1 *Paradis* (Paraíso), de Dominique Hervieu
           e José Montalvo 190
      9.2 *Cappuccetto rosso* (Chapeuzinho Vermelho),
           de René Pollesch 192
      9.3 *Crime et châtiment* (Crime e Castigo),
           de Frank Castorf 197
   10 Conclusões Gerais.......................... 199

9. A DESCONSTRUÇÃO DA ENCENAÇÃO
   PÓS-MODERNA............................. 203

   1 A Impossível Anulação do Palimpsesto......... 206
   2 Desconstrução e Reconstrução da Tradição 207

3   A Indecidibilidade do Sentido.................208
4   Crise da Representação e Coralidade..........211
5   Elogio do Vazio e da Lentidão.................213
6   Ritual Degradado da Repetição.................216
7   Saída da Representação 218
8   Desconstruir a Representação..................220
    8.1 Escolha dramatúrgica....................220
    8.2 Reconstrução 222
    8.3 Disseminação e Descentramento 224
    8.4 O Grito do Silêncio, o Vazio do Coração....225
    8.5 O Pós-modernismo, aliás, Nada 227
9   Conclusões: "Para Acabar com o Julgamento
    de Deus" (Artaud) e com a Desconstrução?.....227

10. O TEATRO DO GESTO E A DRAMATURGIA
    DO ATOR.....................................233

1   *Maio B.*, de Maguy Marin: Esse Outro
    que Me Toca 235
2   *Itsi Bitsi*: a Dramaturgia da Atriz..............238
3   *Le Chant perdu des petits riens* (O Canto Perdido
    das Ninharias), de Claire Heggen e Yves Marc: a
    Delicada Arte do Contato 243
4   *Les Étourdis* (Os Aturdidos), *La Cour des grands*
    (O Tribunal dos Grandes), de Macha Makeïeff
    e Jérôme Deschamps: o Corpo Deslocado.......245
5   Da *body art* de Antigamente às Identidades
    Múltiplas do Presente.......................248
6   *Andrômaca* à Flor da Pele: o Olhar e a Escuta
    de Michel Liard 250
7   *White on White* (Branco no Branco), de Guillermo
    Gómez-Peña: Escrever as Identidades 254
8   *Os Efêmeros*, do Soleil: a Invenção Coletiva......256

9 *The Biography Remix* (A Biografia Remixada), de Marina Abramovic: o Corpo entre a Performance e a Encenação 263

11. ESPLENDORES E MISÉRIAS DA INTERPRETAÇÃO DOS CLÁSSICOS 271

1 O "Efeito Clássico" 274
2 Tipologia Difícil. 275
   2.1 A Reconstituição Arqueológica. 275
   2.2 A Historicização 276
   2.3 A Recuperação do Texto 277
   2.4 A Prática Significante 278
   2.5 O Despedaçamento. 279
   2.6 O Retorno ao Mito 280
   2.7 A Denegação 281
3 Fim da Radicalidade, Fascinação do Presente. ... 281
   3.1 O Ator. 282
   3.2 O Espectador 283
   3.3 O Autor. 284
4 Novas Formas para Velhos Problemas 286
   4.1 A Reemergência do Corpo. 286
   4.2 A Reapropriação da Língua Clássica 289
   4.3 A Reconstituição em Declamação Barroca .. 290
   4.4 A "Recontextualização" da Encenação...... 293
   4.5 Recontextualização Radical ou Pertinente? 294
5 Nova Relação com a Tradição 295
6 Operações nos Clássicos. 298
   6.1 Mudança de Tempo e de Lugar 298
   6.2 Mudança da Fábula. 299
   6.3 Mudança da Intriga. 301
   6.4 Mudança da Textualidade 301
   6.5 Mudança do Sistema de Personagens. 302
   6.6 Mudança das Convenções e da Figuração... 304

    6.7 Mudança de Paradigma: Da Performance
para a Encenação......................304
    6.8 Mudança do Contexto Cultural 305
  7 Alguns Signos do Tempo 307
  8 Conclusões Gerais..........................314

12. A ENCENAÇÃO NAS SUAS ÚLTIMAS TRINCHEIRAS 319

  1 Harmonia: *Les Bonnes* (As Criadas) 323
  2 Reconstrução: *Black Battles with Dogs* (Combate de Negro e de Cães) 326
    2.1 Recontextualização/Concretização.........327
    2.2 Diferença de Estilos de Jogo de Atuação 328
  3 Decantação: *Rouge décanté* (Vermelho Decantado)................................330
    3.1 Redução Cênica..........................331
    3.2 Mídias Decantadas 332
  4 *Assemblage*: *Pluie d'été à Hiroshima* (Chuva de Verão em Hiroshima) 334
    4.1 *Assemblage* 334
    4.2 A Encenação da Escritura 336
    4.3 Experiência Sensorial....................339
  5 A Travessia das Aparências: *Gens de Séoul* (Gente de Seul) 339
  6 Enquadramento: *Cargo Sofia-Avignon* (Cargueiro Sofia-Avignon)............................342
    6.1 O Teatro em Marcha....................343
    6.2 Os Limites do Teatro....................344
  7 Silêncio: *Les Marchands* (Os Negociantes) 347
    7.1 O Som e a Imagem 348
    7.2 A Encenação de Autor 349
    7.3 A Tentação do Silêncio...................351

13. CONCLUSÕES:
    PARA ONDE VAI A ENCENAÇÃO?............355
    1 Um Percurso Sinuoso........................357
    2 Um Balanço Contrastado: Os Anos de 1990.....359
        2.1 Fatores Sociológicos....................359
        2.2 Fatores Teatrais........................362
        2.3 As Doenças da Encenação................363
    3 O Questionamento da Encenação e
       Suas Novas Funções 367
    4 O Encenador e Seus Duplos....................371
        4.1 O Ator................................372
        4.2 O Autor...............................372
        4.3 O Dramaturgo..........................373
        4.4 O Diretor de Atores 374
        4.5 O Esteta das Formas....................375
        4.6 O Músico Silencioso....................376
        4.7 O Coreógrafo do Silêncio................377
        4.8 Nem Deus, nem Mestre, nem Medidor
            de Palco...............................377
    5 Do Espectador à Assembleia Teatral 379
        5.1 O Esgotamento da Teoria e do Espectador ..379
        5.2 A Reemergência do Público Afastado 380
        5.3 A Comunidade Desamparada e a Assembleia
            Desassembleiada.......................381
    6 Da Fidelidade: Ou o Difícil Caminho da Dupla
       Texto/Representação........................382
        6.1 A Dupla Texto/Representação............382
        6.2 Fidelidade Funesta?....................385
        6.3 Três Exemplos de Ressurgimento
            da Fidelidade 386
        6.4 Relatividade Histórica do Dualismo........390
        6.5 Confusão de Papéis....................392

    6.6   Ilha ou Quase-ilha?....................... 393
    6.7   Reconsideração da Dupla Texto/
          Representação..............................394
7   Para Onde Vamos? 400

Bibliografia... 403
Glossário de Noções 413
Índice de Nomes 421
Índice de Noções.................................... 429

À memória de Laurent Proteau.

Para Marie-Christine Pavis.

Agradecimentos

Como agradecer a todas as pessoas que me ajudaram durante os anos consagrados à preparação desta obra? São muito numerosas para que eu possa fazê-lo individualmente. Não obstante, faço-o em pensamento, de todo coração e com gratidão. Ao pensar no passado, não saberia excluir-me da inclinação humana de não se lembrar mais das coisas belas. Contudo, não as esqueço, assim como àqueles que participam da vida teatral, especialmente abrangendo toda a extensão da representação. O estatuto, muitas vezes precário, do exercício teatral torna sua tarefa árdua e sempre arriscada. O mundo do espetáculo e da arte tem se esforçado muito ao viver uma crise crônica sem resultados, embora se encontre em expansão e pesquisa constante: é uma das raras regiões em que há boas razões para esperança.

Este estudo sobre a encenação a partir dos anos de 1990 não pretende oferecer um panorama completo, uma história racional desse período no qual ainda estamos imersos. Ele se esforça mais modestamente em determinar algumas tendências, em examinar alguns gêneros de espetáculos a partir de exemplos concretos. Tomei como regra falar apenas de espetáculos a que eu próprio assisti. Claro que isso não é prova de objetividade, longe disso! Pois se o meu objetivo consciente não é uma avaliação crítica, uma exibição dos meus gostos e convicções, sendo, acima de tudo, uma empreitada teórica e histórica, sei, igualmente, muito bem, que a teoria não se coloca acima das leis subjetivas da crítica e que não pode eliminar qualquer juízo de valor. Em minha opinião, não é possível e nem desejável separar, arbitrariamente, a reflexão teórica da apreciação crítica. Ao nos darmos conta de um espetáculo em certa hora, dias ou alguns anos mais tarde – inclusive a partir de anotações feitas "no calor da hora" –, a memória não é somente vítima do esquecimento: é, sobretudo, uma lente de aumento que opera sobre alguns fatos marcantes, porém isolados, acentuando os relevos, modificando as proporções e congelando aquilo que foi concebido como efêmero.

Nenhum ponto de vista neutro ou universal pode ser esperado (ou receado) de tal empreendimento. À semelhança do teatro que acontece de Chaillot à Cartoucherie, de Bobigny a Berlim, de Lorient a Seul, fervilhando alegremente com suas missões e ilusões. Outrora arraigado no solo, o teatro, ao ser transformado em pós-moderno, dissolveu-se nos ares. Como negar a ânsia por segui-lo? Ainda sabemos onde estamos quando recordamos o passado de nossas ilusões teatrais? A França com seus pés e sua alma, a Alemanha com o espírito, o mundo anglo-americano com a cabeça, a Coreia com o coração: é com dificuldade que acompanho o movimento em condições de distinguir tal Fausto ou Mefisto no tapete voador imaginário do filme de Murnau, ou os lugares em que me desloquei, física ou virtualmente.

Agradeço, assim, a todos aqueles que me trouxeram de volta à terra. Marie-Christine Pavis e Jean-Marie Thomasseau foram meus primeiros leitores, tão impiedosos quanto benevolentes. Sophie Proust, Cathy Rapin, Dina Mantcheva foram os últimos a apontar alguns esquecimentos meus ou outras falhas. Jérôme Cailleux socorreu-me *in extremis* na fase final, durante a passagem para a informática do manuscrito e das fotos. A todos os fotógrafos que me autorizaram a reproduzir suas fotos, livres de direitos, expresso o meu reconhecimento.

A maior parte dos capítulos foi redigida entre 2002 e 2007, em seguida a uma série de conferências na Universidade de

Kent em Canterbury, por iniciativa de Paul Allain e a convite da Fundação Leverhulme. As perguntas e observações de meus colegas e alunos, a distância da língua e do ambiente cultural ajudaram-me a concentrar as minhas ideias sobre a encenação, noção intraduzível na língua deles. Desde então, minha vida consistiu em procurar a diferença entre os termos e as concepções de "encenação" e "performance".

Alain Girault, na qualidade de chefe da revista *Théâtre/Public*, ao me convidar, nestes últimos dez anos, para participar do Festival de Avignon, encorajou-me a acompanhar a atualidade e a fazer uma triagem da enorme produção teatral. Graças ao devotamento dos membros do Cemea (Centres d'Entrainement aux Méthodes d'Education Active) na procura de públicos os mais diversos, pude beneficiar-me da melhor acolhida possível na cidade dos Papas.

Foi uma viagem numa paisagem atormentada, em que, tal como Orfeu, o espectador não muda de posição sem perigo, uma viagem maravilhosa e dolorosa que hoje o leva, apesar de tudo, a testemunhar aquilo que entreviu de um mundo desaparecido para sempre, um mundo que não cessa de perseguir-lhe...

Prefácio

Acreditamos saber o que é encenação e para que serve: não é a parte visível do teatro, aquela que os atores e seu encenador prepararam para nós? Não é esse suplemento espetacular que nos é oferecido graciosamente quando, traumatizados pelas nossas lembranças das matinês escolares clássicas, meio forçados, meio raivosos, retornamos "ao teatro", surpresos por constatar que tudo que tínhamos aprendido nos parece, no momento, de pouca utilidade? E não há ponto de concordância: o teatro é escutado quando o lemos; mas o que estamos vendo no palco não serve apenas para encher nossos olhos, para nos transtornar o espírito... e o corpo?

Tem-se razão ao desconfiar da encenação! Porém, mais razão se tem ainda ao interrogar essa desconfiança. A partir daí, voltando para casa, parece-nos que as imagens do espetáculo retornam e nos martelam para melhor prolongar e transformar a nossa experiência de espectador; como se nos obrigasse a repensar o evento da representação, retornando ao nosso terror ou ao prazer.

A encenação, na forma como a conhecemos, existe há mais de cem anos, e, contudo, é preciso lembrar incessantemente que ela mudou a nossa maneira de conceber o teatro e, indo mais além, a nossa relação com a literatura e as artes plásticas. É isso que nos repete também, muito a propósito, o prefácio de Pascal Charvet, em um excelente conjunto de estudos dedicados à *L'Ère de la mise en scène* (A Era da Encenação):

> A encenação [*mise-en-scène*] não é, portanto, um suplemento de vida acidental, um caderno de imagens para sobrepor um rosto [*metre-en-visage*] aos personagens ou desbastar um livro, mas sim uma via de compreensão, uma parte integrante da história da peça e do seu sentido. É um "pôr em jogo"[*mise-en-jeu*]* total da literatura, como leitura e como escrita[1].

Trata-se de um "pôr em jogo" da literatura, sem dúvida alguma, mas também de toda atividade artística, de qualquer evento e de qualquer experiência em que a encenação nos arrebate. Esta será, em todo caso, a hipótese do presente estudo: a encenação é uma noção indispensável para se julgar a maneira pela qual o teatro é colocado em jogo – seria quase o caso de se dizer, colocar a sua existência em jogo.

Para nós, a encenação vem coroar a criação teatral, arremata-a. Em nosso itinerário pessoal, ela não chegaria senão no fim do percurso, como a última parte de uma trilogia, após a análise dos espetáculos[2] e a interpretação das peças contemporâneas[3].

Contudo, não seria o caso de uma única pessoa escrever a história universal da encenação no século XX. Os contextos geográficos, culturais e institucionais são muito numerosos e diversos, e a diversidade dos gêneros e espetáculos exige competências que ultrapassam a boa vontade de um simples indivíduo. A isto soma-se outra dificuldade inesperada: qualquer história das encenações pressupõe uma reflexão teórica sobre tal noção. Ora, se o termo *encenação*

---

* Na impossibilidade de encontrar em português um vocábulo correspondente à forma francesa *mise en jeu*, optamos pela solução acima, o "pôr em jogo" (N. da E.).
1 Avant-propos, em Jean-Claude Lallias (ed.), L'Ère de la mise en scène, *Théâtre d'aujourd'hui*, n. 19, p. 3. Especialmente preciosas são as respostas de dezoito encenadores a um questionário único.
2 P. Pavis, *L'Analyse des spectacles*. (Trad. bras.: *A Análise dos Espetáculos*, 2. ed., São Paulo: Perspectiva, 2010.)
3 Idem, *Le Théâtre contemporain: Analyse des textes de Sarraute à Vinaver*.

é complexo já de *per si*, a noção e a realidade das práticas espetaculares e dos tipos de performances são absolutamente inextricáveis. Igualmente, seria o caso, aqui, de se fazer uma "amostragem" de encenações julgadas características da prática espetacular dos últimos quinze ou vinte anos. Abordaremos os seguintes domínios:

- a *leitura-espetáculo* – que desafia a cena ao propor colocações no espaço ou leituras nas fronteiras da encenação;
- a *cenografia* – que às vezes é confundida com a encenação;
- os *clássicos* ou os *contemporâneos*, que necessitam de práticas cênicas ora diversas, ora compatíveis;
- o prolongamento do *teatro intercultural* e *ritual*;
- as novas tecnologias e o seu uso *live* no palco;
- o desafio do teatro do gesto e da dramaturgia do ator;
- *a prática pós-moderna* da desconstrução.

Estes capítulos são ainda cabeças de ponte que nos ajudam a penetrar em domínios isolados e experimentais, a testar a pertinência da ferramenta "encenação" para gêneros e práticas as mais diversas.

A escolha dos exemplos, apesar do esforço máximo de abertura, permanece inevitavelmente limitada e arbitrária para a extensão dos territórios abordados e para os limites geográficos: Paris e sua região, Avignon e sua vitrine, algumas escapadas para a Inglaterra e a Alemanha, duas estadas na Coreia. Felizmente, como se verá, o próprio teatro está mundializado, "globalizado"; não está mais ligado a um território, nem mesmo a uma cultura: viaja pelo espaço e pelas práticas. Resta-nos seguir o movimento, ao invés de tentar controlá-lo.

De onde vem e para onde vai a encenação? A pergunta aplica-se do mesmo modo à humanidade: vasto tema!

Contentar-nos-emos, mais modestamente, em observar de onde provêm o termo e a noção, para o que serviram e ainda servem.

Por que a encenação adquiriu – quando se elaborou, em 1880, aquilo que Peter Szondi denominou "drama moderno" (1880-1950) – uma nova dimensão? Temos sempre "colocado" as coisas no palco com um certo sistema, mas não é senão com o advento do naturalismo, em seguida com o simbolismo, que a encenação tornou-se mais do que uma técnica: uma arte em si, às vezes até destacada do texto, uma prática cênica à procura de suas próprias leis.

Saltemos alegremente, porém, um século: onde ela se encontra no começo do terceiro milênio?

Este é o objetivo, certamente desmesurado, deste livro.

Se é possível reconstituir sem muita dificuldade – de novo! – a história do teatro moderno a partir das suas principais obras dramáticas, por outro lado torna-se mais difícil seguir a evolução da encenação ao longo do século. E mais problemático ainda é observar de que maneira a encenação, na virada do milênio, entregou-se a todas as experiências possíveis, a ponto de não se estar mais seguro de ainda se tratar do mesmo animal.

Para compreender o nosso presente é necessário estudar o passado, levando-se em consideração a ocorrência das práticas cênicas do último século. Em seus inícios, a encenação teve de afirmar sua legitimidade, precisou convencer-se de não ser nem uma decoração facultativa, nem um discurso derivado e arbitrário. Além do mais, precisou provar que se tratava de uma arte à parte, integral, e não uma serva da literatura. Eis, no entanto, que na atualidade ela "explode" através de inumeráveis experiências. Parece ter abandonado definitivamente a dramatização cênica e a literatura para aliar-se a todas as demais práticas artísticas. Porém, isso parece óbvio? Ou será que envelheceu? Ela mudou, realmente? Mudou para um futuro desconhecido? Um rápido sobrevoo na história da encenação no século xx nos relembrará que o passado abriu inteiramente o caminho à criação contemporânea.

1. De Onde Vem a Encenação? Origem e Teoria

É preciso, mais uma vez e obsessivamente, retornar às origens da encenação? Sua aparição e as circunstâncias de seu desenvolvimento foram magistralmente descritos por Bernard Dort, há quase quarenta anos, num célebre artigo: "Conditions sociologiques de la mise-en- scène théâtrale" (Condições sociológicas da encenação teatral). Foi a mudança da constituição do, ou melhor dos, públicos, que obrigou a instituição teatral a apelar ao encenador para que a obra fosse adaptada às novas necessidades do palco. De acordo com Dort, "é somente em 1820 que se começa a falar de encenação na acepção que hoje damos a este termo. Anteriormente, encenar significava adaptar um texto literário, visando sua representação teatral: encenar um romance, por exemplo, consistia na adaptação cênica desse romance"[1]. Desde 1828, a encenação, no Théâtre de l'Ambigu, por exemplo, tinha sua musa, Séneis, fazendo uma arte de corpo inteiro[2]. Esta datação, porém, é na verdade

---

[1] Condition sociologique de la mise en scène théâtrale, *Théâtre réel*, p. 51.
[2] Ver, sobre a encenação no século xx, os trabalhos de Jean-Marie Thomasseau, especialmente no *Dictionnaire encyclopédique du théâtre*, de M. Corvin, v. 2, p. 612 e s. Ver igualmente Le théâtre et la mise en scène au xixe siècle, em P. Berthier e M. Jarrety (eds.), *Histoire littéraire de la France*.

discutível. De acordo com pesquisas recentes de Roxane Martin, o termo pode ser atestado a partir da Revolução Francesa[3]. Não obstante, apenas nos anos de 1880, com Zola e Antoine – é verdade que na cola dos Meininger desde 1868 –, é que o encenador tornou-se o responsável incontestado do sentido assumido pela representação.

Essas divergências na datação nada mais fazem do que confirmar a dificuldade de situar, no tempo, uma função nova, estrito senso, mas que é antiga, na medida em que sempre houve – e isso a partir dos gregos – uma pessoa encarregada de cuidar da organização material da representação. Ésquilo escreveu para as condições de representação da época, compôs a música, dirigiu o coro, cuidou dos figurinos. Na Idade Média, o "*maitre de jeu*" coordenava os elementos do drama litúrgico. O *capocomico* da *commedia dell'arte* decidia sobre a ordem das sequências e a conduta geral do espetáculo. Molière foi autor, ator e, como se vê pela forma certamente "romanceada" do *Improviso de Versalhes*, responsável pela interpretação, ou diretor de atores, como diríamos hoje.

Apesar dos precedentes históricos ligados ao próprio exercício da cena, seria o caso de reservar o termo *encenação*, e mais ainda o de *encenador*, para as experiências cênicas a partir dos anos de 1880, visto que a era dos encenadores não começou antes da crítica radical ao teatro feita por Zola ou Antoine, da mesma maneira que não começou "nem antes" da contraproposta do simbolismo (tomando-se apenas o exemplo da França). Isto porque será útil, por um momento, retornar aos anos fundadores. Faremos isso em princípio na perspectiva do teórico preocupado com a produção cênica atual mais do que com a de um historiador do teatro, mesmo que as duas funções dificilmente sejam separáveis.

Na crítica teatral francesa, observa-se uma inflação do termo *encenação*, que no caso vem a significar "o teatro", ou determinado espetáculo concreto no palco ou em outro lugar. Ao contrário, nos esforçaremos em restringir este termo à classificação subentendida na manifestação teatral, ou pelo menos à maneira pela qual o teatro é colocado em prática, visando um

---

3 *La Féerie romantique sur le scènes parisiennes (1791-1864).*

projeto estético e político concreto[4]. Trata-se de reconhecer que a apresentação cênica, a *opsis* de Aristóteles, ou a representação, desempenhou um papel em todos os momentos da história do teatro. Coisa distinta é entender a ruptura epistemológica dos anos de 1880 a 1890, que deu à encenação um novo estatuto, ao invés de compreendê-la como a representação cênica, isto é, como *opsis* ou *mimesis*.

Antes de propor um rápido reconhecimento de algumas etapas da encenação, tomaremos cuidado em distinguir os termos frequentemente empregados indistintamente.

- A representação é o objeto concreto, físico, empírico produzido pelos atores, o encenador e sua equipe de criação. É também a ideia que a cena re-presenta, ou seja, apresenta uma segunda vez e que torna presente aquilo que estava ausente. O teatro é concebido como a retomada de uma ideia ou uma realidade anterior. Percebe-se toda a diferença com o termo inglês *performance*: a *performance* sugere que a ação é complementada pelo palco, sendo que o palco não remete, automaticamente (como o termo francês), à imitação do real.

- O espetáculo é a representação de todos os tipos de manifestações (que o inglês chamaria de *cultural performance*). As "artes do espetáculo", as *performing arts*, são apenas uma fração minoritária de todas essas *cultural performances*. No que se refere ao teatro, o espetáculo não é mais, de acordo com a palavra de Richard Schechner, do que o quarteto de cordas do século xx.

- A encenação é, assim, uma representação feita sob a perspectiva de um sistema de sentido, controlado por um encenador ou por um coletivo. É uma noção abstrata e teórica, não concreta e empírica. É a regulagem do teatro para as necessidades do palco e do público. A encenação coloca o teatro em prática, porém de acordo com um sistema implícito de organização de sentido.

---

4   O termo *encenação* aplicado às práticas anteriores ao século xix é, portanto, anacrônico, até abusivo. Traduzir o termo *mimesis* de Aristóteles por "encenação" é no mínimo ousado: "esse efeito (terror e piedade) pelos meios do espetáculo não depende muito da arte: é tarefa da encenação". Aristóteles, *Poética*, 50b17.

• A performance, no uso francês do termo, é aquilo que chamamos em inglês de *performance art*, um gênero frequentemente autobiográfico em que o artista procura negar a ideia de "re-presentação", ao efetuar ações reais e não fictícias, apresentadas apenas uma vez.

• A direção de atores é uma expressão mais recente: é a relação de trabalho no decorrer dos ensaios entre o encenador e os artistas, particularmente os atores[5].

A tendência junto aos historiadores (como Jean-Marie Thomasseau ou Roxane Martin) é recuar ao começo do século XIX, mesmo até o século XVIII, para procurar no modo de trabalho o embrião de uma encenação. A interpretação já teria sido decidida em grande parte pelos atores, e não somente de acordo com uma tradição congelada[6]. Não obstante, manteremos a tese de que a encenação conheceu uma ruptura epistemológica em 1880 e que adquiriu então o sentido moderno do termo, certamente ainda no sentido de passagem do texto para o palco, mas cada vez mais como arte autônoma.

Uma vez estabelecidos esses detalhamentos terminológicos, devemos, por um momento, retornar à historicidade, quando muito não seja para melhor compreender a prática atual da arte do teatro, prática que, como se verá, deve muito a toda a fase inicial da encenação, no exato momento em que são inventados o mundo contemporâneo e o teatro de hoje. Tal fenômeno está localizado historicamente num

---

[5] Ver S. Proust, *La Direction d'acteurs dans la mise en scène théâtrale contemporaine*.

[6] Jacqueline Razgonnikoff: "Caso se interroguem os documentos, percebe-se que, desde o século XVII, a partir do texto bruto destinado à representação, emanam diferentes propostas que, no decorrer da história, os comediantes não reproduzem sistematicamente dentro dos mesmos esquemas, tanto quanto a 'tradição' tão frequentemente invocada, talvez evolução ou revolução. O jogo dos atores, as cenografias e figurinos, a música e os acessórios, todos os detalhes de um espetáculo, testemunham uma vontade, consciente ou não, de chegar a um resultado que é a representação. A convergência desses detalhes constitui o embrião de uma 'encenação' que, por não ser 'interior', no sentido em que o entende Antoine, não é menos o reflexo de uma concepção e de uma atitude subjetivas que se renovam, se anulam ou se completam, em face do texto, no decorrer do tempo". (*Journal des Trois Théâtres*, n. 18, janeiro 2006, p. 30.)

dado momento, não se deve reduzi-lo à representação e à mera coordenação de materiais.

A encenação é um conceito novo, mesmo que em todas as épocas se tenha podido estudar a maneira específica pela qual os elementos da representação eram combinados e interpretados:

> Seguramente houve um teatro antes daquilo que hoje chamamos de "encenação", porém algo novo – percebido, esboçado e algumas vezes necessário nos séculos precedentes – foi instituído no século XIX: a arte da encenação praticada por encenadores. Seja o que for que pensemos de sua gênese, de sua natureza, de suas virtudes, a arte da encenação constitui-se hoje como o horizonte da arte teatral, da mesma maneira que a perspectiva geométrica foi a da pintura ocidental da Renascença no século XIX[7].

É prudente sempre verificar, em cada domínio linguístico e cultural, o sentido de todos esses termos, pois ele varia muito de uma língua para outra. A performance no sentido francês nada tem a ver com o sentido habitual da palavra em inglês, especialmente intraduzível no francês. Quanto ao termo encenação, que em francês designa o conjunto e o funcionamento da representação, em inglês limita-se ao ambiente visual da cenografia e dos objetos: "Ele é utilizado para descrever o papel do encenador ao contar uma história; seu modo de arranjar os objetos e as cenografias que o cenógrafo forneceu-lhe para criar o ambiente desejado"[8]. De todo modo, as enciclopédias inglesas ou americanas revelam uma extensão recente da noção para além do arranjo espacial:

> No sentido estrito, quando aplicado às técnicas da representação cênica, o termo refere-se à decoração pintada, aos efeitos cênicos, aos objetos cênicos e aos acessórios. Porém, há um sentido mais amplo, significando não apenas a decoração cênica, mas também a iluminação, os figurinos e todos os aspectos ligados à ordem espacial e temporal de uma representação teatral. Neste sentido mais amplo, a encenação reenvia àquilo que acontece no *continuum espacio-temporal*, compreendidos, nele, as ações e os movimentos de

---

7 J.-L. Rivière, *Comment est la nuit? Essai sur l'amour du théâtre*, p. 90.
8 P. Irvin, *Directing for the Stage*, p. 170.

todos os *performers* (atores, cantores ou dançarinos) que fornecem o ritmo dinâmico da representação. Na época moderna, o papel do encenador é o de organizar todos esses elementos numa obra de arte unificada[9].

Um rápido sobrevoo histórico às origens da encenação ajudar-nos-á a compreender de onde vem sua prática atual.

A Encenação nos *Performance Studies*: Algumas Questões

Para evitar que se fale a propósito de tudo como "teatro", arriscando-nos assim a etiquetar uma concepção grega ou ocidental nas *cultural performances* (manifestações culturais espetaculares) que nada lhe devem, os *performance studies* imaginaram recolocar os espetáculos num conjunto (mais que uma teoria, senão no raro sentido de desfile de pessoas e coisas), num desfile de manifestações espetaculares.

Porém, tal desfile permanente demanda, mesmo assim, que o estruturemos um pouco, quanto mais não seja para destacá-lo. Evidentemente, evitaremos propor uma tipologia dos espetáculos; a tal ponto faltam critérios distintivos. A cartografia não para de evoluir e as linhas de fratura, de se recomporem. Assinalemos simplesmente algumas dificuldades.

A oposição entre espetáculo e ação performativa (ritual, cerimônia, jogo) choca-se com a dificuldade de separar a estética e a antropologia. Caso seja permitido, ou simplesmente pertinente, descrever ou, na verdade, focalizar os efeitos estéticos de um ritual, não estaremos passando ao largo do essencial? Se nos deslocarmos, para avaliá-lo, sobre o plano da ficção, da beleza das cores ou das formas, daremos conta "como se deve" de uma cerimônia religiosa? Na descrição antropológica dos corpos vivos, como introduzir a dimensão estética? Até mesmo no teatro, a passagem do corpo real do ator para o corpo ficcional, imaginário, estético do personagem, permanece misteriosa ou irreconhecível. Quais fantasmas permitem essa passagem?

Para descrever e interpretar (sendo impossível fazer-se uma clara distinção entre os dois) uma representação, uma performance, um espetáculo, temos a necessidade de uma metacategoria como a da encenação? Isto porque, estejamos ou não conscientes, essa noção reintroduz aquela de um sujeito, de um olhar dominante, de uma organização funcional do sentido. Esse sujeito que percebe e discrimina é uma construção, visto que não se trata absolutamente de

---

9   T. Postlewait, Mise-en-scène, em D. Kennedy (dir.), *The Oxford Encyclopedia of Theatre and Performance*, p. 863.

reconstituir a gênese da representação, como o pensa a genética dos espetáculos, mas sim emitir uma hipótese sobre o seu funcionamento ou, pelo menos, do seu sentido, de abrir uma negociação entre o objeto percebido e o sujeito que percebe.

Do que falamos quando analisamos um "espetáculo ao vivo"? Não diretamente do vivo, do corpo biológico ou outra *"bios"*, nem mesmo do evento *live* em que ele se insere, mas, antes de tudo, da construção ou reconstrução que efetuamos a partir de alguns índices que nos ajudam a imaginar sua forma e seu funcionamento. Procedemos um pouco como o encenador tal como o descreve Peter Brook[10]: como ele, no início da nossa reflexão (que, na verdade, por vezes dura apenas alguns segundos) vislumbramos uma *pre-shape*, uma prefiguração, que nos ajuda a construir um objeto a partir de frágeis índices. Pouco a pouco, tanto ele como nós encaminhamo-nos para uma forma, uma *shape*, que será o resultado de sua pesquisa artística, assim como da nossa pesquisa crítica.

A partir do momento em que consideramos a encenação como uma das inumeráveis *cultural performances*, o olhar que lançamos sobre ela muda, torna-se complexo, hesitando, essencialmente, entre dois pontos de vista distintos: a objetivação antropológica e a construção estética. A questão é saber o que estamos querendo dizer, para quem, para quais fins e sob qual ponto de vista.

A noção de performance revela-se útil porque é uma categoria vazia, aberta. Aceita a oposição estética/não-estética, porém seja qual for o caso isso implica que uma ação é complementada pela performance em questão. Segundo a definição de Richard Schechner, "não importa qual é a ação enquadrada, oferecida, sublinhada ou exposta numa performance"[11]. Para os espetáculos trata-se, mais especificamente, de um *showing doing*, de mostrar aquilo que um indivíduo ou um grupo faz para provocar a atenção de no mínimo um espectador. O querer mostrar indica que a ação não tem um objetivo apenas utilitário ("performar" uma cerimônia, um ritual), mas que é ficcional e estética, estando à procura do belo.

Neste livro justapomos vários objetos pouco compatíveis, aos quais correspondem a diferentes tipos de performance:

- a leitura cênica, tomada como uma não-encenação;
- a performance, invenção dos anos de 1960;
- o "pôr em jogo" de textos criados para o palco;

---

10 Directing, em *The Continuum Companion to Twentieth Century Theatre*, p. 209.
11 *Performance Studies*, p. 2.

- a performance "etnográfica" de um oh!;
- a criação de espetáculos contemporâneos na Coreia;
- o espetáculo que faz apelo a diversas mídias;
- a representação desconstruída;
- a dramaturgia do ator.

A diversidade desses objetos obriga a redefinir, a cada instante, esses exemplos, estando-se consciente que correspondem a performances muito diferentes, tão diferentes que parecerá artificial reagrupá-las e analisá-las sob um aspecto único de encenação. Como não conseguimos mais pensar todos esses objetos em conjunto como variantes do mesmo tipo de espetáculo, convém renunciar a um método de análise global e adaptar (sem, no entanto, suprimir) os métodos de análise, os olhares lançados nesses diferentes exemplos.

A dificuldade é mixar não somente os espetáculos, mas os métodos de análise, os olhares e, sobretudo, as epistemologias desses métodos. Um triplo movimento deve ser levado em conta: a transferência para o espectador de competências para 1. a análise, especialmente fenomenológica; 2. a faculdade de descrever as formas e as redes de signos graças à semiologia; 3. a desconstrução, de inspiração derridiana, para apreender a estratégia de uma encenação, o percurso em "destinerrância" de quem olha.

Esforçar-nos-emos para mixar os métodos de análise: para analisar, por exemplo, uma cerimônia, pode-se fazê-lo como há cem anos, ou mesmo há trinta anos, sem levar em conta o impacto das mídias na cerimônia ou no observador da atualidade. Isto confirma a necessidade de reler todos esses objetos e métodos de análise, de examinar aquilo que ainda nos permite confrontá-los na perspectiva da encenação. Com efeito, a encenação significa a última tentativa para se pensar tais práticas heteróclitas em conjunto, para globalizar a perspectiva, sistematizá-la; muito embora essa pretensão ao sistema esteja justamente desconstruída, o que não significa destruída.

Não nos constituiremos em advogados de uma nova ciência, a *dos mise-en-scène studies* (estudos de encenação); proporemos simplesmente a reintrodução do sujeito construtor e desconstrutor, semiotizando e dessemiotizando, centrando e descentrando. Deslocar-nos-emos sobre isso do ponto de vista da arte, da ficção, da vanguarda, em resumo, da estética, visto que é preciso chamá-la por seu nome. A encenação é, desse modo, o teatro "recolocado no seu lugar", ou seja, contestado nas suas pretensões hegemônicas, mas igualmente conectado a um lugar muito preciso, a uma localização que não é universal e que não cessa de evoluir, de se mover.

Conscientes da incapacidade de uma noção de encenação para caracterizar as práticas espetaculares atuais, negociamos o seu reatamento, ou antes, a sua confrontação com seu duplo, sua irmã gêmea e/ou sua irmã inimiga: a performance. Esta figura camarada acolhe todos os casos de figuração, pois "não importa o que possa ter sido estudado como performance"[12]. Ela é a outra encenação, o seu duplo, aquela que não se deixa traduzir por si mesma, o que permanece incompatível. É preciso, também, que se confie em que a profecia de Schechner não se realizará nunca, pois "a maldição da Torre de Babel está a ponto de se tornar a velha história"[13]. Exatamente porque uma produção cultural não é traduzível, ou redutível a uma outra, é que devemos procurar os meios específicos para analisá-la, sem necessariamente ceder ao relativismo ou ao particularismo, sem renunciar a um mínimo de cientificidade.

1. AS ORIGENS DA ENCENAÇÃO: MARCOS HISTÓRICOS

1.1 *Émile Zola*

A "invenção" da encenação não se fez, evidentemente, do dia para a noite. Foi precedida por uma longa e severa crítica ao estado reinante no teatro da época. Através de suas crônicas posteriormente reunidas em *Le Naturalisme au Théâtre* (O Naturalismo no Teatro)[14], Zola fez eco a uma profunda insatisfação face à ausência de autores novos e à mediocridade das condições de representação de então. É um dos primeiros reformadores do teatro. Paradoxalmente, a crise dos autores, a sua incapacidade de mostrar o mundo na sua realidade brutal, clamava e esboçava, como num vácuo e a esmo, a futura encenação naturalista. A crítica começou sendo feita tanto aos comediantes, escravos de convenções ridículas, no que se referia a "essas entradas e saídas solenes e grotescas, esses personagens que falam com o rosto sempre virado em direção ao público"[15].

---

12 Idem, p. 1.
13 Idem, p. 5.
14 Em *Oeuvres complètes*. (Trad. bras.: *Romance Experimental e o Naturalismo no Teatro*, São Paulo: Perspectiva, 1982.)
15 Idem, p. 357.

Os atores "representam para a sala", "como sobre um pedestal [...]. Se eles vivessem as peças ao invés de representá-las, as coisas mudariam?"[16]. Porém "os intérpretes não vivem a peça; eles a declamam"; "eles procuram conquistar um sucesso pessoal, sem se preocupar o mínimo possível com o conjunto"[17]. Não somente os atores não eram dirigidos em função do conjunto – como o desejaria a encenação –, como também não estavam mais integrados a um "cenário exato [que] se impõe como o ambiente necessário da obra"[18]. A encenação deverá, portanto, reconstituir esse meio que determina a ação humana, com o risco de fazer da cenografia o "vertedouro" do texto, o lugar onde todos os detalhes do meio devem ser tornados visíveis. Tal era, no entanto, a função dos cenários naturalistas: "Eles assumiram no teatro a importância que a descrição assumiu nos nossos romances"[19]. Graças à utilização do gás em 1820, depois da eletricidade por volta de 1880, a luz estava em condições de esculpir todo um universo cênico que parecesse autônomo e coerente. Tudo foi colocado espacialmente para exigir do teatro que renascesse de acordo com as novas diretrizes da encenação.

1.2 André Antoine

Fazendo eco a Zola, Antoine, considerado na França como o primeiro encenador, diagnosticou as mesmas "causas da crise atual" (1890): Os autores eram medíocres e repetitivos, eram representados em salas desconfortáveis nas quais os lugares tinham preços muito altos, eram traídos pelas vedetes cabotinas cercadas por comediantes mal ensaiados, em meio a elencos sem coesão. Tendo podido observar, desde 1874, a precisão histórica das representações naturalistas e autênticas do grupo alemão dos *Meininger*, do duque de Meiningen, Antoine preocupou-se com o sentido do detalhe exato, mas igualmente com a unidade da representação e da integração do ator ao cenário.

16 Idem, p. 358.
17 Idem, p. 366.
18 Idem, p. 339.
19 Idem, ibidem.

Em sua "Causerie sur la mise en scène" (Conversas sobre a encenação)[20], Antoine faz uma das primeiras exposições sistemáticas da encenação tal como a denomina por conta própria. Encontramos nessa obra, que nada tem de falação improvisada, o conjunto das questões que se colocam para qualquer encenação recente, questões que não perderam absolutamente a sua atualidade, tanto assim que se pode erguer uma lista sistemática. Limitemo-nos, apesar disso, a extrair-lhe alguns pontos novos na ocasião, porém sempre atuais para nós. O olhar histórico deve ajudar-nos a seguir a evolução das formas ao longo do século e, especialmente, para a mistura atual de princípios estéticos e de estilos.

Antoine distingue o papel do diretor de teatro daquele do encenador. Na antiga função de *regisseur à gages** encarregado pelos diretores para "desembrulhar uma peça, fazer o trabalho preliminar que julgam, sem dúvida, de pouco interesse"[21], ele vê uma tarefa decisiva, porém ainda mal avaliada, qual seja a de dar à obra a primeira e determinante interpretação, "a visão de conjunto"[22]. Porém, é muito difícil "encontrar homens de teatro artistas e que se obriguem a esse trabalho apaixonante, mas obscuro"[23]. Nos inícios desta nova ciência, o encenador tinha, portanto, uma tarefa ingrata e obscura, pois sentia-se ainda a serviço de autores inquietos e atores célebres. Antoine deu algumas regras para a direção de atores, depois descreveu as etapas do trabalho. Divisou claramente o trabalho em duas partes distintas: "uma totalmente material, ou seja, a constituição do cenário que serve de ambiente para a ação, o desenho e o agrupamento de personagens; a outra imaterial, ou seja, a interpretação e o movimento do diálogo"[24]. Como bom naturalista, Antoine começou por levantar o ambiente cênico, antes de nele incluir os atores e a segunda fase, interpretativa, do processo. No entanto, esta interpretação não concerne à leitura da fábula, visa apenas a representação concreta dos atores.

---

20 Em *La Revue de Paris*, mar.-abr. de 1903 (ed. bras.: *Conversas sobre a Encenação*, trad., introd. e notas por Walter Lima Torres)
* Tradução literal: diretor de aluguel (função autônoma) (N. da T.).
21 A. Antoine, op. cit., p. 602.
22 Idem, p. 603.
23 Idem, p. 602.
24 Idem, p. 603.

Estes são convidados a não se exprimirem unicamente pelo semblante e pela voz, mas a utilizar todo o seu corpo, a viver o seu papel, sem criar ou falar diretamente à plateia, a dar a "cada cena de uma peça o seu movimento próprio, subordinado ao movimento geral da obra"[25]. Para ele, o ambiente determina a identidade e os movimentos do ator, e não o contrário. A materialidade da representação é, portanto, submetida à interpretação da obra pelo encenador. Com o naturalismo, a encenação inventou um dispositivo que devolveu seu sentido ao teatro e que determinou a representação. Com efeito, é a partir de um ambiente, de um conjunto de detalhes e signos, de uma gargantilha de ferro exterior, que o sentido das ações humanas se constitui, que germina a ideia da encenação: trata-se de produzir o sentido a partir da invenção de um dispositivo. Assim enquadrada por um ambiente subjugante, a encenação naturalista inventou-se imediatamente como país e refutou a encenação simbolista. Esta, por sua vez, introduziu a ideia no próprio cerne da representação; ideia que concentra em si mesma toda a representação, inserindo como decorrência a desmaterialização de um só golpe.

Muito mais que a estética mimética e seus famosos quartos de boi sangrantes colocados no palco, o que importa, na revolução de Antoine, é a inteligência imaterial de todas as operações da interpretação, é a intuição da encenação como produção de sentido. No entanto, obviamente, é como inventor de um ambiente fechado – fechado pela quarta parede – que Antoine entrou para a lenda. Jean Vilar viu nele aquele que rompeu com a tradição ancestral do teatro francês:

> Antoine, por seu lado, também fechou a caixa. E é o teatro naturalista. Para falar a verdade, é o ator voltando as costas ao público. É o quarto de carne sangrante. É a realidade crua [...]. Esta perspectiva de Antoine, escrupuloso até o absurdo, nega sete séculos e meio do teatro de feira francês[26].

Será preciso esperar Copeau e seu tablado nu, menos de dez anos mais tarde, para reatar essa tradição francesa; por ora, o contra-ataque imediato vinha do simbolismo, a segunda fonte

---

25 Idem, p. 610.
26 *De la tradition théâtrale*, p. 17.

da encenação; ataque muito mais frontal e virulento, desferido por toda uma corrente simbolista, remontando a Wagner e a Mallarmé e que melhor se exprime nos estilos de Paul Fort (1872-1960) e Aurélien Lugné-Poe (1869-1940).

1.3 *A Corrente Simbolista*

A corrente simbolista desconfia do palco concebido como acumulação de materiais e signos. Trocá-lo-ia com prazer por um espaço vazio, uma sensação pictórica ou um livro concebido por Mallarmé: "Um livro em nossa mão, se ele enuncia alguma ideia augusta, supre todos os teatros, não pelo esquecimento que deles possibilita, mas, ao contrário, lembrando-os imperiosamente"[27] Qualquer presença física no palco é incômoda: "O teatro acontece, nada lhe acrescentemos". A presença, nunca totalmente controlável, do ator impede a aparição do símbolo, da ideia e da harmonia do conjunto. Fato que conduzirá um autor como Maeterlinck ou um encenador como Craig a querer substituir os atores por marionetes. De acordo com Maeterlinck, "a representação de uma obra-prima com a ajuda de elementos acidentais e humanos é antinômica. Toda obra-prima é um símbolo, e o símbolo jamais suporta a presença ativa do homem [...]. A ausência do homem parece-me indispensável"[28].

Chega-se, nessa estética, à angústia da disseminação, ao paradoxo de uma encenação que recusa qualquer materialidade e que procura uma única ideia organizadora, aquilo que Lugné-Poe resumiu sem o menor humor desta forma: "Nosso desejo é, e continuará sendo, dar a conhecer as obras [...] nas quais somente a ideia dominará e nos permitiremos somente uma importância medíocre, ao lado material denominado teatro!"[29]

Para compreender bem as posições decididas do simbolismo e do naturalismo, vamos justapor o bate-papo de Antoine e o manifesto do teatro de Pierre Quillard, "De l'inutilité absolue de la mise en scène exacte" (Da Inutilidade Absoluta da Ence-

---

27 S. Mallarmé, Crayonné au théâtre, *Divagation*, p. 235.
28 *La Jeune Belgique*, 1890.
29 Apud J.-P. Sarrazac, Reconstruire le réel ou suggérer le réel, em Jacqueline de Jomaron (dir.), *Le Théâtre en France*, p. 725.

nação Precisa). Quillard rejeita nela qualquer realidade bruta sobre as tábuas, pois "o naturalismo, ou seja, a representação do caso particular, do documento mínimo e acidental, é o próprio oposto do teatral"[30]. Ele concebe a obra dramática como uma síntese na qual os personagens "são seres da humanidade geral" criados pela palavra, a qual também cria e substitui "a cenografia assim como o restante". Neste caso, falaremos, ainda, de encenação se "o poeta, com desprezo por qualquer meio estranho, requer somente a palavra e a voz humana"?[31] Eis aí a posição extrema da encenação idealista, trazendo de volta a ideia intangível do autor. Trata-se tanto da negação da encenação, de sua "inutilidade absoluta", quanto de sua redução a um esquema, a uma ideia, a uma síntese que se propõe a reunir, tal como a *Gesamtkunstwerk* wagneriana, todas as artes na sua grande perfeição. Mas, à diferença da obra de arte total wagneriana, a encenação simbolista nega sua própria materialidade e acaba por concentrar-se no vazio e no silêncio, evocando o mundo de maneira alusiva, concentrada e poética. Neste sentido, prolonga-se numa estética atemporal, que encontramos na atualidade tanto em Robert Wilson como em Claude Régy.

Este retrospecto histórico revela pelo menos a dupla origem da encenação e sua natureza contraditória. De um lado, a representação naturalista procura imitar o mundo dos objetos e do meio social, mas consegue-o apenas ao introduzir outras convenções de representação, outros tipos de codificação, de mecanismos semiológicos mais dissimulados, que organizam, à revelia do espectador, o real em redes de signos. Por outro lado, a representação simbolista, fazendo em vão alusões distantes à realidade, não teria como isolar-se completamente do mundo: os corpos vivos e incontroláveis, os efeitos do real reencontram sempre o caminho do palco, por mais isolado que ele seja. Esta dialética da abertura e do fechamento ao mundo é constitutiva de qualquer encenação. A obra de Tchékhov, a qual Meierhold mostrou o quanto ela está em frágil equilíbrio entre a imitação naturalista e a convenção teatral, encarna perfeitamente essa dupla origem e esse fundamento da prática moderna.

---

30 De l'inutilité absolue de la mise en scène exacte, *Revue d'art dramatique*, 1º de maio de 1891, p. 15.
31 Idem, p. 17.

Tal fundação do teatro moderno tem um registro de nascimento muito preciso, em 1887, pelo Théâtre-Libre de Antoine; e em 1891, pelo Théâtre d'Art de Paul Fort. É também o momento em que a encenação não mais significa simplesmente a passagem do texto para o palco, mas a organização autônoma da obra teatral, a visão "sintética" do teatro e da encenação, à qual Guido Hiss consagrou, recentemente, um belo estudo[32]. Esta autonomia assumirá formas variadas no decorrer da história. Sobre isso podemos fazer aqui apenas um pequeno resumo histórico, a fim de propor uma possível periodização sob o ponto de vista da concepção mutável da arte da encenação. Longe da exaustão, o importante é reconhecer as rupturas epistemológicas, os momentos em que a encenação muda radicalmente. Bem entendido: vários modelos podem coexistir, na realidade podem misturar-se.

2. ETAPAS DA EVOLUÇÃO DA ENCENAÇÃO

Por simplificação pedagógica, esboçaremos em largos traços o retrato de um século de teatro concebido sob os auspícios da encenação. Não se incluem escolas com programas claramente definidos e limitados no tempo, porém tendências, poderíamos quase dizer tentações, que acompanham toda a história do teatro. Observar-se-á para cada uma dessas fases a teoria e a filosofia que melhor lhe correspondem. Seria o caso, de resto, de comparar essa evolução da encenação, vista da e na França, com a de outros países europeus da mesma época; estudar os desenvolvimentos paralelos em outros países; esboçar uma história das influências recíprocas. Essa polaridade mantém-se amplamente na história da encenação até os anos de 1960.

2.1 *De 1887 a 1914*

A origem dupla – naturalista e simbolista – da encenação recorta apenas parcialmente a polaridade do teatro popular (Antoine, Gémier, Dullin) e do teatro de arte (Fort, Lugné-Poe).

---

[32] *Synthetische Visionen. Theater als Gesamtkunstwerk von 1800 bis 2000.*

Tal polaridade mantém-se ao longo de toda a história da encenação até os anos de 1960.

Seja qual for o estilo, o encenador aparece para desafiar o autor, auxiliando o espectador a compreender melhor a peça apresentada, propondo-lhe sua própria interpretação da peça.

2.2 Anos de 1900 a 1930

A reação antinaturalista e a pesquisa do espaço: Adolphe Appia e Edward Gordon Craig. Persuadidos da autonomia estética do palco, estes dois artistas e teóricos buscam os dois elementos essenciais da representação: o ator iluminado no espaço. O espaço é portador de sentido, pois, como observa Appia, "a encenação é a arte de projetar no espaço aquilo que o dramaturgo pôde projetar apenas no Tempo"[33].

Para Craig, um dos primeiros a utilizar em inglês o termo *stage director*[34], "a arte do teatro" não pode ser senão aquilo que entendemos, a partir do começo do século xx, por *encenação*: O uso dos elementos fundamentais da representação, o movimento, a cenografia, a voz.

Entendo por *movimento* o gesto e a dança que são a prosa e a poesia da ação. Entendo por *cenografia* tudo aquilo que se vê, tanto os figurinos, as iluminações, quanto as cenografias propriamente ditas. Entendo por *voz* as palavras ditas ou cantadas em oposição às palavras escritas; pois as palavras escritas para serem *lidas* e aquelas escritas para serem faladas são de duas ordens inteiramente distintas[35].

Craig está na origem de outra concepção da encenação: não mais a passagem do texto para o palco (como em Antoine), mas sim a autonomia de uma prática cênica que se emancipa da literatura e do autor, a ponto de querer eliminar aquele em proveito do ator e do encenador[36]. A frequente confusão entre a encenação como passagem do texto para o palco e como arte autônoma prolonga-se até os dias atuais.

---

33 Acteur, espace, lumière, peinture, *Théâtre populaire*, n. 5, 1954, p. 8.
34 De acordo com D. Bradby e D. Williams, *Director's Theatre*, p. 3.
35 *De l'art du théâtre*, p. 225.
36 Ver M. Vinaver, L'ile, *Théâtre en Europe*, n. 18, set. de 1988, citado infra, cap. 13.

2.3 Anos de 1910 a 1930

As vanguardas russas, particularmente com Stanislávski, Vakhtângov e Chekhov (Michael), interessavam-se mais pela formação sistemática do ator, pela sua técnica interior, do que pela encenação na sua dimensão plástica. No entanto, outros artistas, como Meierhold ou Taírov, no espírito de vanguarda alemão da mesma época, fizeram inúmeras experiências espaciais e construtivistas, enaltecendo a "reteatralização" do teatro.

2.4 Anos de 1920 a 1940

A era clássica da encenação, pelo menos na França, é a de Copeau e do Cartel (Pitoëff, Dullin, Jouvet, Baty), no apogeu de uma reflexão sobre a leitura dos textos e também os começos da era "cenocrática", na qual o encenador controla os signos o mais rigorosamente possível. A definição da encenação torna-se quase tautológica: "a atividade que consiste no arranjo, dentro de determinado tempo e determinado espaço de atuação, dos diferentes elementos da interpretação cênica de uma obra dramática"[37]. Copeau fornece a definição clássica: "o desenho de uma ação dramática. É o conjunto dos movimentos, gestos e atitudes, o acordo das fisionomias, vozes e silêncios, é a totalidade do espetáculo cênico que emana de um pensamento único, que o concebe, o regula e o harmoniza"[38].

2.5 Anos de 1930 a 1940

O tempo das rupturas chega com Artaud e Brecht. O autor de *O Teatro e seu Duplo* reivindica uma cena autônoma que não se interesse pela passagem do texto para a representação, visto que esta é um acontecimento único e que "toda a criação vem do palco". Esta ideia simples prolongar-se-á nos anos de 1960 na arte da performance. Artaud tem uma atitude ambivalente

---
[37] *Notes sur le métier d'acteur*, p. 4-7.
[38] Idem, p. 29 e s.

em face da encenação: não procura absolutamente renovar a técnica, mas sim criar uma metafísica do teatro, pois "o teatro, arte independente e autônoma, tem que ganhar consciência para ressuscitar, ou simplesmente para viver, tem que ressaltar aquilo que o diferencia do texto, do mero discurso, da literatura e de todos os outros meios de expressão fixos ou escritos"[39]. Artaud rejeita a noção de espetáculo e de "tudo o que essa denominação contém de pejorativo, acessório, efêmero e exterior"[40]. Ele sabe que a encenação se constitui, na maior parte do tempo, na transferência de um texto para uma representação, daí a sua atitude ambivalente em relação a ela. Por um lado, a encenação é "numa peça de teatro a parte verdadeiramente teatral do espetáculo", mas, por outro, "se o termo encenação ganhou, com o uso, um sentido depreciativo, isso se deve a nossa concepção europeia de teatro que dá preferência à linguagem articulada em detrimento de todos os outros meios de representação"[41]. Com Artaud, estamos no ponto em que a concepção de encenação muda radicalmente. Ela não é mais a realização cênica de um texto: torna-se uma prática autônoma: "É preciso considerá-la não como reflexo de um texto escrito e de toda essa projeção de duplos físicos que emanam do escrito, mas sim como a projeção ardente de tudo o que pode ser extraído das consequências objetivas de um gesto, uma palavra, um som, uma música e de suas combinações entre si"[42]. Descartando a encenação de tipo ocidental, Artaud abre novos caminhos para o teatro, mas abstém-se de mostrar, concreta e pessoalmente, o caminho. Entretanto, uma nova era se abre para a prática do palco: ela não está mais centrada no texto a ser representado, nem no mundo autônomo que se abre no palco: ela nos obriga a uma análise do mundo e, se possível, a proceder a sua transformação crítica.

O mesmo ocorre com Brecht, porém por razões muito diversas. Para ele, a encenação não tem valor em si: é apenas o terreno de confronto entre a prática cênica e o material textual

---

39 *Le Théâtre et son double*, p. 160. (Trad. bras.: *O Teatro e Seu Duplo*, Rio de Janeiro: Max Limonad, 1987.)
40 Idem, p. 160.
41 Idem, p. 66.
42 Idem, p. 111.

(a leitura crítica do texto); ela somente adquire o seu sentido enquanto arma histórica e política. Brecht encenou, sem dúvida, outros autores no início de sua carreira, depois suas próprias peças, porém nem nos seus escritos teóricos nem na sua prática deteve-se na estética da encenação. Fala, antes de tudo, do *Spielleiter* (diretor de representação) ou do *Theaterarbeit* (trabalho teatral). É preciso, contenta-se em dizer, que a encenação narre a história "engenhosamente". O encenador precisa, sobretudo, aprender a reconhecer as contradições do mundo em que vive, a escolher um ponto de vista crítico e, finalmente, a transformar o mundo. Encenar é, portanto, reconhecer a dramaturgia da obra e encontrar-lhe os meios cênicos, ao mesmo tempo ilustrando-a e acessoriamente descobrindo-a com um novo olhar. Para isso, é preciso saber extrair a fábula da peça e, assim, contar claramente uma história. Há o perigo de que a encenação encubra o texto, se torne uma ortodoxia marxista e brechtiana. E foi isto o que aconteceu com os epígonos ou com os leitores demasiado fiéis do *Modelbuch*, o livro de referência das encenações de Brecht para uso dos futuros artistas, particularmente na Alemanha Oriental. A partir do momento em que se limita a repetir uma solução ao pé da letra ou obedecendo ao sentido comandado pela política oficial do momento, a encenação congela-se e morre, mesmo a de Brecht.

Num dos seus raros textos consagrados à encenação, mais exatamente ao trabalho do "diretor de representação", Brecht faz, em algumas frases, uma crítica radical aos principais estilos de seu tempo[43]. Segundo ele, o naturalismo prende seus personagens em posições arbitrárias, e, portanto, não têm pertinência. O expressionismo não leva em conta a história, deixando os personagens exprimir-se ao invés de analisá-la. O simbolismo, ao se interessar apenas pelos símbolos por trás da realidade, perde-a de vista. O formalismo é suspeito de agrupar os elementos em função de imagens que não conseguem fazer avançar a história. Brecht, nem sempre evitando tais defeitos, não obstante mudou radicalmente a função da encenação e nossa maneira de entender a sua prática.

---

43 Questions sur le travail du metteur en scène, *Écrits sur le théâtre*, p. 783 e s.

2.6 Anos de 1945 a 1965

A democratização e a descentralização teatral foram feitas sob o patrocínio de Jean Vilar para o teatro popular, e de Jean-Louis Barrault para uma vanguarda "oficial". Para Vilar, "os verdadeiros criadores dramáticos destes últimos trinta anos não foram os autores, mas os encenadores"[44], o que não o impedia de enaltecer o despojamento e a austeridade da representação. Para Barrault, a cena deve renovar-se com o teatro de arte e com uma cenografia concebida por vezes como um belo cenário.

2.7 A Ruptura de 1968 e a Reação Política dos Anos de 1970

A morte anunciada do autor coincide com o fim do progresso econômico e da teoria (Barthes, Foucault, Lacan). Apesar do debruçamento narcisista da encenação sobre si mesma, os artistas americanos da performance, música, dança ou do *happening* (Wilson, Cunningham, Beck, Foreman, Cage, Glass) conseguiram desencravá-la para melhor abri-la à performance. Foi igualmente a grande época da criação coletiva com o Théâtre du Soleil em torno de Ariane Mnouchkine e muitas outras experiências parecidas no mundo inteiro. Essa rejeição ao encenador caminhou, no entanto, paralelamente à sua reintrodução subsequente.

A encenação é, portanto, concebida seja como prática significante, obra aberta, seja como "escritura cênica" (Planchon) provida de um metatexto. Supunha-se que o "discurso da encenação" fornecia a chave das escolhas da encenação. Evitavam-se, nesse caso, os termos muito "burgueses" de *obra, autor, teatro de arte, encenação*: falava-se de *produção, escritor* ou *prática significante*. Aos termos da estética clássica preferiam-se aqueles de *evento, criação coletiva* ou *psicodrama*.

---

44 *De la tradition théâtrale*, p. 71.

2.8 O "Tudo Cultural" dos Anos de 1980

A experiência do "socialismo à francesa", que vai da chegada de Mitterrand ao poder à queda do Muro de Berlim, colocou o teatro de pesquisa, e até mesmo o teatro comum, em inferioridade. Este nada mais significava do que uma prática entre as inúmeras práticas artísticas e culturais. A ideia de encenação parecia dissolver-se tanto mais facilmente na medida em que concorria com a da performance e tudo quanto esse termo inglês veicula de pragmatismo e de infinitas variações culturais.

Paradoxalmente, no entanto, assistiu-se ao triunfo institucional e artístico do encenador, especialmente no teatro de imagens ao estilo de Robert Wilson. Um desvio se aprofundava entre a sofisticação da prática e o desinteresse pela teoria, exceto raras exceções como as de Vitez ou Mesguich. Ao mesmo tempo, na Grã-Bretanha ou nos Estados Unidos, o interesse pela teoria pós-moderna ou pós-estruturalista na universidade, pela desconstrução derridiana, raramente foi acompanhada por consequências no meio teatral (salvo com Richard Foreman ou o Wooster Group).

2.9 O Retorno do Texto e da Nova Dramaturgia, ao Longo dos Anos de 1990

Explica-se particularmente pelo custo desmesurado dos espetáculos, a crise dos auxílios públicos e o incentivo à escrita. Tudo isso conduziu à reconsideração do poder total dos encenadores e à pesquisa de meios mais simples e minimalistas de encenar textos que não exigissem mais um dilúvio de imagens e efeitos.

A aproximação entre encenação e performance foi vantajosa para as duas partes: A *performance theory* e os *performance studies* estenderam seu domínio ao infinito, mas por vezes perderam uma certa pertinência metodológica para a análise. Ao retornar aos objetos estéticos e à encenação teatral, encontraram um maior rigor e ferramentas, já consideradas como arcaicas tal como a teatralidade, cujo uso nos devolve a Meierhold, Evrêinov ou Copeau. Contudo, a visão continental e limitada do teatro, pouco receptiva aos espetáculos do mundo para além da França, tinha necessidade da performance para "arejar-se" um pouco, quando muito não fosse para testar os textos desse modo "abertos", inventando-lhes uma colocação no espaço que tem como efeito "destrinchar" um escrito muito compacto e pouco legível no papel.

Portanto, o problema não é mais saber quem – seja o autor ou o encenador – possui ou controla o texto, nem como, de que maneira, a prática textual afeta o palco, mas antes de tudo saber como a representação e a experimentação cênica ajudam o ator, e em seguida o espectador, a compreender o texto à sua maneira.

Parodiando o ensaio de Pierre Quillard, poderíamos intitular este ensaio: "Da Utilidade Relativa da Encenação Contemporânea, Exata ou Inexata".

Útil ou não, em todo caso essa noção generalizou-se, até o ponto de aplicar-se aos domínios da vida social[45]. Não perdeu ela de um só golpe toda a sua pertinência? Se sua função evoluiu consideravelmente do século XIX ao XXI, ela nos servirá, no entanto, como fio de Ariadne para acompanhar a história do teatro. As diferentes etapas que aqui acabam de ser enumeradas são tanto marcos quanto tradições, não meras curiosidades históricas, mas sim descobertas que continuam a agir na prática contemporânea, "pois uma inovação bem sucedida torna-se inevitavelmente uma convenção"[46]. A dificuldade não é tanto reconhecer esses rastros do passado quanto compreender por que e de que forma eles se misturam às novas invenções, das quais participam, assim, enquanto renovação da prática teatral. Ao invés de historiar esses empréstimos e suas filiações, apresentaremos simplesmente alguns aspectos da prática teatral depois dos anos de 1990[47].

---

45 Para além dos *performance studies* americanos ou britânicos, o termo *encenação*, utilizado de maneira em parte metafórica, é encontrado em duas obras recentes: J. Früchtl e J. Zimmermann (eds.), *Ästhetik der Inszenierung*, e *Mises en scène du monde. Colloque international de Rennes*, Besançon: Les Solitaires intempestifs, 2005.
46 E. Braun, *The Director and the Stage: From Naturalism to Grotowski*, p. 202.
47 Ver D. Bradby, com a colaboração de A. Poincheval, *Le Théâtre en France de 1968 a 2000*.

É possível abstermo-nos da encenação?

Quando o palco está vazio, a noite profunda, o desempenho minimalista, a voz neutralizada, o ator ausente, ainda existe encenação?

Diz-se, às vezes, meio rapidamente, que a melhor encenação é aquela que não se faz notar. Como se diz também que a melhor música de filme é aquela que não percebemos.

Deve-se acreditar nesses adágios banais?

O discreto charme de uma boa direção?

É verdade que um gênero, o da leitura em voz alta, em voz branca, aproxima-se desse ideal de "não-encenação", como se diz, da "não-violência", dessa forte atração budista pelo vazio.

Ocorre o fato de uma leitura da peça, feita pelos atores com o texto nas mãos, ser mais surpreendente, mais apaixonante, mais inesquecível do que uma encenação muito segura de si.

Porém, não será o caso de se considerar, mais uma vez, a encenação como o visível, o exterior, o supérfluo? Como alguma coisa evitável, da qual o melhor que faríamos seria nos abstermos? Um pouco de discrição, que diabo, nós gostamos de perceber!

Nas fronteiras do palco, e sem renegar seu estatuto de representação, a encenação faz-se discreta, faz-se morta, e, não obstante, para chegar a isso ela desaparece?

A encenação, hoje em dia, tenta muitas vezes (re)tornar à simplicidade da leitura, pública ou íntima, lábios invisíveis, ou dirigidos para o interior.

Qual a fronteira existente entre a representação e a realidade? A encenação?

2. Nas Fronteiras da Encenação*

Tendo experimentado quase todas as possibilidades da cena, às vezes o teatro gostaria de retornar a formas mais próximas da leitura do que a representação. Reencontrar a simplicidade da leitura parece-lhe ser a tarefa mais urgente. No entanto, isso é possível? Qualquer leitura feita em cima do palco não se configura, desde logo, como representação no ato da leitura, como uma encenação, por mais minimalista que seja?

Examinaremos três experiências-limite nas quais a encenação tenta negar-se a si mesma, seja ela uma leitura cênica, uma não-encenação ou uma encenação improvisada.

1. A LEITURA CÊNICA

É feita com a brochura na mão, com um ou mais leitores, correspondendo ou não aos personagens da peça. Porém, cada vez mais aborda peças poéticas ou românticas, lidas por um só comediante.

Pode tratar-se de uma leitura cênica propriamente dita, de maneira tal a divulgar ao público um texto não publicado e

* Texto publicado anteriormente em *Littérature*, n. 138, p. 73-80.

ainda não criado, ou de divulgar um texto não "previsto" para o palco. Faz pouco tempo que os atores são convidados frequentemente a ler poetas; o recital poético tornou-se um gênero que, depois de ter sido considerado durante muito tempo como um meio pouco propício para divulgar a poesia, invadiu palcos e lugares não teatrais.

Exercício esclarecedor para o ator consiste em distinguir, pela atuação, várias espécies de leitura e encontrar a que melhor convém ao texto a ser lido. A leitura individual e muda é uma invenção recente. Até o fim da Idade Média, lia-se em voz alta; a leitura muda apareceu com a imprensa: "Quando a Galáxia de Gutenberg invadiu o mundo, a voz humana calou-se. As pessoas começaram a ler como se fossem consumidores"[1]. A leitura para si mesmo, em subvocalização (mexendo-se os lábios e pronunciando algumas palavras), constitui uma segunda etapa da leitura em voz média para um personagem nas costas do ator, lendo-se depois em voz mais alta para todo um grupo e, finalmente, para toda a plateia. Trata-se de determinar o ponto em que a leitura se torna verdadeiramente pública, projetada para um auditório exterior ao universo ficcional.

Uma vez a leitura realizada com a intenção de haver um público, o leitor transforma-se muito rapidamente em ator assim que lhe for possível discernir, ou simplesmente imaginar, suas reações à palavra e ao seu papel na ficção em vias de ganhar corpo. Antoine Vitez, com *Catherine* (1975), é um dos primeiros que fez coincidir a leitura em voz alta de um romance (*Les Cloches de Bâle* [Os Sinos de Basileia], de Aragon) com a interpretação de personagens do texto. O limite entre a leitura e a *atuação*, entre o intérprete e o personagem, é impossível de ser traçado, o que faz de qualquer leitura cênica uma visualização de interlocutores e, desse modo, já uma encenação.

Contudo, mesmo que a voz disponha "naturalmente" o texto no palco, pois lhe dá necessariamente uma certa situação de enunciação, o leitor poderá reduzir ao máximo os efeitos visuais, esconder as escolhas dramatúrgicas, atenuar o subtexto, sugerir apenas "os esboços de encenação" (Denis Podalydès). É preciso, portanto, que a voz se ofusque vigorosamente, que

1 M. McLuhan, *The Gutenberg Galaxy*, p. 250.

se limite a evocar o mundo pela palavra ao invés de inscrever-se nele e participar. Ao ler o texto, no palco, projeta-o espacialmente, cria em si mesmo e na cabeça do espectador um universo ficcional que parece brotar diretamente das palavras e misturar-se àquilo que é mostrado no palco. Tanto o leitor quanto o espectador, sem querer, "desprendem-se"; põem-se a atuar e a imaginar uma ação, quer seja ela real ou puramente imaginária. É claro que existem todos os tipos de leituras possíveis, desde a mais intimista à mais representada. A leitura não se faz necessariamente encolher com relação à atuação: a atuação pode ser muito discreta, ao passo que a leitura é, por vezes, "histriônica" (Jacques Bonnaffé), como se o leitor, sobretudo o amador, procurasse compensar através da entonação a ausência aparente de movimento e interpretação dramática. Caso se trate de poesia – escrita para ser lida mentalmente mais do que declamada cenicamente e, por isso mesmo, completa em si mesma –, qualquer "exagero" vocal e gestual parecerá redundante e excessivo. Ao contrário, um texto dramático quando lido parece-se a um texto incompleto à espera de intérprete, sendo que neste caso sua interpretação "histriônica" passará melhor do que a poesia.

A maior parte de leitores no palco de um teatro ou em outro tipo de sala relaciona-se, hoje, com a leitura de poesia, lida muitas vezes por atores célebres e atraindo um público cada vez mais numeroso. Por que essa espetacularização da leitura? O que tem ela a ver com o teatro?

Questão delicada!

Curiosamente, existem poucos estudos sobre esse gênero de leitura pública de textos poéticos ou dramáticos, como se se tratasse, no caso, de uma comunicação pré-estética e propedêutica que não merecesse a mínima atenção. Ora, os atores e os poetas por eles lidos têm muito a nos ensinar nesta tomada de contato com a obra em vias de reconhecimento público. E não é exatamente aqui que o sentido emerge? Que a voz poética percorre o caminho teatral?

A aposta na leitura pública de poemas não visa apenas divulgar poetas confessionais: visa também divulgar a sua voz, às vezes no sentido literal do termo, quando são convidados a dizer os seus poemas, mas muitas vezes, igualmente, no sentido figurado, ao revelar muitas maneiras de dizê-los e compreendê-los. A situação de representação (um público que assiste à leitura) obriga o ator a escolher determinada maneira de falar, a tomar partido por um sentido possível; o autor constata então, pela primeira vez, que seu texto pertence a outro, que o mesmo deve escapar-lhe para existir. A "performance", o fato de realizar a enunciação do texto, no sentido performático da linguística, de interpretar uma certa versão e compreensão, faz da poesia (ou de qualquer texto) um texto dramático à espera de encenação. O mesmo acontece com o público: é intimado a escutar de forma diferente aquilo que ou lhe é muito conhecido ou muito "inaudito". A partir dos formalistas russos, é sabido amplamente que o texto poético parece sempre estranho, inesperado, produzindo o efeito de um objeto colocado à sua frente como exterior e observável debaixo de todas as costuras. Não se trata mais, nesse caso, de interpretá-lo, de reduzi-lo a um significado, mas sim de vê-lo como objeto relativo, um pouco como se dava com Kantor no palco, nas costas dos atores, vendo a encenação como uma paisagem ou objeto esperando para ser modelado. Desse modo, "o poema transforma-se no objeto que se coloca entre o ator e o público e que é mostrado sob várias facetas ao mesmo tempo"[2].

2. A NÃO-ENCENAÇÃO

Essa relatividade do objeto nos conduz àquela da encenação, à ideia de que talvez fosse melhor limitar a representação a um mínimo para fazer-se compreender o texto. Alguns criadores como Clayde Régy têm por princípio "não encenar": "que isso seja antes de mais nada uma espécie de trabalho de parto; deixar acontecer, derrubar as paredes para que se possa dar vazão livremente àquilo que vem de longe no inconsciente do autor, no inconsciente dos atores e que, enquanto tal, sempre sem barreiras, possa atingir o inconsciente dos espectadores"[3]. A tarefa do encenador é, desse modo, "permanecer suspenso no

---

2   D. Podalydès, Le spectacle de la lecture, *Littérature*, n. 138, p. 68.
3   Citado em M.-C. Pasquier, Claude Régy: garder le secret du livre, *L'Art du théâtre*, n. 6, p. 62.

mundo da escrita", "escutar a escrita"[4]. Para assim proceder, convém neutralizar a parte espetacular da representação e encontrar o silêncio e a imobilidade necessários à concentração tanto do ator quanto do comediante. Régy poderia subscrever a seguinte observação de Copeau: "O ator faz gestos demais, excessivamente involuntários, sob o pretexto do natural. E sempre muitos jogos fisionômicos [...] Deve-se adquirir em si mesmo o silêncio e a calma"[5].

O teatro terá, portanto, de acordo com Régy, de ser entendido no texto, o que não significa que esteja a ponto de retroceder à literatura dramática, mas sim que a encenação deve fazer-se tão discreta quanto possível a fim de que o espectador entre no texto: "Sob a condição de que não se enterre a encenação, a escritura constitui um elemento dramático em si, quer dizer, transmite sensações e cria imagens. Quando se ouve um texto, o espírito gera fluxos de imagens. A encenação deve conservar-se minimalista para não formatar a visão dos espectadores e impedir o livre desenvolvimento do seu imaginário, a partir daquilo que ouvem e veem"[6]. Praticamente, o espectador tende a tornar-se um ouvinte, quase como no rádio, atendo-se à voz dos atores. A penumbra do palco, a lentidão da elocução, longe de adormecer, são pressupostos para agudizar seus sentidos e sua atenção.

Nas encenações de Duras, Fosse ou Maeterlinck, Claude Régy aplica este sistema ao ralentar o ritmo da dicção e dos movimentos (como as encenações simbolistas da época), deixando o palco na penumbra, obrigando o espectador à concentração, a uma experiência diversa de tempo. Ele obtém êxito no programa do autor que serviu à perfeição: Marguerite Duras e seu "Teatro de Voz com Paradas e Retomadas"[7]. Portanto, esta não-encenação muito seguramente é ainda única: cada variação de luz ou tempo, cada movimento sutil de um dedo ou cada inflexão vocal assumem proporções consideráveis. Trata-se, assim, de uma mudança de escala.

---

4 C. Régy, *Théâtres*, n. 5, p. 47.
5 J. Copeau, *Registres*, p. 59.
6 C. Régy, op. cit., p. 23.
7 M. Duras, *L'Arc*, n. 98, 1985, p. 65. Citado em J. Danan, *Le Théâtre de la pensée*, p. 300.

Numa encenação minimalista desse tipo, tal como a de Phillip Zarrilli[8], a partir da peça de Ota Shogo, *Water Station* (Reservatório de Água), vemos as figuras aproximando-se de uma torneira que escorre com grande barulho durante toda a representação: elas bebem ou utilizam a água à sua maneira. A menor mudança de ritmo, voluntária ou involuntária, torna-se um verdadeiro efeito de encenação e o espectador, concentrado e paciente, constrói uma possível história, sem que seja preciso o suporte de uma história.

Quando esse gênero de ação cênica minimalista é acompanhado, como nas realizações de Régy, por um texto que é pronunciado como uma trilha sonora desfilando lentamente, a palavra assume, evidentemente, relevo inesperado. As palavras pronunciadas são como que sublinhadas individualmente, e o ouvinte não escapa de ser conduzido, o que é uma das missões clássicas da encenação. Ele pode então ter a impressão de que tudo decorre do texto, porém isso é verdade somente em parte: é justamente o ator, ele próprio dirigido pelo encenador, quem decide esses sublinhamentos de texto – e isso é de escolha da encenação.

A não-encenação frequentemente é a estratégia escolhida para textos não dramáticos, destinados normalmente à leitura e que não aguardam o suporte ou o complemento de uma encenação. Ela quase se impõe, de tal maneira esses textos se revestem de riqueza inesgotável e têm necessidade de maior concentração, em todos os sentidos do termo.

É o caso de *Je poussais donc le temps avec l'épaule* (Eu Então Empurrei o Tempo com os Ombros), montagem de textos de Proust "ditos" por Sergei Maggiani sob a direção de Charles Tordjman[9]. Não se trata, no caso, de falar propriamente de leitura cênica, visto que o ator pronuncia essas frases sem as ler, usando o tom de um narrador que fala como se lesse com dificuldade, tal como uma criança que lê um texto maravilhando-se com aquilo que descobre. Às vezes é difícil saber, seja aqui ou acolá, se o ator vive seu texto e fala ou, ao contrário, se o lê e declama. Mesmo que esteja interpretando um papel, o de

---

8 Encenação de Phillip Zarrilli, Singapura, verão de 2004. Esta performance de *Water Station* está disponível em DVD.
9 Festival de Avignon, curso do Liceu Saint-Joseph, 2001.

Proust, o ator fala de modo absolutamente não "natural" e parece muito mais preocupado com a precisão do ritmo do que com o sentido de suas palavras. Daí essa impressão de leitura apesar da declamação "de cor". Enquanto narrador-contador, representa ser o personagem de Proust, porém enquanto leitor aparece como essa criança que descobre o mundo e que nos fala dele, uma criança ou um simplório com o qual o ouvinte se identifica.

Mesmo neste caso, a "não-encenação" (de acordo com critérios quantitativos e tangíveis) não o é enquanto tal; antes de tudo, é o contrário: na verdade repousa inteiramente, e quase num sentido estrito, nos ombros do ator. Longe de figurar o mundo de Proust, de fazer representação de sua obra romanesca, Sergei Maggiani escolhe dizer o texto com uma atitude corporal que sugere a ligeireza do leitor face ao imenso *corpus* proustiano. O estranho título – *Eu Então Empurrei o Tempo com os Ombros* – deve ser tomado ao pé da letra. O ator, por sua atitude, sua voz, seu fraseado (*phrasé*), situa-se numa nova relação física com o texto romanesco. Não se trata de encarnar frontalmente Proust ou seus personagens, mas, sim, de encontrar um corpo, uma postura e uma voz para "empurrar o tempo com os ombros" – nesse caso, enunciando as palavras de Proust com uma voz emitida no espaço como se sob o efeito de um empurrão invisível. Esse empurrão de ombros contra o tempo, esse esforço para "ex-pressar" a frase proustiana, são tornados sensíveis fisicamente pela dureza emprestada ao corpo. O dispositivo cênico (uma caixa branca tendo no fundo uma tela de cor cambiante), a enunciação do ator e sua inscrição no espaço, assim como a duração, fazem sentir tanto o empurrão e a contração física quanto a complexidade atormentada, porém fluida, da frase. A contração dos ombros, do pescoço e dos dedos significa fisicamente a angústia da criança ("Mamãe sem dúvida irá chegar"). O trabalho de Maggiani consiste em preparar a escuta da frase proustiana, em comunicar corporalmente o esforço físico da recordação por meio da dureza e do olhar oblíquo.

Este exemplo ilustra tanto as encenações minimalistas de textos não dramáticos quanto o papel do corpo enunciador, seja na leitura, seja na palavra cênica. O corpo empurra o texto, no-lo dá a entender num certo sentido. Resta mostrar esse sentido através da interpretação ou pela voz. Encenar um texto é menos situar o texto no corpo do que situar o corpo no texto. O ator procura menos caracterizar um personagem do que deslizar no texto a fim de nele sentir fisicamente o desenrolar e a trajetória; ele o incumbe de experimentar a resistência do material textual com o empurrão do corpo. O ator opõe-se frontalmente ao espectador que nele busca um representante e um actante do mundo ficcional; empurra seu corpo lateralmente na temporalidade verbal da frase. Desse modo, a lateralidade substitui a frontalidade: ela procura antes seguir o movimento da frase do que figurar um universo perdido. O corpo, sozinho, reencontra a lembrança e experimenta as palavras colocando-as à prova sob o olhar do outro.

A Encenação e a Crítica Dramática

A Encenação no Centro da Crítica
Do ponto de vista da teoria teatral, a questão poderia ser colocada nestes termos: Em que a crítica dramática, a das mídias escritas e audiovisuais, nos é útil para melhor apreciar (em todos os sentidos do termo) a encenação? Ao invés de levar em conta preferencialmente a crítica dramática jornalística, melhor seria que a teoria sutil erguesse os olhos para ela. Além do mais, a crítica dramática das mídias, quase instantânea, não estará mais próxima do evento teatral, também ele instantâneo, do que a teoria intemporal, pesada, estática, falsificadora por natureza das impressões viscerais e emocionais, que o espectador recebe ao vivo?

Hipótese teórica: a encenação corresponde à ferramenta mais útil para se avaliar um espetáculo, não apenas no sentido de analisá-lo, mas também para julgá-lo em termos estéticos. A noção de encenação, contudo, está longe de ser universal, e o termo, conhecido internacionalmente, adquire sentido específico em cada contexto cultural. Na França, a encenação designou, inicialmente, a passagem do texto dramático para o palco. Depois, veio rapidamente significar a obra cênica, o espetáculo, a representação, em oposição exatamente ao texto ou à proposta escrita para o jogo cênico. A essa concepção empírica (e corrente) de encenação junta-se aquela, aqui utilizada, mais precisa e técnica, teórica e semiológica, de sistema de sentido, de escolha de encenação. Portanto, fazemos uma grande diferença entre a análise de espetáculos, que se esforça em descrever, de maneira empírica e positivista, o conjunto dos signos da representação e a análise da encenação, à qual propõe uma teoria do seu funcionamento global. A crítica dramática pratica os dois tipos de análise, porém aqui nos interessa aquela que nos esclarece sobre a encenação, considerada como sistema mais ou menos coerente. Em poucas palavras, este tipo de crítica na verdade tem condições de descrever as opções da encenação, de revelar-lhe o sistema, o *Konzept*, como dizem os alemães; a dramaturgia, como dizem os brechtianos; o *acting* (atuação) ou o *staging style* (estilo de encenação), como dizem os ingleses. O problema todo é saber se todas essas noções globais ainda são pertinentes com relação aos espetáculos dos últimos dez anos. À crítica dramática da imprensa quotidiana dever-se-ia agregar tanto as estreias dos hebdomadários, dos magazines do rádio e da televisão, quanto os fóruns de espectadores na Internet.

Crise da Encenação, Crise da Crítica
Até os anos de 1980, os críticos estavam conscientes do fato de que sua arte se subdivide entre uma informação para o grande público e um estudo para os profissionais, quer se tratasse de pessoas do meio teatral ou dos próprios artistas. Com Thibaudet (1922), o modelo ainda era ternário: "a crítica de pessoas honestas, a crítica de profissionais e a crítica de artistas"[10]. Mais comumente, o modelo é binário: dessa forma, Bernard Dort (1967) opõe uma "crítica de consumo" a "outra crítica [...] ao mesmo tempo crítica tanto do fato teatral quanto do fato estético e das condições sociais e políticas da atividade teatral". O crítico está, portanto: "por fora e por dentro"[11]. Mais tarde, o mesmo Dort (1982) tentará uma delicada dialética entre dois tipos de crítica: a "crítica tradicional, para o essencial jornalístico" de um "espectador médio ideal", e a palavra "científica, ou universitária" da "*Theaterwissenschaft* ou da teatrologia". Essa síntese, essa "terceira pessoa", "ao mesmo tempo fora e dentro", esse "espectador interessado [...] deve ter conhecimento teatral, devendo esse conhecimento ser histórico ou semiológico", um conhecimento que ele "não aplica ao espetáculo", porém "submete à prova da representação teatral"[12]. Georges Banu (1983) retomará esse dualismo: O crítico tem dentro de si, segundo ele, tanto o "amador esclarecido" quanto o "dramaturgo no sentido alemão do termo", o qual "dispõe de uma teoria, de uma certeza [...] que se esforça em realizar com obstinação"[13]. A continuidade dessa

---

10 A. Thibaudet, Physiologie de la critique, Conférences au Vieux-Colombier de 1922, *Physiologie de la critique*, p. 23-24.
11 B. Dort, *Théâtre réel*, p. 47.
12 *Le Monde*, 1982. Texto reproduzido no livro de Chantal Meyer-Plantureux, *Un siècle de critique dramatique*, p. 142.
13 *Théâtre/Public*, n. 50, 1983. Texto reproduzido no livro de Chantal Meyer-Plantureux, *Un siècle de critique dramatique*, p. 146.

tradição francesa deve existir provavelmente em muitos outros países, sob outras formulações. No entanto, ela não é absolutamente universal; e o crítico alemão Henning Rischbieter, editor por muito tempo da *Theater heute*, propõe uma divisão completamente distinta das tarefas da crítica. Esta responde, segundo ele, a três realidades: 1. é um ramo do jornalismo e da informação; 2. tem um impacto econômico; 3. é uma produção literária, visto que exige talento artístico na escritura. A ausência, nessa concepção, de reflexão sobre a dramaturgia ou sobre a encenação haverá de espantar um francês: este se perguntará se tal ausência testemunha algum tipo de cinismo, ecletismo ou se seria muito mais uma grande abertura de espírito.

Crítica e Teoria

Há outro tipo de ruído pelo qual não temos muita certeza se devemos ou não nos felicitar: a velha distinção entre crítica jornalística e pesquisa teórica universitária tende a romper-se. A imprensa escrita nem sempre desempenha seu papel de réplica imediata ao evento cênico, batida que foi pela rapidez das outras mídias ligadas à Internet, tais como os fóruns ou os *blogs*. Muitos críticos publicam suas análises uma semana, um mês, até um ano depois da representação. Frequentemente são os universitários, que acompanham e mantêm tal grupo ou tal tendência, passando a impressão de serem quase comparsas dos artistas. Todavia, podemos compreendê-los tendo em vista que a universidade, seja europeia ou americana, abstém-se de propor modelos teóricos, configurando-se como conservatório de *know-how* e *ready-made* do pós-estruturalismo e do pós-dramático. Sua imagem de cientificidade, imparcialidade, rigor, até mesmo de honestidade intelectual, tem sofrido muito. A boa nova, portanto, é que os críticos do dia a dia ou do período semanal, bem como os teóricos do transcurso anual, estão no mesmo barco, não podendo mais atiçarem-se uns contra os outros.

Pela primeira vez, a encenação contemporânea propõe uma questão de confiança à crítica: como ajudar os futuros ou potenciais espectadores a decifrar, ou simplesmente a aceitar os espetáculos? Esta questão dirige-se tanto aos críticos especialistas quanto ao comum dos mortais! O brutal bom senso dos críticos de antanho não basta mais. Eles não podem responder à pergunta: "O que é que isso quer dizer?" senão por meio de uma pirueta: "O que é que você acha?" Não estão mais em condições de prover um modo de se compreender a encenação. A perplexidade passageira, que, de acordo com Banu, garantiria a "regeneração da crítica", tornou-se regra geral.

A partir disso, não há nada que nos espante pelo fato de a análise dramatúrgica e a pesquisa por escolhas de encenação terem sido interrompidas. A mistura de gêneros (cômico, trágico, grotesco, absurdo etc.), a multiplicidade de registros confundiu-se ao longo dos caminhos. É dever da crítica emitir uma hipótese sobre o funcionamento da encenação, seu sistema ou seu fio condutor a fim de ajudar o espectador perplexo, porém tal hipótese arrisca-se igualmente a extraviá-lo ou a perdê-lo caso ela se revele forçada ou banal.

Não resta dúvida: uma mudança de paradigma na prática da encenação rompeu os quadros de análise inoperantes, pelo menos temporariamente[14]. A concepção estrutural, funcionalista, semiológica da encenação, que concebia a representação como texto espetacular e sistema semiótico, está fora de moda. Tal mudança não é absolutamente nova, mesmo que a crítica francesa ainda não a tenha registrado. O teatro parece descobrir que o essencial não reside no resultado, na representação acabada, e sim no processo, no efeito produzido. A encenação tornou-se performance no sentido inglês da palavra: participa de uma ação, está num vir a ser permanente. É preciso de algum modo considerar o espetáculo no meio dessas duas extremidades: suas origens e seus prolongamentos, compreender de onde vem a ação performativa e para onde vai.

O Objeto da Crítica
Estamos ainda diante de um objeto estético estável, apreensível, descritível? Tem ainda o objeto da análise, a encenação, alguma coisa de tangível, ou se tornou, tal como as obras plásticas descritas por Yves Michaud, uma "arte em estado gasoso" no qual as obras se desmancham no ar, reduzidas apenas à experiência estética do espectador? O fato é que essa experiência estética é a única coisa que sobra quando se negligencia o objeto cênico em proveito do seu modo de recepção. O que vale para as obras de arte plástica vale também para as encenações, objetos ainda mais frágeis e que desaparecem no correr do tempo: tais obras "não pretendem mais representar nem significar. Não remetem a um além de si mesmas; não simbolizam mais. Nem mesmo têm mais poder como objetos sagrados, porém visam produzir diretamente experiências intensas e particulares"[15]. Nessa situação paradoxal, estamos

---

14 Não nos encontramos mais na alternativa do crítico dividido entre o desejo de falar da encenação (como sistema) e de mencionar a performance dos atores. É o que diz também Jean-Pierre Léonardini: "Estou absolutamente persuadido de que não falar dos atores no meu próprio trabalho é um nó cego. Acho que, na situação em que nos encontramos, o conceito de encenação deve ser defendido tanto quanto aquele, nos meus artigos, da colocação em perspectiva crítica. Entretanto, falando daquela e não do ator, eu amputo o meu trabalho de uma construção secundária" (La critique en question, *Théâtre/Public*, n. 18, 1977, p. 19).
15 Yves Michaud, *L'Art à l'état gazeux: Essai sur le triomphe de l'esthétique*, p. 100.

à frente ou, mais propriamente, no interior da obra cênica: ela é material, sensível e física. Todavia, ao mesmo tempo o que conta, algo que não se refere mais à sua materialidade, é a experiência na qual estamos mergulhados. Dessa forma, a obra desmaterializa-se, torna-se virtual, impede-nos de distinguir-lhe as propriedades e significados. O crítico dos anos de 1980 estava seguro pelo menos de possuir um corpo, o qual ele partilhava com sua geração[16]. Na atualidade, tem-se um pouco a sensação de perda desse corpo empírico, na medida em que o objeto espetacular se desmaterializa e que o espectador, ao encontrar um corpo imaginário, recua na experiência estética. Dito de outro modo: o crítico perde seu corpo em proveito do corpo do espectador (e é difícil dizer quem ganha com essa troca).

Tal recuo dificilmente se deixa interromper. Entretanto, a crítica que se mantém preocupada com a descrição da representação em seu conjunto volta incessantemente ao sistema encenado. O recente estudo sobre cinquenta encenadores por Mitter e Shevstova conclui por um distanciamento da palavra em proveito do domínio do corpo em movimento[17]. Essa ação corporal em movimento deve se tornar, assim, o objeto da crítica na encenação. Ao invés de comparar o texto e sua concretização cênica (como o fez por muito tempo a crítica), convém agora revelar essa lógica do corpo em movimento, assim como o espaçotempo no qual ele se inscreve. Se a crítica, e na sequência o espectador, preocupam-se com o conjunto do espetáculo e não com detalhes isolados, ser-nos-ão poupados os efeitos de *zapping*: eu não gosto mais, vou passar para outra coisa. Resta, assim, a extrema dificuldade em ler e decifrar o espetáculo na sua lógica interna e na sua referência com nosso mundo. Dificuldade, porém, não significa impossibilidade.

Novas Tarefas da Crítica Dramática Frente à Renovação da Arte Cênica

Além da ampliação de perspectiva que a crítica dramática pratica – aliás, desde sempre –, seria preciso ousar atribuir a essa crítica novas tarefas, precisamente nos domínios que a *political correctness* (o politicamente correto) evita cuidadosamente. Quais tarefas poderiam ser essas?

---

16 Georges Banu, citado em C. Meyer-Plantureux, op. cit., p. 150: "O corpo do crítico não é apenas o seu, mas é também aquele desta ou daquela geração a que pertence".
17 S. Mitter e M. Shevstova, *Fifty Key Theatre Directors*, p. XVIII.

Assumir e explicitar os julgamentos de valor que tanto a crítica quanto a teoria não podem evitar; admitir o empreendimento de legitimação que todo discurso supõe, mesmo se negativo, sobre um artista, um movimento, um modo de trabalhar; continuar, no entanto, consciente da relatividade desse julgamento ao fornecer ao leitor a possibilidade de contestá-lo ou desconstruí-lo.

Tomar e fazer com que se tome consciência da identidade cultural de qualquer pessoa que emita um julgamento, dando-lhe inteiramente o direito de falar daquilo que não lhe diga respeito, de outra cultura, outro meio, outra identidade, outra religião. Deslocalizar os críticos. Fazê-los analisar espetáculos ainda estranhos a eles. Não se embaraçar pela legitimidade, autenticidade, fundamentalismo, mesmo que cultural.

Reafirmar a importância da encenação e do encenador como mediador entre a obra e o público. Como se disse nos anos de 1980, quando Vitez entrava em Chaillot, "defenderemos a função, a própria existência da encenação, hoje novamente contestada no seu princípio. Não nos deixaremos enredar na relação inegável do ator com o texto e com o público"[18]. A lição de Vitez não foi esquecida: ela vale tanto para a crítica quanto para a encenação.

A crítica é também uma espécie em vias de extinção e, não obstante, tanto quanto o encenador, é indispensável para a mediação entre palco e plateia. Crítica e encenador são velhos cúmplices inconfessos que hoje são obrigados a entender-se caso não queiram desaparecer. Portanto, a encenação em sua nova extensão permanece, sob todos os aspectos, o terreno e a aposta da produção teatral e da crítica dramática.

3. A ENCENAÇÃO IMPROVISADA

Se a não-encenação revela-se, em verdade, uma obra muito sofisticada e estreitamente controlada tanto pelo encenador quanto pelo ator, deve-se apostar firmemente que a encenação improvisada não o estará senão a meio caminho... Ao mesmo tempo, é preciso levar muito a sério a vontade de um homem de teatro como Christian Rist de propor um "recital" (termo provisório) das *Iluminações*[19], de Rimbaud, que não deve ser

18 A. Vitez, L'Art du théâtre, *L'Art du théâtre*, n. 1, 1985, p. 9.
19 *Rimbaud/Illuminations* (*Fragments scéniques improvisés*), peça encenada em 20 de janeiro de 2005, no Teatro Firmin Gémier, em Antony.

visto, antecipadamente, como a declamação dos poemas por três atores de teatro. E, de fato, coisa alguma fica estabelecida de uma noite para outra: nem a escolha dos textos, nem a sua ordem de passagem, nem a identidade de seu intérprete ou o sentido que essa interpretação pretende conferir-lhes. O sistema de iluminação é estabelecido de modo aleatório, a duração da representação varia em função dos intérpretes. São dados "fixos" apenas: a literalidade dos poemas e o dispositivo cênico construído especialmente para o espetáculo: um anfiteatro de madeira clara ao redor de um espaço central recoberto por uma superfície que reflete a luz. O público fica muito próximo dos intérpretes, os quais circulam tanto nas galerias superiores quanto no espaço cênico retangular, onde as obras rimbaudianas foram negligentemente dispostas, na improvável hipótese de que os atores poderiam precisar delas.

Rimbaud. Les Illuminations, *encenação de Christian Rist.* © *C. Rist.*

A improvisação na dicção dos textos não se limita, evidentemente, à entonação ou a imprevistas cabriolas. Consiste em decidir, em cada momento, onde tomar a palavra, com quais poemas e, sobretudo, segundo qual impulsão. À diferença do texto lido, o texto decorado está disponível no corpo, mobilizável a qualquer momento. Isto é feito sob a condição de apreender o instante propício, de estar na escuta dos outros dois parceiros, de se deixar inspirar pela relação espacial e física que vem de ser tecida entre os actantes. Uma palavra ou um tema do poema contribuem, às vezes, para detonar a impulsão, para motivar o movimento, para favorecer o eco, porém os encontros são acima de tudo fortuitos: apenas relançam ritmicamente as interações. A assunção dos textos faz-se como a leitura, segundo Rimbaud: literalmente e em todos os sentidos. Desobrigada da linearidade, ela dá a entender e a ver uma nesga de poemas nos quais o entrechoque ou os encontros fortuitos de sonoridades ou temas acertam na mosca.

No que diz respeito à pesquisa, a encenação conta com mais de uma centena de anos de acúmulo de materiais e experiências. Porém, a saturação é sensível desde sempre, os simbolistas já se queixavam disso em 1890. O novo que acontece na França nos anos de 1960, a performance, encontra-se em outra tradição cultural, a anglófona, moeda corrente constitutiva da performatividade. Ora, assistimos talvez à passagem em escala entre a *teatralidade* riquissimamente encenada e a *performatividade*, que nada mais faz do que prolongar o drama. *Teatralidade* e *dramaticidade* são indissociáveis na dramaturgia ocidental e são também aquilo que permite a comparação e o confronto entre as formas europeias e as performances culturais e/ou espetaculares do mundo inteiro. Estes três casos-limite de encenação – leitura, encenação denegadora e improvisação relativa – apenas confirmam o diagnóstico: a velha teatralidade grega, muito embora condenada desde seu aparecimento, procura desesperadamente limitar-se a um mínimo para sobreviver, mas o faz para aliar suas forças com a velha retórica e com a dramaticidade, ambas igualmente de origem grega. É certo que a teatralidade e a performance não andam uma sem a outra, apenas a dosagem varia. Dever-se-ia inventar uma *performise**.

A tradição francesa, e mais geralmente a "continental", concebe o teatro como uma representação ligada ao espetáculo, à teatralidade, termo utilizado pelos formalistas russos (por contraste a "literalidade") e pelos encenadores do começo do século XX (Meierhold, por exemplo). A tradição anglófona, ao contrário, conhece apenas o termo performance, que utiliza ao mesmo tempo para a representação cênica teatral, propriamente dita, e

---

* Neologismo do autor: *performance + mise en scène* (N. da T.).

para qualquer tipo de *cultural performance*, não somente do espetáculo, mas da atividade que realiza uma ação (rito, ritual, cerimônia, jogos etc.). A chegada à França, nos anos de 1960, da arte da performance marca igualmente a aparição de uma concepção performativa do teatro[20]. Doravante, ele está incluído no conjunto das *cultural performances*.

Ludovic Janvier constata-o muito adequadamente: "O poema, o teatro, a prosa [...] convergem para o vocal, o rítmico"[21]. Tal convergência (poderíamos quase dizer essa conversão) redistribui as cartas, porém não as reinventa: a leitura é possível somente se o leitor for igualmente um pouco espectador das ações que imagina. Correlativamente, a encenação, mesmo quando procura modestamente se fazer esquecer, não se torna menos tributária da ação performativa. A teatralidade, na sua forma canônica mais recente, a da encenação, não se constitui mais num acúmulo de signos, numa "polifonia informacional" (Barthes), mas sim numa ação "performada" sobre diversos objetos, aqueles de que fala Janvier e os de nossos exemplos: o texto lido no palco, o texto entendido pelo espectador, o poema revivificado pela impulsão improvisada do ator.

---

20 Ver infra, cap. 3.
21 L. Janvier, Le spectacle de la lecture, *Littérature*, n. 138, jun. 2005, p. 66.

O que existe de mais francês que o termo *mise-en-scène*?

O que existe de mais inglês que o termo *performance*?

Impossível é traduzir um pelo outro, converter um ao outro. E tanto melhor, pois essa incompatibilidade franco-inglesa é antes de mais nada bem vinda/*welcome*. Vamos tirar partido dela.

A incompatibilidade de temperamento permite imaginar de que modo cada língua vê o mundo, e por tabela o "teatro", à sua maneira. O francês imagina a passagem do texto para o palco, da palavra à ação. O inglês insiste na produção de uma ação durante o próprio ato de sua enunciação: é o célebre "performativo" da filosofia analítica anglo-americana (Austin-Searle).

Ora, eis então que nesse mundo multipolar as fronteiras desmoronam. O isolamento textual francês não se configura mais como de colocação; a produção inglesa de ações cênicas performativas precisa de um discurso que a legitime.

A curta história da encenação é testemunha dessa luta secreta de influência entre duas visões de mundo, duas maneiras de se fazer teatro e de falar dele.

A partir dos anos de 1960, o mundo começou a movimentar-se cada vez mais rápido. A performance atingiu a Europa continental. Tornou-se uma nova maneira de fazer teatro, ou melhor, de negar a re-presentação, a ilusão, a pretensão pedagógica do teatro. De um só golpe, a técnica da encenação "clássica" e continental, pacientemente aperfeiçoada de Antoine a Copeau, de Meierhold a Vitez, tomou consciência de sua incongruência no mundo anglo-americano, performante e performativo, na arte de fazer teatro, ou antes, de *to make a performance* (fazer uma performance).

Talvez alguns exemplos internacionais nos digam o que ganhamos com essa *performise*, ou *mise-en-perf*.

3. Encenação, Performance: Qual é a Diferença?

1. ENCENAÇÃO E PERFORMANCE: UMA DUPLA INSTÁVEL

Jogando um pouco com as palavras, examinaremos uma questão muito séria: o modo pelo qual as duas palavras – encenação ou performance – nos ajudam, mas também nos obrigam, a pensar tanto na interpretação de uma representação quanto na concepção do teatro. Com efeito, cada uma das duas línguas vê as coisas muito diferentemente e se encontra mais ou menos apta a descrever o fenômeno teatral, que não cessa de evoluir. Em diversos momentos da história do teatro, no século xx em particular, as palavras e os conceitos nas várias línguas são inegavelmente apropriados para dar conta das mudanças de concepção. Às vezes acontece de as palavras não estarem mais adaptadas. Seria melhor, nesse caso, recorrer a outra forma linguística e conceitual de descrever os fenômenos, mudar de língua ou, quem sabe, até mesmo recorrer aos neologismos.

O termo inglês performance, aplicado ao teatro, designa aquilo que é desempenhado pelos atores e realizado por todos os colaboradores da "representação", ou seja, daquilo que é apresentado a um público após um trabalho de ensaios. A palavra origina-se, de resto, do antigo francês *parformer*, que significava *"parfaire"**, sendo que em francês ela manteve apenas o sentido de façanha, com relação a uma performance esportiva, por exemplo. No domínio da arte, o termo *performance* (em francês: "a performance", ou em inglês *"performance art"*) designa igualmente um gênero que se desenvolveu consideravelmente nos anos de 1970 nos Estados Unidos. Nos dois sentidos do termo, a performance indica que uma ação é executada pelos artistas e que é também o resultado dessa execução. Uma ação é produzida em qualquer performance, como o sugere Andy Lavender: "No teatro, as palavras não são uma questão de proveniência literária sutil, mas fazem parte da maquinaria muito mais ampla da representação (performance), a qual está fundamentada no movimento"[1]. Na verdade, o termo inglês performance não tem equivalente em francês, e inclusive a palavra *representação* (pela qual é traduzida geralmente) não dá conta do sentido da palavra inglesa e trai toda uma maneira de ver as coisas. Essa dessimetria, como se verá, tem suas vantagens.

Quanto à palavra francesa *mise-en-scène* (encenação), não é absolutamente o equivalente de *performance*. Designa, a partir do século XIX, a passagem do texto para o palco, da escrita para a atuação, *"from page to stage"* (da página para o palco), como se diz lindamente em inglês. O sentido implícito, portanto, é muito distinto do de *performance*. Bem entendido: a noção de encenação, do mesmo modo, existe em inglês: quando não se *diz "mise-en-scène"*[2], fala-se de *production*, ou então utilizam-se os verbos *to stage, to direct a play*. *Production* insiste na fabricação técnica do objeto teatral. *To stage, to direct* são termos também eles performáticos, como o de *performance*. *To stage* indica a ideia de dispor, de colocar no palco, enquanto *to direct* não é somente dirigir o ator, é dirigir igualmente o autor e a obra para uma certa direção. Na França, no entanto, a noção de encenação evoca, em primeiro lugar, para além da localização dos cenários no palco, a passagem do texto para o palco, depois a oposição

---

* Acabar, terminar; dar a última mão, aperfeiçoar; perfazer (N. da T.).
1 *Hamlet in Pieces: Shakespeare reworked by Peter Brook, Robert Lepage, Robert Wilson*, p. 82.
2 Escrito em inglês com hífens (N. do A.). Em português é, também, hifenizado (N. da E.).

do visual ao textual, e, finalmente, o sistema semiótico de sentido que a representação veicula implicitamente.

Estudemos esse uso dessimétrico de *performance* e de *encenação* nos contextos francês e inglês: tal distanciamento tem razões profundas e incidências graves que revelam, no fundo, concepções irreconciliáveis, pelo menos à primeira vista, pois a partir de vinte ou trinta anos atrás a situação evoluiu bastante. A encenação, pelo menos aquela consciente de si mesma, surgiu quando parecia ser necessário mostrar no palco de que maneira o encenador poderia indicar a forma de ler uma obra dramática, que se tornou muito complexa para ser decifrada de maneira única, por um público homogêneo. A encenação dizia respeito, nessa circunstância, a uma obra literária, e não importa a qual espetáculo visual. Ela surgiu num momento de crise da linguagem e da representação, uma crise como tantas outras que o teatro conheceu. Passemos, então, diretamente do autor do texto para o autor da encenação, sabendo-se que a interpretação desta última seria decisiva para propiciar um possível sentido à peça.

Contudo, o termo aparece desde o começo do século XIX. Ele se aplica às obras que não são literárias, como os balés, pantomimas, *féeries* ou os melodramas. O papel do autor era, assim, determinante, da mesma forma que o do decorador ou do mestre de balé. No fim do século XIX, a transferência de poder permitiu ao velho diretor, transformado em encenador, dirigir todas as operações, controlar tudo. Este controle absoluto não teria sido possível caso a cena se fechasse sobre si mesma, constituindo-se num sistema de signos estreitamente coordenados. Tal foi o caso ocorrido com o simbolismo, obcecado pela coerência de signos e alienado do mundo exterior, bem como com o naturalismo, que procurava reproduzir um meio homogêneo que se autobastasse. Nessas duas fontes da encenação moderna tratava-se de fabricar um "contramundo", produzindo nele uma representação mais ou menos mimética.

Na Grã-Bretanha, no começo do século XX, a situação não era radicalmente diferente, porém essas mudanças não haviam sido lexicalizadas num termo que se assemelhasse à encenação: o de *production* parecia mais neutro, por não insistir nem na passagem do texto para o palco, nem no caráter sistemático da representação, mas tornando muito pragmático o caráter da operação. A noção de *performance* continuou amplamente dominante. Parece que no imaginário britânico a encenação com o sentido francês seria um exercício de exegese e hermenêutica tipicamente francês, que remete à noção de cenografia. Portanto, paradoxalmente, a noção inglesa de *encenação* não cobre completamente a noção francesa. Continua sendo um termo reservado unicamente aos especialistas, alheio ao uso da língua inglesa.

Podemos constatá-lo ao fazer um sobrevoo no século passado: as duas noções não se congelaram, por vezes se distanciaram, algumas vezes reaproximando-se, fato que sempre é sintoma de mutação da prática teatral. Daremos alguns exemplos dessa evolução no decorrer dos últimos cem anos. O que chama nossa atenção, para além de uma periodização, sempre difícil em arte, é a evolução do conceito de encenação.

1.1 Nos Anos de 1910 e 1920

Depois do aparecimento dos primeiros encenadores no sentido atual do termo, as vanguardas europeias, particularmente a russa e a alemã, fizeram experiências a partir do espaço, do ator e das artes plásticas; não se interessaram especialmente pelas relações entre texto e palco, porém preferencialmente pelo dispositivo construído para o palco. Somente o expressionismo preocupou-se com a força expressiva do ator.

1.2 Nos Anos de 1920 e 1930

Notadamente na França com Copeau e o Cartel, a encenação encontrou sua fórmula clássica: esta é a "totalidade do espetáculo cênico que emana de um pensamento único, que o concebe, o regula e no fundo o harmoniza"[3]. A "autor-idade" mudou de campo: a encenação fechou-se em si mesma. Transformou-se numa "linguagem cênica" (Artaud) autônoma. É verdade que

---

3   J. Copeau et al., *Appels*, p. 30.

ela se encontrava estreitamente associada ao teatro de arte, a uma tradição de teatro literário até mesmo elitista. Na Grã-Bretanha, ao contrário, não se fazia distinção tão destacada e definitiva entre teatro de pesquisa (*experimental theatre*) e teatro de entretenimento (*entertainment*). O que contava era a ideia de performance, de realização performativa de uma ação, e não seu nível cultural, alto ou baixo.

1.3 Nos Anos de 1930 e 1940

Observou-se, com Artaud e Brecht, uma dupla ruptura em face da posição clássica da encenação. Artaud reclamava uma cena autônoma, não se preocupava com a passagem do texto para a representação, desconfiava da encenação que por ele é concebida como acúmulo de signos; o que procura é aquilo que a representação tem de única. Tal concepção encontraria o seu término no *happening* ou na performance dos anos de 1970. No fundo, Artaud, que, às vezes, se queixava do melodrama, não estava tão distante da ideia de uma performance, naquilo que ela tem de não repetível, de ativo e presente.

Para Brecht, a encenação (*Regie, Inszenierung*) não tem valor estético e político em si. É uma noção ligada àquela da prática cênica, que se supõe estar incumbida de demonstrar a fabricação de signos e da ilusão, a transformabilidade marxista do mundo. O teatro está aberto ao mundo e, à imagem da performance, torna-se uma forma ativa.

1.4 Os Anos de 1950 e 1960

Na França, prolongam-se e rematam a concepção clássica da encenação com um discurso duplo, ora aprovador, ora crítico, representado respectivamente pelas figuras de Barrault e Vilar. Barrault renovou com o teatro de arte, reivindicando um teatro total e insistindo na teatralidade. Este último termo, que já estava em uso desde Evrêinov e Meierhold, reapareceu após um período de ausência no discurso crítico e foi empregado em contraste a *textualidade* ou *literalidade*. Marca o começo da metaforização da noção de teatralidade e sua extensão a todos os domínios, paralelamente à extensão da performance a todas as atividades sociais.

Quanto a Jean Vilar, desde seus primeiros escritos (em 1950), desconfia dos encenadores, que nada mais fazem do que servir-se do texto ao invés de servi-lo. E, não obstante, foi caridoso ao admitir que eles são "os verdadeiros criadores dramáticos"[4]. Ele teme que a encenação se degrade num estilo, na medida em que não é um estilo, mas uma moral. Prefere que os seus atores "indiquem", ao invés de se metamorfosearem e encarnarem um personagem. Quer evitar, a qualquer preço, que a atuação degenere num estilo próprio do encenador e que seja reencontrado de um espetáculo para outro.

Paralelamente a essa evolução francesa para uma maior teatralidade e sob a influência da antropologia, a noção de performance não para de estender-se a todos os domínios da vida social. No mundo anglófono, particularmente a partir dos anos de 1960 e 70, "palco do teatro e palco do mundo – dois campos de atividade que apresentam mais do que uma analogia semântica – interpenetram-se numa relação dialética"[5].

1.5 Os Anos de 1970

Marcam uma curva na evolução da atividade teatral e, para o "diálogo" entre performance e encenação, conduzem a um desequilíbrio, a uma incompatibilidade. O que é que está acontecendo então? Nos deteremos nisto mais longamente.

Com o aparecimento da semiologia, no fim dos anos de 1960, houve a tendência a conceber-se a encenação como um sistema de sentido, um conjunto coerente, uma obra legível ou descritível para a linguística, decodificável signo a signo, tal como para a encenação clássica de um Copeau. Às vezes

4 J. Vilar, *De la tradition théâtrale*, p. 71.
5 N. Boireau, *Théâtre et société en Angleterre, des années 1950 à nos jours*, p. 1. De acordo com Boireau, o teatro inglês está particularmente próximo das realidades sociais: "Espelho das ideologias que se exprimem por meio dele e para cuja elaboração participa, o teatro inglês haure suas forças vivas no espaço que o circunda e se transforma, num processo de simbolização, em máquina para compreender e explorar o tempo" (p. 1).

a prática teatral continua seguindo esse modelo estrutural e semiológico, porém cada vez mais contesta essa maneira de proceder. O apogeu da encenação como escritura cênica, nos anos de 1960, coincidiu com o começo de sua crise: ela se transformou num sistema muito fechado, muito ligado a um autor, a um estilo e a um método de atuação, muito associado à ideia de "ler o teatro"[6]. A estrutura do espetáculo é batizada de "prática significante" (Julia Kristeva) para evitar falar-se em obra, em autor ou encenador, noções então julgadas muito "burguesas". No fundo, ainda não se abandonara o estruturalismo funcionalista. Os espetáculos continuaram, em sua maioria, a funcionar com o mesmo modelo. Seguiu-se, na prática e na teoria, um movimento de reação, revolta, de crítica radical da representação teatral. Simultaneamente, e num espírito análogo, o pós-estruturalismo atingiu a Europa. Abordaram-se então os textos, e a seguir os espetáculos, de maneira bastante diferente. Esta mudança de perspectiva veio em proveito da prática teatral, na medida em que se dispunha a rever todas as noções da dramaturgia: o personagem, a cena, o sentido, o sujeito que percebe e a finalidade do teatro. Nessa atmosfera de crise da retomada em questão, a performance tornou-se uma forma de contestar o teatro e sua concepção literária, julgada muito logocêntrica, mas também uma maneira de ultrapassar uma semiologia preocupada demais com a leitura dos signos e da encenação. Descobriu-se então, na performance, uma nova palavra na França. Neste contexto polêmico, a performance, no sentido não técnico do termo, tornou-se uma ferramenta cômoda para compreender a abertura do teatro ao mundo, ao espaço vazio, ao princípio de incerteza, ao "jogo" do teatro, à flexibilidade de seus mecanismos.

Em paralelo, a teoria semiológica afastou-se definitivamente da primeira semiologia, centrada ainda no texto ou na encenação considerada como um *performance text*, isto é, como textura/tecido legível. Nos anos de 1970, a encenação, pelo menos na França, eclipsou muitas vezes a literatura dramática. Ela trabalhava, ainda, e sobretudo, acerca dos textos, particularmente os clássicos, e não sobre os espetáculos. Vista desde a Inglaterra,

---

6 Para retomar o título do célebre livro de Anne Ubersfeld. (Trad. bras.: *Para Ler o Teatro*, São Paulo: Perspectiva, 2005.)

essa época marcou o aparecimento da noção de encenação: "O que parece extinguir-se, esfumar-se, é a performance, esta alternativa à encenação. A encenação era um objeto mais atraente, em parte porque se podia fazê-lo como qualquer coisa que se comportava tal como o texto escrito: se o livro de Keir Elam, *The Semiotics of Theatre and Drama*, ocupa-se em parte com a ação e o mundo dramático, ele ao mesmo tempo repousa numa análise verbal minuciosa"[7].

A partir de então, em 1966-68, sob o efeito inconsciente do pós-estruturalismo americano, amplamente inspirado nos últimos mestres pensadores franceses (Barthes, Foucault, Lacan, Lyotard), a encenação e a prática teatral tentaram reformular-se. Com dificuldade, de resto, visto que o modelo literário e autoritário colou na pele dos franceses e o pós-1968 foi uma época sombria de reação social, da qual ainda padecemos o contragolpe. A maioria do teatro continuou fazendo seu trabalho, tranquilo e descentralizado. A performance, na Europa, acantonou-se em algumas galerias de arte. Os termos *prática significante* ou *produção teatral*, utilizados nos anos de 1960 e 70, permaneceram como visões teóricas sem futuro nem realização concreta, caso se excetuem os trabalhos de Vitez. Procurando negar a concepção biográfica de autor ou encenador, substituindo-a por aquelas de produção, escritor, criação coletiva ou prática significante, o teatro não produziu na época obras, no mínimo, muito marcantes (mesmo que este termo esteja banido do vocabulário daqueles anos).

O único domínio em que a performance realizou um caminho autêntico é o do *physical theatre*, teatro físico (porém na época não se chamava assim), o da "revolta do corpo" (Dort) por volta de 1968. Foi, contudo, nas performances individuais, fora dos teatros e das instituições, que o corpo teve os meios para exprimir-se: "O *'performeur'* explora os limites do corpo, frágil fronteira entre o sujeito e o mundo. A liberação teatral será, assim, a do corpo ou não o será"[8]. No entanto, há corpo e corpo! O corpo que exulta é mais americano e inglês (Living Theater, Schechner, Chaikin) do que francês. A França contentou-se em canalizar esforços e teorizar (particularmente, aos trabalhos de

---

7 S. Shepherd; M. Wallis, *Drama/Theatre/Performance*, p. 237.
8 N. Boireau, op. cit., p. 235.

Derrida sobre Artaud)[9]: não conseguiu encontrar nesse corpo um sucessor no palco. A encenação, com efeito, tentou manter seu controle sobre o corpo e os *performers* foram raros. Ao mesmo tempo, na Grã-Bretanha e no mundo anglófono o sujeito tornou-se o único responsável, o único "produtor" de seu corpo. Esta situação é observável ainda hoje com grupos como o DV8 ou Complicité, ou então na escritura contemporânea com os "espeleólogos do corpo", como Sarah Kane ou Mark Ravenhill.

A Grã-Bretanha, apesar de seu estatuto insular, não foi poupada pela teoria: a performance no sentido corrente de representação, que vivenciou dias serenos, por assim dizer "pré-teóricos", foi subitamente tomada pela febre pós-estruturalista e pós-moderna. A teoria francesa adaptada às necessidades norte-americanas foi introduzida (para não dizer "comercializada") no mundo anglófono. Durante esse tempo, na França, a rejeição da teoria nos meios do espetáculo fez os teóricos passarem como praticantes muito próximos dos *cultural studies*, da *critical theory* e do pós--estruturalismo. A França não se interessava mais a não ser pelas minorias raciais ou sexuais. Enquanto na Inglaterra "uma militância identitária tanto no palco como na cidade"[10] fornecia abundante temática para os autores e atores, a encenação francesa agarrava-se à herança brechtiana e aos discursos críticos na tradição das Luzes (Planchon, por exemplo). A encenação permanecia submissa demais ao teatro de texto, à espera da chegada do teatro de imagens de Robert Wilson e do trabalho experimental de Peter Brook (em 1971). A forma do espetáculo completo, literário e subvencionado, com fábula e personagens, continuava a dominar a encenação francesa. Ela não se prestava a nenhuma mudança como a *stand-up comedy*, nascida nos *pubs* e nos lugares alternativos, pouco numerosos na França.

Pelas mesmas razões, a instalação e a *site specific performance* (representação ligada a determinado *site*) encontraram pouco eco na Europa continental, particularmente na França. O percurso de André Engel no seu *Dell'Inferno* (Do Inferno) continua sendo

---

9 J. Derrida, Le théâtre de la cruauté et la clôture de la représentation, *L'Écriture et la Différence*. (Trad. bras.: *A Escritura e a Diferença*, São Paulo: Perspectiva, 2009.)
10 N. Boireau, op. cit., p. 173.

uma exceção notável. Não encontramos verdadeiramente, na França, o equivalente às performances de Mike Pearson ou de John Fox. Mnouchkine acabou por voltar sabiamente, depois de *L'Âge d'or (A Idade de Ouro)*, a um palco frontal.

1.6 A Partir dos Anos de 1980

Contudo, a contradição entre encenação e performance tornou-se um pouco mais aguda, mas tornou-se também cada vez mais produtiva, tanto no plano teórico quanto no prático. O francês não tem um termo equivalente a *site specific performance*, sendo o do *teatro de rua* dependente de visão teatral distinta.

Do lado anglófono, a teoria orientou-se em direção à recepção e ao espectador: perguntou-se de que forma o sujeito desconstrói o objeto e que diferença convém fazer entre os sujeitos masculino e feminino.

Na França, ficou-se restrito a uma teoria histórica da recepção, inspirada na *Rezeptionsästhetik* alemã, teoria que se limita a examinar as concretizações sucessivas de uma peça. Ficou-se restrito, portanto, a uma hermenêutica histórica que define a obra como uma série de variantes. Pensa-se sempre que as ciências humanas, com ferramentas cada vez mais sofisticadas, permitirão que se chegue a uma boa leitura da peça. Nada de espantar, visto que os encenadores retomam sem cessar as mesmas obras na esperança ou com a pretensão de encontrar, finalmente, a fórmula ideal e também para assegurar a receita com títulos já conhecidos. Com suas leituras ou releituras (Planchon), com suas "variações infinitas" (Vitez), os encenadores estão no apogeu do seu poder e de sua arte.

O interesse pela recepção fez-se acompanhar, no domínio anglo-americano, por uma extensão da performance à *cultural performance*, sendo lícito que a noção se preste, por sua generalidade, a todas as manifestações antropológicas, enquanto a pobre teatralidade ficou ligada, no imaginário da língua, às outras artes e não diretamente às formas não artísticas da vida social. Como, paradoxalmente, a França não tem o equivalente institucional dos *cultural studies*, o teatro não se aproveitou dessa vaga intercultural e pós-colonial[11] (outro termo desconhecido na universidade francesa e que não atingirá o grande público senão em 2005, por meio dos debates sobre o colonialismo, os subúrbios e as caricaturas do Profeta!). Quando Vitez declarou, por exemplo, querer "fazer teatro de tudo", queria simplesmente dizer que deveríamos nos utilizar de toda espécie de textos. Ele não pensava um só momento nas cerimônias, rituais ou em outras culturas. Continuava amarrado ao universo literário, elitista e artístico dos textos e à universalidade do teatro ocidental. Seria preciso aguardar seu colega Brook para propor aos franceses assombrados que fizessem atuar em conjunto atores com acentos estranhos e estrangeiros, o que não atingiria o reduto das letras parisienses sem um desdenhar de ombros ou um ranger de dentes. Para Vitez, qualquer texto pode se tornar teatro, para Brook tudo é ação performativa. A nuança é importante.

A reorientação, a partir do começo dos anos de 1990, da teoria sobre a recepção do espetáculo conduziu calmamente a uma aproximação fenomenológica da análise do teatro, pois esta filosofia aplicada por Merleau-Ponty ao conhecimento e às artes (pintura) habituou-se a estabelecer qual experiência emocional e cognitiva o espectador ou o observador experimentam e quais sensações físicas são transmitidas pelo ator ao espectador. Por outro lado, a fenomenologia é muito conveniente à noção de performance, visto que esta última define-se pelo efeito produzido no receptor[12]. Em contraposição, a semiologia, que se tornou ligeiramente arcaica, continua a basear suas análises na representação sistematizada em uma encenação. Entretanto, a mudança da prática teatral, a influência das formas não europeias e não literárias, a provocação e a difusão da *performance art*, favoreceram a adoção da performance como o novo modelo universal, ao mesmo tempo teórico e prático. A *postmodern* performance e a inspiração da desconstrução

---

11 Um dos únicos livros sobre a questão na França está em inglês: A. G. Hargreaves e M. McKinney (eds.), *Post-Colonial Cultures in France*, 1997.
12 A fenomenologia aplicada ao teatro é teorizada por Bert States em *Great Reckonings in Little Rooms: On the Phenomenology of Theater*, como também no artigo The Phenomenological Attitude, na compilação mais influente de Janelle Reinelt e Joseph Roach, *Critical Theory and Performance*; Les Essif, *The French Play*.

de Derrida constituem o mais sério desafio para a concepção continental de encenação. As duas entidades brevemente serão como que forçadas a se entender.

Durante os anos de 1980, a *performance theory* anglo-americana adotou o relativismo de Derrida e concebeu toda realização cênica como uma desconstrução do texto dramático ou da prática cênica. Constatava-se, na Inglaterra e nos Estados Unidos, uma defasagem entre a sofisticação teórica e a prática cênica muito mais tradicional. Inversamente, na França, com os encenadores muito "intelectuais" como Vitez, Mesguich ou Chéreau, a desconstrução (que, todavia, não era conhecida enquanto tal e com esse nome) foi colocada em prática. Observaremos mais adiante algumas aplicações práticas dessa desconstrução derridiana, e veremos como elas nos distanciam da encenação "fechada" e nos aproximam da performance "aberta"[13].

2. O ESTADO ATUAL DA DUPLA PERFORMANCE/ENCENAÇÃO

A partir do último decênio do século XX, a tendência à aproximação de encenação e performance confirmou-se. A amplitude e a importância do fenômeno da performance não pararam de crescer. Conforme John McKenzie, teríamos passado da era da disciplina (no sentido de Foucault) para a da performance: "A performance será, nos séculos XX e XXI, o que a disciplina foi para os séculos XVIII e XIX, ou seja, uma formação ontológico-histórica de poder e conhecimento"[14]. A inflação da performance em todos os domínios e como novo paradigma universal não deixa de influir em nosso objeto de estudo e na maneira de compreendê-lo, em todos os sentidos do termo. Esse frágil objeto está como que submerso numa massa de práticas culturais. Essa massa e essa avalanche tornam problemática qualquer pretensão teórica de conjunto, no mínimo por intimidação, pois se tornou impossível analisar todos esses tipos de performance, em todo caso, no mesmo padrão. A crescente dificuldade de

---

13 Ver infra, cap. 9.
14 J. McKenzie, *Perform or Else: From Discipline to Performance*, p. 18.

análise, a rejeição em bloco de qualquer teoria por uma parte dos artistas e do público, assim como a subversão do pensamento teórico, assumiram muitas vezes o disfarce, para não dizer as armas, da desconstrução[15].

Três exemplos teóricos e práticos permitirão testar nossa hipótese de uma convergência epistemológica da encenação e da performance. A solução talvez seja reintroduzir um pouco de encenação neste exame da performance e retornar aos critérios da teatralidade (tal como a definiu outrora Josette Féral)[16], refletir novamente em termos de ficção, palco, lugar, "autor-idade". A solução é também conservar um rigor inteiramente semiológico na avaliação da obra concreta. Verifiquemo-lo a propósito de três questões e cinco exemplos concretos: a constituição do texto contemporâneo, a alteridade e o *"embodiment"* (literalmente, a incorporação; a "colocação no corpo").

2.1 A Constituição do Texto Contemporâneo

Todos já tiveram a experiência da dificuldade de ler "no papel" os textos pós-beckettianos e pós-koltesianos: é preciso colocá-los em enunciação, quer isso se dê realmente no palco ou na imaginação. Não basta, contudo, reconstituí-los numa situação possível; é indispensável testar aquilo que a colocação no espaço permite, tal como respiração textual, de que forma pode-se distribuir a palavra de forma diferente àquela feita de acordo com a origem dos personagens.

Basta nos lembrarmos de *J'étais dans ma maison et j'attendais que la pluie vienne* (Eu Estava em Minha Casa e Esperava a Chuva Chegar), de Jean-Luc Lagarce. Para diferenciar as palavras das cinco mulheres, o encenador, Stanislas Nordey, não procurou caracterizá-las "de forma a diferenciá-las" com detalhes de comportamento ou figurino, deu a cada atriz um ritmo ao mesmo tempo diferente e coletivo. O texto é levado por vagas sucessivas, o ritmo é aquele, global, de uma orquestra de câmara. O arranjo dessas vozes faz sentido: obriga o ouvinte ou leitor a construir

---

15 Ver infra, cap. 9.
16 J. Féral, *Théâtralité, écriture et mise en scène*.

progressivamente a experiência dramática. O sentido – ou a sensação – constitui-se durante a escuta, do que resulta sua fragilidade, sua estreita ligação com a performance vocal. O espectador tem a sensação de fluxo graças a um embricamento de réplicas: há sempre um novo encantamento de uma das mulheres que começa quando a precedente ainda não acabou, ou que pelo menos prolonga sua réplica de igual modo, de sorte que tanto é muito difícil distinguir as vozes, como a impressão de conjunto é a de um fluxo geral à semelhança de um quinteto de câmara. Notemos que essa técnica de embricamento foi também a do Theatre Workshop de Joan Littlewood, segundo a descrição de Clive Barker: "Trabalhando sobre as unidades da ação havia uma cavalgada contínua. Antes que uma unidade terminasse, a seguinte já havia começado. Em inúmeros pontos do diálogo ocorria que o pensamento podia ser compreendido sem que qualquer réplica fosse dita"[17].

Tomemos outro exemplo: *Na Solidão dos Campos de Algodão*, montada por Patrice Chéreau. Para além da análise dos motivos, da progressão do *deal*, da subida da tensão dramática, o encenador reencontrou na atuação uma interação lúdica, uma retórica da justa verbal (que pode ilustrar segundo o exemplo da justa à qual imprime a cultura escolhida pela encenação) . Ele criou um fluxo, um *flow*, no sentido de Csikszentmihalyi[18]: o sentimento de perder-se a si mesmo numa ação, estando-se somente consciente de cumprir essa ação. Cada ator devia ressentir-se e, sobretudo, restituir esse *flow*, ao sustentar a longa frase koltesiana (de uma ou duas páginas às vezes) e deixando-se levar por ela. Era como se a única preocupação fosse então manter a frase como substância temporal e verbal quase física. O ator, tanto quanto o espectador, não distinguia mais, assim, aquilo que era da ordem da semântica da frase e aquilo que era produzido pelo movimento e ritmo cênicos. Como no *flow*, segundo Csikszentmihalyi, ele se sentia unificado e dono de sua vida, na circunstância presente de sua percepção do texto e do evento verbal e teatral. Não era tanto o caso da perda deliciosa do ego na ação, quanto da sensação de uma performance que dava a um texto aberto sua identidade e sua constituição. A reflexão intelectual, tanto do ator quanto do

---

17 Joan Littlewood, *Twentieth Century Actor Training*, p. 124.
18 Ver *Vivre: La Psychologie du bonheur*.

espectador, dava lugar, por um instante, ao prazer imediato e intuitivo do momento. Esta é uma sensação que se pode encontrar muito nas performances anglo-americanas. Basta que se pense nas de Robert Lepage ou de Simon McBurney.

2.2 Da Autoridade à Alteridade

Esta "experimentação" da peça à maneira de um Nordey ou de um Chéreau confirma uma evidência: o texto não tem mais um centro indiscutível, sendo preciso, portanto, fazer experiências com sua topologia, com sua atopia. Estaríamos errados, assim, em crer, como na época clássica da encenação, dos fins do século XIX e até os anos de 1930, que o encenador é novamente o autor do espetáculo, a instância central que restabelece a ordem ou o equilíbrio. Por um lado, porque não existe o metatexto da encenação inscrito ou escondido na peça; por outro lado, porque a interpretação tem sempre alguma coisa de indecibilidade, indeterminável, diferenciado, para retomar o termo de Derrida. O encenador, assim como antes dele o autor e depois dele o espectador, está submetido a uma "destinerrância"[19] – seu destino é errar de um lugar do texto para outro; os lugares de indeterminação não são mais fixados pela História, não se acha mais qualquer metatexto "*ready made*", "solidificado", congelado como uma estátua de mármore ou um filme em celuloide. A partir do momento em que se renuncia a exercer a menor autoridade sobre o texto ou sobre a representação, o poder de decisão acha-se transmitido ao ator e, em última análise, ao olhar do expectador. A performance retoma seus direitos.

A performance pós-moderna está habituada a praticar a alteridade, uma vez que admite em seu seio diferentes modelos culturais, distintas maneiras de pensar, materiais heterogêneos. Apresenta esses elementos sem procurar unificá-los. As encenações de Peter Sellars ilustram muito bem essa técnica eclética, errática até. Em Les enfants d'Héracles (As Crianças

---

19 J. Derrida, *Sur parole. Instantanés philosophiques*, p. 53 ("Como a morte, a indecidibilidade, o que chamo também de 'destinerrância', a possibilidade para um gesto de não chegar ao destino, é a condição do movimento de desejo, que de outra forma morreria antes do tempo").

de Hércules)[20], Sellars baseia-se numa tragédia pouco conhecida de Eurípides para tratar do direito de asilo hoje e da iminência da guerra no Iraque. Louvável intenção, mesmo que o efeito de parábola da peça obrigue a contorções para transmitir a mensagem atual. O rei Euristeu (nomeado "presidente" para facilitar a alusão a Bush) persegue os meninos refugiados e vê-se finalmente enviado à morte por Alcmena. A alteridade funciona mal e a tragédia grega não garante absolutamente a validade da comparação. Por certo a distribuição de atores de origens muito diversas foi apropriada para sugerir a questão do asilo político e da alteridade, bem como a dos prisioneiros políticos de Guantânamo, porém a análise dramatúrgica não conseguiu estabelecer claramente os paralelos com a nossa época. Desse modo, o valor imediato, frontal do jogo transformou esse espetáculo numa performance bem-sucedida, mas o sistema da dramaturgia e da encenação embaralhou gravemente a mensagem política e enfraqueceu o empreendimento teatral. Felizmente, isso acontece raramente no caso dos trabalhos de Sellars, e o impacto de seu estilo "presentacional" (direcionamento ao público quase que em seu próprio nome) permanece marcante: incita o público à reflexão, embora esta última fique, por assim dizer, sob a responsabilidade do espectador. A ausência de autoridade não serve, portanto, necessariamente à alteridade.

Inversamente, uma encenação pode muito bem ser organizada de maneira rigorosa, "à antiga", e abrir-se ao mesmo tempo num discurso não autoritário, favorável à alteridade. É o caso do *Misantropo* montado em 2004 por Stéphane Braunschweig no Bouffes du Nord[21]. O seu Alceste ficou ambíguo, não tendo nada do romântico personagem honesto e vítima da sociedade corrompida, tendo um ciúme doentio, um puritanismo reacionário, de um narcisismo que nada perde em relação àquele de Célimène. Sua radicalidade, "sua necessidade de certeza e possessão do outro"[22] são a imagem invertida da rejeição ao engajamento de Célimène. Suas posições radicais e contrárias as excluem da experiência da alteridade, do amor e da sociabilidade. A encenação sugeria esse bloqueio, porém ao mesmo tempo não pretendeu

---

20 Encenação em Bobigny, em dezembro de 2002.
21 Ver foto infra, no cap. 11.
22 S. Braunschweig, *Petites portes, grands paysages*, p. 150.

resolver o enigma da peça e mostrou-se mais circunspecta e tolerante do que os dois heróis irreconciliáveis. Inaugurou um tipo de interpretação cênica que deixa as opções abertas totalmente, ao entregar aos espectadores as chaves para construir sua própria opinião. Por isso que, na nossa topologia imaginária, ela situa-se a meio caminho entre a encenação muito autoritária e a performance muito pouco legível.

2.3 *A Colocação no Corpo*

O *embodiment* é um desses termos tipicamente ingleses que não nos parece inconveniente verter para o francês. Para evitar as conotações místicas de encarnação, seria o caso de traduzi-lo para "incorporação" ou "colocação no corpo". Para analisar as ações e o gestual numa encenação ou numa performance, melhor seria evitar reduzi-los a uma descrição verbal, como o faziam recentemente a primeira semiologia e a encenação clássico-mimética. Consideramos essas ações, ao contrário, à maneira de uma antropologia como em Kirsten Hastrup, como os "*embodied patterns of experience*" ("formas colocadas no corpo da experiência")[23].

Concretamente, o espaço é considerado como "*bodied*" (corporal) ou "*embodied*" (encarnado), isto é, constituído de corpos atravessados pelas contradições sociais (realçadas no *gestus*), as diferentes densidades[24] (os corpos são mais ou menos densos, ou seja, apresentados conforme sua utilização em tal ou qual momento). O corpo é ressentido pelo ator e pelo espectador nas suas qualidades de totalidade ou fragmentação: é um corpo inteiro ou desmembrado, um corpo em peças. Tomemos um exemplo, já clássico, de *A Disputa*, de Marivaux, montada por Chéreau (1973-76). Os adolescentes, repentinamente colocados em liberdade, olham-se em grandes espelhos e se esforçam, como o menino no estágio de espelho (conforme Lacan), em perceber e constituir a sua unidade corporal. Mas, no fundo, qualquer personagem no palco define-se por um corpo que o desempenho testa e figura. O conjunto dos corpos é aquilo que está em jogo numa espécie de radioscopia,

---

23 K. Hastrup, *A Passage to Anthropology*, 1995.
24 Sobre a questão da densidade, ver Patrice Pavis, *L'Analyse des spectacles*, 1996.

revelando o estado perfeitamente estabilizado, através de uma encenação que controla seus signos, ou instável, numa performance submetida à improvisação dos atores ou ao azar dos reencontros.

Seja como for, a *performance theory* e a renovação da prática teatral revelam-nos as noções outrora incompatíveis de performance e encenação. Esta aproximação é tão marcada que seria preciso quase que criar palavras híbridas*, como, *mise-en-perf* ou *performise*. O diagnóstico desta contaminação é simples: não saberíamos, no momento, criar uma encenação sem a reflexão da *performance theory*, nem uma performance sem a possibilidade de se fazer uma análise semiológica e fenomenológica.

No entanto, qual é o resultado de cooperação e certa hibridação? Para verificá-lo a partir de alguns exemplos recentes, observaremos mais de perto três encenadores ingleses diretamente confrontados com a encenação na França: Simon McBurney, Peter Brook e Declan Donnellan, aos quais acrescentaremos, para dar uma medida exata, dois franceses imersos numa outra cultura, Jean Labert-wild e Marion Schoevaert (com Buyn Jung-Joo).

3. CINCO EXEMPLOS DE COOPERAÇÃO

3.1 *Simon McBurney*: Mnemonic *(Mnemônico)*

Não seria difícil encontrar em McBurney o rastro de sua passagem por Jacques Lecoq. Ele mesmo parece divertir-se sobre essa passagem lendária: "*I thought I was going to see some dance, or something* [...]. *It's this company that people said were really physical, apparently they used to be very funny*"[25]. É mais interessante observar a maneira pela qual McBurney utiliza várias tradições de atuação, deixar-se surpreender pela aparente incompatibilidade de técnicas e estilos. A "peça" começa por uma *stand-up comedy*: McBurney dirige-se diretamente ao público como um charlatão/ilusionista, não sem zombar do teatro de participação.

---

* No original: *mots-valise* – palavras criadas a partir de sílabas de idiomas diferentes, por exemplo: francês + inglês (N. da T.).

25 *Mnemonic*, p. 8: "Pensei que fosse ver uma dança, ou qualquer coisa como isso [...]. É essa companhia da qual se diz que era muito física, aparentemente outrora eles eram muito divertidos".

ENCENAÇÃO, PERFORMANCE: QUAL É A DIFERENÇA?

Ele comunica prazer ao manipular seu auditório, pede-lhe para colocar a máscara distribuída pelos porteiros, para lembrar-se daquilo que ele fazia há uma hora, um dia, um ano. Porém, esse prólogo cômico é de curta duração. McBurney torna-se rapidamente o personagem principal de uma fábula apaixonante. A intriga combina várias histórias paralelas, cada ator utiliza elementos de sua biografia. Virgílio, o narrador, conta a história de sua amiga Alice. Por que é que ela partiu e o que procura. Qual a origem desse homem reencontrado nas geleiras? Monta-se uma intriga complexa no interior da qual diversas declamações se encaixam umas nas outras, multiplicando os níveis, confundindo as pistas. A sequência dos quadros forma uma encenação muito clássica, graças à representação de ações coletivas num espaço-tempo em função de um objetivo. Imagens, na maioria das vezes muito belas e originais, que não esperaríamos numa dramaturgia de narração, são periodicamente criadas: assim são as silhuetas percebidas por trás de uma cortina de plástico translúcido, ou os atores passando por cima da mesa uns após outros. Tal é o paradoxo desse trabalho: a mixagem de todos esses elementos não forma um discurso homogêneo, nenhum sujeito centraliza e nem homogeneíza os materiais, e, entretanto, graças à habilidade da estrutura dramática, uma rede de motivos é colocada no espaço, uma circulação é estabelecida sem que seja necessário sinalizar o centro da obra. Aquilo que começou como performance, um jogo com o público, uma mistura inabitual de teatro de imagens e *teatro físico*, adquire uma coerência neoclássica, porém sem qualquer dogmatismo e, por assim dizer, com uma graça juvenil. Uma *performise* perfeita, esta *Mnemonic*! Uma técnica de ator, portanto, acha-se encenada. Fenômeno raro, pois a *performise* exige uma formação física impecável, mas sem a rejeição – como no caso de Decroux, Lecoq ou alguns outros formadores – da encenação considerada como impura ou supérflua. Somente alguns espíritos fortes – Complicité, L'Ange fou, o Théâtre du Mouvement, ou mesmo Barba – tiveram a coragem de se desligar de seu mestre para criar o seu próprio universo visual, para elaborar um método de encenação que não degenerasse num estilo e numa marca de fábrica para transpor, no plano da estrutura de conjunto da encenação, a organicidade de seus atores ou de seus mimos.

3.2 Peter Brook: Je prends ta main dans la mienne *(Eu Seguro Tua Mão na Minha)*

Na sua encenação da peça de Carol Rocamora, em 2003, nos Bouffes du Nord, Peter Brook interveio após numerosas mediações, visto que a peça é feita de citações de cartas autênticas de Tchékhov para Olga Knipper, citações essas colocadas em diálogo pelo autor. Qual poderia ser o olhar do encenador sobre esses documentos? Brook é conhecido por suas denegações: a encenação não deve propor uma leitura ou uma releitura pessoal; não deve impor suas escolhas, servir-se delas etc. Os protestos de modéstia são habituais entre os encenadores, mas não é o caso de levá-los muito a sério. Desta vez, no entanto, Brook parece, com efeito, ter-se contentado com uma não-encenação. Tanta modéstia haveria de honrá-lo, caso os atores tivessem, eles próprios, tomado seu lugar. Mas eles parecem entregues a si mesmos, isto é, não se entregam nem à caracterização psicológica, nem à não-atuação assumida, nem à irônica citação brechtiana ou ao pastiche pós-moderno. Onde estão eles, afinal? Em uma *no man's land*, uma terra de ninguém, entre a performance (onde qualquer pesquisa é permitida) e a *mise-en-scène* (onde o ator deve se submeter ao *ensemble*), em uma performance bastante cabotina, bulevardeira; ou então o ator fornece ao público aquilo que ele espera: efeitos de real, ternas recordações, façanhas de feras do palco, lembranças de espetáculos precedentes, como essas de *O Jardim das Cerejeiras*, no mesmo lugar. Brook decerto encorajou a performance (no sentido negativo e esportivo do termo), porém aparentemente não deu nenhuma diretiva de atuação, não escolheu nenhum ponto de vista reconhecível, deixando o desempenho derivar num mecanismo autossatisfeito. Disso decorreu a interpretação bastante afetada de Michel Piccoli e Natacha Parry: diante do público, frequentemente a contemplá-lo, começavam suas réplicas por meio de falsas hesitações. Os raros deslocamentos nem sempre faziam sentido, como se os comediantes não quisessem descer a tais simplificações. A encenação recusou-se a interferir, mesmo que fosse para regular a direção de atores, uma direção estranhamente ausente sem motivo aparente (aliás, para não incomodar as *stars* nos seus hábitos). O desinteresse de Brook, o "descontrole" absoluto, reencaminhou os atores para seus tiques como nas piores horas do bulevar. De maneira geral, a direção de atores deve estar no centro da encenação, mas neste caso esse centro vazio não se configurou num vazio zen que geraria o sentido. A direção de atores não conduziu a encenação, a qual somente ostentou a garantia do estilo Brook (espaço vazio, ausência de objetos, proximidade do público, simplicidade das ações). Semelhante encenação tem por estratégia desaparecer, porém a performance que sobra não tem nada de uma desconstrução, pois se assim o fosse, o que estaria sendo desconstruído? Nem a escritura ambígua da peça, visto que ela não existe, nem o vínculo da biografia na obra teatral, pois a peça é de fatura muito tradicional para prestar-se a tais desconstruções. Eis-nos, portanto, bloqueados entre o "encenar e o *performar*"...

3.3 *Declan Donnellan:* A Noite de Reis

O caso da encenação da peça de Shakespeare, na França, com uma distribuição inteiramente russa, aproxima-nos ainda um pouco mais dessa convergência objetiva de duas concepções, a inglesa e a francesa, e nos convence, do mesmo modo, sobre as vantagens de uma *performise* de sucesso.

Pois o êxito desse trabalho (pode-se chamá-lo como for) é espantoso. Donnellan teria podido instrumentalizar os atores, utilizá-los para ilustrar sua tese, desenhar, portanto, uma encenação *a priori*. Porém, esse artista é conhecido por seu desejo de colocar o ator no centro do processo, de modo a não partir de uma concepção prévia da encenação: "Um dos objetivos de Cheek by Jowl é reexaminar os textos clássicos do teatro mundial e estudá-los de uma maneira fresca e não sentimental, escapando dos esquemas de encenação para concentrar-se no ator e na arte do ator"[26].

Fiel a esse princípio, Donnellan partiu do homogêneo grupo de atores russos que, no início, apresentava-se totalmente na forma de coro; depois, tomando os grupos uns em seguida aos outros, dirigiu cuidadosamente a construção não do personagem,

---

[26] Declan Donnellan, citado em G. Giannachi e M. Luckhurst (eds.), *On Directing: Interviews with Directors*, p. 19: "*One of the aims of Cheek by Jowl is to reexamine the classic texts of world theatre and to investigate them in a fresh and unsentimental way, eschewing directorial concepts to focus on the actor and on the actor's art*". Ver, em francês, D. Donnellan, *L'Acteur et la Cible*.

mas do travestimento. Vemos cada ator entrar no jogo, construir o seu travestimento ao invés de vivê-lo. Os signos da feminilidade são colocados sem histeria, com certa distância, mas sem paródia. O mesmo procedimento aplicava-se à dicção do texto em russo: enunciado claramente, serviu de base para toda a caracterização. "A energia da peça surge das modulações e impulsos gerais através dos versos, que se exprimem pelo movimento do corpo inteiro"[27]. Não havia, assim, análise dramatúrgica ou psicológica *a priori*, mas uma montagem rítmica que, por extensão, formaria a encenação em sua integralidade. Este método assemelha-se ao da dicção, ao da declamação anterior à invenção da encenação, porém não se trata meramente de uma técnica normativa para dizer bem o texto, é um método para chegar a uma interpretação de conjunto (método próximo ao de Jouvet e, na atualidade, ao de Villégier para as tragédias barrocas). O "sistema" da encenação é visível somente no fim, quando o conjunto das células rítmicas e dramáticas acaba por formar um todo. Como a encenação é montada progressivamente, por proliferação de células, apenas no final o metatexto e toda leitura da peça são perceptíveis, fato que exclui qualquer logocentrismo da interpretação. Equilíbrio instável e milagroso entre a *"mise"* e a *"perf"*!

Nesse caso, não se tratava de um jogo formal, construído no sentido da abstração e da permuta, porém de uma reflexão sobre a identidade e o disfarce. Se, como o pensa Judith Butler, o gênero (*gender*) é sempre uma questão de performance, uma construção cultural (*"gender is always a matter of performance, a cultural construct"*), a simulação desses homens interpretando mulheres ou interpretando mulheres que interpretam homens (e assim sucessivamente, sem interrupção), indica sua perda voluntária da identidade. Para eles, como para o espectador, não há mais referência estável. Portanto, é inútil pretender compreendê-los numa representação mimética, como o faria uma encenação clássica e bem intencionada. É mais interessante organizar o disfarce (não tanto de maneira metafísica, psicológica e sexual, como o fazia um Genet) com a finalidade de colocar a questão da identidade e do simulacro. Se, como o avalia Joan Rivière no seu magistral artigo "Womanliness as a masquerade" (Feminilidade

---

27 Idem, ibidem.

como Disfarce) (1929), a feminilidade é um disfarce voluntário, no caso de Donnellan a masculinidade foi um "*masked ball*" (baile de máscaras) no qual seus atores se divertiam em ocultar e exibir, em construir e desconstruir. E isso no espírito da peça, visto que a dissolução da identidade, a impossibilidade de julgar, de avaliar o amor, de recobrar-se a realidade, de distinguir o verdadeiro do falso, tudo isso é evocado por Shakespeare e colocado à vista nessa performance excepcional.

A rica reflexão de Donnellan nada tem de ilustração de qualquer uma dessas teorias, porém ela seria inimaginável sem o trabalho preparatório da *critical theory*, notadamente a propósito das identidades sexuais e dos simulacros.

Existe ainda, pois, uma diferença entre a "*encena*" e a "*perf*"? Certamente que sim, porém cada vez menos: a diferença tende a reduzir-se, pois a direção de atores e a performance estão cada vez mais no centro do dispositivo de qualquer encenação. Estas duas maneiras de ver e fazer teatro são complementares, como o provam bem Donnellan, McBurney e Braunschweig. Quando um dos dois aspectos predomina, pode-se acreditar num desequilíbrio e numa insuficiência.

Tomaremos a seguir dois exemplos de teatro intercultural.

3.4 *Jean Lambert-wild:* Mue. Première mélopée
(Muda. Primeira Melopeia)

Na longa odisseia de Avignon de 2005, em meio a calamidades, *Muda*, interpretada no castelo de Saumane, na Provence profunda, ofereceu-nos um momento de calma, um contraexemplo perfeito dessa obsessão pelo desespero que acreditamos perceber na edição desse Festival de Avignon: ocorre a apresentação de um mito fundador para melhor compreender não tanto a natureza do homem quanto seu lugar no universo.

Muda. Primeira Melopeia é um "*Warã* sonoro e poético para nove vozes, uma voz eletrônica, um percussionista e instalação

---

* Espaço central da aldeia, pátio onde acontece a assembleia geral da aldeia, na qual os anciãos e homens maduros se encontram e discutem a cerimônica do *waiá*, a caçada, e tudo mais que for importante. Disponível em: <http://wara.nativeweb.org/wara.html> (N. da T.).

sonora", retomando o estranho título do programa. Jean Lambert-
-wild, encenador, e Jean-Luc Therminarias, compositor, fizeram
apelo, após uma estada junto aos xavantes da reserva indígena do
Rio das Mortes, no Mato Grosso brasileiro, a cinco índios para
reconstituir com eles e quatro atrizes e atores franceses um *Wara*,
espaço descoberto onde os homens do "conselho dos anciãos" se
reúnem diariamente em círculo no nascimento e no pôr do sol.

Jean-Lambert-wild, Muda. Primeira Melopeia. *Foto Groupe 326.*
©*Jean Lambert-wild.*

*Que se imagine, na floresta amazônica, um grupo de indígenas: homens reunidos
para discutir o dia que passou ou o próximo. Não se entende sua palavra: nem
o som da voz, nem o sentido. Não se saberia representar sua vida. Figuramo-nos
somente as calamidades às quais sobreviveram. Que nos lembremos desse grupo
de indígenas, visto naquele verão na esplanada do castelo na noite provençal,
misturado com atores e músicos franceses. Ouvimos apenas sua voz, recepção
de fragmentos de sua vida, de sua maneira de falar e narrar, as costas viradas
para o mundo que veio ouvi-los. Nada mais a representar? Nem verdadeiro
nem falso? Claro que sim! O mundo está para ser descoberto no nosso interior,
para escutar-se apurando o ouvido. O teatro, laboratório do real?
Isso veremos mais tarde.*

Os quatro membros da Cooperativa 326 e os cinco xavantes estão em círculo numa plataforma central, de costas para
o público, cada um diante de um microfone. Os espectadores,
sentados ao redor desse montículo numa cadeira colocada
no mesmo chão arenoso, escutam as palavras pronunciadas
pelo coro, bem como as do narrador que circula no exterior

do círculo. O que ouvem foi anunciado como "discurso de Serebura acompanhado de um sonho de Waëhipo júnior e mitos da comunidade xavante de Etenhiripipa". É inútil tentar distinguir o que vem de Serebura, de Waëhipo ou da (re)criação de Lambert-wild, pois tudo está disposto precisamente de forma a embaralhar as palavras e os sonhos, o mito e a poesia. A origem das palavras e dos sonhos, assim como a das fontes sonoras, permanece indeterminada. O interculturalismo é colocado em prática. Muito tato, discrição, elegância e probidade nessa delicada cooperação, sem voyeurismo nem condescendência.

A cerimônia obtida – deveríamos chamá-la de "espetáculo"? Melhor talvez fosse dizer: a *cultural performance* – evita a armadilha de um ritual "exótico" artificialmente transposto para esse parque e sob o céu provençal, dirigido a um público ilustrado aberto às culturas do mundo. O dispositivo espacial, musical e discursivo torna desatualizada qualquer questão de autenticidade, identidade cultural, universalidade ou essencialismo cultural. Opera-se assim, com doçura, uma retomada em questão do teatro intercultural dos anos de 1980 e 90, aquele dos Brook, Mnouchkine ou Barba. Não nos deparamos com uma transferência de pedaços culturais, com uma reconstituição da cultura do outro, muito menos com um elogio das culturas universais ou um relativismo pós-moderno de todas as culturas, ou, menos ainda, com o discurso queixoso da proibição de citar-se uma cultura que não nos pertence e que está protegida pelas leis comunitárias disfarçadas de *politicamente correto*.

Longe de querer restituir a palavra autêntica dos indígenas, de exibir restolhos de dança ou ritual, a encenação recorreu às tecnologias ocidentais de som, as mais recentes, e utilizou-se dos talentos de composição de Therminarias. As vozes, tão diferentes na sua textura e efetividade, são valorizadas no espaço ora centrado, ora periférico dos locutores. Não para tornar moderna ou para impressionar as imaginações, mas sim para inserir-se delicadamente no tecido das palavras do outro. As vozes contribuem para desorientar os espectadores, que não se acham mais em condições de reconstituir uma palavra original ou primária. Quando os espectadores jogam o jogo e experienciam a voz e a música como palavra em movimento, sem cessar mudando de origem, o *Warã* torna-se o centro descentrado de onde parte a reflexão poética. Cada um faz a sua muda de adolescente: tornamo-nos outros na medida em que continuamos nós-mesmos. Mudamos de voz e a voz nos muda. A muda significa também a mudança de nossa atitude mental e política, frente às outras culturas, o despojamento de nossas concepções, de nossas palavras:

> Eis o que me ensinaram os A'Uwé Uptabi,
> Os verdadeiros homens de Etênhiritipa
> Infiltrar-me por todos os alhures contidos nos meus sonhos,
> Achar um jeito de os compartilhar
> Despojar-me de minhas palavras
> E dizer
> O alvorecer de uma Muda
> Que não mais me pertencerá.

Estas palavras são assinadas por Lambert-wild, porém ela são o sonho de todos nós. Esse alvorecer de uma Muda não contém mais nada da véspera da "grande noite" dos revolucionários de antigamente! Talvez ainda seja o momento imperceptível em que a posição culturalista e os valores humanistas universais procedem a um discreto retorno. Esse retorno, que se segue ao despojamento, corresponde a uma fase da etnologia contemporânea, a de um Philippe Descola, por exemplo. Nos seus estudos sobre os jivaros da Amazônia, ele insiste ao mesmo tempo na aprendizagem necessária da diversidade cultural e na crítica às posições culturalistas extremas, que

> acabam por dizer que tudo é produto da vida social e das coações culturais [...]. A antropologia teve por objeto, durante muito tempo, a compreensão da natureza humana na sua diversidade. A acumulação de informações etnográficas fez perder de vista que, fundamentalmente, nosso objetivo é compreender, de maneira satisfatória, uma natureza humana única, que traga soluções diversas para alguns de nossos problemas. O acento está colocado no nosso mundo de descontinuidade entre o humano e o não humano (descontinuidade moral de qualquer tipo), e na continuidade material. Em sociedades como a dos jivaros, o acento é

colocado, pelo contrário, na continuidade moral e na descontinuidade material[28].

Sem negar as evidentes diferenças culturais, Lambert-wild insiste, também ele, nessa natureza humana única. Sua tarefa consistiu em reunir vozes, pessoas, textos, estilos diferentes, porém o dispositivo do jogo, as traduções incessantes, as mudanças de identidade contrabalançaram essa diversidade por meio de um embaralhamento voluntário de pistas: quem é que fala realmente e o quê? Até o término da noite, o comentador exterior, essa "voz eletrônica", anunciou suas intenções: "Vou contar-lhes como o mundo foi criado. Estou aqui como nossos antepassados mandaram". Concluiu o relato de xavante à maneira de um antropólogo formado por Lévi-Strauss:

É desse jeito que fala o mito [...]. O mito do qual estou falando mantém a tradição viva [...]. Vocês são parecidos conosco [...] vocês também descendem de nossos antepassados [...]. Eu lhes peço para nos respeitarem [...]. Eu não quero mais que vocês nos tratem como animais [...]. Vá, você pode ir embora. Esqueça a nossa existência.

A calamidade já aconteceu há cinco séculos; a única coisa importante, no momento, é limitar seus efeitos e aprender a viver coletivamente.

Espantamo-nos ao ouvir o narrador branco falar assim, mesmo que rebatizado como "voz eletrônica": o representante do coro invisível ou do público europeu fala no lugar dos índios, mantém o discurso do humanismo, emprega conceitos da antropologia ocidental. Porém, ao se olhar mais de perto, e na lógica do processo de trabalho, esse discurso tentou justamente transcender as clivagens habituais. Em termos sociológicos, seria mais fácil demonstrar as enormes diferenças econômicas entre os xavantes e os cidadãos do território de Belfort, entre a coprodução internacional (da qual o anúncio traz quinze linhas) e a frágil comunidade indígena. Lambert-wild invoca a poesia e o sonho para justificar essa convergência, e seu trabalho coloca tais princípios à prova. É evidente que o aporte de

---

[28] P. Descola, Les Jivaros d'Amazonie et nous, *Le Nouvel Observateur*, 14-20 de jul. 2005, p. 71. Ver também o livro *Par-delà nature et culture*.

instituições deve ter sido indispensável para a realização desse empreendimento, que se pode imaginar seja muito caro; certamente, o programa político continua no estágio de declarações de intenção (contra o impasse neoliberal e a necessária retomada em questão da propriedade e da divisão de trabalho); no entanto, nenhum espetáculo em Avignon, naquela semana, renovou tanto a arte da encenação, colocou questões tão candentes com tal energia.

3.5 Les Coréens (Os Coreanos) Encenado na Coreia

Para verificar essa lei da complementariedade entre a encenação e a performance, tomaremos um terceiro exemplo: o da recente encenação de *Coreanos*, de Michel Vinaver, em Seul, por Marion Schoevaert e Buyn Jung-Joo[29]. Esta peça de 1955 narra um episódio imaginário da guerra da Coreia (1950-53). Na "apresentação de suas obras", Vinaver descreve-a nos seguintes termos:

Após um bombardeio, no qual tudo parece ter sido destruído, no qual não restou mais nada a não ser alguns sussurros, alguns gestos e escombros, uma vida se reanima.

Enquanto a cidade coreana volta a si – porém sem ser mais a mesma –, cinco soldados patrulham nas urzes vizinhas, à procura de um prisioneiro. Eles vivem sua guerra como um sonho e não se reconhecem.

Um sexto soldado foi abandonado como morto durante a batalha noturna. Uma garotinha de oito anos encontra-o ferido, carrega-o até a cidade. O que acontece então – aquilo que acontece na cidade e aquilo que acontece ao soldado –, não é um acontecimento inscrito na eternidade. É, surpreendentemente, a reconquista do hoje[30].

A última frase dessa descrição feita pelo autor é antes de mais nada uma interpretação, de resto muito obscura, da peça. A encenação, talvez por coerência, não contribuiu para esclarecê-la. Convidou, no entanto, a que se reconsiderasse a ação como um

---

29 Em Seul, Seongnam Art Center, novembro de 2006. Música de Kim Dong-Guen, coreografia de Park Jun-Mi.
30 M. Vinaver, Présentation, *Théâtre complet*, p. 25.

movimento coletivo, para não limitar a passagem, atualmente, apenas ao personagem de Belair. Explica-se, dessa forma, a escolha de uma música, um gestual e uma coreografia inspirados na cultura coreana tradicional. Essa escolha é perfeitamente legítima, não apenas porque dá à ação uma cenografia plausível, trazendo a referência da peça ao seu lugar de origem, mas, sobretudo, porque o ritmo coreano da música, do movimento e da palavra dera à obra uma unidade estilística que a afastava de uma interpretação muito psicológica e realista. A encenação (ou será a escritura, até mesmo a dramaturgia?) construiu uma partitura musical em bloco, uma dicção mais salmodiada e gritada do que falada, uma coreografia de deslocamentos, movimentos e atitudes emprestadas da dança coreana tradicional. Não se tratou do "pôr em jogo" dramático do texto, mas sim de uma ópera e uma coreografia que formam, nesse caso, a exata partitura de uma performance, mais do que encenação de um texto pré-existente. O texto certamente contemplado estava em sua quase integralidade, permaneceu audível e não se reduziu a um libreto de ópera no qual o sentido seria secundário em relação à música. Mas, graças à possibilidade de uma retradução, o texto é maleável de acordo com as exigências do ritmo musical e gestual. Houve um feliz reencontro rítmico da tradução reescrita de Ahn Chi-Won com a música composta por Kim Dong-Guen, com a coreografia imaginada por Park Jun-Mi. O reencontro foi cuidadosamente preparado pela encenação como colocação em enunciação de todos esses signos e registros diferentes: nela coincidiam a métrica, a orquestração dos instrumentos ocidentais (acordeão, clarinete, flauta, guitarra) e coreanos (bateria ocidental e *Buk*, enorme tambor), as figuras dançadas ou posadas. O trabalho em cima da composição dessa ópera de tipo novo, a partir da encenação, consistiu em integrar esses ritmos em quadros que permitissem organizar a narrativa musical, coreográfica e textual. Certamente o texto, embora muitas vezes criado no mesmo tom e segundo a mesma energia, ainda era audível, ou seja, perceptível e compreendido pelo ouvido e pelo espírito, porém integrava-se igualmente muito bem e rapidamente ao evento dançado e musicado. A peça encontrava-se, dessa forma, situada num "banho" coreano: seria o caso de se falar tanto em intraculturalidade quanto em interculturalidade.

Michel Vinaver, Os Coreanos, encenação de Marion Schoevaert e Buyn Jung-Joo. Fotos Wuturi Players. ©Kim Kwang-Lim.

De maneira semelhante à importância do ritual e da interpretação antropológica de Vinaver, a encenação reforçou a dimensão ritual: cantos e danças, máscaras, cogulas, maquilagem espessa, alusões ao xamanismo por meio de dois altares, aonde todos os personagens, bem como os atores, vinham recolher-se. Esses elementos não foram autenticados por um cuidado de exatidão etnográfica, mas sim concebidos como forma estética, idealizada e imaginária. Essa evocação do gesto e das sonoridades coreanas não foi uma reconstituição, de qualquer modo impossível, de um *Homo coreensis*, tanto inencontrável quanto imaginário.

No entanto, de qual Coreia estamos falando? Os encenadores, Schoevaert e Byun, e antes deles os Wuturi Players de Kim Kwang-Lim, não pretenderam de forma alguma reconstituir um fragmento autêntico da Coreia: simplesmente inventaram alguns signos da cultura coreana. Uma coreanidade em grande parte fantasmal (mesmo para os coreanos), porém convincente nos seus resultados estéticos: era tudo a que aspiravam os artistas. Ao fazê-lo, e sem o saber, inventaram um novo tipo de teatro intercultural, ou, mais exatamente, intracultural.

A interculturalidade não está colocada, como nos anos de 1970 e 1980, em termos de trocas culturais, de comunicação entre os polos dessas instâncias ou de conflito entre cultura dominante e cultura dominada. Este exemplo de Vinaver significa, antes de tudo, um reencontro, menos passional porque "natural", entre tradições de atuação e uma escrita dialogada que se presta a uma certa estilização do palco; ela tem necessidade, porém, de uma enunciação ao mesmo tempo enérgica e pouco realista, a fim de integrar-se ao dispositivo puramente artificial e codificado da ópera, dispositivo esse que é o de uma performance regulada e codificada, como o seria para uma forma teatral tradicional.

Esse novo encontro intercultural é igualmente a combinação da encenação de tipo ocidental com a performance definida como fórmula tradicional fixa, muitas vezes "oriental", mas não necessariamente. Tal encontro epistemológico traz à luz a concorrência entre dois estilos de *showing doing* (mostrar a maneira de fazer), que é como Schechner define nosso objeto de estudo, ou seja, mostrar aquilo que é feito diante de nós.

Para descrever esse encontro da maneira mais técnica possível, observaremos as diferenças entre os modos de agitar, marchar, falar e ritmar o texto. A coreógrafa Park Jun-Mi realiza a montagem de várias técnicas corporais, especialmente:

- a marcha de pato do camponês barrigudo, emprestada da arte popular coreana tradicional;
- o leve e repetitivo movimento dos ombros de uma camponesa, movimento esse apenas esboçado, mas que pode mudar a qualquer momento para uma elaborada dança mascarada;
- as poses mantidas por bastante tempo pelos soldados franceses, os comissários do povo e às vezes pela moça (Wen-Ta);
- a maquilagem estereotipada muito espessa, especialmente a dos camponeses e comissários, como que para sublinhar a rigidez da tradição, da ideologia e do uniforme.

O ator-dançarino, ajudado pela coreógrafa e em conformidade com o desenho geral da encenação, constrói pouco a pouco um comportamento, uma atitude, uma tensão característica de seu personagem. Isso resulta de uma técnica corporal que é, ao mesmo tempo, individual e, em parte, comum aos personagens do mesmo grupo. Essa técnica solidifica-se numa tensão corporal do corpo em pose: do mais leve (Wen-Ta) ao mais rígido (Kim). Os comissários do povo integraram em seus passos, depois em suas poses, um movimento violento emprestado do *kung-fu*, em conotação imediata com a sinistra revolução cultural chinesa e a ópera de Pequim maoísta. Essa fonte chinesa de trabalho corporal integra-se facilmente ao corpo dos atores, da mesma maneira que as atitudes que citam cartazes pró-americanos ou norte-coreanos. O corpo fascista ou comunista, inteiramente controlado, igualmente toma emprestado as técnicas do *close combat* ocidental. Tal corpo diz, de sua incompatibilidade com o corpo dos camponeses, que obedece a uma lógica totalmente contrária.

Todo trabalho da coreografia consistiu em confrontar esses diferentes corpos e modelos corporais, esses tipos de movimento e de parada, com o objetivo de produzir uma montagem e fazê-los evoluir de acordo com a transformação do personagem. Belair, por exemplo, desfaz-se dos automatismos de seus colegas, humaniza-se ao contato com a moça, entra timidamente na dança camponesa final, não sem a ambiguidade dessa integração forçada (hesitações, defasagens, inabilidades). A figura coreográfica escolhida às vezes espanta: os soldados franceses, encapuzados como terroristas, põem-se em dado momento a fazer reviravoltas saltando à moda coreana, como na dança mascarada. Esteticamente, o movimento é espetacular; mas do ponto de vista dramatúrgico é bastante deslocado, pois poderia sugerir uma assimilação ao grupo dos camponeses. Esse problema soa como sendo mais de coerência da encenação do que erro da performance coreográfica, que antes de tudo é cuidadosa no sentido de manter o ritmo. A coreografia consegue perfeitamente esse intento ao criar conjuntos homogêneos de grupos, que ora se congelam num quadro vivo, ora são arrastados numa dança ao redor da marmita de sopa sugerida pelo enorme tambor (*Buk*), batido em cadência pelos dançarinos.

A luta de influência entre performance (coreográfica) e encenação (dramatúrgica) manifesta-se na hesitação entre uma cenografia muito distante (palco levantado e distante do público, de modo algum redondo como teria sido o caso de uma peça apresentada na vila) e figurinos ou maquiagens muito próximas desses camponeses coreanos de uma época antiga. O chão liso, a plateia brilhando de nova contradizem a aparência rústica e popular dos semblantes e costumes dos camponeses. O palco avançado, quase shakespeariano, esforça-se para suprimir a distância; as invasões dos soldados ao espaço dos espectadores são frequentes. Não obstante, esse universo permanece sendo estranho aos coreanos, mesmo para os melhores coreanólogos, pois repousa numa visão simbólica, idealizada, abstrata, coreografada e, portanto, numa performance estética de dança, realizada num tablado neutro de ópera dançada.

Felizmente, o dispositivo que nos introduz na ficção ajuda-nos a penetrar nesse universo imaginário tão longínquo. Não naquele de uma aldeia de 1953 na Coreia, mas sim naquele de um grupo de aldeões participantes de uma cerimônia, celebrando *conosco*, mais do que *diante* de nós, um episódio do passado, já teatralizado, "restaurado" (Schechner), ritualizado. No início, os atores nos acolhem na plateia aos gritos, manipulando freneticamente seus trajes, provavelmente os dos mortos. No fim, tiram suas máscaras, colocam na boca de cena; depois, uns após outros colocam os mesmos trajes cuidadosamente dobrados, antes de deixar o palco através da plateia. Uma cerimônia, portanto, aconteceu, da qual no fundo participamos, ao menos por procuração. Tanto quanto os atores, no decorrer do espetáculo, fomos nos recolhendo paulatinamente diante de dois pequenos altares de um lado e outro do palco. Tais rituais levam a peça para uma *cultural performance*, para uma ação performativa. Estes nos distanciam, desse modo, da clássica encenação de um texto submetido à interpretação.

Não obstante, esse exemplo ajuda-nos a compreender melhor a luta de influência mútua entre a encenação e a performance. Com efeito, o espectador deve decidir se privilegia a leitura da fábula por meio da encenação, ou se irá interessar-se unicamente pela performance dançada e musical, à qual possui sua lógica própria. De acordo com a lógica ocidental, a coreografia e a música devem estar à disposição da encenação. Devem ser compostas em função das intenções ou escolhas em conjunto da encenação, à falta do que tornar-se-iam independentes da fábula e permitiriam que o texto dramático resvalasse para a categoria de libreto insignificante. Ora, no trabalho dos encenadores Byun e Schoevaert, o texto não é nem modificado nem recortado. O motivo que envolve a triagem dos figurinos torna-se metáfora total da fábula: a restauração e a ordem dão sequência à destruição e à reconciliação. A interpretação de algumas cenas finais fechadas, especialmente as cenas 15, 17 e 19, é capital para o estabelecimento da fábula que toda a encenação exige. É o caso dos aldeões, por intermédio de Lin-Huai, "mulher enérgica", "mulher implacável", que decidem integrar Belair à comunidade da aldeia, tranquilizando-o quanto à sua potência sexual no momento em que ele acaba por anunciar sua intenção de partir. Numa reescritura *de La Surprise de l'Amour* (A Surpresa do Amor), de Marivaux, Vinaver mostra como o par, indo de brincadeiras a galanteios, achando nunca ter sido fisgados pelo amor e pelo desejo, encontram este último[31]. No entanto, a ação é mais antropológica do que psicológica. A encenação não faz paródia de uma cena marivaudiana, pois com essa tradução e esse jogo físico fica-se muito longe dos floreios marivaudianos, e assim de sua eventual paródia. Este enfraquecimento da leitura dramatúrgica e da assinatura crítica de uma encenação prolonga-se na cena final, que a encenação trata de maneira mais coral e coreográfica do que de modo discursivo e hermenêutico. Globalmente, a encenação cede um pouco à performance visual e dançada, à ópera coreana, investindo a dança, a música e a cerimônia de um poder catártico, de um desfrute ligado mais à voz e ao corpo do que ao espírito e à interpretação discursiva de uma encenação.

Por sua coerência, criatividade, força de sedução e seu lirismo, a coreografia e a música dessa ópera neocoreana à maneira de Kim Kwang-Lim tendem a subverter, a subjugar, e até mesmo a fagocitar a encenação. Sabe-se que a ópera pretende comandar tudo, compreendidas aí as veleidades do encenador, pois ele é o mestre do tempo e do ritmo aos quais todo o restante deve submeter-se. A música impõe um certo tempo, uma rítmica que a dança traduz no espaço, a seguir através dos corpos dos atores, em figuras e atitudes. Na França, a ópera frequentemente foi a matriz da encenação. Na Coreia, a invenção de uma encenação "coreana" passa, talvez, por ser uma ópera de outro tipo.

Isso nos permite continuar nossa comparação entre a maneira performativa "coreana" de colocar as coisas no palco e o método ocidental de encená-las, dispondo-as de acordo com um olhar centralizador e organizador. Estes *Coreanos* são coreanos na medida em que dão a impressão de uma performance,

---

31 É importante saber que Vinaver consagrou um longo relatório à encenação desta peça por Roger Planchon, em *Théâtre Populaire*, n. 34.

na qual os objetos, gestos e os *leitmotive* musicais foram colocados um ao lado do outro, prescindindo do olhar organizador e centralizador do encenador de tipo ocidental. Do ponto de vista ocidental, ficamos um pouco perdidos devido à justaposição de coisas no palco e no espaçotempo da representação: passa-se, com efeito, de um conjunto ao outro sem razão lógica, nem mesmo cronológica, como se se tratasse de uma instalação, e a encenação (no sentido ocidental) tivesse renunciado a impor-se e se apagasse por trás da performance pseudocoreana. Essa performance o é também no sentido de uma explosão artística, musical, coreográfica. Remete, igualmente, a algo de sensual e desorganizado. Em contrapartida, a encenação permanece sempre na base de um sistema organizado e conceitual.

Tal é precisamente aquilo que hoje o teatro da desconstrução ou da performance tenta, frequentemente, realizar: emancipar-se do constrangimento de um ponto de vista do encenador, dispor as coisas sem uma perspectiva privilegiada. Essa atitude coincide com um novo interculturalismo, que não procura mais controlar tudo como o fazia a encenação ocidental quando dominava todos os signos e adotava uma perspectiva única. Esse interculturalismo inscreve-se numa poliperspectiva ou numa des-orient-ação (não conseguimos perceber mais nem o Oriente, nem o Ocidente "puros", nem uma direção). É, portanto, um interculturalismo sincrético, profissional, pós-moderno. Os signos que utiliza são às vezes voluntariamente ambíguos, abertos, não redutíveis a índices claros como no caso da encenação clássica. Como, por exemplo, os soldados encapuzados: representam uma massa amorfa de não importa qual exército da atualidade, ou são antes terroristas? Mas, nesse caso, de que tipo? E quanto ao tambor transportado para o centro do palco: é um caldeirão que nutre e regenera a aldeia, ou seria simplesmente um ponto de reunião para o jogo, puramente uma figura de rodopio, uma maneira simples de girar em roda, tanto no sentido próprio como no figurado? Esses signos são culturalmente polissêmicos, não sendo índices sociais ou psicológicos como no caso da encenação. Fornecem um quadro geral e universal para a performance virtuosa e polimorfa. Escapam em definitivo à interpretação muito discursiva, muito ligada ao texto, muito submissa à "autor-idade" do encenador. Eles nos fazem voltar a um estado anterior à encenação, o de um saber técnico, normatizado, não ligado à interpretação individual, mas sim codificado e perfeitamente dominado, como o seria uma tradição secular. Esse retorno a um estado anterior ainda não individualizado, porque interpretado por um único explicador e responsável artisticamente, não é necessariamente uma regressão: é um meio de unir de novo a coreografia coreana, como se ela já tivesse existido e nós estivéssemos a ponto de descobri-la.

Começamos a compreender as duas tentações atuais do teatro: a tentação da performance e a da encenação. A tentação da performance é a de congelar as categorias dramáticas, os personagens e o sentido para unicamente e melhor trabalhar a forma; é a de utilizar os intérpretes, instrumentistas, virtuoses, *performers*. A tentação da encenação é a de apreciar, julgar, interpretar os conteúdos e as nuanças do texto, de mostrar a sua relatividade. Ela recorreu aos atores-imitadores que "apossam-se" dos personagens. No espetáculo destes *Coreanos*, os atores são antes de mais nada dançarinos, aos quais fica difícil fugir da rotina coreográfica, de sua codificação formal para situá-los numa situação dramática e teatral ao pedir-lhes para interpretar as "grandes cenas", para nuançar e interpretar a fábula e para clarificar um subtexto e uma situação. Tudo leva a crer que esta peça situa-se deliberadamente na performance abstrata e antropológica, e não na encenação histórica ou historicizante à la Brecht. E é isto que os "autores" do espetáculo, Schoevaert e Byun, compreenderam perfeitamente.

O que a peça, com efeito, exige? Na sua apresentação, Vinaver insiste no fato de que a representação não deve preocupar-se com a "passagem para a atualidade" do seu personagem principal[32]. Com isso quer dizer, provavelmente, que não se trata de interessar-se por uma conversão milagrosa de Belair para a cultura coreana, pois essa conversão seria uma conclusão muito anedótica, muito "hollywoodiana". Sugere, ao contrário, que "é, antes de mais nada, a peça inteira que deve procurar simbolizar, na sua evolução, um 'tempo novo', um mundo liberto de qualquer processo, aberto a qualquer movimento"[33]. Nesse sentido, o tempo e a ação não são os anedóticos do perso-

---

32 M. Vinaver, Présentation, op. cit., p. 41.
33 Idem, ibidem.

nagem se transformando, mas aqueles de qualquer sociedade concebida antropologicamente. A peça e seu tratamento cênico insistem na assimilação do soldado Belair a outro tecido vivo. Teatro antibrechtiano, por consequência, pelo fato de não se situar na história política, apesar dos nomes e lugares. A peça presta-se ao travestimento de uma cultura distinta, coreana neste caso, mas que também poderia ser muito bem a tailandesa ou a irlandesa. Ela parece convidar à performance no sentido de uma explosão formal e à forma codificada anti-histórica de teatro tradicional, imutável no seu desenvolvimento e, portanto, de forma alguma dependente da nova leitura de um encenador. O aspecto performativo é capital, enquanto a exigência mimética, política, etnológica, geográfica, é quase nula. A peça de Vinaver refere-se certamente à Coreia, porém de forma abstrata e arbitrária, sem dar indicações culturais específicas no texto. A encenação não denuncia a guerra, a propaganda, ou o comunismo norte-coreano. Essa ausência de visão política, que tanto impressionou os contemporâneos na criação da peça, autorizou os encenadores e a coreógrafa a tentar uma reconstituição muito livre da coreanidade através da performance dançada e cantada, uma coreanidade imaginária, espantosamente estética.

4. CONCLUSÕES
Performance studies/theatre studies

O exemplo da encenação coreana e coreanizada de *Coreanos* ajuda-nos a compreender melhor as relações entre performance e encenação, e, de maneira mais geral, a diferença entre *performance studies* e *theatre studies*, estudos de espetáculos e estudos teatrais.

A realização dos *Coreanos* tem origem dupla: é "ocidental" com relação à escritura de Vinaver, à análise dramatúrgica e à encenação de Marion Schoevaert; é "coreano/asiático/oriental"[34] por conta do "estilo Wuturi" de Kim Kwang-Lim e da direção de atores de seu colaborador e encenador nomeado

---

34 Observe-se que as aspas protegem essas denominações.

Byun Jung-Joo. Não nos espantemos, portanto, que ela se caracterize igualmente por uma dupla influência, às vezes dificilmente legível e distinguível: uma europeia, de um teatro de texto que a encenação, tal como uma esfinge, deve decifrar; e outra, performativa e performante, que a performance da ópera e da dança-teatro deve produzir.

Após uma vintena de anos, sob o impulso e o cajado de Richard Schechner, os *theatre studies* e os *performance studies* defrontam-se e comparam seus métodos e seu balanço. Em um espetáculo como *Coreanos*, os coreanos nos provam que as duas abordagens são válidas, necessárias e complementares, ao mesmo tempo em que nos levam a compreender a fabricação da obra e a avaliar sua recepção.

Não se deve, contudo, escamotear a dificuldade epistemológica do encontro dessas duas abordagens e de sua coabitação. Os *theatre studies* têm utilizado todo o arsenal das ciências humanas, especialmente a *critical theory*. Disciplinas como a filologia, a sociologia, a psicanálise, a desconstrução derridiana, deram os seus testemunhos. Também nos espantamos pela atual crise de confiança, até mesmo pelo autodescrédito da teoria. Por conta disso, na Europa e na América ela se acha muito ocidental, muito cartesiana, muito humanista. Sente-se responsável por todos os males desde Adão e Eva, acredita-se estar obrigada a pagar pelo colonialismo e pelo racismo. É verdade que a tarefa das ciências humanas, assim como a da encenação, é ser crítica, autocrítica até: procura explicar a representação e avaliar se ainda é descritível como encenação propriamente dita ou como *cultural performance*. Pretende situar-se na história, adaptar-se às exigências e faculdades do público do momento. As lições da encenação, assistida pela dramaturgia, são preciosas: a relatividade do tempo, da época, do olhar, do desejo, do efeito produzido, eis aí uma lição que nunca deverá ser esquecida. É verdade que tais lições foram frequentemente esquecidas e que as análises marxistas ou simplesmente brechtianas, quando foi o caso de se ler ou interpretar uma obra, foram simplificadas. É verdade que depois de 1989, fim do comunismo, assim como depois de 1789 (início dos direitos humanos na engrenagem da história revolucionária), as ciências humanas foram algumas vezes desconsideradas. É, também, verdade que, tal como Schechner, estamos, no momento, em suas próprias palavras: "muito pouco confiantes na futurologia a longo prazo". Porém, não temos necessidade dos estudos humanistas, para continuar a pensar e para não desesperar?

Pois na outra margem, a dos *performance studies*, abertos sobre o mundo inesgotável das *cultural performances* (manifestações culturais), encontramo-nos subitamente tão desarmados quanto Robinson Crusoé na sua ilha. Existem poucas abordagens políticas para analisar todas essas formas, julgadas muito diversas e "diferentes" para que se lhes insiram "os sujos direitos ocidentais"[35] e, acima de tudo, poucas abordagens que não se contentam em descrever o funcionamento técnico das formas e codificações. Ora, trata-se de definir o *performance model* do qual fala Schechner: será que funciona verdadeiramente por si mesmo, sem referência à *western dramaturgy*, à dramaturgia ocidental? É possível duvidar! Por certo, nós a vimos com *Coreanos*, a música e a dança tendendo a constituir-se numa linguagem pura, isolada da cultura, declarando-se protegê-la totalmente. A música e a dança têm um efeito imediato, patético, diretamente emocional. Contudo, seria conveniente, em todo caso, compreender o momento em que esse efeito se traduz numa incidência no sentido e na dramaturgia, consequentemente na encenação enquanto sistema de sentido.

Na prática, assim como na teoria, esforçar-nos-emos para conciliar ou confrontar performance formal e encenação carregada de sentido, notadamente político. Em teoria, sugerimos ultrapassar as clivagens improdutivas, como performatividade *versus mímesis*: pode-se constatar, na ação performativa que constitui a performance, efeitos do real que fazem o espectador compreender imediatamente que a ficção e a forma artística são unidas também por inumeráveis mediações com sua vida e com sua experiência cotidiana. Na prática, isso implica que o espectador possa ter a possibilidade e o desejo de oscilar, sem parar, entre, de uma parte, o gozo da música e da dança, a forma e o ritmo em que elas se manifestam, e de outra parte a distância crítica que se encarrega de toda a reflexão com respeito à organização do sentido cênico. Nesse *Coreanos* coreanizado,

---

35 Citação imaginária, mas de nenhum modo apócrifa.

a escolha por privilegiar (exceto a elaboração do espetáculo) seja a performance, seja a encenação, é decisiva. Essa escolha foi incontestavelmente a da performance virtuosa, que guiou os criadores do *Coreano* de Seul. Disso decorreu, às vezes, a dificuldade em pensar a peça quanto ao modo de interpretação e de fazer-se a junção da performance com a reflexão dramatúrgica da peça (velha reflexão europeia). Resta julgar – decisão crítica – se essa ausência de junção foi feita "de propósito" ou se é testemunha de uma concepção ligada muito unilateralmente à performance da cultura coreana, que foi decididamente convocada a fazer milagres.

Outro e último dos milagres: a peça de Vinaver inaugurou, em 1956, uma concepção radicalmente nova de teatro. Tratava-se de "um teatro que abole qualquer memória, que faz tábua rasa de imagens e significados, que apresenta um mundo onde as relações entre os seres e com as coisas estão vazios de qualquer profundidade, produzidos sem delongas, literalmente constatados"[36]. Ao invés, então, de procurar um sentido para a "conversão" individual de Belair à cultura coreana, de identificarmo-nos com uma busca de sentido, valeria mais a pena observar, como o fez a encenação, de que maneira o aspecto performativo da interpretação dessa ópera-dança coreana contribui para o advento desse novo tempo, "aberto a qualquer movimento". As relações entre os seres são expressas pelo movimento, pela voz, pela coreografia e especialmente pelas atitudes: isso se dá na mesma medida em que os elementos formais não implicam nenhum subtexto, nenhuma profundidade, e sim "tricotam" um conjunto de relações que transformam "em bloco" a imagem do nosso mundo em rede. Trata-se mais, nesse caso, da performance interconectada e anônima, da cultura coreana imaginária que triunfa sobre os indivíduos, sobre os mestres do palco e do sentido. Dessa forma, a cultura coreana enquanto metáfora assume todo seu valor e toda sua justificação, mas por razões pós-modernas, e não etnológicas.

Tal passagem da encenação para a performance que pode ser observada nesses *Coreanos* de Seul, bem como em muitos espetáculos contemporâneos, tem consequências meto-

---

36 M. Vinaver, op. cit., p. 41.

dológicas: a análise de espetáculos passa de uma semiologia descritiva para uma fenomenologia do sujeito perceptivo. No entanto, essa passagem é antes de mais nada uma aliança entre os dois métodos: a semiologia, que é uma ferramenta indispensável para a descrição estrutural do espetáculo, enquanto a fenomenologia inclui ativamente o espectador na sua dimensão corporal e emocional. Esse duplo método com vistas a esses estranhos objetos que se tornaram os espetáculos da atualidade, é um *double chek*, uma verificação dupla. No presente, abandonamos a margem do sentido óbvio, estamos em face e no interior de *performises* ou de *mise-en-perf* que a semiofenomenologia nos ajudará um dia, quem sabe, a abordar. Destinerrância garantida...

A cenografia é a parte visível e material da encenação. Não é senão um componente entre outros. No entanto, é exatamente nela que se concentra boa parte das pesquisas de criação teatral e espetacular da atualidade.

O espaço como barômetro do tempo, como crisálida de onde surge a encenação.

Uma luta subterrânea opõe a cenografia à encenação: a partir do aparecimento, ou pelo menos da tomada de consciência desta última, a cenografia seguramente ficou na defensiva, como se tivesse perdido definitivamente seus poderes adquiridos na Renascença. Muitas vezes a cenografia se identifica com essa encenação, procurando ultrapassar o quadro fixo e arquitetural de um espaço contido nos limites do palco, tal como nas suas origens.

Todavia, estamos ainda na era das "Revoluções Cênicas do Século xx" de que falava Denis Bablet num livro célebre? A cenografia dos últimos vinte anos renovou e prolongou as vanguardas históricas? Explorou novos caminhos?

Alguns exemplos concretos, se bem que necessariamente parciais, alimentarão nossa reflexão.

No teatro, assim como em qualquer outra parte, deve-se esperar tudo. A desorientação espacial ajuda-nos, pelo menos, a reconsiderar a nossa posição no mundo.

4. Tendências da Cenografia na França

Se fechássemos os olhos, por um instante, a fim de examinar o estado atual da cenografia na França nos anos de 1980 e 90, o que se veria?[1] O mesmo caleidoscópio existente para a encenação: uma multitude de formas e cores, uma infinidade de propostas, espaços embaralhados, uma incomensurável riqueza de realizações. Porém, constataríamos, igualmente, a impossibilidade de reduzir essa riqueza a qualquer sistema, da mesma maneira que a retomada quase sistemática e antológica de todas as experimentações cênicas que pontilharam o século passado. Isso porque – e esta será a outra revelação – estamos, atualmente numa fase barroca (ou seria o caso de dizer pós-moderna?): utilizam-se em excesso as soluções anteriores e aperfeiçoam-se os procedimentos experimentados. Certamente, inventa-se bem, ainda, algumas novidades formais cenográficas, mas os anos de 1990 e 2000 são antes de tudo de balanço, arremate, até de apoteose das experiências precedentes. A cenografia é o barômetro fiel dessas variações, o espaço é revelador disso. Luc Boucris observa-o a justo título: "O espaço modela a comunicação.

[1] Este capítulo resultou de conferência pronunciada fora do colóquio: L'Espace théâtral (O Espaço Teatral), organizado por Hyun-Sook Shin, em Seul, em novembro de 2003.

Todos sentem isso. Sim, mas de que maneira? O espaço teatral e suas transformações poderiam bem ser a entrada que melhor permite abordar todas as explorações [...]. Modelar o espaço é, nesse caso, a preocupação e a ambição do homem de teatro contemporâneo"[2].

A cenografia na França e em outras partes tornou-se uma das mais belas florações da criação teatral, o real caminho para entender o projeto cênico, para esclarecer sob nova faceta o papel do ator e, em consequência, para avaliar as mudanças na encenação. À falta de poder descrever exaustivamente essas mudanças ou de entrar nos detalhes técnicos da prática cenográfica, valer-nos-emos de alguns exemplos concretos. Os mesmos não representam todas as tendências atuais, porém não são casos menos típicos de uma produção pletórica. Pouco preocupado com a exaustão, este sobrevoo pretende estabelecer a ligação dessas cenografias com a questão da encenação e do corpo do ator. Nessas observações, apoiar-nos-emos no trabalho de um dos mais talentosos jovens cenógrafos franceses, Daniel Jeanneteau: "O espaço do teatro deveria ser uma emanação do corpo e do mental do ator. Não deveria existir antes dele"[3]. O que observamos numa cenografia não teria sentido, assim, senão pela relação estabelecida com o ator e com a maneira pela qual ele é tratado cenicamente, para dado público. Esta hipótese desemboca, de resto, naquela da etnocenologia* de Jean-Marie Pradier, que vê no palco a "maquete antropológica do corpo"[4]. Semelhante ideia nos ajudará a encarar a cenografia na sua conexão com o ator e com a encenação, pois, conforme o disse Jouvet, a arquitetura, a dramaturgia e a encenação "mantêm-se unidas" (Prefácio ao *Traité*, de Sabbattini). A essa trilogia conviria acrescentar o corpo e o olhar do espectador. A fim de verificar tais hipóteses, no mínimo ousadas, examinaremos, nos seis exemplos a seguir, a maneira pela qual o espaço situa o ator no centro da encenação antes de nele inserir o corpo e o olhar do espectador.

---

2 *L'Espace en scène*, p. 9. Para uma visão sobre a cenografia nos Estados Unidos ver A. Aronson, *Looking into the Abyss*.
3 Notes de travail, *Revue d'esthétique*, n. 26, 1994, p. 20.
* Ciência que estuda as características da encenação (N. da E.).
4 J.-M. Pradier, *La Scène e la fabrique des corps*, p. 18.

As incursões aventadas não constituem, de modo algum, uma tipologia das cenografias, nem mesmo um padrão representativo: não são mais do que uma primeira orientação. Qualquer tipologia na matéria seria muito arriscada. Os cenógrafos, com efeito, geralmente não reivindicam um método único, nem um estilo particular ou determinada estética, pois trabalham com diferentes encenadores ou, caso colaborem com os mesmos artistas, participam de projetos muito variados. Certamente existem constantes de uma cenografia para outra do mesmo artista, mas o que chama nossa atenção, no caso, não é nem o estilo nem a carreira dos cenógrafos, mas sim os diferentes meios de viver o espaço e sua transmissão ao ator e depois ao espectador. A cenografia – será preciso relembrar? – não procura necessariamente os efeitos espetaculares, da mesma maneira que a performance técnica não é um fim em si mesma, e a magnificência da decoração não é senão uma "doença infantil" da prática teatral.

A escolha de nossos exemplos é, em parte, arbitrária. Ironicamente, muitas vezes é ditada pela documentação fotográfica que os teatros aceitam colocar à nossa disposição. Procuramos distinguir, simplesmente, os seguintes usos do espaço:

1. os poderes da ilusão cênica (Collet/Demarcy-Mota);
2. o fantasma e o real (Peduzzi/Chéreau);
3. a travessia da imagem (Vigner/Vigner);
4. os ecos do espaço (Timar/Timar);
5. a migração de subespaços (François/Mnouchkine);
6. o silêncio do espaço (Jeanneteau/Ollivier).

Essa escolha não pretende, absolutamente, ser representativa do conjunto de práticas atuais e, muito menos, de tipos de arquitetura teatral, questões que deixaremos de lado. Observaremos apenas que, em cinco dos seis exemplos, trata-se seja de lugares que foram recuperados: fábrica de cartuchos (5), igreja (4), entreposto (2); seja de teatros à antiga restaurados/replicados (1) ou deixados no estado original (6). Um único teatro, a Casa da Cultura de Créteil (3), foi construído especialmente para os espetáculos atuais.

1. OS PODERES DA ILUSÃO CÊNICA

Com a encenação de *Seis Personagens à Procura de um Autor*, de Pirandello, Emmanuel Demarcy-Mota e seu cenógrafo Yves Collet participam da reconquista dos poderes da imagem, redescobrem a magia da representação à italiana. No transcurso dos anos de 1960 e 70, a imagem à distância e adaptada do palco à italiana tornou-se suspeita e o êxodo do teatro para fora das plateias parecia anunciar o dobre de finados desse belo imaginário fantasmagórico. Os últimos vinte anos do século viram o retorno do teatro às origens e, portanto, ao poder da ilusão. A cenografia e a iluminação de Collet invadiram todos os cantos e recantos do palco e da plateia. Criaram um espaço maleável, particularmente na medida em que o espetáculo se deu num teatro como o Bouffes du Nord em Paris, onde o espaço de atuação penetra no do público à maneira do palco elizabetano, "em espora". Quanto mais esse espaço chega próximo dos espectadores, tanto mais avança até o fundo do palco limitado pelo muro do edifício, criando, graças a uma cortina transparente, sombras e objetos de uma parte à outra. Desse modo, acham-se mobilizados, alternadamente, vários tipos de espaço: o espaço nas proximidades, quando os comediantes estão voltados aos ensaios; o espaço a meia distância, no praticável de atuação; o espaço a distância, que serve como área de evocação de fantasmas e aparições do passado, aos quais a foto de Bellang apreende tão sutilmente. O dispositivo joga sobre dois quadros: um espaço frontal com diversas escadas e uma multitude de subespaços significando vários lugares. A caixa à italiana aparece por vezes recriada e desconstruída. Graças a esse domínio e maleabilidade do espaço, a cenografia e a encenação parecem ter esgotado todas as possibilidades da cena ocidental. Elas denunciam e desmontam a representação ilusionista burguesa, empurrando-a totalmente para os seus limites e restabelecendo-a nos seus atributos. Essa cenografia de geometria variável é um exercício de estilo sobre os poderes do teatro – reforça a identidade do ator e, por meio dele, a do autor. Faz a constatação e o inventário de fim de século no que se refere a todas as artimanhas e possibilidades da teatralidade, transporta-a para uma perfeição estética absoluta, traz para os comediantes a sua área de atuação, sua espontaneidade e sua liberdade, especialmente o prazer de fazer canastrices e flertar com seu personagem.

Acham-se reconstituídos diante de nossos olhos, tanto o corpo do personagem segundo a metafísica pirandelliana, como o corpo do ator encarregado de encarná-lo: a cenografia recoloca-se a seu serviço, preside a sua criação, serve-se da confusão entre o corpo e sua sombra. Por identificação, ou seja, por reconhecimento e empatia, o espectador "comunica-se", no sentido próprio e figurado, com esses corpos, organiza a sua percepção do espaço, constrói a ficção a partir deles e de si próprio, todos os corpos estando confundidos. Yves Collet revela todas as possibilidades da arte cenográfica, particularmente sua função imaginativa e fantasmática; o momento em que, como no prólogo do *Fausto*, de Goethe, as sombras teatrais se aproximam e tomam corpo nas figuras dos atores. Essas figuras fantasmáticas parecem invadir o espaço interior dos espectadores, provocam uma sensação, ou então não se distingue mais o que foi percebido exteriormente daquilo que se experimentou interiormente.

Inúmeras imagens de Collet inspiraram-se na estética de imagens glaciais dos anos de 1970 e 80; nas de um Chéreau, ele próprio da escola de um Strehler, mas igualmente nas estupendas imagens dos espetáculos de Richard Demarcy e Teresa Mota. No entanto, essa fantasmagoria de imagens é, ao mesmo tempo, colocada em questão, ou pelo menos complementada por um princípio distinto ao da encenação, o da desconstrução, da "doce ruptura" da ilusão rompida e ressuscitada. Esse procedimento ambivalente encontramos na obra de Chéreau e Peduzzi, embora com atmosfera diferente e numa coloração emocional muito mais sombria.

2. O FANTASMA E O REAL

Chéreau e Peduzzi, que trabalham em colaboração há cerca de trinta anos, permaneceram fiéis ao refinamento estético da imagem strehleriana, que neles transformou-se com grande plasticidade arquitetural. Não se contentam em figurar mimeticamente o real, pois colocam em crise a realidade através de um excesso de teatralidade, pela monumentalidade da decoração e pelo jogo enfático de atores. Essa contradição entre o realismo e o fantasmal, esse oximoro, nós o reencontramos na encenação da *Fedra*, de Racine, nos Ateliers Berthier, lugar de substituição temporária do Théâtre de l'Europe. Num volumoso espaço industrial reorganizado em palco-plateia bifrontal, o público senta-se desconfortavelmente nas arquibancadas inclinadas, uma área estreita e longilínea. Esse espaço é partilhado entre, de um lado, a fachada muito imponente do palácio de Fedra, e do outro, o espaço aberto dos estúdios, com seu velho monta-cargas e cadeiras contemporâneas, provavelmente utilizadas nos ensaios. Assim, está-se às voltas com a reconstituição arqueológica de um palácio e de um "lugar descoberto", prosaico e contemporâneo. A cenografia reproduz com idêntica e grandiosa natureza um dos túmulos rupestres de Petra, na Jordânia. O contraste entre a ficção trágica e a realidade banal, entre a artificialidade monumental e o realismo cotidiano não deixa de perturbar o espectador, dividido entre o imaginário do alhures-antigamente (a "amável Trézène") e a presença dos corpos e objetos.

Da mesma maneira, os atores são divididos entre a imobilidade trágica e os impulsos passionais de seus personagens. Seus deslocamentos entre esses dois polos da ficção e da presença física conduzem os atores a uma dupla atuação, ora formal e até fria, ora psicológica, ora histérica. Toda a representação obedece ao mesmo princípio: cria a atmosfera angustiante de um claro-escuro, porém às vezes sublinha cruamente, com um projetor do tipo "perseguição", uma ação como no circo ou no *music-hall*, quebrando então o clima para melhor sublinhar uma ação física decisiva. Graças a esse duplo jogo da cenografia e da encenação, o corpo da atriz (o de Dominique Blanc interpretando Fedra, por exemplo) transmite essa impressão de dilaceração tão característica de Racine. A impossibilidade do olhar frontal, enquadrado, estável, confere ao espectador o sentimento de assistir a um torneio trágico cujo desafio ele não sabe qual seja. A cenografia de Peduzzi, a iluminação claro-escuro de Dominique Bruguière ("que torna o público mais atento com uma iluminação sombria ou quando ocorre uma luz plena"[5]), a direção de Chéreau e a "dupla interpretação" dos atores, tudo corresponde a esse duplo princípio do espaço: ora uma imagem distante fantasmal, ora uma ação próxima e imediata. A imagem distante do fantasma

---

5 A. Diot, Les comédiens, *Actualité de la scénographie*, n. 100, p. 37.

e os abalos do real são os dois princípios dessa dramaturgia e, por extensão, de toda a encenação. O espectador sente-os em seu corpo com a mesma dilaceração, a mesma oscilação entre a perspectiva à distância, sonhada, e a ruptura dolorosa e próxima. O corpo "esquizofrênico" não sabe, então, onde se refugiar: será na ausência do sonho desperto ou na presença dolorosa do corpo em sofrimento? A cenografia é conduzida, às vezes, por princípios contraditórios os quais a encenação, justamente, possui enquanto arte de conciliar.

3. A TRAVESSIA DA IMAGEM

Às vezes, os encenadores experimentam a necessidade de realizar, eles próprios, a sua cenografia, a fim de ficar o mais perto possível de sua visão dramatúrgica. Inversamente, cenógrafos acabam, cedo ou tarde, por passar à encenação: Yannis Kokkos, Daniel Jeanneteau, Alain Timar, Éric Vigner especialmente, vindos das artes plásticas ou da cenografia, dirigem atualmente seus espetáculos, como se temessem ser absorvidos pela encenação. Quer dizer, isso ocorre pela imbricação e pela convergência das duas artes e das duas práticas.

Ao montar a peça de Marguerite Duras, *La Bête dans la jungle* (A Besta na Selva) (2001), Éric Vigner tratou plasticamente a adaptação cênica de James Lord que Duras retomou, ela própria, para o palco. Ao término dessa série de reescrituras torna-se impossível, e, aliás, sem interesse, retraçar a origem da ficção, avaliar a "autoridade" dessas adaptações sucessivas ou estabelecer-lhes claramente a fábula. A cenografia tomou nota desses embaralhamentos de textos, de sua superposição e de sua relativa ilegibilidade. Escolheu um dispositivo análogo: uma imagem que remete para além dela mesma, para outra imagem, tal como uma série de aparências, desencadeando sempre sobre novas aparências. Todo vazio abre-se sobre um vazio. A decoração aparenta-se vagamente com um castelo medieval e uma floresta virgem, dos quais não se saberia dizer qual é um e qual é outra. Periodicamente, uma cortina translúcida separa, por um efeito de iluminação, o palco da plateia, incitando o espectador-voyeurista a perceber essa misteriosa separação, a fim de penetrar nesse universo proibido. O herói masculino parece sucumbir ao tabu, à interdição de dizer em que consiste seu mal e o que representa ao certo essa besta escondida na selva. Trata-se de uma doença vergonhosa, da homossexualidade, da paixão devoradora, da indecisão ou de outra tara? Esse tabu é, em todo caso, figurado plasticamente através da impossibilidade de deter-se numa imagem ou fixar-lhe o fluxo constante. A solução de Vigner consistiu em jogar com a caixa cênica como espaço aberto, transformando-se magicamente na medida em que se aproxima dele pelo olhar, assim que se tenta descobrir o mistério das imagens em série. Os cenários sonoros evocados pela trilha sonora e pelas iluminações transformam sutilmente a natureza e o estatuto ficcional dos lugares, a encenação gera uma sequência de cenários imateriais e cortinas de imagens cênicas em fuga constante. Dessa forma, a cenografia, perfeitamente senhora dos seus procedimentos, trabalha com os meios da ilusão e da sugestão mais do que com materiais reais. No interior dessa imagem quase virtual ou hologramática, percebem-se os corpos muito reais dos dois atores, porém eles são absorvidos, de certo modo desrealizados, pela fantasmagoria visual. Para esses corpos reais Vigner criou uma figuração turva e vaga, um lugar ardiloso que é mais facilmente adivinhado, desejado, fantasmado do que verdadeiramente percebido e identificado. A cenografia e os "corpos dos artistas"[6] são mais fantasmagóricos do que reais e se correspondem perfeitamente. A cenografia do palco é máscara e esconderijo destinados a dar a entender uma voz, a fazer imaginar e fantasmar o espectador, ao invés de embebedá-lo com imagens e representações mentais.

Com essa obra de Vigner, a arte da cenografia parece ter chegado ao fim de sua longa trajetória ocidental: à última etapa (que, contudo, já era a da encenação simbolista), a da dissolução do corpo dos atores na imagem e na virtualidade do fantasmal. Os atores não são, para tanto, transformados em marionetes, conservam o seu corpo feito de carne e sangue, porém sua presença é discreta, intemporal, muito mais próxima da ideia do que da matéria, estando "por fora de qualquer época e de qualquer acidente"[7]. Os "corpos dos atores" permanecem,

---

6 É. Vigner, L'Architecture au théâtre, *Actualité de la scénographie*, n. 100, p. 56.
7 P. Quillard, De l'inutilité absolue de la mise en scène, *Révue d'art dramatique*, p. 17.

Marguerite Duras, A Fera na Selva, *encenação de Éric Vigner.*
Foto *Théâtre de Lorient.* ©*Alain Fonteray.*

entretanto, no centro da cenografia e da arquitetura teatral. Como a maior parte das pessoas de teatro da atualidade, Jeanneteau concebe os mesmos a serviço do ator: "não existe arquitetura ideal. Existem apenas projetos singulares [...]. Tanto de teatros quanto de corpos de atores"[8].

A regra de ouro da cenografia – colocar-se à disposição do ator, e não o contrário – verifica-se perfeitamente na criação plástica de Vigner e na da maior parte de seus colegas. Porém, tudo permanecendo a serviço da ideia cênica, a cenografia encontra no teatro contemporâneo um novo lugar, mais provocador, particularmente em sua relação com o texto: não se trata mais de ilustrar ou explicar, mas sim de produzir um imaginário visual, meio real, meio fantasmal, que se transplanta igualmente para os elementos sonoros e abstratos. São questionadas, especialmente, as hierarquias tradicionais entre texto, interpretação do ator e interpretação geral por meio da encenação.

Esta "des-hierarquização" é visível nas criações plásticas e cenográficas de Alain Timar, aquela, por exemplo, do *Livre de ma mère* (Livro de Minha Mãe).

8 É. Vigner, op. cit., p. 56.

4. OS ECOS DO ESPAÇO

A "deshierarquização" de elementos da encenação caminha paralelamente ao uso original do espaço, o qual se prolonga na palavra e no som. Na sua adaptação da narrativa autobiográfica de Albert Cohen, *O Livro de Minha Mãe*, Alain Timar propõe uma montagem sutil da narração filial que evoca a lembrança da mãe. Ele não reconstituiu uma fábula dramática nem um diálogo entre filho a mãe, pois mesmo escritas na primeira pessoa, as palavras são mais líricas e obsessivas do que dramáticas. A fim de evitar a monotonia de um longo monólogo, Timar imaginou novos modos de enunciação, dramatizou a narrativa ao cindir a voz do narrador em duas instâncias: a do protagonista e a do autor, aquela do músico-compositor que comenta a narração através do contrabaixo, até mesmo pela palavra. Esse dispositivo da narração é completado por uma cenografia que mobiliza e desloca grandes quadros abstratos de cerca de dois metros por dois; telas inicialmente viradas e colocadas nos três lados de um palco frontal muito profundo. Os quadros vêm barrar progressivamente o largo horizonte para fechar o espaço, para sugerir pedras a cair ou muros indevassáveis. Timar não colocou em cena telas como o fazem, algumas vezes, os pintores que trabalham para um espetáculo; suas telas não estão congeladas para uma contemplação museológica, elas se integram à narrativa do jovem e aos dispositivos dela resultantes. Essa manipulação feita pelo protagonista não é, absolutamente, a única e tem lugar apenas durante algumas interrupções do diálogo. Esse dispositivo espacial presta-se à enunciação da palavra e para acompanhá-la pelo contrabaixo. Os lamentos do filho, as evocações lancinantes de suas lembranças são ritmizadas pelas intrusões da música. A composição musical é, igualmente, muito mais do que um acompanhamento ou baixo contínuo, ela se constitui numa obra em si mesma. Não se contenta apenas em comentar ou ridicularizar a linguagem exaltada do filho: infiltra a linguagem, cria um espaço musical; dá aos espectadores a oportunidade de perceber as telas no fundo sonoro de uma música mais engraçada do que trágica; faz com que se compreenda o espaço da memória de uma maneira ainda inaudita. Entretanto, o espectador-ouvinte tem pouco

Albert Cohen, O Livro de Minha Mãe, encenação de Alain Timar, com Paul Camus e Stéfano Fogher, Avignon, 2003. Foto Théâtre des Halles. © Manuel Pascual.

tempo para contemplar cada uma das telas descobertas, não está num museu onde seria o dono do ritmo visual e temporal, nem durante o espetáculo nem depois. Ele se acha embarcado numa ação dramática que utiliza os espaços cênico, musical, pictórico e gestual, de acordo com as necessidades do discurso da encenação. A cenografia, num sentido amplo, é uma *assemblage* de elementos dispostos no espaço e no tempo, porém esses cronotopos não formam entidades sintéticas ou cinestéticas; não há entre elas nem fusão nem correspondência. Ao invés de uma obra de arte total ou, inversamente, de um distanciamento recíproco das artes, a encenação estabeleceu um jogo de ecos entre os significantes sonoros ou visuais, de passarelas entre o espaço e o tempo. O espaço e o tempo, a música e o texto, o presente e a lembrança, acham-se reunidos e misturados. Encenar é procurar o outro do texto, é fazer trabalhar juntas as séries de signos da representação, de modo tal a produzir uma reação em cadeia e um efeito no espectador. Esse efeito e essa reação em cadeia manifestam-se no lamento lírico do filho, prolongam-se e intensificam-se na vibração do arco do violino, mas também na vibração cromática e plástica dos quadros e do espaço. Fazer uma cenografia é prever essas reações em cadeia no espaço vazio, é transformar em tempo e em narrativa aquilo que provém da espacialidade e da música.

Com Timar, assim como com os outros artistas aqui evocados, vemos a cenografia desembocar em uma prática global que, pragmaticamente, não se distingue mais da arte da encenação. Nessa forma de proceder, corrente hoje em dia, "cenografar" é escrever com a cena por meio dos atores e com atenção para o corpo e o espírito do espectador. O corpo vibrante do ator toca o espectador, essa sensível placa vibrante, sob todos os ventos e todos os seus aspectos; atinge-o, simultaneamente, em todos os níveis: visão, audição, intelecção. A partir desse momento, cenografia, música e texto não mais se distinguem.

5. A MIGRAÇÃO DOS MICROESPAÇOS

Dessa forma, portanto, a cenografia amplia o seu poder a ponto de perder a sua especificidade. É o sinal de sua integração no conjunto do espetáculo. Se as maiores fidelidades são artísticas, as alianças entre encenadores e cenógrafos parecem particularmente duráveis. A de Ariane Mnouchkine e Guy-Claude François remonta a 1975 para a criação da *Idade de Ouro*. Nessa época heroica, a tarefa do cenógrafo consistia, antes de mais nada, em remodelar o espaço arquitetural do interior da *cartoucherie* (fábrica de cartuchos), transformando as relações espaciais entre palco e plateia. Porém, depois das encenações de Shakespeare nos anos de 1980, a posição do público continuou a mesma: sentados em banquetas pouco confortáveis, embora convidativos para sua incitação à promiscuidade, fazem frente a um palco muito grande que domina de muito alto. O público admira os instrumentos musicais de Jean-Jacques Lemêtre, dispostos em círculo. Para *Le Dernier, Caravansérail (odyssées)* (O Último Harém da Caravana [Odisseias]), Mnouchkine preservou esse mesmo espaço aberto e frontal, porém os diversos episódios desenrolavam-se em pequenas construções sobre rodinhas colocadas e retiradas por assistentes de palco que não paravam de manipulá-las para sugerir que tudo se encontrava em movimento instável, que o mundo (o palco) era vasto, mas que os refugiados estavam nele espremidos. Tanto quanto pequenas vinhetas rapidamente esboçadas, os sainetes de dois ou três personagens reconstituíam situações típicas da imigração clandestina, sempre com a mesma obsessão por esses danados da terra: abandonar o seu país, entrar na Inglaterra. Diante do espectador ultrapassado pelos acontecimentos, o mundo recompõe-se sem cessar segundo uma combinatória dos mesmos elementos miseráveis. Nessas *mansões* oscilantes ao bel prazer dos fluxos migratórios, os corpos ficam espremidos, sobrando então muito espaço no vasto mundo. Cada *mansão* contém um estranho mundo, confinando-se numa miserável biboca, numa cabine telefônica, num posto da alfândega ou da polícia. Porém, tudo se reduzia, igualmente, a um mundo em si, a um universo evocado por alguns gestos e grunhidos. O espaço não era mimético, e, todavia, os detalhes do figurino ou as atitudes eram justos, o *gestus* da violência exato. Tais *mansões* heteróclitas, como que fabricadas às pressas, reconstituíam mundos concentrados, distintos universos culturais instáveis, ilhotas de microssociedades à deriva.

O quarto muro do palco não significava senão a fronteira que esses infelizes tentam ultrapassar para chegar a nós. Compreendemos a sua miséria e a violência que ela veicula. Não sabíamos mais, rapidamente, com quem nos identificarmos espacialmente: tínhamos que temer a sua invasão ou, ao contrário, colocarmo-nos ao seu lado na tentativa de ultrapassar a fronteira e partilhar o nosso espaço? Oscilávamos entre os dois mundos e a cenografia produzia o mesmo efeito de encolhimento, angústia, como se começássemos, também nós, a sentir o solo afundar sob nossos pés. Uma vez mais, constatamos a adequação entre a dramaturgia, a cenografia, a atuação dos atores e a sensação física dos espectadores.

6. O SILÊNCIO DO ESPAÇO

Não há, no fundo, nada de espantoso no fato de que a cenografia esteja perfeitamente integrada à prática atual do teatro, visto que o seu progresso coincide com o aparecimento da encenação. Na atualidade, os cenógrafos a concebem preferencialmente como um lugar dedicado à palavra e ao silêncio. Com Daniel Jeanneteau, e com muitos outros, a cenografia está no centro do dispositivo da encenação, porém ela deve saber apagar-se, não pretender mostrar-se como obra de autor, mas servir ao texto ou exercer a intenção de fazer-se silenciosa: "Para acolher a palavra, o espaço deve evitar o sentido, incluir uma certa conformação de sentido, mas sem chegar a ser o próprio sentido. Não é senão depois, sob o efeito do sentido emitido pela palavra, que o espaço pode oferecer a possibilidade de converter-se e preencher-se de significados"[9]. Régy procura, por seu lado, "manter essa massa do inconsciente que emana do texto e que, ao fazê-lo, reencontra com o inconsciente dos espectadores. Para que esse reencontro possa acontecer, a encenação deve fazer-se muito discreta, deixando passar tudo o que quer passar com o objetivo de que os espectadores possam deixar-se invadir pela matéria viva da escritura, inventar e reencontrar o próprio autor. O público não terá condições de receber essa palavra e criar sua própria ficção a não ser que esteja muito disponível e que os seus sentidos estejam a despertar. Falar muito baixo, mergulhar o espetáculo na sombra é uma maneira de favorecer essa conscientização, é movimentar os umbrais da percepção e, quem sabe, fazer entender de outro modo"[10].

Vemos que a cenografia e a encenação estão perfeitamente de acordo quanto aos seus objetivos. Um gosto idêntico pelo silêncio e pelo vazio guia Jeanneteau e Régy nas suas escolhas cenográficas e lúdicas: um espaço aberto, neutro, não marcado, que se supõe facilitar a escuta do texto o mais diretamente possível, como se tivéssemos querido colocar em contato – velho fantasma! – o autor e o espectador. "O espaço do teatro se expande na região híbrida que se situa entre a palavra e a escuta"[11], portanto, não se trata mais, aqui, de questionar o espaço vazio de Brook; um espaço muito real que seria necessário conquistar ao se desembaraçar dos ouropéis do teatro burguês, mas sim de um espaço simbólico, o do texto que não se reduz, de início, à sua significação. Régy e Jeanneteau preocupam-se menos com a imagem cênica, concebida como um porta-joias para apresentar a atuação dos atores, do que com a visão interior, a sua e a do futuro espectador. Na sua colaboração para *La Mort*

---

9   D. Jeanneteau, Quelquer notes sur le vide, disponível em: <www.remue.net>.
10 C. Régy, Entre non-désir de vivre et non-désir de mourir, *Théâtre*, p. 14.
11 D. Jeanneteau, Entretien avec Geoges Banu, *Nouvelle Revue Française*, p.15.

de Tintagiles (A Morte de Titangiles), de Maeterlinck, ou para *Quelqu'un va venir* (Alguém vai chegar) e *Melancholia* (Melancolia), de Jon Fosse, eles começam por liberar, o máximo possível, o espaço ao redor dos intérpretes, concentrando sua atenção, e a nossa, no corpo falante do ator. Não se trata tanto, para a cenografia, de realizar a ideia visual da peça quanto de moderar o percurso dos comediantes e de fazer lentamente emergir o sentido para os espectadores. No espaço esvaziado por Jeanneteau, para a apreensão da palavra dos atores de Régy, a encenação provoca no espectador uma moderação motora e psíquica comparável, de resto, àquela dos comediantes que parecem estar em estado de hibernação. Com estes dois desconstrutores associados, fascinados pelo vazio e pela lentidão, assim como com muitos outros de seus confrades, a cenografia elimina qualquer decoração supérflua, qualquer figuração notável, a fim de criar um espaço abstrato. Esse espaço não está mais conectado à ação dramática senão de forma alusiva, porém não metafórica. Com Jeanneteau, assim como com inúmeros outros artistas contemporâneos, assistimos a uma privatização da cenografia: não no sentido da Bolsa de Valores, mas sim no de uma interiorização, pelo espectador, de espaços apresentados, de uma desmaterialização. Seu trabalho consiste em

guiar o olhar em direção a novos espaços da consciência, em interiorizar os profundos desafios que pesam sobre os personagens ao tecer sutis correspondências entre os seres e o seu meio ambiente, em suscitar espaços nos quais a força emocional e a beleza não preexistam à representação, inadequados talvez quanto ao realismo, porém elaborados segundo uma economia do imaginário que tende a situar no espírito do espectador o lugar real da aparição[12].

Quando cenografa para outros encenadores, Jeanneteau reencontra uma imagem mais figurativa e simbólica: foi assim para *Pelléas e Mélisande*, de Maeterlinck, montada por Alain Ollivier, no Teatro Gérard-Philipe de Saint-Denis, em 2004. O gesto, nessa peça, era ainda ralentado e estilizado, a dicção voluntariamente artificial e correta, porém a figuração cênica, a reflexão da água, por exemplo, reencontrava os sortilégios

12 Idem, p. 170.

de um Strehler ou de um Chéreau, a beleza estetizante e a atmosfera do teatro do inexprimível, de Maeterlinck. Entretanto, o princípio de uma imagem trabalhada, fantasmagórica, colocada à distância e inacessível a qualquer outra coisa a não ser ao fantasma, não impediu a utilização, no primeiro plano, de uma passarela que atravessa toda a largura do palco onde grupos conversavam, como num primeiro plano. A cenografia brincava, assim, com a proximidade e o afastamento. Ao longe, a imagem gerava uma atmosfera graças à obscuridade, às sombras, aos reflexos da água; no primeiro plano sobre a passarela, as ações foram decupadas e colocadas em epígrafe; os atores e seus personagens parecendo tangíveis, táteis, fisicamente presentes, o espectador ficando convidado a construir mentalmente esses subespaços, a combiná-los de acordo com as necessidades da encenação.

7. CONCLUSÕES GERAIS

Dessa forma, os diferentes princípios da cenografia podem perfeitamente coexistir, contanto que o espectador tome grande parte na sua utilização. O importante persiste no projeto dramatúrgico e na harmonia do espetáculo com o lugar e com a encenação: "Assim que a cortina se levanta, é o espetáculo que conta, certamente graças à sua adequação ao lugar e à maneira como é produzido"[13].

A conclusão deste sobrevoo era previsível desde o começo: não há, na França ou outro lugar qualquer, *a* cenografia, mas sim *os* diversos projetos cenográficos. Mesmo que os resultados revelem muitos dos pontos em comum, não se teria condições de propor uma tipologia de cenografias. Regozijemo-nos, portanto, pela riqueza de criações plásticas e de sua conexão incessantemente mais íntima com a arte da cena.

À diferença dos anos de 1960, não se concebe mais o teatro como uma "máquina de ver" (René Allio), e sim como um lugar

---

13 V. Fabre; J. Perrottet, La position du spectateur, *Actualité de la scénographie*, n. 100, p. 6.

de troca entre os componentes outrora separados do espetáculo (ator, som, texto). O espectador está, doravante, convidado a repetir as escolhas plásticas da encenação, para seguir o espaço em todas as suas ramificações no interior do espetáculo. Em especial, os cenógrafos têm sabido integrar a dimensão temporal em suas criações, pois "a duração do ato teatral é a duração do espaço. O espaço deve ser marcado pelo tempo"[14].

Não existe mais, pelo menos na França, estandardização da cenografia, e quanto a esta boa nova do começo, ela se enxerta numa outra: a arquitetura das plateias rejeita, no presente, a plateia polivalente que os edis, tão econômicos quanto ignorantes, nos impuseram nos anos de 1950 e 60. Será que, depois das casas populares dos anos de 1930, das casas de cultura dos anos de 1960 e 70, dos espaços polivalentes dos anos de 1980 e 90, o teatro vai acabar retornando aos edifícios, ao abandonar os abrigos para reintegrar as plateias à italiana?[15] Tal seria, diz-se algumas vezes, a tendência geral: o teatro retornaria, nas (raras) novas construções, a plateias concebidas em princípio e exclusivamente para ele, pois os artistas e espectadores aceitam, na atualidade, a ideia de que não existe um ponto ideal para ver o espetáculo e que eles não podem senão "constatar até que ponto a percepção de um espetáculo é modificada em consequência da mudança do seu ponto de observação na plateia"[16]. Porém, malgrado esta continuidade do teatro à italiana, esses teatros parecem atualmente obsoletos, visto que as sociedades que os viram nascer findaram. A despeito dessa herança muito pesada, o teatro está incessantemente sendo repensado e deve encontrar formas e arquiteturas novas.

De maneira análoga, a cenografia e a encenação relativizam, também elas, a ideia de um ponto de vista central ótimo para o espectador e sua análise. Elas encorajam o percurso pessoal e a descoberta individual. Se bem que o palco seja frequentemente tornado frontal, até "à italiana", o público é convidado a passar de um lugar ou de uma zona a outra, a localização sendo muitas vezes livre, o "cliente" livre, também ele, para construir por si mesmo o encadeamento temporal, espacial e causal das

14 Y. Kokkos, Entretien, *Opus*, n. 84.
15 J. Chollet; Marcel Freydefond, *Les Lieux scéniques en France*.
16 J. Hourbeigt, Le rapport salle-scène, *Actualité de la scénographie*, n. 100, p. 14.

cenas (ver *Odisseias*). Afastamo-nos das experiências cênicas extremas da vanguarda dos anos de 1920 ou 1960, do *environmental theatre* (Schechner), do percurso livre do público (*promenade performance*), de lugares alternativos desvirtuados. Porém, as experiências cenográficas do momento, mais modestas e menos contestadoras, são tão exigentes quanto às da ex-vanguarda. Não tentam mais impressionar o público, colocando-lhe a ampla visão de uma vitrine de materiais chiques, um decorativismo muito *high-tech* ou *high-class* ou monstros tecnológicos dignos da Broadway ou de Hollywood. As novas experiências cenográficas contam muito mais do que antes com o imaginário do espectador.

Se conduzirmos nossa investigação para outros domínios afora o do teatro de texto e de pesquisa, como o das artes plásticas, do cinema, das instalações e das multimídias, provavelmente constataríamos que a diversidade e o dinheiro foram deslocados para esses novos lugares. Entretanto, o teatro de texto, de arte e pesquisa, sobre os quais muitas vezes estamos falando aqui, não conservam menos o essencial da pesquisa cenográfica e da radicalidade teórica de um Jeanneteau ou de uma Braunschweig, nada têm de excepcional na pesquisa cênica contemporânea. À custa de estender o seu campo de ação, a cenografia aproximou-se da encenação a ponto de não se poder mais distingui-las. Talvez resida nisso o sinal de sua maturidade, mas também o de seu resultado, de seu acabamento. No momento, portanto, podemos voltar ao teatro de olhos fechados.

Quando uma peça acaba de ser escrita, ou caso nunca tenha sido interpretada, como analisá-la para sua montagem?

Nenhum precedente se oferece para servir-lhe de modelo, nem mesmo para nos opormos à tradição de sua interpretação.

Tudo está para ser inventado, como nos demonstra o "pôr em jogo" (*mise-en-jeu*) dessas peças.

Há o que temer dessa liberdade.

A grande maioria dos encenadores, porém, não se intimida. Já viram outras piores. E mesmo que fiquem divididos entre a angústia de desgostar o autor (pois muitas vezes é seu amigo) e o receio de não conseguir achar um caminho para entender a obra (ou um acesso mais por via banal do que por estrada real), estão dispostos a colocar no palco o texto, sua palavra e até, algumas vezes, também a sua honra.

Contudo, os autores, que sempre querem ter a última palavra, dispõem-se a fornecer um texto que resista ao teatro, que seja *stageproof* (à prova do palco), como se costuma falar de um impermeável que o mesmo é *waterproof* (à prova d'água), um texto que impeça, ou pelo menos modere, a sua conversão cênica.

Sofrimento perdido.

Os encenadores dos anos de 1990 e 2000, filhas e filhos dos grandes cenocratas da descentralização institucional e da recentralização hermenêutica, não têm sempre a última palavra. Porém, eles têm a última ação, o último cartucho: rirá muito quem rir por último!

Será preciso, neste caso, prever o que esses artistas da atuação tramam contra nós outros, espectadores petrificados por tais textos inéditos, por essas imagens indizíveis? Conseguiremos alcançá-los?

5. O "Pôr em Jogo" Textos Contemporâneos*

Dois, senão três detalhamentos impuseram-se, de início, na formulação deste título. Há, antes de mais nada, os "pôr em jogo", não *uma* maneira específica de encenar. Talvez fosse melhor falar de *textos* ao invés de *peças*, pois muitas vezes o ponto de partida da representação não é nem um diálogo, nem mesmo uma ação dramática encarnada pelos personagens. E, finalmente, por *contemporâneo* queremos designar textos escritos ao longo dos últimos vinte ou trinta anos, sem prejulgar o seu caráter inovador ou rotineiro.

O problema é saber se existe uma maneira específica de encenar os autores contemporâneos, se é possível distinguir um ou vários métodos ou então se, como diria um personagem de Koltès, "não existem regras; há apenas meios, há apenas armas"[1].

---

* Este capítulo retoma o texto de uma conferência pronunciada por ocasião do colóquio: "La Scène française contemnporaine: écrire, jouer, enseigner" (A Cena Francesa Contemporânea: Escrever, Atuar, Ensinar), organizada por Mary Noonan, em 2-4 de setembro de 2005, University College Cork. Meus agradecimentos a Mary Noonan, Paul Allain e à Fundação Leverhulme.
1 B.-M. Koltès, *Dans la solitude des champs de coton*, p. 60.

Questões que também não são retóricas, ao que parece, visto que se trata de verificar duas coisas: de uma parte, se uma nova escritura exige um método novo para sua encenação, e de outra se, inversamente, as pesquisas da encenação suscitam novas maneiras de escrever. A estas perguntas responderemos de bom grado (para ser breve e ficar com um ar da moda) que existem tanto métodos de encenação quanto de escrituras, e, portanto, nenhuma teoria está em condições de dar conta dessa diversidade. Seria o caso, contudo, de esquecer que a história da encenação tem inscrito em seu repertório, após mais de cem anos, inúmeras técnicas de atuação e de palco e que não as poderíamos ignorar completamente, na medida em que encenemos o repertório contemporâneo. Não se podendo esquecer um passado tão recente e marcante, nem romper totalmente com ele, a encenação de autores contemporâneos acha-se, não obstante, confrontada com problemas específicos. Não é fácil dar conta do antigo e do novo nesse tipo de encenação, pois se conhecemos muito bem os métodos da encenação "clássica", as dos anos de 1950 a 80 (especialmente a das peças clássicas), estamos, pelo contrário, desarmados, à falta de perspectiva histórica, perante a diversidade de encenações contemporâneas.

Se devemos a partir disso, pelo menos no momento, renunciar a qualquer tipologia de escrituras, bem como de técnicas de encenação, estejamos liberados de analisar quaisquer casos particulares. Gostaríamos de descrever alguns procedimentos do "pôr em jogo" de textos contemporâneos a fim de reconstituir pacientemente o *puzzle* da produção atual, de distinguir alguns casos de formas exteriores e de projetar, a mais longo prazo, um panorama e em seguida uma tipologia de práticas cênicas. Os exemplos foram escolhidos mais ao acaso dos encontros, dos registros, dos gostos pessoais do que em função de uma teoria de conjunto e de uma visão sistemática. Tais exemplos levam a textos já publicados (no decorrer dos três últimos anos), a textos "acabados", ou seja, que não estão mais ao sabor de possíveis mudanças em decorrência de uma oficina de escrita ou de interpretação, portanto, julgados "acabados" por seu autor, mesmo que este se reserve o direito de proceder a modificações posteriores. Um texto dramático desse tipo não é, em princípio, modificável nem adaptável; constitui a base sólida do trabalho de encenação; não aguarda a representação cênica para existir: encontra-se legível como qualquer obra literária. Não estamos mais, como nos anos de 1960 e 70, na situação de uma escritura *in progress*, trabalhada na oficina, suscetível de modificar-se depois dos ensaios com os atores. Tornou-se muito raro, pelo menos na França, elaborar coletivamente um texto ou contar com os atores no processo de sua criação. É um luxo do qual nos distanciamos, fato que é lamentado por um jovem autor: "O ideal para um autor seria poder trabalhar com os atores durante o processo de escritura. Colocar em perigo suas palavras graças à presença do corpo e da voz antes de se chegar a uma versão definitiva do texto de teatro"[2]. A única coisa de que dispõe no momento o encenador – como se dá com os clássicos – é, assim, o texto acabado, tendo eventualmente a possibilidade de o autor vivo estar pronto para responder a questões por vezes indiscretas e, no melhor dos casos, contando com atores dispostos a testar hipóteses de interpretação as mais variadas e paradoxais.

Apesar dessa liberdade infinita na leitura de textos contemporâneos, constata-se geralmente uma certa contenção na "solução" adotada, como se o encenador não ousasse ou não desejasse substituir-se ao autor, impondo, para começar e antes de mais nada, uma visão e uma apresentação muito pessoais com relação a uma peça que se trata de "publicar" cenicamente, ou seja, de torná-la pública, fazendo com que, de preferência e sobretudo, se torne conhecida do público. Sem dúvida, isso explica por que a encenação de peças contemporâneas, mesmo que "dopadas" devido ao trabalho muito espetacular sobre os clássicos nos anos de 1950, 60 e 70, adota um perfil baixo, parecendo rejeitar os excessos e os efeitos de encenação. O começo dos anos de 1980 marcou uma reviravolta: a crise ligada aos excessos (visuais e financeiros) da cena beneficiou certo amadurecimento dos artistas e um impulso no desenvolvimento da escritura dramática, encorajada pelo sistema de subvenções ou residências e pela necessidade de montar produções ligeiras e menos custosas. Essa crise da produção teatral beneficiou o autor: "No começo dos anos de 1980, o autor francês é um

---

2 Théâtre Ouvert, programa da temporada 1999-2000, p. 17.

ser entregue a si mesmo, defendendo sua própria língua e seu imaginário singular mesmo quando, tal como Koltès, defrontou-se com as desordens do mundo contemporâneo"[3]. A encenação, por Chéreau, das peças de Koltès a partir de 1982 e o desaparecimento prematuro deste último em 1989, marcam a transição entre a idade de ouro da encenação de grande espetáculo e os inícios de uma nova escritura. Damo-nos conta disso muito bem, tomando o exemplo *de Combat de Nègre et de Chiens* (Combate de Negro e de Cães), criada por Chéreau em 1983, bem como de sua reprise por Dimitri Gotscheff em 2004 na Volksbühne de Berlim. Os outros exemplos de nosso *corpus*, as encenações de peças de Marie NDiaye, Catherine Anne, Noëlle Renaude, Eugène Durif, Michel Vinaver e Gilone Brun, todas apresentadas entre 2002 e 2005, confirmam essas desordens do mundo e as dificuldades de uma encenação verdadeiramente contemporânea.

1. *COMBAT DE NÈGRE ET DE CHIENS* (COMBATE DE NEGRO E DE CÃES)

A encenação de Gotscheff de *Combate de Negro e de Cães*[4] opõe-se, ponto a ponto, àquela de Chéreau e, sobretudo, parece entrar em polêmica com as teses de Koltès. Em Nanterre, Chéreau reconstituiu uma atmosfera africana: calor, bruma, barulhos, vestimentas, atores europeus e africanos. Quando de sua primeira encenação, a peça estigmatizava de forma maniqueísta o racismo dos brancos. Albou ry, o irmão da vítima, era uma Antígone negra que vinha reclamar o cadáver de seu irmão, tendo matado Cal, o assassino branco. Em Gotscheff, por volta do final do drama, Horn, o engenheiro branco, tenta uma última manobra para comprar o silêncio de Alboury. Este último, interpretado por um ator branco grosseiramente disfarçado em negro, diverte-se em imitar os estereótipos que os racistas brancos esperam dele. Entrega-se a uma mascarada para melhor confundir Horn, com o intuito de desmascarar

---

3 J.-M. Lanteri, Les Écritures théâtrales en Grande-Bretagne (1980-2000), *Écritures contemporaines 5. Dramaturgies britanniques (1980-2000)*, p. 5.
4 P. Chéreau, *Combat de Nègre et de Chiens*.

a baixeza e a artimanha lamentáveis. À maneira de um personagem danado de Genet, transmite uma imagem do negro voluntariamente negativa, projetando em si mesmo todas as expectativas, medos e agressões dos brancos. Constrói seu personagem com grosseria selvagem, suja, deseducada. Para mostrar o funcionamento do racismo e do poder, ele demonstra a construção de uma identidade fictícia, distante do essencialismo koltesiano, de sua visão "em branco e preto" dos conflitos raciais. Gottschef sugere, assim, que cada um de nós é potencialmente racista, e que a identidade racial é apenas uma construção feita através do olhar do outro. Do que resulta a inversão de todos os estereótipos: o negro fareja com desgosto o branco, que se veste ridiculamente com uma saia de folhas etc. Gottscheff (que nos anos de 1980 montou essa mesma peça seguindo o realismo de Chéreau) faz retornar, desse modo, esta tragédia contemporânea de ideais muito imobilizados para uma mascarada debochada, sugerindo unicamente que qualquer construção identitária é construível e desconstruível. Continua, certamente, a denunciar o racismo e a frouxidão dos brancos, porém o faz jogando com as identidades e deixando para os atores a possibilidade de criar e demolir sua própria identidade racial. As noções de identidade fixa, autenticidade, presença, são ridicularizadas num jogo infinito de desconstruções e diferenças.

Concebida dessa forma, a encenação de Gottschef coloca em questão a apresentação do conflito. Para o encenador búlgaro, o racismo não se apresenta como um conflito de ideologias, como uma visão contraditória do mundo, mas sim como um jogo de construção. Alboury é apenas uma construção vazia, uma projeção dos ódios e medos dos racistas. Essa construção, voluntariamente exagerada e paródica, permite denunciar a maneira do racismo projetar no outro aquilo que não pode suportar, e ao qual atribui outras tantas taras. Ao ridicularizar os esquemas humanistas e liberais, Gottscheff escolheu um nível de ficção totalmente diferente e se apoia em convenções de interpretação mais próximas do *music-hall* ou da *stand-up comedy*. A África é uma superfície branca, vazia, que se cobre de confetes caindo ininterruptamente desde a parte superior do palco. Alboury é um animador de espetáculo branco que se dirige diretamente ao público pelo microfone, caracterizando-se na frente dele, deixando-o de lado, concluindo o espetáculo com piadas racistas sobre os negros e os búlgaros. Gottschef reintroduz Brecht à sua maneira, à de *Homem por Homem*: o sujeito é fabricado na nossa frente, o teatro é um meio de mostrar a construção de identidades "naturais" com um distanciamento crítico. A encenação não se contenta, desse modo, com uma inserção no gosto da moda. Ela mudou completamente o sistema de enunciação, reduziu o texto a um terço de seu tamanho e, sobretudo, denunciou o funcionamento ideológico inicial. Podemos, portanto, nos perguntar se se trata ainda da mesma peça. Esta, encenada por Gottschef, não trata mais da exploração neocolonial, mas sim da construção identitária. Leva em consideração a mudança de atmosfera, o progresso da mundialização. Sob as aparências provocadoras e lúdicas, atualiza a peça, adaptando-a à nova situação, fazendo deboche por meio da maneira mimética e moralizante de abordar o racismo, das normas do *politicamente correto*, este entendido a partir de um palco público. Sua provocação é uma zombaria, tanto da peça quanto dos anos de 1980 e 90, assim como da maneira de tratar o racismo nos países onde reina de forma particular o *politicamente correto*, como na Alemanha e no mundo anglo-americano. Ela anuncia um contra-ataque ao moralismo pequeno-burguês e apolítico, ao pensamento demasiadamente correto para ser honesto.

2. *PAPA DOIT MANGER* (PAPAI PRECISA COMER)

A reação de Gottscheff é a reatualização de uma peça já velha e que remonta curiosamente à criação na Comédie-Française, por André Engel, da última peça de Marie NDiaye, *Papai Precisa Comer*[5]. Como trata igualmente do racismo, essa obra é rica de ensinamentos ao se lê-la em confronto com a peça de Koltès. De que maneira essa peça e sua encenação tratam do mesmo problema e propõem uma solução cênica próxima, porém diferente, num contexto ideológico que, não obstante, é muito delicado?

---

5 M. NDiaye, *Papa doit manger*.

Marie NDiaye é autora de origem africana por parte de pai, porém nasceu na França. Não é, portanto, absolutamente uma escritora africana ou vinda da francofonia. Sua peça narra a história de Papai, um homem negro que volta para sua mulher branca depois de uma ausência de dez anos. Compreende-se rapidamente que ele retornou unicamente com o objetivo de extorquir-lhe dinheiro. Tudo lhe parece legítimo, visto que "precisa comer". Descobre-se que está prestes a roubar, trair, mentir, abandonar o bebê que teve com outra mulher, viver às expensas de sua filha e retornar uma segunda vez para sua antiga esposa. O personagem é francamente antipático, porém ele sempre foi vítima do racismo usual de sua família afim. Mamãe dedica-lhe mesmo "um amor inexplicável"[6]. Vai recomeçar outra vez?

Papai Precisa Comer não tem nada de peça de tese. Não dá respostas nem receitas, obriga o encenador a tomar partido sobre o comportamento do personagem principal e, portanto, sobre a fábula. Será que a encenação não tem a tarefa, pelo menos era uma de suas missões em seus inícios (por volta do fim do século XIX), de fazer o público compreender uma história complicada ou delicada, de sugerir-lhe um desafio ideológico e psicológico, de adotar um ponto de vista sobre a realidade e a ficção? No decorrer dos últimos vinte anos, esquecemo-nos um pouco de que a encenação pode ser também um instrumento para julgar, discriminar, assinalar uma dificuldade ou sugerir uma solução. Quanto ao trabalho do ator, no presente caso consistiu em influenciar o nosso julgamento sobre as ações e os personagens. Bakary Sangaré, ator de origem malinesa, o primeiro pensionista africano da Comédie-Française, desenhou com firmeza um personagem inicialmente simpático na sua facúndia e candura, contudo, francamente detestável. O texto e sua representação colocam o espectador na posição de Zelner, o amigo de Mamãe, caricatura de professor, mas comedido e honesto. Este nos fornece um ponto de vista sobre a ação com o qual podemos nos identificar e que tematiza nossa relação com o outro, com o estrangeiro, com o negro:

6 Idem, p. 95.

A cor da pele dele me enganou.
Eu acreditava não ter o direito de odiá-lo. Qualquer ódio vai de encontro ao politicamente condenável. [...]
Ele comportou-se mal, que seja. Mas um negro, dizia comigo mesmo,
não é responsável por seus atos porque um negro é, antes de mais nada e essencialmente, uma vítima.
Não existe negro, dizia comigo mesmo, que seja condenável debaixo do nosso sol. [...]
Tudo é culpa nossa, eu pensava. [...]
E se eu tivesse coragem, colocaria o dedo na sua cara. [...]
Mas será que a gente pode bater num negro? Ainda não tenho certeza disso[7].

Poderia a autora, Marie NDiaye, fazer seu personagem dizer estas palavras, poderia condená-lo moralmente caso não fosse, ela própria, uma negra? Será que ela também "ainda não tem muita certeza disso"? E toda esta situação depende, evidentemente, dos contextos. De resto, será que seria preciso conhecer a cor do autor, do encenador ou do ator para saber se a sua crítica a um personagem antipático, porém negro, é ou não permitida? O público, a partir do momento em que fica sabendo que um autor é negro, e caso suponha que o autor não sucumbe ao próprio ódio e a um racismo antinegro, sentir-se-á autorizado a julgar objetivamente, e neste caso severamente, a conduta de Papai. André Engel parece ir nessa direção, e este é o sentido de sua encenação, de acordo com o texto, parece-nos. Porém, em última análise, fica para os espectadores a tarefa de julgar. E se consultarmos suas notas de encenação no programa, descobrimos uma certa contradição com aquilo que acabamos de ver na atuação. Engel crê-se obrigado – ou ele o é verdadeiramente? – a procurar para o personagem de Papai desculpas que não estão no texto. Zelner, escreve ele, seria obcecado pela cor da pele de Papai. Porém, se Zelner está preocupado com a cor da pele, não o está (achamos nós) de forma racista. Ou, mais do que isso, dar-se-á que a ausência de crítica a um comportamento moralmente condenável, por medo de ser julgado racista, é também uma forma de racismo, uma covardia por achar que não é "politicamente correto"? E isto

[7] Idem, p. 65-67.

pode ser, afinal de contas, a "mensagem derivada" da peça, o mais importante, sem dúvida. Todavia, trata-se do fato de que Engel assume, no programa, a defesa de Papai, que teria sido "abandonado por sua mulher e renegado por sua filha" por ser "muito difícil de lidar, atrapalhado e inútil"[8]. Como bom brechtiano, ele interroga o possível sentido político da fábula: vê nesse abandono uma metáfora da atitude que "alguns dentre nós introduzimos para nos divertirmos com aquilo que chamávamos de 'o jovem continente africano'". Este parece ser, antes de mais nada, um aviso pessoal de Engel ao invés de uma verdade ancorada no texto. É uma concessão feita também à instituição teatral preocupada com a ideia de que possamos acusá-lo de dar prova de racismo ao condenar um negro, no caso presente mesmo que se acredite acima de qualquer suspeita, visto que acaba por assumir-se como africano...

Ao fazer uma comparação com o olhar de Gotscheff sobre o mesmo tema, devemos admitir o "retardamento" ou a "prudência" dos artistas franceses. É verdade que a peça de Koltès ganhou algumas rugas, que o debate em torno da identidade avançou consideravelmente, sobretudo no exterior da França, e que estamos muito distanciados da posição "romântica" de um Chéreau ou de um Koltès sobre o "jovem continente africano". À paródia raivosa de um Gotscheff opõe-se a ironia mais sutil e ambígua de Engel. Se a encenação, da mesma forma que a ironia, é a arte de dizer sem dizer, estamos, com NDiaye e Engel, em pleno território irônico, racionalista e crítico. O debate está aberto, mesmo quando a própria denegação a qualquer criação artística permite não fracioná-la e incitar o leitor e o espectador a julgar por si mesmos.

3. *LE BONHEUR DU VENT*
 (A FELICIDADE DO VENTO)

Julgar por si mesmo, este parece ser um dos objetivos da nova escritura: tal é a pressão amigável, a doce violência que o autor impõe ao espectador. Porém, o que acontece quando o autor

---

8 Idem, p. 3.

encena, ele próprio, a sua obra? *A Felicidade do Vento*, peça escrita em 2003 e encenada no Théâtre de l'Est Parisien por Catherine Anne, nos dá a oportunidade de estudar a forma pela qual o texto é transposto, quando o encenador conhece-lhe teoricamente todos os arcanos. Será que o gesto do escritor repercute tal como o do encenador e dos atores? Será bom encenador aquele que conhece os segredos de fabricação do autor dramático?

Livremente inspirada na vida de Calamity Jane, *A Felicidade do Vento*[9] conta a história de Jane. Esta teve que entregar seu bebê para um rico casal, Helen e Jim. Em torno dessas três mulheres – a mãe, a mãe adotiva e a filha –, articulam-se os três atos da peça. A criança passa de uma mulher a outra sem poder retornar para a mãe verdadeira depois da morte de sua mãe adotiva. Quando descobre o segredo de seu nascimento, sua verdadeira mãe, Jane, já partiu para o outro lado, para a margem da velhice e da morte. Se tal história ressoa profundamente em nós é porque trata de questões universalmente humanas: a maternidade, o apego à criança, o dilaceramento da separação, a morte da mãe. Estas emoções primordiais são suscitadas tanto pelo texto quanto pelo palco, com uma grande tensão dramática. As diferentes cenas parecem cuidadosamente preparadas pela construção dramática: o reencontro, o quase reconhecimento, o momento em que, conhecida a verdade, mãe e filha "talvez se falassem, não obstante os milhares de quilômetros que as separam"[10], quando a morte de uma coincide com o começo de vida da outra.

À leveza da escritura – na maior parte constituída por curtos versos livres que são igualmente retomadas de fôlego –, corresponde uma leveza na inscrição cênica: deslocamentos rápidos e furtivos, cenas que se instalam de relance e desaparecem também rapidamente, uma caracterização minimalista, uma cortina que afasta o que acabou de ser mostrado. Escritura e atuação coincidem na mesma rapidez e simplicidade de tratamento: nenhum *Far West* escrupulosamente reconstituído, nenhum interior burguês, nenhuma diligência é atacada por

---

9 C. Anne, *Le Bonheur du vent*.
10 Idem, p. 87.

Jane, nenhuma fábula é inscrita num tempo ou espaço reconhecíveis.

Algumas palavras constituem a cenografia, uma cortina fechada cria novamente um lugar, que desaparece no mesmo instante, depois que a cortina se afasta. Algumas réplicas, um elemento do figurino ou um barulho da trilha sonora e todo o mundo exterior aflora e dá sentido às palavras. "No palco, com o maior despojamento, procuramos proporcionar os traços exteriores dos mundos interiores"[11], diz Catherine Anne. No espaço vazio do tablado, limitado às vezes unicamente pela cortina de palco, as palavras densas e enigmáticas vêm furtivamente criar uma época, uma situação, um lugar, um momento da vida. Disso resultam esses efeitos de focalização, de grandes planos, de *zooms* em certos lugares do texto. "Planos" de durações diferentes, como na montagem de um filme, sucedem-se e dão ritmo à representação. A atuação sublinha esses grandes planos por meio de uma expressão, um gesto, uma relação com outra. Assonâncias, repetições, formulações lapidares, atalhos na expressão, fórmulas que resumem a peça ("prefiro a felicidade do vento ao conforto das casas"[12]), tudo isso cria um fenômeno de regularidade, de abstração que, por assim dizer, "coloca" o texto no palco, estabiliza-o e evita ter que ilustrá-lo pesadamente.

No imenso tablado do TEP, na superfície de atuação e composição, o esboço é tanto visual quanto discursivo. A escritura cultiva a rapidez do esboço e do traço, esses momentos de rupturas e silêncios, momentos em que o eco das palavras torna-se audível. Um exemplo entre muitos outros:

JANE: Não preciso de dinheiro.
O dinheiro sempre compra
Eu me viro
Toma tua grana, Jim, obrigada pela visita
Pra fora
Saiam todos
Preciso ficar só.[13]

---

11 Notas de Catherine Anne, dossiê da imprensa, Théâtre de l'Est Parisien, 2004, p. 5.
12 C. Anne, *Le Bonheur du vent*, p. 29.
13 Idem p. 30.

A ausência de pontuação não impede as pausas, ao contrário, facilita, e as torna indispensáveis. Há alguma ambiguidade sintática, e apenas a consciência das unidades respiratórias, que contribuem para organizar o pensamento. A tipografia da peça é como uma respiração, ajuda a encontrar a frase e, mais tarde, o gestual do ator. A atuação de Marie-Armelle Deguy restitui corporalmente esse fraseado (*phrasé*) defasada, essa estrutura tanto respiratória quanto emocional e semântica. A estrutura rítmica é facilmente perceptível, mas também é relativa e ligeiramente modificável pela voz e pelo corpo; torna-se a base da interpretação e, por acumulação, da encenação no seu conjunto. A encenação não parte de um esquema ou de uma imagem preliminares, que a encenadora faria vir do exterior. Ela é elaborada unidade por unidade, por meio de uma sequência e uma acumulação de trocas, como resultado de uma leitura que procura, de início, apoiar-se nas atitudes e deslocamentos da atriz, como também nos seus acentos e entonações.

Considerando-se que a autora é igualmente encenadora e atriz de formação, a estruturação rítmica e, em seguida, a colocação no espaço (o *blocking*) das sequências se fazem quase simultaneamente. Supõe-se que Catherine Anne encenadora não tem que procurar o sentido de seu texto, e que encontre naturalmente a sua base rítmica, seu tempo, sua frase e suas entonações, em resumo, todo o dispositivo psicomotor do qual se deve partir para procurar a mínima interpretação cênica.

A ritmização dá o seu sentido ao texto. Com mais razão, numa obra em que o silêncio tem tal importância. Portanto, nos é dado, de acordo com as palavras de Michel Corvin, "ver o silêncio carnal da encenação influir, aos saltos, na escritura"[14].

Sem dúvida alguma, a encenação confirmou, e também superou, aquilo que a escritura propõe. Uma enriqueceu a outra sem prioridade nem anterioridade. O corpo do autor prolongou-se no corpo da encenadora, e, em seguida, no de sua intérprete (a atriz como espectadora). Resta a possibilidade, para aqueles que vierem depois, de lerem o texto de maneira diversa

---

14 Mise en scène et silence, *Revue d'esthétique*, n. 26, p. 126.

e revigorarem a interpretação. Um encenador "exterior" fará, então, movimentar aquilo que tende a estabilizar-se no texto para tornar-se um pouco mais seguro de si.

4. À TOUS CEUX QUI... (A TODOS AQUELES QUE...)

Quer a encenação seja realizada pelo autor ou por outra pessoa, é essencial ficar muito atento à fatura discursiva e retórica do texto. O encenador não pode se dispensar de ler o texto, analisando sua pontuação e seu ritmo, de acentuar-lhe o traço linguístico e discursivo. Essa atenção dada à textura parece mais importante do que o aporte de imagens ou impulsões exteriores, pelo menos para a encenação de textos criados na atualidade. Como prova suplementar, coloca-se a encenação da peça de Noëlle Renaude, A Todos Aqueles Que..., apresentada no Festival de Avignon em 2005 por Claude Maurice e Joël Collot.

Os encenadores da Companhia Art Mixte, que são também os dois únicos intérpretes dos trinta papéis, tiveram a boa ideia de situar esses trechos de palavras, pontuadas por um brinde ao redor de uma mesa, por ocasião de um banquete ou de uma festa familiar. Os convivas parecem às vezes reagir e o lugar, bem como a época, são igualmente reconhecíveis. Esta decisão da encenação está, de todo modo, em conformidade com o conselho de Noëlle Renaude de manter-se o máximo possível próxima do texto: "É preciso tomar a palavra [senti-la], se apoderar do palco. Amar o suspense que a pontuação oferece. Ter gosto pelo cruzamento, pela hesitação, pelo arrombamento, pelo risco que a língua assume ao nos contar histórias. Para quem sabe olhar, tudo está lá indicado. E o personagem, se existe, acabará sempre por chegar"[15]. Este conselho é, no fundo, o de um Copeau procurando encontrar o fôlego ou o silêncio do autor, de um Jouvet à procura do "sentimento" ou da dificuldade respiratória de Molière, de um Vitez reconstituindo a "voz de seu mestre".

---

15 Dossiê de imprensa do espetáculo, Avignon, 2005.

Noëlle Renaude, A Todos Aqueles Que..., encenação de Claude Maurice e Joël Collot.
Foto Théâtre Jean-Vilar Montpellier. ©Jean-François Guiret.

Tais diretivas são muito úteis para se penetrar no universo lexicológico e rítmico de um autor, ao invés de se precipitar no personagem e fazê-lo o pivô da narração. Por certo, os atores sempre estão impacientes para achar o seu personagem, para dar-lhe corpo e voz, porém se eles se acalmarem um pouco, se o encenador conseguir contê-los, moderar os seus ardores, se escutarem os suspenses, os silêncios, as mudanças de ritmo, terão uma visão mais estrutural e global da peça e estabelecerão tanto melhor a construção de conjunto, no interior da qual o seu personagem emergirá com segurança.

A escritura da peça obedece a este duplo princípio enunciado por Noëlle Renaude: uma estrutura de conjunto muito rigorosa, de fortes efeitos miméticos de personagem. O progresso crescente por idade dos monólogos facilita a comparação entre os diferentes pontos de vista, de acordo com a idade, sexo e origem social dos locutores. Graças às descrições de um mesmo acontecimento por diversas vozes, toma-se conhecimento de um conjunto bastante homogêneo de figuras. Uma rede de alusões, tiques verbais, maneiras de falar próprias a cada época, de similitudes, é tecida pouco a pouco. Porém, essa galeria de retratos em tinta forte encoraja sobremaneira os atores a cavar a diferença, quanto mais não seja para brilhar na arte da metamorfose e da imitação, uma arte em que são excelentes Maurice e Collot.

Os efeitos de personagem são grande parte daquilo que é o mais visível a uma primeira leitura, bem como a uma primeira impressão neste "pôr em jogo". Noëlle Renaude soube encontrar os tiques da fala popular dessa época. Sua escritura não é, portanto, naturalista e fonogramática, pois os testemunhos não são escritos simplesmente a partir da perspectiva e da competência linguística do personagem, não visam ao verossímil linguístico ou à exatidão léxica das formulações. Desse modo, por exemplo, quando Baba (de quatro anos) fala de sua "irmã Lili morta há cinco anos em pleno caos histórico", não é somente ele que fala, mas sim uma narradora invisível que lhe dita o seu monólogo. Seu testemunho não é histórico ou autêntico, não procura enganar sobre a origem da palavra. O autor é reconhecível em todos os níveis: léxico, sintático, discursivo, porém a narradora é suficientemente discreta para que o locutor pareça estar ao natural. Sua retórica serve-lhe para deslizar no discurso do outro, a fim de trabalhar-lhe o interior, completá-lo, contradizê-lo ironicamente, reenviá-lo aos outros testemunhos.

O trabalho de Maurice e Collot consistiu em encontrar o tom e a voz para suas criaturas, sem, no entanto, negligenciar a forma e os procedimentos da escritura. Seus deslocamentos foram mínimos e sempre pertinentes. A representação rítmica do texto foi suficientemente coerente para que se reconhecesse certa dinâmica de um personagem para outro. Reencontrar o espírito de uma época obrigou os atores a apoderar-se de uma coloração de voz, uma sustentação do corpo, uma pronúncia popular, que transcendessem os particularismos dos atores e facilitassem a leitura de conjunto. A cada tentativa eles inventavam um corpo dessa época: uma maneira de se movimentar, de se calar, de se esconder da vida alheia, de enervar-se, o que acabava por produzir um documentário vivo sobre essa época desaparecida, que vive na memória daqueles nascidos exatamente depois da guerra. Procurando o *habitus*[16] de seu

---

16 P. Bourdieu; L. Wacquant, *Réponses*.

corpo, sua "subjetividade socializada"[17], reencontraram intituitivamente esse movimento, essa corporeidade de uma época finda. Eram a enciclopédia encarnada.

Se o desempenho dos atores consistiu em encontrar os índices verossímeis de suas figuras, a encenação reconstituiu o *puzzle* de suas palavras assegurando inteiramente a unidade dos gestos e dos comportamentos. Claude Maurice e Joël Collot mantiveram a escritura de Noëlle Renaude, e sua própria criação, num equilíbrio instável entre uma composição de conjunto, sobretudo abstrata, e de abundantes notações realistas. Equilíbrio instável visto que, se a composição é muito rígida, a atuação torna-se formal e arrisca perder todo sabor; se, ao contrário, os achados de atuação foram muito miméticos e servilmente imitativos, a impressão de conjunto e o espírito do tempo não aparecem mais. Guiados pelo conselho de Noëlle Renaude, eles encontraram um equilíbrio inesperado, e seu trabalho manteve todas as promessas da escritura.

Parece que a chave de uma encenação "bem-sucedida" dos textos de Noëlle Renaude reside na arte de achar, para o gesto e para a encenação, um vocabulário suficientemente simples, coerente e abstrato, permitindo ao espectador localizar-se sejam quais forem a complexidade do texto e a abundância de personagens. Pudemos convencer-nos disso ao ver Jean-Paul Dias, dirigido por Frédéric Maragnani, interpretar as *Quarante Églogues, Natures Mortes et Motifs* (Quarenta Églogas, Naturezas Mortas e Motivos). Para interpretar os diversos papéis, Dias encontrou um sistema gestual acima de tudo abstrato, à maneira do mimo corporal de Decroux. Não somente por causa daquele macacão com longas guarnições brancas, sublinhando o contorno do corpo e das atitudes, como também pelo mimodrama *L'Usine* (A Usina), do qual sobrou um filme, mas sobretudo graças à maestria das atitudes e gestos muito econômicos. Como em Decroux, qualquer sequência parte e retorna a um corpo centrado e em equilíbrio, materializado por um ponto no solo e um centro imaginário no corpo. Felizmente, Jean-Paul Dias evitou o defeito da rítmica de Jaques-Dalcroze e a correspondência absoluta entre sons e gestos.

[17] Idem, p. 101.

Jean-Paul Dias, em Quarenta Églogas, *de Noëlle Renaude.*
©*Frédéric Maragnani.*

Diálogo

Após mais de um século, fala-se, a propósito do teatro ocidental, de crise do diálogo. Será o caso de se levar essa lamentação a sério? O diálogo não está sempre e necessariamente em crise?

Esta suposta crise diz respeito à comunicação em questões-respostas, ao pingue-pongue da conversação quotidiana: essas idas e vindas da palavra, com efeito, tornaram-se raras na dramaturgia contemporânea. No estrito senso e na vida, somente há diálogo quando dois loocutores, duas entidades psíquicas, dois sujeitos recebem e emitem – trocando brevemente – palavras. No teatro, essa troca ideal jamais existiu verdadeiramente: sempre existe a palavra que, longe de se permutar, é jogada para não se sabe onde. A linguagem é lançada, perdida, mas não está perdida para todo mundo; em todo caso, não para o espectador ou o ouvinte.

Entretanto, o diálogo tem, na atualidade, uma perigosa falta de meios: é identificado com a dramaturgia tradicional, até com o bulevar, no melhor dos casos com a forma dramática que, segundo Szondi, está em crise a partir de Ibsen, Maeterlinck ou Tchékhov. Os novos autores esforçam-se para escrever contra o diálogo, sem nem sempre consegui-lo, aliás. Quanto aos teóricos, não empregam o termo sem certa má vontade, preferindo-o para descrever as novas formas, as de *voz, partilhamento de vozes* (Jean-Luc Nancy), *polifonia*, *coro* ou *coralidade*. Inúmeras formas não verbais, gestuais, de *live art*, performance ou instalação, passam-se decididamente por diálogo.

Para dar conta dessas experiências de novas escrituras, melhor seria evitar uma tipologia de diálogos como a teatrologia muitas vezes propôs, visto que a tipologia permanece, neste caso, muito calcada na comunicação dita "normal", na *mímesis* da troca humana e, assim, num modelo de comunicação que essa escritura deseja precisamente ultrapassar. É inútil, igualmente, querer distinguir categoricamente o diálogo do monólogo, como o fazia a dramaturgia clássica. É preferível opor *diálogo conectado* (ex.: Racine) e diálogo desconectado (ex.: Büchner). É ainda mais judicioso inventar novos instrumentos para apreender os últimos desenvolvimentos. Assim sendo, a "coralidade" indica que o teatro não mais limita o diálogo às trocas verbais, e que o coro antigo emudeceu numa assembleia de figuras reunidas num mesmo espaçotempo para falar, mas também para calar-se em conjunto e intervir nos momentos preferentemente arbitrários (pense-se nos espetáculos de Marthaler).

No seio da encenação, o diálogo assume relevo totalmente distinto. Com efeito, o diálogo não está mais confinado à troca de palavras. A partir do momento em que é colocada em enunciação, a interação entre todos os materiais, significados e significantes torna-se a regra. É ainda um diálogo? No sentido metafórico, apenas. É antes de mais nada a gênese da encenação, a orquestração de trocas e a colocação espacial das redes de signos. "Dialogam", então, os silêncios, as mudanças de ritmo, os ecos sonoros e visuais, os diferentes componentes da representação. A partir do momento em que o texto está encarnado por um corpo, uma música, um ritmo, não mais se pertence, é como que transportado, torna-se eco juntamente com todos os outros signos da representação, e dessa interação nasce a encenação. Esta última, prolongando às vezes a escritura, casa ou descasa os elementos do diálogo, impede qualquer contato ou, ao contrário, tece ligações entre os elementos dialógicos e os outros componentes da cena. A partir desse momento, quando está então localizado na interatividade da cena, o diálogo explode, abre-se à polifonia. A nova escritura nada faz senão antecipar essa disseminação, algumas vezes a ponto de estar tão pulverizada que a encenação experimenta a necessidade de dar-lhe um jeito e recolher-lhe os pedaços. São, portanto, tanto a prática da cena quanto as mudanças de concepção das trocas humanas – as duas estando, evidentemente, ligadas – que fazem evoluir o diálogo.

Para onde vai o diálogo? Ele não cessa de se reconfigurar, quando parecia que estava em vias de extinção. Leva em conta a evolução das relações humanas: cada vez mais fáceis e coloridas de autismo. Ainda queremos viver em conjunto, falarmo-nos, "trocar". Porém, a que preço? O que é que ainda temos a dizer a nós mesmos, e isso diz respeito, inclusive, à vida alheia? Tais são as perguntas que devemos nos fazer, antes mesmo de procurar as novas formas do diálogo.

5. *HIER, C'EST MON ANNIVERSAIRE* (ONTEM É MEU ANIVERSÁRIO)

A partir dos primeiros minutos da encenação de *Ontem é Meu Aniversário*, de Eugène Durif[18], o problema que acabamos de abordar, esse equilíbrio instável entre a força mimética do jogo e o sentido da composição, acha-se novamente colocado

Jimmy conta como faltou a uma entrevista com *experts*. A partir dessa exposição, Durif mistura na sua escritura elementos de realidade sociopsicológica e considerações filosóficas. Jimmy expõe, de início, sua lógica pessoal: sua concepção de tempo é reversível – "Ontem é meu aniversário"[19]. Seus problemas são epistemológicos – "O que se pode imaginar?" Suas inquietações são metafísicas – "Quando não temos nada sob nossos pés, para que pode servir um caminho?"

A encenação de Olivier Couder e Patricia Zehme tem dificuldade de distinguir, através da atuação, esses dois modos de representação: a composição abstrata e a imitação concreta. Ela tendeu a reconduzir o questionamento filosófico a uma psicologia, até mesmo a uma doença mental: Jimmy, o corpo multiplicado de um autista, falava mais como doente do que como um iluminado apaixonado por filosofia. Esta primeira cena é interpretada de acordo com os dois modos; depois o tom torna-se terra a terra, o personagem ganha uma espessura psicológica, uma dimensão anedótica.

Entretanto, Durif, no mesmo espírito de Renaude ou Minyana, não trabalha seus personagens apenas com toques realistas e miméticos, mas também, e, sobretudo, por meio de

18 *Hier, c'est mon anniversaire*. Encenação no Lavoir parisien, 2005.
19 Idem, p. 5.

Eugène Durif, Ontem é Meu Aniversário, *encenação de Olivier Couder e Patricia Zehme.*
Foto Théâtre du Cristal. ©Olivier Couder.

uma palavra autoral que penetra nas palavras "pessoais" dos personagens. Esse entrelaçamento de notações realistas e reflexões filosóficas ou poéticas (sob a forma do *koan* chinês, em Durif), tem condições de surpreender. Não é, contudo, senão a consequência do novo estatuto da linguagem no teatro há uns trinta anos. Como observa com pertinência Jean-Marc Lanteri, "a língua do autor dramático não é mais instrumento de paixões ou vetor de um teatro crítico, porém se constitui numa esfera autônoma, tal como a linguagem apareceu sob a forma de uma entidade absoluta aos olhos da linguística estrutural ou da psicanálise lacaniana".[20] A prática teatral concedeu pouca justiça a esta autonomia da língua. A referida encenação insistiu no relato realista e não soube muito bem de que forma tratar a alusão filosófica. A *mímesis* do personagem, mais uma vez, rechaçou a poesia e a complexidade do texto, deixando poucos silêncios para ajudar a reflexão, não atribuindo suficiente confiança à forma da escritura.

Todos esses exemplos mostram bem a dificuldade da encenação, no sentido de fazer entender a estrutura de conjunto ao

20 Les Écritures théâtrales en Grande-Bretagne, op. cit., p. 5.

contemplar suficientemente "corpo", matéria e efeitos do real. Dificuldade para encontrar um equilíbrio, ou um compromisso, entre estrutura abstrata e personagem concreto, textualidade e *mímesis*.

A originalidade dessa encenação é utilizar unicamente comediantes deficientes que, na maior parte, conheceram o hospital psiquiátrico e estão internados em instituições especializadas. Sua deficiência é mais ou menos visível: algumas são percebidas pelo público e outras menos, no quadro da representação. Isso relativiza as noções de normal e patológico e indica ao público que sua definição de loucura e normalidade está também, em parte, culturalmente codificada. Para o encenador, tudo é interpretado sobre um fio. De um lado, a gravidade das deficiências arrisca-se a ameaçar a representação teatral baseada na precisão e na repetição de uma série de decisões estéticas anteriores. Por outro lado, não haveria condições de esses comediantes atuarem de acordo com as normas estéticas em vigor ou impor-lhes um adestramento e uma imitação contrários à sua verdadeira natureza. Essa situação delicada é, aliás, típica de qualquer encenação: esta deve ser capaz de repetir suas escolhas, seus efeitos, suas decisões estéticas e, ao mesmo tempo, continuar aberta, singular, imprevisível e irredutível a uma norma estética definida e definitiva.

Na peça, assim como no palco, a diferença entre loucura e normalidade não é verdadeiramente pertinente, quando muito não seja porque o espectador permanece consciente do trabalho de cada artista, e em particular da dificuldade de se poder fazer atores deficientes atuarem prestando atenção naquilo que dizem suas réplicas no momento certo. Ao não lhes dissimular suas deficiências, estes últimos colocam a representação, e portanto o sistema da encenação clássica, em perigo, ou pelo menos em crise, porém lhe conferem igualmente uma autenticidade suplementar, um caminho autônomo para além da ficção e das convenções. Ao invés de uma exposição complacente de doenças, mas também através de uma representação muito bem regulada e entrosada, obtém-se um acontecimento que aceita os riscos de qualquer apresentação ao vivo, pelo seu teor incompleto, pelo imprevisível. Teatro do acontecimento no qual apenas contam os atos reais dos comediantes; teatro da presença humana e não da representação ficcional e estética. Resultando de uma negociação entre a ficção e o acontecimento, a encenação é um ato no qual não se sabe nunca se é louco ou razoável. Para mantê-la, é preciso arriscar-se a perdê-la, aceitar os acidentes, erros, incoerências. Não se regula nada de antemão: nem a perfeita direção de atores, nem os processos habituais dos atípicos (crianças, doentes mentais, seres humanos, atores...). A encenação é ainda a arte de acomodar os imprevistos no palco.

6. *LES BAIGNEUSES* (AS BANHISTAS)

A peça de Daniel Lemahieu mostra um grupo de mulheres que discutem enquanto esperam a chegada do "homem", Frankie. Discorrem longamente sobre as insuficiências do homem e da mulher. Na cenografia e na encenação de Gilone Brun, em 2006, em Paris, a peça encontrou nova identidade com relação à criação em 1999 por Jean-Marc Bourg. As réplicas das nove mulheres foram repartidas independentemente das locutoras supostas de pronunciá-las, fato que anulava definitivamente a identidade individual do personagem. O efeito coral e a espacialização da palavra achavam-se consideravelmente reforçadas. As palavras, as migalhas de frases, e não os personagens que as pronunciavam eram, ao mesmo tempo, manchas de cores, de materiais que se inserem no espaço do quadro a ser composto e pintado. Entretanto, cada atriz possuía uma individualidade marcada pela escolha de figurinos e cores. Essa individualização relativa do vestuário não se desbordou, contudo, para uma individualização caracteriológica; não teve por objeto esclarecer os conflitos e as ações.

Sendo ao mesmo tempo cenógrafo e encenador, Gilone Brun deu um passo a mais rumo à reviravolta da encenação, a qual não precisa mais ilustrar ou explicitar um texto, mas ao invés disso imaginar um dispositivo cenográfico e plástico que imponha ao texto a sua coloração e, em parte, o seu sentido. Gostaríamos, de vez em quando, que a preparação das cores, formas e corpos-textos fosse mais radical, que se aperfeiçoasse verdadeiramente com os corpos inscritos nesse espaço, à la Yves Klein, por que não? Isso implicaria, com toda lógica, que o autor modificasse e adaptasse seu texto em função das exigências plásticas e musicais. Esse procedimento seria a etapa seguinte, que aqui não ocorreu, aquela na qual o autor poderia reescrever, concentrar, até anular seu texto em função das descobertas do palco. É o que teríamos desejado, e esperado, já que haviam sido dadas as propostas para que o autor, o coreógrafo (Claude Magne), o iluminador (Olivier Modol) e o compositor (Manu Deligne) pudessem ter ido mais longe na criação de uma ópera sonora e visual.

No fundo, existem dois tipos de encenação: 1. a encenação de um texto intangível, que se trata sempre de explicitar, de "ilustrar", de confrontar com uma situação cênica na qual está inserido; e 2. a encenação como o "pôr em jogo" e integração de materiais (nos quais se inclui o texto, entre outros), materiais esses tratados em pé de igualdade.

Vinaver e a Encenação

Vinaver desconfia das encenações que soterram os textos sob as imagens e as ações. Segundo ele, a encenação tornou-se, no correr dos anos, uma *mise-en-trop**: muito de interpretação cênica, muito de atuação inútil, enquanto "o texto não tem necessidade senão de uma coisa: fazer-se entender o mais distintamente possível no palco"[21]. Seria ainda preciso, evidentemente, entendermo-nos sobre a expressão "fazer-se entender". Trata-se de ser percebido auditivamente ou de ser compreendido intelectualmente? Para Vinaver, é antes uma questão de compreensão auditiva, porém esta não terá interesse se o ouvinte e o espectador não entenderem aquilo a que o texto e o autor querem chegar. A partir daí, o risco de dizer excessivamente pelos meios cênicos é constante.

No entanto, do que desconfia exatamente Vinaver? Essa *mise--en-trop* é ela também – fazendo soar o *e* – uma colocação abusiva, ou é muito mais obra de um Misantropo?

Há colocação em demasia quando a encenação se considera como um tropo, isto é, como uma figura de estilo para dizer, de

---

* Na impossibilidade de traduzir a expressão *mise-en-trop* e o jogo de palavras que é feito no texto, manteve-se o termo original, que significa boas ideias ou adição de boas ideias que podem ou não resultar naquela expressão. Por aproximação: acréscimo exagerado ou abusivo na cenografia e nos signos cênicos.

[21] Vinaver, cit. em *Du Théâtre*, hors-série n. 15, *À brûle-pourpoint. Recontre avec Michel Vinaver*, p. 10.

maneira decorativa e retórica, aquilo que o texto já disse. Seria, por exemplo, uma metáfora visual, cênica, para ilustrar o texto.

Quanto ao Misantropo, o de Molière, por exemplo, ele detesta os homens da mesma forma que o encenador, no fundo despreza os textos e procura substituí-los pelo seu próprio comentário cênico.

Onde se situa, portanto, Vinaver na história recente da encenação? Segundo ele, a partir dos anos de 1960 o encenador seria, frequentemente, senhor absoluto do empreendimento teatral: utilizaria o texto como pretexto para sua própria criação. Ele tende a tornar-se o criador de uma obra cênica que visa justamente abster-se dos autores dramáticos, como já o previa Edward Gordon Craig no começo do século XX. Porém, desde o final dos anos de 1980, Vinaver, autor de um estudo sobre a edição teatral[22], contribui para assinalar um golpe de parada relativo à invasão dos encenadores na instituição teatral e de reabilitar o autor dramático. Ele participa, assim, de uma reavaliação das funções da encenação. Com efeito, a encenação perdeu um pouco daquilo que tinha penosamente conquistado: a sua autonomia. Vinaver reintroduz a noção de norma, pois segundo ele há um número indeterminado de "perversões" do texto para a encenação, mas igualmente de modos "justos" de montar o texto[23]. No entanto, como julgar se a encenação é justa ou pervertida? Normas implícitas parecem impor-se, mas quais? Vinaver não indica qual seria o papel e o aporte do encenador. Pode-se, todavia, arriscar-se a considerar que uma de suas tarefas essenciais consiste em encontrar uma situação de enunciação inscrita tanto na ficção proposta quanto naquela imaginada pelos espectadores. Há, todavia, por parte de Vinaver autor, uma vontade deliberada de não escrever tendo em vista uma encenação a acontecer. De acordo com a palavra de Vitez, o texto de Vinaver não é solúvel na encenação como o açúcar é solúvel na água (o que é insolúvel, em francês, é aquilo que não se justifica ou que não tem solução). Tais textos "insolúveis" são, entretanto, "montáveis", acessíveis ao palco. Porém, não existe receita universal para a encenação: "Então, o que ela deve ser? Depois de ter visto muitos encenadores trabalharem, e os maiores, sou capaz de dizê-lo: O que deve ser a vida? Saberia me responder?"[24]

---

22 *Le Compte-rendu d'Avignon*.
23 Idem, p. 36.
24 *Du théâtre*, n. 15, p. 55.

7. CONCLUSÕES

A partir desses exemplos isolados, é muito difícil generalizar e enunciar os grandes princípios da encenação de textos contemporâneos. Limitar-nos-emos, assim, a algumas grandes tendências, mais até a hipóteses do que teses, mais até a impressões do que a conclusões científicas e definitivas.

• Não pudemos estabelecer que as encenações dos contemporâneos inventaram novos métodos, que se diferenciariam radicalmente daqueles dos clássicos. E isso tanto mais porque o desvio, até a própria diferença entre clássicos e modernos, tende, na atualidade, a reduzir-se cada vez mais. Os meios são menos espetaculares, há uma tendência a concentrar-se numa "co-direção"* do ator, sem o fausto da cenografia e as reflexões por vezes pesadas de uma análise dramatúrgica. Semelhante concentração às vezes leva a uma encenação "conceitual", baseada numa ideia simples e repetitiva, pouco sensual, inteligente, porém rapidamente fastidiosa.

• Talvez seria preciso "re-ousar" a encenação (com o prejuízo de realçá-la): não limitá-la à leitura dramatizada, à prolação (*mise-en-bouche*)** e à leitura pública, que muitas vezes são encenações com desconto e que dão a entender uma peça para melhor dispensar-se de encená-la a seguir. Não teríamos condições de nos contentar com "o ator como leitor", nem confundir as propostas de uma oficina, por mais espantosas que sejam, com a apresentação pública de uma obra.

• A encenação procura um caminho médio entre as produções do grande espetáculo (e de grandes recursos) e a simples colocação no espaço ou na voz. Isso porque da *mise-en-trop* de Vinaver passa-se quase à *mise-en-pas-assez* (colocação em não-demasia).

• No lugar da noção de *estilo* de encenação para os clássicos, achamos antes a de *método* para os trabalhos contemporâneos. *Método*, é verdade, adaptado somente à peça a ser montada ou, a rigor, a um autor e, portanto, dificilmente reutilizável e indócil a qualquer teoria. Nunca se fala em *estilo* de um encenador especializado nos

---

* Jogo de palavras que envolve a ideia de um copiloto (N. da E.).
** A expressão francesa é intraduzível para o português e apresenta um sentido que vai da proferição ao saboreio das palavras, ou mesmo degustação (N. da E.).

contemporâneos. Cada encenação de um novo texto obriga a reinventar um espaço, uma ação, um ritmo que não são "pré-visíveis" para a leitura do texto. Esse trabalho rítmico sobre a voz e sua "performance" cênica importa mais do que o sentido do texto.

• Em contrapartida, constatamos que alguns autores da atualidade foram interpretados segundo um método reconhecido e testado. Vitória do método, até do "discurso do método", de um lado, mas também o risco de esclerose na medida em que ele se torna norma, repetindo-se de um espetáculo a outro e sentindo o requentamento. Desse modo, o "jogo vinaveriano" atingiu Françon ou o próprio Vinaver (assistido por Catherine Anne na sua recente produção de *À la Renverse* [De Costas], e de Gilone Brun para a de *Iphigénie hôtel* [Hotel Ifigênia]), como uma espécie de perfeição formal, porém não parece mais estar sempre em condições de empurrar a peça para suas últimas trincheiras.

• É, portanto, de capital importância evitar qualquer canonização prematura, ou qualquer fossilização, encorajando outras tentativas iconoclastas. Segundo David Bradby, já se trata do caso de Vinaver na Grã-Bretanha. Melhor assim! A entrada no repertório, ou nas escolas, de autores como Koltès, Vinaver, Minyana, Renaude ou Durif arrisca-se a acelerar o processo de canonização e precipitar a estandardização da atuação. Esperamos com impaciência as propostas da próxima geração de encenadores.

• É possível que novos métodos e abordagens da encenação estejam ainda por ser inventados, mesmo no caso de a escritura conhecer uma expansão sem precedentes. Provocado pela frequente advertência por parte do público, mas igualmente pelos encenadores, segundo a qual não existiriam mais autores, Eugène Durif devolve-lhes a pergunta: "Talvez existam poucos encenadores que sejam capazes de incumbir-se, de dar a entender e a ver, com alegria, com prazer, esses textos que são inventados atualmente e para os quais estão por ser inventadas abordagens teatrais novas, singulares, imaginativas"[25]. Não é fácil descrever essas novas abordagens, exatamente porque o encenador renuncia a um controle absoluto da escolha de materiais.

• Uma dessas novas abordagens diria respeito ao lugar da ideologia, do sentido e das teses. A ideologia não é mais pressuposta,

---

25 Théâtre Ouvert, programa da temporada 1999-2000.

conhecida de antemão, aceita, ela é a coisa a ser achada ou a ser inventada graças ao teatro. O que quer dizer Gotscheff com essa mascarada do Branco no Preto? O que pensa Engel do racismo antibranco? E Vinaver? Ele permanece neutro, verdadeiramente, ao não fazer mais do que citar os discursos dos outros? Suas encenações têm, em todo caso, o mérito de examinar o problema, ao invés de considerá-lo como já resolvido. O teatro é um instrumento hermenêutico para conhecer a política, e não um campo de aplicação da política.

• É por essa razão que a encenação, após vinte anos, tanto para os clássicos como para os hipermodernos, adota um perfil baixo. Ela não pretende mais bater de frente ou reconstruir o mundo, nem produzir o seu próprio universo capaz de rivalizar com esse mundo. O encenador não é mais sempre um *cultural critic*[26], descrevendo e desafiando o mundo. Ele é, antes de mais nada, um desconstrutor, um misturador de categorias genéricas, um "intermediário"[27]. A única coisa que se pede a sua encenação é fazer "o teatro desatracar", colaborando especialmente com o cenógrafo: "Trabalhamos para determinar as temperaturas, as consistências de materiais que nos aparecem no texto. Quero dar-lhe um exemplo: 'Esse texto me faz pensar em alguma coisa que é fina e tensa', ou 'A brancura deve ser lida nesse texto'"[28]. Diante da escritura contemporânea, a crítica fica muitas vezes desarmada, não tem mais as ferramentas nem a legitimidade para julgá-la, deixando ao espectador a incumbência de dar sua própria opinião e de avaliar a encenação segundo seus próprios critérios subjetivos.

• Onde é que se dá, então, a encenação? A escritura absorveu-a em grande parte, como se o autor, desde uma instância superior, já tivesse regulado inúmeros problemas cênicos: ambiguidades não elimináveis, personagens não figuráveis, mudanças constantes de chaves de jogo, convenções e níveis de realidade. O encenador não é mais dono da atuação, ou pelo menos não o único dono: é apenas um sócio do autor e do ator, um "homem sem

---

26 Ver o número especial da *Contemporary Theatre Review*, v. 3, n. 3, ago. 2003 (The Director as Cultural Critic).
27 R. Cantarella, La Main-d'oeuvre, *Revue d'esthétique*, p. 191.
28 Idem, Mettre en scène le théâtre contemporain, *Trois pièces contemporaines*, p. 147. Leitura acompanhada por Françoise Spiess.

importância". Quase que se tornou impossível separar a escritura da encenação, mesmo que a antiga divisão de trabalho continue a distinguir as funções de autor, ator, encenador (e espectador). *Representação* seria um termo mais justo do que *encenação*.

♦ Apesar de tudo, nos últimos vinte anos a encenação conseguiu algumas vezes influenciar a escritura. Não mais no sentido de outrora, quando o texto resultava de um trabalho de gabinete e havia o rastro de uma prática cênica, mas porque hoje as experiências de atuação questionam, abalam e provocam o texto a ser interpretado, o qual, no papel, é quase ilegível. Está na natureza da encenação esclarecer o texto, porém, neste caso, trata-se mais fundamentalmente de torná-lo legível, de constituí-lo, de literalmente fazê-lo existir, particularmente nas suas interações com o resto da representação.

♦ Chega a acontecer, não obstante, o fato de que a encenação seja tão ilegível (e, logo, incompreensível) quanto o texto. Podemos nos felicitar em nome da liberdade artística; podemos igualmente lamentar, pois o público experimenta muitas vezes a necessidade senão de compreender, pelo menos de apreciar a sua incompreensão. Frequentemente, os autores não acham mais os seus encenadores e, assim, o seu público; algumas vezes, também, tendo-o encontrado, deixam os espectadores interditos – ao mesmo tempo mudos e privados do direito de resposta, como se os artistas lhes dissessem: "Love it or leave it!"*

♦ Porém, paradoxalmente, quando a encenação persiste na ilegibilidade para a exegese, é sempre possível referirmo-nos ao texto para examinar de que maneira pôde inspirar o trabalho do encenador. Exame, contudo, reservado aos profissionais e aos teóricos, os quais têm todas as condições de, a partir do espetáculo acabado, retornar ao texto. Uma espécie de "logocentrismo ao reverso".

♦ Paradoxo, ainda: a literatura não é mais, nos meios teatrais bem informados e bem instalados, o inimigo hereditário e jurado do teatro, o espantalho que impede o teatro de decolar em direção aos céus do dramático. Ela se tornou aquilo que provoca a encenação, aquilo que a força a sair do ron-ron e a obriga a encontrar os meios para se defender. Heiner Müller

---

* "Ame-o ou deixei-o!" (N. da T.).

celebrou essa revalorização da literatura: "Estou persuadido de que a literatura serve para resistir ao teatro. Tal como o teatro está condicionado, apenas um texto impraticável se revela produtivo e interessante para ele"[29].

A encenação não sobrevive e não se renova a não ser que os autores, tal como Heiner Müller, inventem textos que sejam igualmente desafiadores para o teatro. E é essa a tarefa a que se dedica a escritura, atualmente, com a energia do desespero.

---

29 *Gesammlte Irrtümer*, p. 156.

O debate sobre o choque de culturas, o multiculturalismo, a identidade e o comunitarismo causa irritação.

O teatro sobrevive a duras penas. Está desorientado: não praticou sempre "naturalmente" a mistura de linguagens, culturas, tradições? Ele sente-se "duplicado" pela realidade sociocultural, sendo acusado por ela: é suficientemente intercultural? Trata corretamente as suas minorias? Saiu da dominação ocidental? Colonizou os gêneros menores?

O teatro intercultural ocidental registra um movimento de recuo – rejeitando do mesmo modo a regressão – face a um mundo que se movimenta e que não o reconhece mais: afastamo-nos do otimismo intercultural de Brook ou Mnouchkine dos anos de 1980. Naquele tempo, quando tudo havia se tornado cultural, acreditava-se no reencontro das civilizações, na fraternidade dos povos, na universalidade da língua teatral. Os artistas abraçavam com prazer, e sem complexos, fontes culturais as mais diversas. Queríamos substituir a política pelo "tudo cultural".

Essa época heroica já está longe: no momento, muitas outras experiências antropológicas mais locais ocupam o terreno, sabotam-no e o des-sabotam ao mesmo tempo. Assim, os vídeos grafites do mexicano Guillermo Gómez-Peña tratam e retratam todos os grandes problemas de antropologia cultural com um humor cáustico, com uma aparente desenvoltura, porém com uma acuidade política espantosa. O seu personagem do *fronterizo* (fronteiriço), do caso limite, não é apenas o do mexicano em vias de aculturação anglo-americana, é o de qualquer ser humano dividido entre identidades que lhe escapam, aprisionando-o totalmente.

A forma leve, transportável e perscrutante dos esquetes, vídeo ou televisuais convém às escaramuças da guerrilha urbana. É pouco representada na Europa, onde a arte é muitas vezes imobilizada entre o teatro de arte voluntariamente elitista (?) e o *entretenimento* um pouco vulgar.

Graças à arte de Gómez-Peña, o teatro intercultural reencontra um segundo fôlego. Ele frustra a censura, liberta imaginações e tabus, reconecta as identidades. Reencontra os caminhos do mundo social e político a partir de uma experiência pessoal.

Quem não teria necessidade dessa baforada de oxigênio?

6. A Armadilha Intercultural: Ritualidade e Encenação nos Vídeos de Gómez-Peña

Até o começo do século XX, considerou-se como indiscutível a origem ritual do teatro: é só se pensar no "canto do bode" e no seu "prolongamento" na tragédia grega. Essas teorias estão, no momento, sendo rediscutidas.

Caso se examinem as inumeráveis práticas espetaculares – e em especial aquelas que antigamente chamavam-se tradições teatrais –, podem-se distinguir nelas elementos rituais próprios a cada contexto cultural. Na falta de conhecimentos antropológicos e linguísticos suficientes, os pesquisadores têm a tendência de reconduzir tudo a essas cerimônias e formas rituais. Os *performance studies* anglo-americanos tomaram a si a tarefa de Sísifo de recensear e descrever essas *cultural performances*.

Quase até a atualidade, nos anos de 1960, a representação procurou integrar, nos motivos representados bem como no tipo de atuação, cerimônias, jogos, mitos, ritos emprestados dessas culturas tradicionais. O público foi convidado a "participar", até mesmo a substituir os atores.

Haverá de parecer estranho estudar o papel dos rituais nas produções teatrais e nas performances contemporâneas, visto que não se imagina que o ritual possa estar a serviço do teatro. Entretanto, depois de quarenta anos, inúmeros espetáculos inspiram-se em rituais existentes ou, ainda mais frequentente, inventam ou parodiam os seus próprios rituais. Isso é um signo de maturidade?

Em lugar de um sobrevoo sobre essas práticas, propomo-nos aqui a examinar os vídeos grafites de Guillermo Gómez-Peña como um exemplo de esquetes que parodiam rituais, existentes ou inventados.

Seria preciso, seguramente, retraçar as conexões do ritual com o teatro. No entanto, o termo *teatro* já é um obstáculo à reflexão, visto que remete às formas ocidentais da representação. Outras línguas, mais felizardas e mais vagas, englobam sob o mesmo termo – como o de performance – o teatro ocidental, os rituais, cerimônias e todas as *cultural performances* imagináveis. Não nos espantaremos, a partir disso, que elas percebam imediatamente a ligação do teatro com o ritual!

Temendo ser esmagado pela rocha de Sísifo dessas práticas espetaculares e performativas, contentar-me-ei em observar alguns rituais cotidianos ligados à vida de um mexicano ou de um chicano, como também de qualquer pessoa deslocada, "humilhada e ofendida", como dizia Dostoiévski. O único risco incorrido, a partir disso, é ser esmagado pelo *sombrero* de Gómes-Peña...

Ao invés de examinar, em geral, as possibilidades e as formas atuais de interculturalismo e de nos expormos inutilmente à ira dos guardiães do templo das culturas estrangeiras tão facilmente "exploráveis", tomaremos um exemplo em que o conflito de culturas (*cultural clash*) já é o próprio objeto da obra, que está, ao mesmo tempo, *embodied* (encarnado) por seu ator e *performer*: os *Video Grafite* de Guillermo Gómez-Peña, recentemente editados em DVD pela Pocha Nostra, nos servirão de *corpus*, até mesmo de *habeas corpus*...

Tais grafites são esquetes curtos realizados ao longo dos últimos dez ou quinze anos, um verdadeiro tesouro, uma amostra representativa da produção de Guillermo Gómez-Peña e das diversas formas que ela assumiu no decorrer do tempo. Tesouro que nos propomos a abrir para tentar compreender de que maneira os rituais são, ao mesmo tempo, assumidos e desvirtuados pelos diferentes *performers*. Esperamos, assim, compreender o uso igualmente eficaz e paródico que a performance e o teatro contemporâneo fazem dos rituais.

Os quarenta esquetes, com duração média de um a três minutos, estão classificados no índice do DVD de maneira muito sábia e teórica, como se o autor utilizasse intencionalmente, e não sem ironia, as categorias da antropologia e da *critical theory* anglo-americana. Encontramos as seguintes rubricas:

1. *Politics of Language* (Política da Linguagem);
2. *Identity Crises* (Crises de Identidade);
3. *TV Gone Wrong* (A TV Tornou-se Louca);
4. *Reverse Anthropology* (A Antropologia ao Contrário);
5. *El Cuerpo Politico* (O Corpo Político);
6. *Lo Personal Tambien es Politico* (As Coisas Pessoais Também São Políticas).

Essa classificação temática tem a tendência de apagar as condições concretas da produção dos esquetes. Os comentários breves do DVD não esclarecem a situação política anterior. Para uma arte ancorada também na atualidade política, essa des-historicização é inoportuna: qualquer interpretação demandaria uma reconstituição da situação sociopolítica do passado e do presente.

Cada um desses seis conjuntos trata o mesmo problema: testa ou confirma hipóteses muito complexas:

1. falar espanhol e inglês é uma vantagem para os chicanos, uma ameaça para os anglófonos. A linguagem é um passaporte e uma arma;
2. as pessoas estão perturbadas por suas múltiplas identidades;
3. a televisão não explica a realidade, ela confunde;
4. a antropologia ao contrário estuda tanto o observador quanto o objeto observado;
5. e 6. nada é pessoal e o corpo é, também ele, moldado pela política.

Essa classificação e os títulos dos esquetes induzem a uma leitura necessariamente reflexiva e teórica. Contudo, em graus diversos: alguns são quase que comentados pelo narrador, enquanto outros conservam uma parte enigmática e obrigam o espectador a arriscar a sua própria interpretação. Diante dessa diversidade, não podemos nos limitar, aqui, a algumas questões ligadas ao ritual; à "antropologia ao contrário"; ao corpo; às identidades variáveis e, ao final de um percurso acidentado, à encenação como teatralização de rituais.

1. CONTEXTO ATUAL

Antes de analisar os esquetes, seria necessário poder examinar o que aconteceu no decorrer dos anos de 1990. A partir da queda do Muro de Berlim e do fim do comunismo, a mundialização (globalização) é visível em todos os lugares. Uma das consequências inesperadas foi, segundo Carolina Ponce de León, esposa de Gómes-Peña, uma recolonização das artes: "A mundialização conduziu à recolonização do mundo da arte e transformou a paisagem multicultural num pano de fundo ao gosto do dia. O mundo global da arte é um colonizador cativado pelas estratégias da descolonização"[1].

Desconfiaremos, em consequência, dos discursos pretensamente pós-coloniais que algumas vezes nada mais fazem do que restabelecer uma prática neocolonialista das "artes primitivas".

Paralelamente a esta ambiguidade em face da colonização, observa-se paradoxalmente uma tomada de distância dos artistas com relação ao intercultural e um ceticismo crescente dos teóricos diante de uma teoria geral das mudanças. O conhecimento local (a *local knowledge* de Geerts) é considerado como preferível a uma teoria geral. O observador, quer seja antropólogo, analista da cultura ou simplesmente espectador, é convidado a participar do funcionamento da obra de arte, o que aproxima os artistas dos usuários, mas atrapalha os papéis, dando ao público a ilusão de participar da criação. Ao que se junta uma lassidão perante as questões sociais e uma falta de compaixão com relação às pessoas e às culturas desfavorecidas.

---

1 Apud G. Gómez-Peña, Culturas-in-extremis: Performing Against the Cultural Backdrop of the Mainstream, em H. Bial (ed.), *The Performance Studies Reader*, p. 295: "Globalization has lead to the recolonization of the art world and turned the multicultural landscape into a hip backdrop. The global art world is a colonizer captivated by the strategies of decolonization".

Nestes últimos anos, os públicos da arte da performance experimentaram um caso extremo de lassidão perante a compaixão. Tornaram-se cada vez mais intolerantes com relação a um trabalho intelectual difícil e a um trabalho abertamente político; e, ao mesmo tempo, estão cada vez mais desejosos de participar de maneira não crítica aos eventos de performance, o que lhes permite se comprometer com o que percebem como "comportamentos radicais"[2].

Nessas condições, as culturas estrangeiras parecem não lhes interessar mais, a não ser quando se materializam nas identidades em conflito e se encarnam nas pessoas reais ou a inventar, como no exemplo de Gómez-Peña, artista de origem mexicana que vive nos Estados Unidos há 25 anos. Sua situação indica bem como a arte da performance intercultural destes últimos anos tende a substituir a encenação intercultural de tipo brookiano, atraindo dessa forma um novo público.

Esta paixão pelo jogo de identidades é, ao mesmo tempo, um sinal positivo, visto que se abordam tais matérias sem o moralismo dos anos de 1980, e um sinal negativo, tendo em vista o desinteresse pela política e pela moral.

Seja qual for o país ou a cidade onde atuamos, os resultados dessas experiências de representação de fronteira revelam uma nova relação do artista com o público, entre o corpo moreno e o assistente branco. A maior parte das interações caracteriza-se pela falta de implicação política ou ética. À diferença de há cerca de dez anos, quando os públicos eram muito suscetíveis aos problemas de gênero ou raça, nossos novos públicos estão inteiramente dispostos a manipular nossas identidades, a ver-nos como objetos sexuais e a se empenharem nos atos (simbólicos e reais) de transgressão entre as culturas e os sexos, e até mesmo na violência[3].

Conscientes desse novo contexto, os vídeos dos dez últimos anos procuram os meios de análise e resistência para dar conta das evoluções recentes. "O etno" e "o tecno", duas noções habitual-

---

2 G. Gómez-Peña, *Dangerous Border Crossers*, p. 211. "In the past years, performance art audiences have experienced an acute case of compassion fatigue. They have grown increasingly more intolerante of intellectually chalenging and politically overt work, and at the same time much more willing to participate acriticaly in performance art events wich allow them to engage in what they perceive as 'radical behavior'".
3 Idem, p. 298.

mente consideradas como antitéticas, são reunidas para observar o impacto das novas tecnologias na identidade etnográfica, para desenhar o novo homem na hora das identidades moventes.

No entanto, como se pode ser persa na era da Internet? Ou mesmo chicano, mexicano, norte-americano?

Gómez-Peña procura um espaço equidistante da prática artística, do ativismo político e da teoria antropológica. Cada vértice desse triângulo equilátero é constituído por uma problemática que interfere em todos os outros, reivindicando-os: a prática é feita por significantes abertos, à procura de um significado possível; o ativismo parte de um significado (de ideias anteriores) para ilustrá-lo com um significante (formas artísticas); a teoria – antropologia ou semiologia social – encontra-se em equilíbrio entre significado e significante, testa novas ideias com os meios da performance e se inspira na performance para precisar e situar a sua atualidade. No final das contas, fica para os espectadores decidir sobre as fronteiras dessas disciplinas:

> Torna-se necessário abrir um espaço cerimonial *sui generis* para refletir sobre a sua nova relação diante da alteridade cultural, racial e política. Esse espaço único de ambiguidade e contradição aberto pela arte da performance torna-se ideal para esta espécie de pesquisa antropoética[4].

O espetáculo desses vídeos convence-nos facilmente de uma coisa: devemos, no que nos diz respeito, levar a cabo a pesquisa "antropoética" distinguindo a parte de ritual e de poesia nesses grafites. Nela, usaremos brevemente uma maneira menor e interrogativa.

2. RITUAL?

Esses esquetes engraçados convidam ao ritual? Certamente não, no sentido do " fluxo de uma experiência compartilhada

---

4 Idem, ibidem. "It becomes necessary to open up a sui generis ceremonial space for the audience to reflect on their new relationship with cultural, racial, and political Otherness. The unique space of ambiguity and contradiction opened up by performance art becomes ideal for this kind of anthro-poetical inquiry".

de alteridade extática"[5], como se define habitualmente o ritual religioso ou místico. O espectador não é convidado a partilhar um conhecimento sagrado, a participar ativamente de alguma cerimônia mais ou menos secreta. O teatro, de resto, é frequentemente definido em oposição ao ritual: "Enquanto o teatro se limita a falar das coisas relacionadas às relações, o ritual faz coisas com elas, e o que ele faz é reforçá-las ou mudá-las"[6] Por outro lado, não obstante, define-se muitas vezes o ritual, de maneira geral, como "um conjunto de ações humanas que funcionam, antes de mais nada, num nível simbólico"[7]. E estes grafites nos mostram, em sua maioria, as ações simbólicas das quais se pode observar o seu efeito na realidade, pelo menos no espírito daqueles que os realizam. No entanto, quais são as ações então realizadas? Inúmeros personagens estão vestidos de modo extravagante, pintados de verde, azul, branco e negro ou recobertos por tatuagens. Recitam fórmulas incompreensíveis, parecem obedecer a um cerimonial imutável, tanto quanto impenetrável, que se limitaram a seguir. Poder-se-ia acreditar que esses jogos são igualmente rituais secretos. Com efeito, sabe-se bem que "o rito propõe-se a realizar uma tarefa e produzir um efeito ao interpretar algumas práticas a fim de capturar o pensamento, levando assim a 'acreditar nele', em lugar de analisar-lhe o sentido"[8]. Tal é bem o caso de ações repetitivas e vazias de figuras, sejam elas ritos tecnológicos como em *Border Interrogation* (Interrogação na Fronteira) ou de *Chicano Virtual Reality* (Realidade Virtual Chicana). Na realidade, esses rituais são imediatamente parodiados. Correspondem a um anúncio publicitário (Benetton) ou turístico. Em *Cha-cha-manic Dance* (Dança Chá-chá-mânica), mistura de chá-chá-chá e xamanismo, um dançarino lento e depressivo executa alguns movimentos desajeitados, um antichá-

---

5 ("flow in shared experience of ecstatic otherness"). D. Kennedy (dir.), *The Oxford Encyclopedia of Theatre and Performance*, p. 1141.
6 ("While theatre confines itself to saying things about relationships, ritual does things with them, and what it does is to reinforce or change them"). A. E. Green, Ritual, em Martin Banham (ed.), *The Cambridge Guide to World Theatre*.
7 ("a formal set of human actions which function primarily at a symbolic level"). A. Hozier, em C. Chambers (dir.), *The Continuum Companion to Twentieth Century Theatre*, p. 649.
8 P. Smith, Rite, em P. Bonté e M. Izard (dir.), *Dictionnaire de l'ethnologie et de l'anthropologie*, p. 630 e s.

-chá-chá, diante de uma câmera instável, antes de desfilar o longo escrito, genérico e oral, que enumera os financiadores da prestação. Lembramo-nos então da observação de Lévi-Strauss: "O ritual tem sempre um lado maníaco e desesperado!" Os turistas ou cidadãos mal informados veem no mexicano um selvagem que executa rituais incompreensíveis e inquietantes. Em *Authentic Apocalypse Aztec Dancer* (Autêntico Dançarino Azteca Apocalíptico), o dançarino parece obedecer às punições e concordar com alguém no sentido de seu exotismo, que retoma ao acentuar todos os estereótipos que se esperam dele.

Essa paródia de rituais revela, igualmente, um método muito sofisticado. Poder-se-ia distinguir, assim, diferentes práticas rituais, sempre paródicas, por exemplo:

* A exposição científica: O Psicolinguista explica, em espanhol, como declarar a sua atração sexual à outra numa língua que não conhece e aproveitando, dessa forma, as vantagens do bilinguismo. Este belo discurso está legendado com indicações em inglês para os anglófonos monolíngues.
* A exposição escolar: em *Geography Lessons* (Lições de Geografia), Gómez-Peña, como professor, enumera sabiamente as cidades do mundo para onde emigraram os latino-americanos, os lugares que eles, nesse caso, colonizaram.
* O recurso à língua: em *Language, my Passport* (A Língua, Meu Passaporte), ele narra o seu *cogito* pessoal, uma série de certezas que terminam com um vibrante "*I talk, therefore I am, period*" (Eu falo, portanto existo. Ponto). A forma literária dessas litanias é a de uma prece, de uma recitação com múltiplas repetições da mesma fórmula: "*Language, My Passport*". Vê-se um homem amordaçado, mas continuamos a entender o texto.
* A prática do tabagismo: em *Mexercise* (Mexicoexercício), o grupo de fumantes está em círculo como que para uma sessão de ioga de respiração, porém o exercício consiste em avaliar muito bem a fumada do cigarro...

Todas essas ações rituais – ou supostamente tais – são, vê-se, desviadas do seu objetivo, parodiadas numa inversão dos termos, executadas segundo uma "antropologia invertida".

3. ANTROPOLOGIA INVERTIDA?

Ou seria o caso de se dizer "antropologia ao revés", assim como se diz "mundo ao revés"? Gómez-Peña coloca-se, em todo caso, no contrapé da etnologia clássica, aquela que ainda conheceu os "povos primitivos" justamente antes de seu desaparecimento. Porém, é com um objetivo crítico: os seus "selvagens" não são bons selvagens *à la* Rousseau, nem selvagens *à la* "crueldade" artaudiana. São "selvagens" artificiais, reconstituídos museologicamente sob os traços de Gómez-Peña, Coco Fusco e Roberto Sifuentes: estes se expõem num diorama como tendo escapado do mundo selvagem, como se fossem criaturas exibidas ao público do mesmo modo que outrora os selvagens o eram nas exposições universais.

Não somente Gómez-Peña não pretende estudar cientificamente a cultura chicana e os fenômenos de aculturação no contato com outra língua e cultura, como também se diverte em desvirtuar com irreverência e humor os hábitos e os estereótipos de seus compatriotas e de seus novos concidadãos. Persegue as formas de expressão ou de saudação, os gestos de afetividade, os comportamentos cotidianos, mas igualmente de rituais "no sentido de que sua forma e sua significação são determinadas e herdadas culturalmente, e não geradas espontaneamente"[9]. Em seguida, exagera essas características, trata-as como tantos outros estereótipos e descreve-as por meio das novas tecnologias. O chicano virtual, o *Mexican Macho* (Macho Mexicano), o *Designer Warrior* (Guerreiro Desenhista), são outras tantas figuras paródicas do seu museu imaginário. A cibertecnologia, em *Ethnic Profiling* (Moldando Etnicamente), vai de par com uma máscara de xamã adornada com cornos de um animal. O capacete da realidade virtual não muda nada: o chicano, com capacete ou não, mantém-se em vida como um suspeito e delinquente.

Se os trópicos são tristes, a antropologia invertida não é, ela mesma, desprovida de humor: os falsos rituais fazem perder a consciência do funcionamento de nosso mundo. A busca de autenticidade não é mais do que um fantasma ocidental para representar as outras pessoas, uma espécie de

---

9 A. E. Green, op. cit., p. 829: "in the sense that their form and meaning are culturally determined and inherited, not spontaneously generated".

pornografia etnográfica para turistas à procura de turismo sexual. O *Pornô Etnográfico* é o desejo de ver os "selvagens autênticos" fora de tempo, empalhados como animais selvagens. Em *El Designer Warrior* (O Guerreiro Desenhista) (1997), vemos Gómez-Peña travestido de indiano "autêntico" enquanto ouvimos uma língua indígena, que, no entanto, é puramente inventada com a ajuda de rosnados que "soam" como se fossem o *nahuatl*, do qual reconhecemos apenas os termos "Benetton", "Nafta"[10], "Calvin Klein". O comentário em inglês, em voz *off* feminina, crava o prego: "Caro espectador, será que você prefere que ele saia de sua presença, de modo a melhor agradar o seu sentido de autenticidade? Você é amante de porno-etnografia?"[11].

O princípio da inversão de signos é uma das características dessa antropologia ao contrário, dessa ironia romântica à la Tieck. Tomando frequentemente o seu caso pessoal como uma generalidade, e, em todo caso como objeto de observação, o *performer* entrevistado por uma jornalista anglófona (bem entendido, interpretada também ela, e não autêntica) passa ao pescoço desta o colar com o qual ela o mantém no laço, depois pede ao *cameraman* para inverter a perspectiva e se põe a fazer perguntas à jornalista. Este desvio de perspectiva, certamente encenado, é tão eloquente quanto um longo discurso sobre o etnocentrismo...

Mesmo na inversão em *Dual Citizenship* (Dupla Cidadania), Gómez-Peña reconstitui o processo de seu comparecimento à justiça diante da administração americana para obter sua naturalização: o vídeo é filmado como documentário, mas o texto do DVD indica que a cena foi reconstituída. Nele, vê-se o autor e sua (futura) mulher Carolina esperarem, depois serem recebidos por uma funcionária asiático-americana. Porém, cômica inversão, a funcionária leu os livros de Gómez-Peña e também é uma de suas fãs... O dossiê é imediatamente aceito e o casal festeja o acontecimento com um longo e aparentemente

---

10 Nafta: North American Free Trade Agreement (Tratado de Livre-Comércio entre os Estados Unidos e o México).
11 "Dear voyeur, do you like it more when he steps outside of your present in order to appeal to your desire for authenticity? Are you into ethnographif porn?"

saboroso beijo! A antropologia invertida duplica-se numa autobiografia humorística encenada pelas necessidades da câmera. A reconstituição filma apenas as diversas etapas do ritual da naturalização: espera, angústia, momento crítico, reviravolta, beijo da vitória... Os amantes da autenticidade consolar-se-ão ao observar que, no fim desse longo beijo diante da câmera, quando os dois amorosos sorriem "realmente", eles riem de sua vitória e da câmera "indiscreta", como se o corpo erótico "autêntico" não se admitisse jamais vencido, muito embora suas múltiplas identidades.

4. UM CORPO DE IDENTIDADES VARIÁVEIS?

Se o corpo humano, exposto aos acasos da vida social, torna-se sempre "uma espécie de banco de dados para a cultura"[12], não é de espantar que ele se revista com toda espécie de identidades cambiantes. Nos vídeos grafites, os corpos, chicano ou mexicano, assumem todas as identidades imagináveis. Não se trata tanto do corpo físico e individual quanto do corpo social. Neste, de nada adianta perguntar se o corpo em si é essencialmente branco, negro, branco e negro, verde ou azul, meio-marciano, meio-*smurf**; trata-se antes de determinar o valor social e mercantil que adquire na troca alheia. Como observa Mary Douglas, "o corpo social influi na maneira pela qual o corpo físico é percebido"[13]. Gomez-Peña apenas destaca, distinta e parodisticamente, as diferenças, divertindo-se em provocar medo nos cidadãos honestos ao multiplicar os estigmas dos corpos "estrangeiros". Por exemplo, o esquete da *Evolución Alienigena* (Evolução Alienígena) mostra um corpo verde e manchado, mais extraterrestre do que estrangeiro: gasto, menosprezado, esse corpo acaba por aprumar-se para tornar-se fascista ao fazer o cumprimento hitlerista e arrotar *slogans* nazistas. Em *Autêntico Dançarino Azteca Apocalíptico*,

---

12 C. Wulf, *Penser les pratiques sociales comme rituel*, p. 13.
* *Smurf*: no original *schtroumpf*. Em português: pequenos anõezinhos azuis criados em 1958 pelo cartunista belga Pierre Culliford, 1928-1992, posteriormente transformados em desenho animado pelo cinema norte-americano (N. da T.).
13 *Natural Symbols*, p. 69.

o guerreiro, inspirando terror e derrisão, dança nu, o sexo enfeitado, com todos os atributos do combatente tal como os representa o folclore.

Em *Hoodoo Possession* (Possessão Hoodoo*), um ser andrógino filmado pela câmera de oito milímetros de outrora maquia-se de preto e branco como os *black minstrels*, os cantores e músicos brancos disfarçados em negros de sinistra e racista memória; antes de lambuzar suas luvas brancas com as duas cores, lambuzam o rosto, escondendo as pistas da identidade racial, deixando o observador sonhar com esse estranho exercício de hibridação.

As diferentes identidades correspondem a uma pluralidade de experiências que o indivíduo pode fazer numa única jornada. Exprimem-se numa aliança inesperada entre etno e tecno, numa nova divisão entre o vivo e o virtual. O corpo reconstituído em laboratório, em *Interrogação na Fronteira*, não tem, entretanto, nada de novo; conduz os corpos virtuais à polícia muito real das fronteiras e às realidades concretas dos chicanos.

No fundo, ainda está ali: persigam o natural, ele voltará a galope! Apesar de todas essas novas identidades, a alienação dos chicanos continua igual. Contudo, eles perdem suas identidades tradicionais.

O mesmo ocorre com as identidades assumidas por todos esses personagens. As identidades tradicionais, étnicas e políticas especialmente, perdem sua pertinência. Como o afirma o sociólogo mexicano Roger Bartra:

no caso do México, [...] somos confrontados com o problema da construção de formas pós-nacionais de identidade, para utilizar a fórmula de Habermas. [...] podemos falar da condição pós-mexicana, não somente porque a era do Nafta (North American Free Trade Agreement) nos mergulhou na chamada "mundialização", mas, sobretudo, porque a crise do sistema político colocou fim nas formas especificamente "mexicanas" de legitimação e identidade[14].

---

* *Hoodoo* (também conhecido como *conjure*) é um termo originário do século XIX que se refere a um conjunto de crenças e práticas populares dos EUA, fruto do sincretismo entre as culturas africana, indígena e europeia, cujos adeptos são predominantemente negros (N. da E.).

14 *Blood, Ink, and Culture*, p. 47.

Em escala mais modesta em nossos grafites, notamos processo similar: os personagens dos esquetes têm identidade variável. Mesmo o charmoso cãozinho de Guillermo, um chihuahua, em *The Most Famous Mexican* (O Mexicano mais Famoso) se diz cansado de mudar ininterruptamente a identidade na Internet. As caricaturas etnográficas expõem no museu identidades congeladas, uma série de personagens que são interditas de serem tocadas. A identidade é modificável, adaptável ao contexto e à situação. Em *Trimming One's Identity* (Construindo Sua Identidade), Gómez-Peña, com a cabeça aureolada como a Estátua da Liberdade, com um par de tesouras nas mãos, golpeia tudo que ultrapasse seu corpo: cabelos, orelhas, nariz, língua. Seguramente espera, dessa forma, fornecer o retrato-robô do bom americano com a identidade muito sonhada. A *commodity culture* (cultura mercantil) molda desse modo nossa aparência, nosso corpo, nosso pensamento. A identidade física assemelha-se à noção de *habitus* de Pierre Bourdieu: uma maneira de manter o seu corpo de acordo com certas atitudes, um tipo de comportamento julgado apropriado a um contexto social, uma interiorização pelo indivíduo dos saberes práticos e corporais que acredita serem "naturais" e que são, de fato, ditados pela sociedade[15].

Porém, esse *habitus*, traduzido no teatro frequentemente pelo *gestus* dos personagens, não tem nada de fixo. Cada elemento é, por assim dizer, composto por identidades múltiplas. Com Gómez-Peña, distinguem-se quatro componentes principais: "As identidades compostas de nossa etno-cyborg/personae são fabricadas com a seguinte fórmula: um quarto de estereótipo, um quarto de projeção do público, um quarto do *artefato* estético e um quarto de comportamento social"[16].

Bem entendido: o valor e a importância desses quatro componentes variam de um caso para outro. Eles permitem estabelecer uma espécie de tipologia dos esquetes, segundo a hierarquia e o peso dos quatro componentes.

---

15 P. Pavis (dir.), *The Intercultural Performance Reader*, p. 3-4.
16 G. Gómez-Peña, citado em H. Bial, op. cit., p. 297: "The composite identities of our ethno-cyborg/personae are manufactured with the following formula in mind: one-fourth stereotype, one-fourth audience projection, one-fourth aesthetic artifact, and one-fourth social behaviour".

Tomemos *La Kabuk Club Girl* (A Garota do Clube Kabuki), um dos maiores sucessos plásticos desse DVD. Um bom quarto é constituído pelo artefato estético, pela beleza dos fotogramas e pelas iluminações e a perfeita sincronização com a música. A parte estereotipada é menos evidente, precisamente porque o valor plástico das imagens é grande. O componente do comportamento social é crucial, porém difícil de avaliar: é preciso conhecer o rigor da forma ritual do kabuki para ficar chocado com o hábito entreaberto da dançarina do clube, de acordo com o estereótipo da gueixa. A montagem alternada de planos em branco e preto de manequins ocidentais confrontados com o olhar dos africanos é mais enigmática: somos colocados na posição dos africanos descobrindo uma cultura exótica bela, porém pouco explícita. O vídeo funciona sob o princípio da representação "fissurada": faz contraste entre a face e o corpo da japonesa, entre as cores vivas do kabuki e o preto e branco do desfile de moda na África negra. Quanto ao último componente – a projeção do espectador –, certamente é importante, porém pouco previsível. Para cada clipe, é fácil medir a importância relativa dos quatro componentes e distinguir entre as obras, acima de tudo formais, e os sainetes diretamente políticos e militantes.

Ao fazê-lo, entramos no domínio da análise formal e ideológica das obras, na interpretação dos vídeos. A noção de encenação é, neste caso, útil se a concebemos como a teatralização de rituais, como a expressão estética de ações simbólicas.

5. A ENCENAÇÃO COMO TEATRALIZAÇÃO DE RITUAIS?

Falta espaço para proceder a uma análise detalhada dos vídeos, os quais são de uma grande sofisticação estética e política. Contentar-nos-emos em resumir alguns grandes princípios de análise.

• Seria preciso, antes, distinguir as formas utilizadas: performance filmada, vídeo feito especialmente para a televisão ou para o cinema, vídeo-poema com um trabalho direto no material fílmico, retomada de estilos históricos (MTV dos anos de 1970, por exemplo), *video exquisite corpse (cadavre exquis)**. Algumas obras (*A Garota do Clube Kabuki, Dança Chá-chá-mânica* ou *Christo de Samoa*) caracterizam-se pelo uso específico do vídeo ligeiro: fluidez, ralentamento, renderização de gráficos, trilha sonora remixada.

• Vimos que os rituais representados são expostos sempre de maneira irônica. De um lado, não se trata nunca de rituais existentes, no México ou alhures, porém de rituais da vida cotidiana, de ações repetitivas e vazias nas quais a rigidez formal lembra os rituais tradicionais, sua repetição maníaca ou seu lado lúdico, sem ter a pretensão de efetuar uma ação simbólica. Por outro lado, não é excepcional que um ritual ou uma transformação seja "teatralizada", isto é, mostrada num outro quadro que não o seu meio de origem e para um público amante de espetáculos. Neste caso, a sua eficácia não está necessariamente destruída, mas muitas vezes ameaçada. "Falar da teatralização do ritual não implica nada daquilo que se refere à eficácia, mesmo que isso possa constituir um problema que a própria teatralidade do ritual ou a evidência da atuação do ator destrói na crença de sua efetividade"[17].

Para esses grafites, o objetivo não é absolutamente conservar uma eficácia muito problemática dos rituais parodiados, mas sim utilizar essas formas para nos fazer tomar consciência de nossos hábitos culturais e de sua relatividade. Paradoxalmente, o lado lúdico dos rituais parodiados reforça a identidade da comunidade, que é a finalidade da paródia. Nesse sentido, devemos constatar o sucesso do empreendimento. Resta saber de qual comunidade se trata e se a mesma não evolui constantemente. Para um não chicano, parece que a comunidade excede

---

* *Cadaver exquis* (cadáver delicado): "jogo [surrealista] do papel dobrado, que consiste em mandar compor uma frase ou um desenho por várias pessoas, sem que nenhuma delas possa ter conhecimento da colaboração ou colaborações precedentes. O exemplo que deu nome ao jogo está na primeira frase, presumivelmente obtida desse modo: 'O cadáver – delicado – beberá – o vinho – novo'". *Dictionnaire abrégé du surréalisme*, apud J. Guinsburg; S. Leirner (orgs.), *O Surrealismo*, São Paulo: Perspectiva, 2008, p. 778 (N. da E.).

17 K.-P. Köpping, Ritual and theater, em D. Kennedy (dir.), op. cit., p. 1139 e s.: "Speaking of the theatricalization of ritual implies nothing about its efficacy through there may remain a problem if the very theatricality of ritual or the obviousness of its play acting undermines belief in its effectiveness".

claramente esse grupo de origem. É por isso, aliás, que, com o estouro das comunidades, a encenação deve saber adaptar a obra de arte a públicos menos específicos.

- Em arte, o sucesso também é uma coisa muito relativa. Nesse tipo de teatralização, o sucesso é da mesma maneira antropológico: consiste em teatralizar aquilo que a etnologia levaria anos ou volumes para demonstrar. O *mad mex* encontra imediatamente os meios do humor para chegar a essa teorização *in situ*, com a denegação que o humor implica: ele não está seguro de que a reflexão de alcance teórico seja exata, mas o fenômeno é pelo menos "esgaravatado", o ponto é marcado com ligeireza. Para os espectadores, lá está o essencial (e pouco importa que os moralistas ou os cientistas não achem divertido serem dublados por um xamã incompreensível).

Gómez-Peña retorna frequentemente ao seu "pecado original": ter trocado sua família e seu país pelos Estados Unidos e fazer de sua vida, após 25 anos, uma performance contínua e interminável. Se esse "pecado" não poderia, com efeito, ser remido, não mais que seu sentimento de culpa e a sensação de estar sempre atrasado na realidade mutável, ao menos a sua posição de teórico, de comentarista imediato da história não poderia lhe ser negada. Se ele se lamenta – antífona clássica – da incompreensão dos críticos, legitima-se, ele próprio, enquanto teórico muito avançado da análise da sociedade e de suas identidades. Poderia servir de inspiração a outros artistas em contextos culturais diferentes.

- Estaríamos errados em limitar o sucesso dessa legitimação à "antropologia invertida". Pois é justamente no trabalho sobre as formas, sobre o significante lúdico ou cênico, sobre o enigma de certos esquetes, que a sua teoria pode progredir. Há claramente dois métodos na construção dos esquetes: dar a conclusão ou mesmo anunciá-la antes da dramatização (é assim em *Binational Boxer* [Boxeador Binacional]), ou bem recusar-se a concluir, deixar o observador adivinhar e continuar a pesquisa. Em *White on White* (Branco no Branco), ao contrário, a valorização das formas produzidas, sem ideia definitiva ou preconcebida, constitui o cerne da encenação. Se *Boxeador Binacional* é uma alegoria transparente da esquizofrenia do autor, *Branco no Branco* é um símbolo muito mais dificilmente decifrável, e por este título mais rico. Lembramo-nos desta observação de Heiner Müller: "O autor é mais inteligente do que a alegoria; a metáfora é mais inteligente do que o autor"[18]. A encenação não deve etiquetar o saber do autor ou do encenador, deve deixar um espaço de liberdade interpretativa para o espectador. Porém, em que consiste, exatamente, essa liberdade da encenação?

• "Encenação" poderá parecer um termo impróprio para esses vídeos, visto que nada é, com efeito, levado à cena. A noção, entretanto, merece que nos detenhamos nela por um instante. O *performer* está presente em toda a linha de conjunto: autor, ator, teórico, ativista e, cúmulo do azar, professor... Não há, como no Odin Teatret com Barba, o olhar exterior de um encenador julgando e corrigindo o trabalho dos atores, ou atores "dramaturgos", estando eles mesmos a conceber sua partitura. É ao mesmo tempo um inconveniente e uma enorme vantagem. Às vezes falta distância a Gómez-Peña, bem como o sentido de repetição ou redundância. Em contrapartida, isso lhe dá a faculdade de desdobrar-se em um *performer*-personagem e em um comentarista, particularmente nos esquetes em que está em questão o poder da linguagem, em *Censurado* ou em *El Psycho-Linguist* (O Psicolinguista), nos quais ele se dá ao luxo de interpelar o espectador do vídeo ("Me captas": "Você manja?"), acrescentando ainda em diferentes níveis da enunciação o da metacomplementariedade. Esse procedimento do acréscimo é frequente: uma fita que passa na tela como relativização permanente do sentido, como modalização última do dito.

• A encenação encarrega-se de construir e de fazer interagir todos esses níveis de sentido. Quando a cena não é alegoria de uma situação já conhecida, mas sim uma procura de novo sentido, a encenação é como um grafite, isto é, uma "obra" não acabada: liberdade no traço, fragilidade das formas, espontaneidade da expressão. Visto que é provisório, apagável, sujo, o grafite dá uma primeira impressão da qual é difícil desfazer-se. Por antífrase, ele adquire uma profundidade e uma gravidade inesperadas. O grafite é uma arte que parece não tocar, mas que deixa traços.

18 *Rotwelch*, p. 141.

- A encenação consiste numa determinação de sentido, num momento e num contexto dados. Porém, nada de absoluto nesse ritual. Numa encenação, há sem cessar decisões a tomar, escolhas a respeitar, ações a serem executadas, hábitos a observar, para que a representação exista. A conjunção desses fenômenos dá sentido ao conjunto.

Será que a encenação (desses grafites, por exemplo) é ao mesmo tempo teatral, performativa e ritual? É teatral, visto que deve encontrar os meios cênicos, visuais, significativos para realizá-la; é performativa, pois deve realizar todas essas ações; e é ritual porque as ações estão à espera de serem realizadas segundo um roteiro determinado. Devido a estas três dimensões, teatral, performativa e ritual, a encenação permanece sempre frágil, provisória, revogável.

A encenação é necessária para a dimensão puramente performativa e "ativa" do ritual, pois acresce a dimensão da ficção, da estética, da dramaturgia, numa palavra, da teatralidade. Encontra-se, dessa forma, encenado tanto o objeto cênico, fílmico ou videofílmico, quanto o olhar do observador confrontado ironicamente com esses rituais divertidos ou com essas farsas sérias. A ironia é a figura principal da encenação: é uma maneira de dizer cenicamente o contrário daquilo que é dito verbal ou aparentemente, um modo de parodiar qualquer coisa para explorar-lhe todas as facetas. O ritual não tem humor; assim, força-nos a seguir um cerimonial que não criamos e que nos aborrece, mesmo que às vezes nos fascine. A encenação nos desestabiliza sem parar, mantém a nossa atenção em estado de alerta. Coloca o nosso olhar e o nosso corpo num quadro – museu, vitrina de exposição, máscara, papel de subalterno ou de falso idiota (Schweyk!) –, para sugerir através da ironia e da antífrase a mensagem contrária, ou pelo menos *outra*.

Furtemo-nos de remeter a encenação a um pensamento ritualizado ou religioso. Ela nos evita de realizar as incríveis performances que o mundo pós-moderno espera de nós! De nada serve, portanto, elaborar a metáfora barroca do arranjo divino das miseráveis ações humanas. Deste ponto de vista, cada grafite apaga os anteriores, é como um instantâneo, uma "fotografia de pobre" (feita sem câmera), uma etapa rumo a uma representação jamais completada, que nunca foi provida de todos os complementos possíveis e nem terminada no sentido de *completed*. Qualquer grafite é um palimpsesto, apaga os anteriores para sublinhar o novo estado paroxístico da questão, o *new world (b)order* (o novo limite/ordem do mundo).

Encenar esses rituais, chicanos ou outros, é encontrar sempre um arranjo com a realidade: eu arrumo a vida para que ela pareça artística; eu arranjo a arte para que ela toque a vida. Eu arranjo o meu *sombrero*, e continuo.

A encenação, invenção francesa, e mesmo parisiense?

Absolutamente não: ela é o resultado de todo um movimento teatral europeu procurando sempre controlar melhor os signos do espetáculo. Desde que o mundo é mundo, ou seja, desde que atuamos, portanto, desde sempre.

E o que acontece com as outras culturas, não europeias? Suas tradições não são regidas por leis semelhantes. O peso das tradições de atuação ou da dança é muito forte para autorizar uma releitura, uma reinterpretação e uma criação autônoma, logo, uma encenação.

Com o expansionismo europeu depois do século XVI, a aproximação das culturas e o interesse do teatro pelas tradições "longínquas", surgiu, no mesmo instante – por volta do fim do século XIX: não é um destino? –, a encenação.

Podemos exportá-la? E de que maneira? Ela está à venda sob licença? Ela se reinventa nos espetáculos não europeus? Muitos artistas asiáticos (especialmente chineses, japoneses, coreanos) reivindicam Stanislávski ou Brecht, Kantor ou Wilson.

Ao invés de exportá-la, ou impor a nossa habilidade teórica, vejamos antes de mais nada de que forma "eles" a importam e a adaptam às suas necessidades. O que é que lhes importa verdadeiramente?

No entanto, será fácil colocarmo-nos no ponto de vista do outro?

Além disso, asiático, e, ainda por cima, coreano!

A curiosidade está, no momento, em nosso campo: mas eles, como manejarão as ferramentas para ler nossos textos e os deles, para continuar suas criações? Para que haverão de servir-lhes nosss abridores de latas desajeitados e primitivos? Para chegar ao cerne do sentido?

7. O Teatro em Outra Cultura: O Exemplo da Coreia*

Na cultura estrangeira, percebe-se imediatamente o que é estranho (estrangeiro), porém será que percebemos aquilo que nos é familiar, especialmente numa cultura ou numa obra que sabemos ser "outra" e longínqua? É mais fácil discernir aquilo que nos é comum ou aquilo que é estranho.

Quando se trata do teatro praticado atualmente na Coreia, como aproximar-se dele? Ela continua para nós sempre estrangeira? Deveria se examinar se a noção ocidental de encenação encontra um equivalente nos palcos coreanos contemporâneos. Este exemplo coreano nos ajudará a relativizar e a precisar a noção europeia de encenação.

Caso se conceba a encenação como a colocação em prática da obra dramática ou cênica para dado público, de acordo com a estética de um encenador, é fácil imaginar que as condições históricas e culturais de nossos dois países haverão de induzir a "resultados" muito diferentes. Ora, naquilo que se refere aos espetáculos teatrais, sejam eles literários ou visuais, os resultados

---

* Este capítulo retoma os desenvolvimentos de um artigo publicado em *Culture coréenne*, n. 70, e do prefácio a *Théâtre coréen d'hier et d'aujourd'hui*, de Cathy Rapin e Im Hye-Gyông, que constitui a melhor introdução ao teatro coreano moderno e contemporâneo.

não são francamente diferentes. Visto da Europa, se pensará que os artistas coreanos, ávidos por informação, conhecem bem os espetáculos europeus ou americanos e que souberam assimilar sua maneira de proceder. Porém, o teatro europeu não se aproximou das formas asiáticas? No momento da globalização, as descobertas artísticas e as trocas inter-artísticas são quase instantâneas.

1. UMA TEMPORADA NO PARAÍSO

Seja como for, o amante de teatro, o desocupado cultural procura tanto perceber a diferença quanto compreender os princípios estéticos da vida teatral coreana. Dentre os cerca de trinta espetáculos vistos de setembro a dezembro de 2003 em Seul, retomaremos apenas alguns exemplos, aqueles em que a encenação pareceu repousar em outros princípios diversos daqueles aos quais está habituado o espectador europeu[1].

Parte importante das produções contemporâneas em Seul é constituída por peças clássicas europeias, de Shakespeare a Molière ou de Ibsen a Tchékhov. É sempre apaixonante ver como esses clássicos mundiais são abordados e muitas vezes renovados pelos artistas coreanos. Na encenação de *O Jardim das Cerejeiras*, de Anton Tchékhov, Yoon Young-Sun abordou uma obra de contexto cultural e temporal muito distinto. Num espaço ingrato e reduzido, recriou um universo homogêneo no estilo de interpretação naturalista. Os figurinos de Kim Hye-Min, num harmonioso camafeu bege e branco, reforçaram a unidade desse universo que remeteu à Rússia de cor sépia do fim do século XIX e criou um mundo em si mesmo. Entretanto, a caracterização dos personagens não fez um personagem ressaltar mais que outro, ela não propôs uma leitura inédita da peça, uma resposta pessoal do encenador sobre o profundo sentido da perda desse cerejal. Pode-se considerar essa timidez como uma marca de respeito para com a complexidade da peça, porém, de um ponto de vista da encenação ocidental, lamentaremos que essa versão não tenha feito descobrir no espectador,

---

1 Ver nosso dossiê sobre o teatro na Coreia, *Théâtre/Public* n. 175, p. 35-62.

quando exatamente viu a obra pela enésima vez, um aspecto ainda escondido que se torna a marca do encenador. Espera-se implicitamente que a interpretação faça alguma revelação, ou pelo menos que o encenador não se limite a fornecer uma cópia do original russo, que ele nos diga como imagina esse objeto do desejo, o cerejal. O que nos arriscamos a perder no momento, através da metáfora da destruição do cerejal?

A encenação não deveria adaptar a peça ao contexto coreano atual, organizar os corpos, as maneiras de falar e mover-se, de exprimir as emoções? Coisa que parecerá tanto mais confortável visto que os atores são coreanos e que sua silhueta e sua expressão são os do momento atual. Em resumo, a transferência cultural e de interpretação exigiriam que Yoon Young-Sun tomasse mais decididamente um partido.

O que apreciamos no palco, qualquer que seja a forma, é podermos ser, nós espectadores, ao mesmo tempo submergidos pelo caos e sensíveis a uma ordem invisível que governa a representação e que tem por nome *encenação*. Esta experiência, o espectador estrangeiro a tem com os espetáculos de Seul. O desconhecimento da língua acentua o prazer do caos, sem, entretanto, fazer esquecer a ordem oculta do palco. Porém, esta mistura de caos e ordem é frequente nas encenações experimentais, que constituem a brilhante vanguarda de batalhões do teatro profissional coreano. Desse modo, na encenação por Yoon Jeong-Seop do texto poético de Hwang Gi-Yoo, *Material Man* (Homem Material), no Teatro Chayou do Seul Art Center, o maior teatro da cidade, a ordem era perceptível debaixo do caos. Yoon Jeong-Seop, conhecido como cenógrafo e atualmente encenador, realizou uma integração perfeita do espaço, do movimento cênico, da trilha sonora e da poesia. Mais do que encenação teatral com fábula e diálogos, tratava-se de performance e instalação. O texto poético de Hwang Gi-Yoo, que conta a história de personagens mortos no desmoronamento de um grande magazine, não tem necessidade de ser encenado, interpretado e concretizado por meio da atuação; ele se basta para ser escutado, "instalado" num quadro formal e num espaço modulável, enunciado antes pelos *performers* do que pelos atores e personagens dramáticos. Sentia-se a influência de Robert Wilson na perfeita maestria de espaços e da luz. No entanto, à diferença de Wilson, Yoon Jeong-Seop valorizou e fez entender a poesia de um autor contemporâneo. Sua encenação ou sua cenografia (é impossível estabelecer a diferença) consistiu em colocar à vista duas pistas paralelas: a sequência de imagens e o desenvolvimento do texto. O espaço não era absolutamente mimético, era criado pelas variações da iluminação e pelas indicações da trilha sonora. Contrariamente ao uso clássico da encenação ocidental, o palco não ilustrava um texto percebido como um material mais plástico e musical do que literário e semântico. Esse trabalho foi mais uma performance do que uma representação teatral, não visando a nenhum simbolismo, a nenhuma explicação, a nenhuma resolução do enigma textual. Em Seul, assim como em Paris, o espectador não está habituado a ver o texto inscrever-se no espaço independentemente de seus locutores, em ultrapassar as noções de fábula e de troca dialogada. Esse gênero de produção continua minoritário, aqui como lá embaixo. O que é comum na França e na Coreia neste começo do século XXI é a procura de técnicas de atuação, de dispositivos cenográficos, de novas mídias. Disso resulta uma insistência no corpo do ator em movimento e um certo esfacelamento do texto como origem e fim do teatro.

Na maior parte do tempo, os espetáculos são concebidos para um público muito amplo. Alguns espetáculos "de primeira classe", como *La Dernière Imperatrice* (A Última Imperatriz) – um musical que conheceu, a partir de 1996, um sucesso mundial –, são casos típicos de uma produção de qualidade numa instituição prestigiosa, com os melhores intérpretes do momento. Evocando os faustos da vida imperial, as intrigas da corte suscitam a admiração do público de classe média. Nessa representação do passado glorioso, tudo concorreu para a produção de uma obra harmoniosa e de "bom gosto". Os balés, entre coreografias e artes marciais, estavam perfeitamente regulados: a ocupação do grande palco do Seul Art Center foi otimizada. A cenografia leve, discreta, maleável graças aos jogos de luz, respondeu exatamente às necessidades da atuação e da encenação. Constituía tanto o quadro desse palácio ideal quanto a plataforma na qual se inscreviam os movimentos e as figuras dessa história agitada. Nesse palco evoluíam todos os elementos culturais esperados: soldados da guarda imperial, ocupantes japoneses, damas de companhia, *mudangs* (xamãs femininas). As iluminações produziam delicados camafeus e os magníficos figurinos de Kim Hyun-Sook observavam um sutil equilíbrio entre a exatidão histórica e as formas ou tonalidades contemporâneas. A música, muito melódica e altamente sentimental, foi sempre agradável e sem dissonância. Sua composição muito neoclássica emprestou do Ocidente a sua base rítmica e melódica, produzindo um grande efeito de música coreana tradicional colocada em fusão com fontes contemporâneas. Assim como a cenografia e o gestual, ela tinha alguma coisa de elegante e harmonioso, mas também um pouco de fabricada e artificial. As vozes amplificadas pelos microfones perderam sua fragilidade, ficando à mercê do registro musical. Essa grande realização da indústria cultural e do comércio de exportação se fez um pouco às custas da pesquisa artística. Quanto à encenação, cumpriu uma função ideológica não negligenciável, visto que fez passar, de maneira brilhante e quase subliminal, a seguinte mensagem: a última imperatriz encarna o desejo de independência da Coreia diante das grandes potências, das virtudes da aristocracia, da resistência de todo um povo ao imperialismo japonês, do fim do esplendor imperial. Deste modo, esse belo objeto cênico deu uma visão passadista, idealizada, conformista da história coreana, mas paradoxalmente concluiu, ao mesmo tempo, pela necessidade de abrir-se, na atualidade, às influências estrangeiras e de encontrar o seu lugar no concerto das nações.

Essa idealização do passado não é a regra geral, mesmo para peças que, tal como *Wuturi*, inspiram-se num conto popular e são reescritas com palavras da atualidade. Não se trata, portanto, como no caso dos clássicos franceses do século XVII, de olhar o mesmo texto criando completamente uma nova encenação, mas sim de reescrever inteiramente a lenda ao adaptá-la à nossa época e segundo nossa compreensão atual. Trata-se de criar uma nova peça, e a interpretação cênica irá variar, como acontece conosco, de um encenador para outro. À diferença da Europa, a publicação de textos dramáticos, na Coreia, não remonta senão ao começo do século XX.

Wuturi, escrita e encenada por Kim Kwang-Lim, inspira-se na lenda do bebê gigante e da montanha deslocada. O texto está perfeitamente integrado à representação, como se fosse sua emanação orgânica, como se tivesse saído de situações do jogo. O espetáculo agrupou harmoniosamente todos os meios cênicos. A poesia da escritura não impediu a emergência de uma fábula claramente narrada. Música, dança e deslocamentos ritmam a palavra, conferem ao conjunto sua vitalidade. O gestual compõe-se de atitudes, poses, tensões, passos dançados, emprestados das artes marciais, de uma tradição de atuação que poderíamos comparar à nossa *commedia dell'arte*: gestual codificado mas também modificável, expansível, tal como essa comédia do nosso tempo, inspirada pela comédia italiana, porém aberta sobre nossa época, que Jacques Copeau ou Ariane Mnouchkine procuraram estabelecer. Ora os atores faziam passos bem ancorados no solo, ora saltitavam de um pé para o outro, o dorso curvo, o tronco inclinado à frente, os ombros subindo e descendo a cada mudança de apoio no solo. Reconhecia-se o passo típico da dança tradicional coreana. Porém, esse recurso às técnicas de jogo tradicionais não era simplesmente uma procura de identidade como nos anos de 1970; era já a confirmação de uma identidade ao mesmo tempo cultural e profissional do teatro coreano. Vê-se todo um caminho percorrido desses anos. Nos anos de 1960, na Coreia, tratava-se de traduzir e às vezes imitar o teatro ocidental, para depois, no curso dos anos de 1970 e 80, procurar uma identidade mais coreana, especialmente para o teatro político: a partir de 1990, depois do fim da ditadura, a encenação retomou as formas tradicionais no quadro geral do teatro mundial intercultural (Brook, Mnouchkine) e encontrou um lugar descomplexado na cena internacional. Autores e encenadores como Hwang Gi-Yoo, Yoon Jeong-Seop, Kim Kwang-Lim ou Yoon Young-Sun, dos quais lembramos os trabalhos, encontraram perfeitamente esse lugar.

Em outra encenação dessa mesma peça (*Wuturi*), interpretada especialmente na Cartoucherie de Vincennes, em setembro de 2004, o novo encenador Lee Sang-Woo insistiu no grotesco e nos efeitos de modernidade, do que resultou uma nítida mudança de tonalidade e a impressão de maior proximidade. Prova suplementar de que o encenador coreano, da mesma forma que na Europa, detém a chave da interpretação de conjunto e confere à mesma lenda a sua própria visão. De resto, foi espantoso ver evoluir essa trupe no próprio palco do Théâtre du Soleil, lá onde, nos anos de 1980, Mnouchkine inventou o seu estilo intercultural, e constatar a originalidade do interculturalismo coreano, com o *plus* de humor pós-moderno de Lee Sang-Woo e de suas atrizes parodiando os filmes americanos.

Talvez o teatro coreano tenha passado a ser diretamente um teatro "globalizado" e explorável como um bem de consumo, esse tipo "McTeatro" dos musicais. Ao retornar a uma cultura tradicional coreana, mesmo que essa cultura esteja a mil milhas da Coreia atual, Kim Kwang-Lim consegue, ao contrário, com seu projeto Wuturi, manter um elo com a história e a cultura de seu país. Assim fazendo, ele inventa seu próprio "intraculturalismo". Ao trabalhar por contraste, entre cenas dançadas e cenas "faladas" realistas – seja em *Wuturi*, *Les Coréens* ou *A Murder Case of President Lee* –, ele distancia e esclarece um pelo outro. E aí reside uma diferença radical com o interculturalismo europeu das décadas de 1970 e 80, a referência a uma e outra cultura, mesmo que desaparecida, não se opõe e não exclui uma escritura dramática puramente contemporânea. Os momentos de dança, regidos pela coreografiade Prk Jun Mi, não são intermédios decorativos, momentos para respirar e se distrair; são ocasiões de contraste, de enfrentamento entre duas épocas: técnica brechtiana de distanciação e de conscientização política.

Kim Kwang-Lim, Wuturi, *encenação de Lee Sang-Woo.*
©*Patrice Pavis.*

O mesmo Lee Sang-Woo é um autor de pleno direito, do qual as comédias burlescas, como *La Chasse au cochon* (A Caça ao Leitão), são sátiras da vida no campo e da corrupção política. Esta peça é habilmente construída no paralelismo de situações: dois donos de restaurante, dois observadores, um belo vilarejo, mudo, que partilha os seus favores entre os dois partidos. A progressão mecânica dos efeitos e situações, a rapidez do jogo, as mudanças de ritmo compõem-se tanto desses efeitos da farsa quanto de um *spot* publicitário ou de um esquete cômico na televisão: o mesmo jogo seguro/carregado, um pouco histérico.

2. O TEATRO COREANO VISTO DE LONGE

Para preparar o espectador francês ou europeu para a Coreia, para ajudá-lo a assimilar semelhante massa de dados, seria necessário examinar de que maneira as sociedades coreana e francesa sustentam o seu teatro, em qual contexto cultural e intercultural este se desenvolve e através de quais tipos de encenação ele se manifesta.

2.1 *Para Onde Vai a Sociedade?*

Mais modestamente: de que maneira a sociedade se comporta frente ao teatro? Depois da capitulação do Japão (1945), da independência e da divisão do país, da guerra civil (1950-53), da reconstrução, das ditaduras no Norte como também no Sul, enfim, da democratização do Sul a partir de 1987, a Coreia conheceu, como poucos outros países, uma história movimentada e um desenvolvimento prodigioso.

Desde os processos de democratização, as instituições coreanas esforçam-se por divulgar a sua cultura no mundo. Os estudantes, artistas, intelectuais têm uma grande sede de descobrir o mundo, de se inspirar em outras tradições, de experimentar os métodos de trabalho ocidentais para melhor encontrar o seu próprio caminho. Resta a nós, europeus, responder a essa demanda insistente, aproveitando o *élan* recebido para repensar nossos próprios métodos, nossa concepção das artes cênicas e da encenação como mecanismo regulatório.

A dificuldade é, evidentemente, tornar acessíveis ao público francês as obras cênicas recentes concebidas no contexto coreano, obras sempre mais interessantes do que aquelas criadas para exportação. O convite da França para espetáculos coreanos (além da dança, da música ou do cinema) é, certamente, uma primeira etapa decisiva, mas necessita um sólido acompanhamento: subtítulos/legendas, programas pedagógicos de familiarização, oficinas e discussões antes e depois dos espetáculos. No que diz respeito à prática, um método ainda mais custoso, se bem que mais eficaz, consistiria em convidar encenadores coreanos para dirigir atores franceses, para que todos passem pela experiência de diversas técnicas de atuação, de maneiras inéditas de pensar e trabalhar. No sentido inverso, e graças aos incansáveis mediadores culturais, como Choe Jun-Ho, tradutor e assistente de encenadores convidados a Seul, ou como Éric Vigner ou Daniel Mesguich, o conhecimento recíproco dos artistas progredirá mais eficazmente e a mais longo prazo. Muitos intelectuais ou artistas coreanos estudaram nos Estados Unidos, um número não negligenciável na Europa; inúmeros estudantes escolheram a França ou a Alemanha para se formarem nas artes.

O teatro, muitas vezes, é o veneno chamariz de uma sociedade: ajuda a perceber a evolução, a adivinhar-lhe a direção. A situação dramática de uma peça ou de uma representação é, por certo, fictícia, microscópica, deformada, porém a relação teatral, a ligação entre o público e a obra são reveladores da sociedade do momento. Essa relação não é facilmente transferível de uma cultura para outra; é, entretanto, capital para avaliar a vida da encenação. Ao transmitir os textos e as representações, fica-se particularmente sensível à relação da língua com o corpo, à sonoridade, ao ritmo e à "gestualidade" da língua, ao som verbo-corpo, o qual é marcado por sua afetividade e sua sociabilidade: os temas manifestam mais ou menos suas emoções e sua vinculação/pertencimento social, o seu *gestus* e o seu *habitus*. Ao trabalhar com textos e corpos concretos, não seremos mais surpreendidos pela passagem de um país a outro: seríamos nós primos? Ou "almas irmãs"?

Será essa proximidade emocional e espiritual fruto de uma identidade profissional que entrega os artistas aos mesmos afetos, aos mesmos cuidados, às mesmas esperanças? Sempre acontece de os artistas coreanos do setor não comercial darem-se conta das nossas irregularidades do espetáculo (exceto, justamente, a indenização por ocasião de períodos de greve) no seu desespero de trabalhar num contexto econômico precário. As condições de trabalho dos coreanos são mais difíceis do que as de seus colegas franceses, visto que o seu teatro é muito pouco subvencionado. Deve-se então aos jovens e às organizações de pais de alunos uma coragem e uma energia fora do comum para continuar a acreditar. Contudo, na Coreia, muitos "desistem da luta" numa idade mais precoce do que na França, pois seus colegas franceses sobrevivem graças à ilusão de que acabarão por viver decentemente de sua arte.

Para que serve o teatro? A resposta dos coreanos varia consideravelmente: os partidários do teatro comercial veem nele às vezes um jogo formal, um entretenimento sem consequência. Os jovens, em contrapartida, consideram que a literatura ou o teatro podem mudar a vida ou explicar a atualidade sociopolítica. As pessoas do teatro francês apegam-se à ideia de que o teatro tem, ou deveria ter, um impacto na sociedade. Ironicamente, uma das raras peças recentes de mensagem resolutamente política, *Daewoo*, de François Bon, evoca o fechamento da usina coreana em Lorraine e as desastrosas consequências na vida dos trabalhadores. Na Coreia, mais ainda do que aqui, o teatro de arte é uma resposta minoritária e desiludida frente à mídia todo-poderosa. Os jovens de teatro recordam nostalgicamente, muitas vezes, a época difícil dos anos de 1970, quando as peças, malgrado a severa censura, abordavam questões políticas e contribuíam para a luta contra a ditadura. Mesmo que a forma se configurasse, algumas vezes, um pouco frustrada e muito direta, o teatro demonstrava a cada noite sua necessidade vital. Esse período, ao mesmo tempo, já parece muito distante (a não ser para aqueles que dele participaram). Os jovens não têm uma nostalgia comparável àquela que o público de Avignon ou os responsáveis pela política cultural francesa ainda manifestam pelo teatro popular de Jean Vilar dos anos de 1950 e 60. Se o jovem público coreano não tem sempre a nostalgia de uma idade de ouro comparável àquela do teatro popular de Vilar, ele não se fecha, por outro lado, numa vanguarda esotérica. É, no fundo, exatamente o oposto da situação atual na França. Na Coreia, a alternativa não se coloca nesses termos de "popular" ou "elitista", mas sim, antes de mais nada, em "comercial" ou "artístico", fato que coloca o debate num outro terreno.

2.2 Para Onde Vai a Cultura?

Essa diferença de atitudes, motivações, reações, é ainda mais sensível para aquilo que é a concepção e o papel da cultura na prática atual da cena.

Que a cultura seja diferente entre os nossos dois países, isso não haverá de espantar ninguém! Porém, o que nos diferencia completamente, de forma radical, é a concepção que nos fazemos de nossa própria cultura e das culturas estrangeiras, da cultura tradicional e da interculturalidade.

Após a ocidentalização, entre 1950 e 70, os anos de ditadura incitaram os artistas a redescobrir, como forma de resistência, as tradições verdadeiramente coreanas: xamanismo e *kut*, dança mascarada, *pansori*, artes marciais. Encenadores como Kim Sôk-Man, Kim Kwang-Lim, Son Chin-Ch'aek ou Oh Tae-Sok situam-se voluntariamente nessa tradição intercultural, porém reivindicam, além disso, a época contemporânea e voltam-se resolutamente rumo ao futuro. Kim Chong-Ok, francófono e formado na França na época do teatro popular, fala a seu respeito de um "terceiro teatro", confrontando-se, ou melhor, entrando em conflito entre a herança tradicional e as obras ocidentais. Ao mesmo tempo, na França procura-se em vão semelhante retorno às fontes. A partir dos anos de 1920 a 50, a fascinação valeu acima de tudo para as culturas orientais, especialmente a chinesa, a japonesa ou balinesa. A civilização coreana ainda continua como a grande esquecida nesta paixão ocidental pelo Oriente. Razão a mais para se descobrir, enfim, as maravilhas escondidas desde há muito tempo.

Desde os anos de 1980 e 90, a relação com a cultura e com o intercultural mudou radicalmente. Na Coreia, o interculturalismo alia-se sem complexos à cultura *pop*, à indústria cultural e à mundialização. Na França, em contrapartida, Mnouchkine ou Brook, por exemplo, glorificam um interculturalismo que rejeita precisamente essas realidades comerciais. Através das culturas tradicionais orientais, eles procuram as supostas fontes do teatro, do que decorre uma concepção mais essencialista do que política ou econômica das relações humanas. Muito recentemente, desde o início do século XXI, a questão cultural coloca-se, na França, de maneira candente. Malgrado o discurso oficial, o teatro intercultural não interessa muito mais às pessoas de teatro. Estas últimas desconfiam – a justo título – do multiculturalismo, do comunitarismo e do fundamentalismo. Hesitam, atualmente, em experimentar em cima de grupos ou culturas, temendo serem tachadas de racismo, neocolonialismo ou, no melhor dos casos, de paternalismo. Disso advém um recuo de trocas culturais no interior da nação francesa:, o abandono de qualquer projeto artístico multicultural nas cidades, ali onde essas culturas coexistem ou, pelo menos, vestígios dessas culturas, que muitas vezes se ignoram ou se combatem. Cria-se, dessa forma, em cada um de nós ou em cada grupo, um *"apartheid* interior voluntário", um gueto cultural, do qual estamos vindo de restabelecer, nos subúrbios em fogo ou carentes, a triste face.

Consequência global da mundialização, a sociedade francesa não consegue mais integrar e absorver as populações estrangeiras ou que se pretendem como tais. A identidade cultural francesa tornou-se uma noção suspeita, senão colonialista ou racista. Ao contrário, num grupo etnicamente homogêneo, historicamente unificado (a despeito da partilha), religiosamente variado, porém tolerante, culturalmente aplicado e disciplinado, como no caso da sociedade coreana, a identidade nacional assume ainda todo seu sentido, não o fosse pelo fato de opor-se minimante à sua contraparte, a cultura ocidental e àquilo que os coreanos chamam de "teatro internacional". Não temendo conquistar economicamente o mundo exterior, e sentindo-se mesmo constrangida a sobreviver, essa sociedade coreana mantém um semblante de unidade às vezes tingida de nacionalista. Enquanto seus artistas se interessam por outras tradições culturais ou artísticas, delas preservando apenas aquilo que lhes é útil, sem culpa nem pecado, os franceses, obcecados pelo declínio da grande nação, receando pelo seu futuro e suas aposentadorias, sentem-se desclassificados em escala mundial ou em termos individuais, não conseguindo mais situar-se e avaliar-se com relação às outras culturas.

Nessas circunstâncias, o teatro joga um papel de "sonda cultural", ao testar em miniatura e de modo lúdico práticas e formas vindas de longe. Na França, a recepção muito positiva, entusiástica até, do *pansori* ou de danças e músicas tradicionais coreanas, já preparou muito o terreno para acolher as encenações de textos coreanos ou universais. Pudemos constatá-lo com espetáculos como *Wuturi*, de Kim Kwang-Lim, mistura de atuação tradicional e de textos reescritos com palavras da atualidade. Na mesma ótica, Éric Vigner, na sua encenação do *Burguês Fidalgo*, de Molière, em 2004, utilizou a dança e a música coreanas. Do ponto de vista francês, em todo caso, a recepção desses espetáculos em turnê foi, portanto, muito positiva. Dever-se-ia, contudo, compará-la com aquela desses mesmos espetáculos na Coreia.

Para *Wuturi*, vista em Seul em 2003, a surpresa não reside na forma da atuação tradicional moderna do texto reescrito na linguagem atual. Para o mesmo *Wuturi* visto e "lido" com legendas de Han Dukwha na Cartoucherie de Vincennes, em setembro de 2004, a surpresa veio do virtuosismo da atuação, e não da fábula ou do estilo contemporâneo da escritura. Mal-entendido clássico da transferêcia cultural e da mudança de perspectiva. Quanto ao "nosso" *Burguês Fidalgo*, na França ele pôde passar por uma charmosa – alguns poderiam dizer irritante – visão orientalista de um clássico francês. O público de Lorient, que conhecia bem a peça de Molière, ficou furioso pelo seu "enriquecimento" graças à música de Lully interpretada por instrumentos tradicionais coreanos, graças à dança coreana (ou identificada como tal); não se perguntou se os empréstimos eram "corretamente" coreanos ou japoneses, ou apenas "orientalizantes". Essas características não tinham, entretanto, escapado aos seuístas, que por excesso de zelo antiorientalista arriscaram desviar-se de Molière, julgado muito invasivo, ou da encenação muito inspirada no "Oriente". Sejam quais forem os mal-entendidos culturais, essa experiência intercultural foi indispensável.

A etapa seguinte, ainda mais delicada, pois necessitava de antemão de mediações, consistiria em acolher e, finalmente, suscitar encenações de textos coreanos contemporâneos interpretados em tradução francesa. Sem mesmo dar-se conta, e, portanto, com toda a inocência, os artistas franceses e coreanos descobririam então uma maneira descomplexada de tratar as culturas e de tentar outras técnicas de atuação. Desafio tanto mais vital na França, visto que a encenação, enquanto utilização concreta do aparelho teatral, atravessa há quinze anos um momento de dúvida e crise. Assim, o confronto dessas tradições nos leva infalivelmente a nos interrogarmos sobre essa encenação à ocidental: de onde vem ela, para que serve, ela existe na prática coreana, e desde quando? Encontra-se ela somente "chapada" numa tradição totalmente distinta? E, inversamente, de que forma a concepção asiática de espetáculos, de artes marciais, da dança, influi na prática europeia da interpretação cênica?

2.3 *Para Onde Vai a Encenação?*

Deixemos aos coreanos o cuidado de nos dizer de quando remonta a chegada do teatro ocidental em seu país. Propomos distinguir apenas a chegada da dramaturgia europeia ou americana ao palco coreano e os inícios de uma concepção e de uma prática propriamente ocidentais da encenação pelos coreanos. Concedamos em dizer que a encenação no sentido europeu, ou seja, a interpretação do texto ou da representação por um encenador responsável pelos signos e pelo sentido, foi "importada" pela Coreia nos anos de 1920 e 30, particularmente por Hong Hae-Sang, que tinha estudado o teatro ocidental no Japão e transmitido essa prática a uma nova geração de artistas coreanos. Para a encenação, no sentido francês, a defasagem entre a Coreia e a Europa é de apenas cinquenta anos e, entretanto, a diferença no espírito é considerável. No país de Descartes e Racine, o teatro clássico é assimilado à literatura. A representação e, com mais razão, a encenação são consideradas como derivadas do texto dramático. Deve-se esperar o fim do século XIX para que se produza a "grande reviravolta" e que se admita que um encenador possa dar à peça um sentido inédito e uma nova juventude. No "País da calma manhã", as diferentes formas do teatro tradicional (*yeonhi*) são manifestações espetaculares, e não um texto à espera de representação. É somente através das peças clássicas e modernas ocidentais que o "teatro" coreano enraizou-se na literatura e que pôde, por seu turno, pretender o estatuto de texto dramático susceptível de receber as mais diversas interpretações cênicas. Mais recentemente, desde os anos de 1990, as "novas escrituras", sejam francesas ou coreanas, fazem-se objeto de todas as atenções para encontrar uma prática cênica que lhes confira tal ou qual sentido possível: não se trata mais, assim, de partir de um texto canônico, legível e constituído num sentido estabelecido para ser concretizado numa representação.

Uma nova geração de encenadores pratica uma atuação radicalmente afastada tanto do estilo fusional ou intercultural quanto do teatro político. A encenação de *Homem Material*, de Hwang Gi-Yoo, por Yoon Jeong-Seop, ou aquela de peças de Philippe Minyana, por Robert Cantarella, ou de Noëlle Renaude, por Frédéric Maragnani, constituem exemplos dessa convergência de escrituras, da interpretação do ator e da encenação na prática franco-coreana.

2.4 *Entre a Encenação e a Performance*

O espectador europeu, habituado a procurar nos espetáculos as características da encenação ocidental – escolhas cênicas, coerência de signos, reinterpretação –, não verá nas manifestações artísticas de Seul encenações no sentido técnico do termo, ou seja, de reinterpretações de textos clássicos. Ele estará, em contrapartida, muito sensível à visualidade do teatro, àquilo que, nos anos de 1960 e 70, tornou-se na Europa e nos Estados Unidos a performance: um espetáculo que não é escravo do texto, mas que insiste na ação realizada pelos atores e na coerência visual e rítmica. Haveria então, na França, a encenação de textos e, na Coreia, a performance espetacular? As coisas não são mais resolvidas dessa maneira, porém é certo que os espetáculos coreanos fazem mais frequentemente apelo à dança e à música, e que a relação com o texto não é tão fetichista quanto na França. Autores e encenadores como Yoon Jeong-Seop, Lee Sang-Woo ou Kim Kwang-Li, entre muitos outros, passaram diretamente para o trabalho cênico, para a performance. Eles não tiveram, com efeito, de realizar uma enésima interpretação de peças clássicas escritas das quais não se pode mudar uma palavra. Tiveram a liberdade de trabalhar no espaço ou na atuação, de inventar uma situação cenográfica e lúdica que valoriza o conjunto da representação, e não unicamente o texto dramático.

Não sendo, como nós, prisioneiros de tradições de interpretação e de estilos de atuação, o artista coreano mostra-se mais livre, mais eclético também, ou experimenta em novas direções, algumas até, *a priori*, incompatíveis. Ele parece ter saltado uma etapa obrigatória do trabalho teatral no Ocidente: a análise dramatúrgica à moda brechtiana. De resto, ele havia saltado a etapa filológica da leitura respeitosa à la Copeau. Desse modo, indene da filologia e da dramaturgia, ele se encontra na mesma altura da visão teatral pós-moderna, com suas grandezas (a relação direta e descomplexada com a obra) e suas servidões (o ecletismo, formalismo, apolitismo). O produtor coreano adapta-se de bom grado à demanda comercial, especialmente aos *musicals*, produz sem remorso em função do mercado interno e internacional: assim, o grupo Nanta e suas paródias divertidas, mas rapidamente cansativas, da orquestra de percussões Samulnori. Em contraste, o artista francês é mais reservado, mais dilacerado, hesita (como se viu em Avignon em 2004) a se desembaraçar completamente do texto e da tradição mimética ou literária em proveito das artes plásticas ou de seus espetáculos, pois sabe bem que o público arrisca-se a não segui-lo. É por isso que o pós-modernismo e a desconstrução são vistos, na França, à diferença do que ocorre com nossos queridos primos coreanos, como opções aberrantes e suspeitas, inteiramente boas para ocupar apenas uns dois artistas de vanguarda. Neste sentido, o aporte de experiências coreanas, como aquelas instalações dramáticas de Yoon Young-Sun, as farsas políticas de Lee Sang-Woo, as encenações de Im Yông-Ung, de Park Jung-Hee ou de Han Tai-Suk, seria uma contribuição preciosa para os artistas e espectadores franceses. Ver-se-ia nisso outro partilhamento de papéis entre autor, encenador e ator.

É nisso que Europa e América têm muito que aprender dos espetáculos da Ásia, não somente formas tradicionais, mas também do "teatro" tal como é inventado e praticado atualmente na Coreia. Nosso teatro e nossa concepção da encenação achar-se-iam necessariamente enriquecidos.

O TEATRO EM OUTRA CULTURA: O EXEMPLO DA COREIA   171

Kim Kwang-Lim, Wuturi, encenação de Lee Sang-Woo.
©Patrice Pavis.

O asno de falo desmesurado, os camponeses, a dançarina saída de um sonho americano, todos dançam juntos num momento de alegria exuberante. A música e a dança confederam todos os personagens: os atores são, antes de mais nada, performers, passam da palavra ao canto, do mimo grotesco à coreografia.
Um espetáculo total em que todos os talentos são mobilizados, o alto e o baixo coincidem: o riso precede a emoção, o passado junta-se à nossa atualidade.
A montanha desloca-se com leveza, o mundo é salvo in extremis.

Vamos ao teatro para ver atores ao vivo.

Desse modo, ficamos surpresos, e às vezes decepcionados, até descontentes, quando o palco apresenta muito mais mídias audiovisuais do que corpos tangíveis.

As mídias nos rodeiam, nos cercam. O que sabemos nós, exatamente, de seus efeitos em nossos pensamentos, nossa imaginação, nossa linguagem, nossa arte?

Achamo-las úteis para nossa vida quotidiana, porém experimentamos uma certa desconfiança ao vê-las utilizadas na representação teatral: não irão devorar o pouco de vida que resta ainda nos teatros?

Nosso medo inato das máquinas ressurge: não irão elas eliminar aquilo que resta de humano em nós e no palco?

É nisso que pensávamos nos anos de 1960, quando Grotóvski definiu o teatro como o encontro de um ator e um espectador, ou quando Brook estava à procura da ligação humana.

Nesse ínterim, habituamo-nos com as mídias no palco. Desde os anos de 1990, as pessoas de teatro aprenderam a domesticá-las, a utilizá-las com discernimento, a integrá-las à dramaturgia e à encenação.

Para melhor subjugar nosso medo irracional das mídias, bastaria analisar algumas encenações nas quais as mídias audiovisuais são utilizadas, examinar de que maneira o espectador percebe as imagens produzidas pelas mídias. As mesmas nos desconectam e nos reconectam com nosso próprio corpo. Por meio do espetáculo ao vivo, fazemos a experiência física das mutações do mundo e do nosso corpo.

Nem o corpo nem a linguagem estão ao abrigo de todas essas mídias: eles estão infiltrados, penetrados por elas. Abstenhamo-nos, portanto, de fazê-las entidades puras e autênticas às quais se oporiam as mídias impuras e invasoras.

A encenação é uma configuração de signos verbais e não verbais, de ações físicas e mecânicas. Esses signos e essas ações não escapam da influência midiática.

Devemos nos contentar em detectar e descrever as mídias utilizadas na representação? Observemos, antes de mais nada, de que forma elas contribuem para a construção da encenação.

8. As Mídias no Palco

Na encenação contemporânea, as mídias encontram-se tão mais presentes a ponto de não mais as notarmos. O que é uma mídia e sob quais formas aparece na cena?

1. TEATRO E MÍDIAS

Por mídia entende-se "todo sistema de comunicação que permita a uma sociedade realizar toda ou uma parte das três funções essenciais da conservação, comunicação à distância de mensagens e conhecimentos e da reatualização de práticas culturais e políticas"[1]. A escritura dramática, assim como a encenação, assegura essas três funções das mídias: a escritura permite a comunicação e conservação; o palco organiza a reatualização de textos e práticas espetaculares. Nesta acepção geral do termo *mídia*, o teatro faz muito, portanto, parte das mídias. Ele constitui uma mídia por excelência e seus componentes os mais frequentes são, eles mesmos, constituídos por diversas mídias. A encenação, a partir do momento em que

---

[1] F. Barbiert; C. Lavenir, *Histoires des médias*, p. 5.

põe em prática textos ou propostas de atuação, faz, com efeito, apelo a inumeráveis mídias. Ela atualiza ou reatualiza práticas culturais, comunica aos espectadores sensações e sentidos, conserva, senão os textos ou ações, pelo menos suas interpretações materiais e espirituais.

Não obstante, experimentamos um mal-estar ao falar do teatro como uma mídia, pois persistimos em ver nele uma reunião de artes (literatura, pintura, música), na medida em que não o concebemos como uma arte autônoma ou sintética. Assim, quando se faz referência ao teatro e às mídias, sugere-se, implicitamente, não apenas que o teatro não é uma mídia e que ele precede e domina estas últimas, mas, sobretudo, que as mídias técnicas, as tecnologias novas ou antigas (vídeo, filme, projeção de imagens) "invadem" o espaço inviolável da representação, ela própria limitada ao desempenho do ator, até à escuta do texto. Esse desprezo, essa atitude de defensiva, testemunham uma concepção essencialista do teatro, tal como, por exemplo, a de Grotóvski, Kantor, Brook ou Mnouchkine. Porém, o teatro não tem sempre recorrido às tecnologias de toda espécie? E estas, estão tão afastadas da noção de mídia?

Espetáculo ao Vivo

O termo, muito datado, de espetáculo ao vivo, mais útil ao Ministério da Cultura para repartir burocraticamente as subvenções do que para qualificar o estado atual do espetáculo, deixa entender que existe uma separação clara entre, de um lado, o teatro, a dança, o mimo, todos os acontecimentos cênicos que requerem atores "ao vivo", em "carne e osso", e, de outro lado, as mídias que recorrem ao registro e à reprodução mecânica para toda espécie de técnicas audiovisuais.

O "teatro", para utilizar um termo genérico e neutro, pelo menos no Ocidente, é, de acordo com a concepção aristotélica, a única arte que utiliza o corpo e a voz do ser humano para fabricar uma ficção e imitar as ações humanas. O que existe de mais vivo do que um ator à nossa frente, que poderíamos em teoria interromper, tocar, que se dirige a nós pelo seu corpo, sua viva voz e sua presença carnal? Pelo nosso silêncio ou pelo nosso nervosismo, exercemos sobre ele um efeito tangível. E, em compensação, esse corpo vivo, pelos seus movimentos, pela sua força de atração física e sexual, estimula-nos, sem que saibamos dizer em que o seu efeito difere do da imagem fílmica ou mental. Conhecemos pouca coisa sobre a transmissão cinestésica do ator, somente os dançarinos e seus teóricos se debruçaram sobre a questão. Graças a eles, aprendemos a avaliar o impacto do corpo vivo em movimento, entramos num corpo a corpo sem piedade, numa interação fusional, numa relação viva, embora protegida pela chancela da ficção. Todo um ramo de estudos teatrais, como o estudo dos "comportamentos humanos espetaculares organizados", ou a etnocenologia de Jean-Marie Pradier, interessa-se pela "história inextrincavelmente atrapalhada do espetáculo ao vivo e das ciências até a orla do encontro com a Ásia"[2]. Com efeito, parece fundamental estudar os efeitos do corpo sobre nós, na linha de Grotóvski e Barba. Até os anos de 1960 e 70, éramos "naturalmente" artaudianos e fazíamos do corpo do ator o pivô da representação teatral. Estabelecíamos implicitamente que o corpo valia mais do que as mídias ou do que o cinema. Esse *a priori* fazia-nos às vezes esquecer o meio cultural e midiático no qual ele se banhava, no qual associava, sem espírito crítico, o corpo com o real ou a verdade.

Contudo, o verdadeiro desafio lançado ao espetáculo ao vivo veio das mídias audiovisuais a partir de 1980, em que a presença no centro do espetáculo ao vivo tem consequências sobre a nossa percepção. Desse modo, a mudança de escala da imagem, procedimento corrente da fotografia e do cinema, conduz, na imagem apresentada no palco, a uma desorientação espacial e corporal do espectador. Na concorrência entre a imagem fílmica e o corpo "real" do ator, o espectador não escolhe necessariamente o vivo contra o inanimado, muito ao contrário! O seu olho é atraído por aquilo que é visível em maior escala, visto que não cessa de evoluir e retém a atenção pela mudança constante de planos e escalas. É bem assim a aposta do espetáculo ao vivo; tal é o desafio colocado ao teatro: renovar-se, apesar de toda sua presença viva e sua força de atração.

Porém, a aposta não para nisso: seria, de antemão, recolocar em questão as oposições tradicionais e decididas entre o vivo e o maquinal (ou midiático), o presente e o ausente, o humano e o inumano. A presença do ator significa que esse ator seja visível? E se ele está invisível, situado nos bastidores, ou atuando sistematicamente atrás de um painel servindo de tela – percebido ao vivo apenas pelo vídeo e projetado numa parte do cenário –; e se ele

---

2   J.-M. Pradier, *La Scène et la fabrique des corps.*

está ao telefone ou é filmado pela *webcam* num outro extremo do planeta? Nesse caso, ele faz, então, ato de presença, uma presença que podemos imaginar à falta de percebê-la diretamente. Da presença física e espacial, convém distinguir o *presente* temporal da representação, seu aspecto *live*, ao vivo. O *live* não está ligado à mídia: uma retransmissão de TV ou um vídeo podem ser, isto é, são recebidos no mesmo instante de sua produção, exatamente como é *live* a produção teatral. O ator pode, assim, muito bem estar ausente do espaço cênico, e estar absolutamente presente num lugar totalmente distinto. A presença não está mais ligada ao corpo visível. Se estou ao telefone, estou presente – *live* –, mas evidentemente ausente no espaço visível (inversamente, ousaríamos dizer, se estou perdido nos meus pensamentos, meu corpo está lá, porém eu não estou lá, meu espírito está alhures, ausente para alguém que queira falar comigo). Muitos espetáculos utilizam a Internet como forma de comunicação sem o ator estar presente no palco, porém conectado diretamente. O Wooster Group americano, por exemplo, passa incessantemente do ator "em carne e osso" para o mesmo ator gravado, se bem que não há maior sentido em nos perguntarmos se o espetáculo é ao vivo ou midiatizado. Desse modo, o *performer* australiano Stellarc pousa sobre seu corpo "real" uma terceira mão controlada pelo computador. Seu corpo humano está, certamente, presente, parcialmente ao vivo, porém ele não mais se pertence, está teleguiado pelo computador. O limite entre corpo natural e corpo protético dirigido pela inteligência artificial não é mais claramente traçável. Com mais razão, o *distinguo** de épocas passadas entre espetáculo ao vivo e espetáculo programado, midiático, não se mantém mais, aliás, não se manteve nunca. Na medida exata em que as mídias penetram – literalmente – em nosso corpo, sob todas as formas: implantes, sondas, *pacemaker* (marcapasso) – e futuramente *soulmaker*? –, microprocessadores, telefone celular nipo-coreano encarnado [implantado no corpo?], na medida exata em que nossa atenção e nosso imaginário acham-se colonizados e dispersos pelas mídias fortes do momento, as antigas categorias do humano, do vivo, do presente, tornam-se caducas. Nossa percepção está inteiramente determinada pela intermidialidade. Estamos no pós-humano (Hayles[3]), até no pós-dramático (Lehmann[4]). Não estamos mais em condições de distinguir presença *live* e gravação, carne e componente eletrônico, ser de carne e de

---

* Termo de antiga argumentação escolástica, que significa: eu distingo (N. da E.).
3 N. K. Hayles, *How We Became Posthuman*.
4 H. T. Lehmann, *Le Théâtre postdramatique*.

sangue (como dizia o poeta) e *cyborg* performático (como dizem os *performance studies* da atualidade).

A performance *live*, o espetáculo ao vivo são certamente sempre influenciados, infiltrados pelas mídias, porém não os reproduzem ao mesmo tempo. É ainda uma atitude essencialista como nos perguntarmos o que vem primeiro, o *live* ou o gravado. Valeria mais a pena observar de que maneira os elementos parecem ora vivos, ora congelados, combinando-se no espetáculo a partir do momento em que o mesmo se organiza numa confrontação significante, como o faz exatamente a encenação. Pois esta última constitui, precisamente, uma mediação entre o imediato e a mídia, o *live* e o gravado, o vivo e o inerte, a matéria e o espírito. Ela esforça-se, com efeito, em conciliar, sempre, o princípio da autenticidade viva e o da repetição gravável, parecendo autêntica e única a cada representação, quando é fabricada para ser repetida de forma idêntica, sejam quais forem os públicos e os lugares.

Para além dessas distinções de uma idade entre o vivo e o inerte, a humanidade e a máquina, valeria mais a pena observar o processo de *embodiment*, de encarnação que a performance e os *performers* devem necessariamente efetuar diante de nós para que haja "teatro". Esse processo de "colocação no corpo" distingue o "teatro" da simples leitura ou da leitura dramática. Porém, essa "encarnação" vai de par com um *disembodiment*, uma desencarnação, com a abstração necessária em todo processo de significação, de colocação em signos. A encenação torna-se a ferramenta e o terreno indispensável para compreender aquilo que resulta desse encontro entre o vivo e a produção mecânica, o concreto e o abstrato, a matéria e o espírito.

Devemos acreditar que o ser humano não esteja mais no centro da obra, que as mídias nos hajam conduzido ao pós-humano, ao pós-dramático, que o sujeito, tanto criador como receptor, tenha desaparecido das telas de controle, que tenha se tornado um simples programador a serviço dos computadores? Não! Pois a partir do momento em que esse sujeito programado e programante se coloca a avaliar as relações de signos e coisas, a diferença entre o vivo e o inerte, a partir do momento em que ele se reencarna ficticiamente nas suas criaturas, ele se transforma de novo em encenador; transforma-se novamente em humano visto que comete erros, renegocia sem prejulgamento e sem exclusividade os poderes e as ilusões do teatro. Bem entendido, dando-se conta, doravante, do novo dom das mídias e da reconfiguração da teoria pós-brechtiana, pós-semiótica que resulta disso, particularmente para aquilo que está na oposição significante/significado, materialidade/informação imaterial. Em todo caso, tudo isso permanece, como uma questão a ser abordada, a ser administrada, a ser regulada pela encenação[5].

2. TECNOLOGIAS/MÍDIAS

O palco sempre fez apelo às tecnologias, às máquinas que transformam o mundo graças à *technê*, num ambiente formatado pelo homem: anfiteatro, arquitetura para manipular os objetos, instrumentos para produzir o som ou a luz. À *technê* (técnica, artesanato) opõe-se a *epistemê* (o conhecimento). A diferença com as *mídias* será de grau ou de natureza? As mídias são sempre máquinas para comunicar; tecnologias incessantemente mais eficazes para fazer circular a informação. Ora, situamo-nos há sessenta anos naquilo que Régis Debray chama da "videosfera", o "período aberto pela técnica do audiovisual: transmissão principalmente telística de dados, modelos e narrações"[6]. Para o palco, isso se traduz por uma utilização crescente de "novas mídias", essas tecnologias recentes da informática que intervêm ao mesmo tempo sobre e em volta do palco.

O teatro multimídia (*multimedia* performance) não é simplesmente um acúmulo de artes (teatro, dança, música, projeções etc.); num sentido próprio, é o encontro de tecnologias sem o espaçotempo da representação. O teatro cibernético (*cybertheatre*), criado com a ajuda de novas mídias e tecnologias da informática, é a utilização de mídias na representação teatral, sendo também, sobretudo, a utilização da Internet para produzir espaços virtuais.

Não saberíamos descrever aqui o conjunto dessas novas tecnologias utilizadas no teatro da atualidade. De resto, o importante para a encenação não são as performances intrínsecas de mídias, mas sim o efeito dessas mídias no palco, especialmente as projeções fílmicas, o vídeo, a imagem do vídeo digital, as imagens virtuais tanto quanto as novas tecnologias, presentes

---

5 *Dictionnaire d'esthétique et de philosophie de l'art*, retomada do artigo: Lesmédias auront-ils la peau du espetacle?, em J. Morizot; R. Pouivet (eds.), *Dictionnaire d'esthétique et de philosophie d'art*.
6 *Introduction à la médiologie*, p. 220.

e futuras. As novas tecnologias da informação e da comunicação (NTIC) estão ligadas ao computador e dizem respeito mais ao *cybertheatre* do que ao espetáculo ao vivo.

3. AS OUTRAS MÍDIAS NA REPRESENTAÇÃO

A título de mídias, conviria incluir as tecnologias utilizadas para a preparação da representação, tais como o som gravado, a luz ou as legendas.

O som, em nossos dias, raramente é produzido diretamente, e, nos bastidores, é pré-gravado de acordo com técnicas as mais avançadas. A trilha sonora que resulta disso acompanha o espetáculo, às vezes muito presente e redundante com relação à imagem, porém sempre em posição de árbitro para o estabelecimento do sentido e a produção de sensações. Resulta disso um "*soundscape*"[7], uma paisagem sonora comparável a uma cenografia com os relevos e as nuanças do espaço e das cores. A partir do fim dos anos de 1970, os atores dispõem de microfones pendurados neles, que não apenas aumentam o volume de sua voz, mas que também retrabalham, reverberando ou distorcendo, a voz, mixando-a no conjunto da paisagem sonora, conferindo ao ator outra tonalidade emocional.

A luz, desde a introdução da iluminação elétrica por volta de 1880, conheceu mutações as mais espetaculares. Sua criação envolve toda a representação, contribui especialmente para sua atmosfera. Aí também a informática é indispensável para produzir e memorizar as mais ínfimas mudanças luminosas e atmosféricas. Isso resulta num teatro inteiramente informatizado, no qual tudo está rigidamente controlado, o que paradoxalmente nos remete a uma *Gesamtkunstwerk*, uma obra de arte total, mesmo quando a encenação faz de tudo para se distanciar dela[8].

As legendas – outra técnica da qual avaliamos mal o impacto no espectador – constituem o exemplo perfeito de uma tecnologia e de uma mídia que mudam nossa percepção quase

---

[7] Sobre a noção de *soundscape* (paisagem sonora) ver C. Baugh, *Theatre, Performance and Technology*.
[8] Idem, p. 203-219. G. Hiss, *Synthetische Visionen. Theater als Gesamtkunstwerk von 1800 bis 2000*.

à nossa revelia. Consultá-las é, certamente, opcional, porém é difícil resistir-lhes, mesmo quando se conhece a língua dublada. Elas apresentam-se mais ou menos discretas ou integradas à imagem tal como uma caligrafia. Alguns encenadores, tal como Dominique Pitoiset[9], cuidam tanto da tradução quanto de sua inserção visual na imagem e no desenvolvimento do espetáculo. Acrescentam, assim, outro nível de percepção, reintroduzindo de maneira às vezes icônica – e irônica – o texto que as pessoas de teatro outrora desprezavam tanto.

As mídias audiovisuais continuam sendo as mais visíveis nos espetáculos contemporâneos. Retraçar sua emergência e sua história seria tarefa muito pesada aqui: alguns marcos muito espaçados bastarão para uma primeira orientação[10].

4. MARCOS HISTÓRICOS

• As primeiras experiências com as mídias audiovisuais remontam àquelas de Meierhold (*La Terre cachée* [A Terra Caída], 1923). Piscator empregou projeções (*Drapeaux* [Bandeiras], 1924) ou filmes (*Malgré tout* [Apesar de Tudo], 1925) em complemento ou em contraste com a representação cênica; Walter Gropius fez em 1927 o projeto de um teatro total que se abria às mídias audiovisuais. Nos Estados Unidos, Thomas Wilfred encenou *Guerriers de Helgeland* (Guerreiros de Helgeland), de Ibsen.

• As criações cenográficas de Josef Svoboda, a partir de 1958, com a *poly-écran* e a Lanterna Mágica, marcam uma nova etapa fundamental acerca do uso do vídeo, que se generalizou no começo dos anos de 1970. Jacques Polieri, no seu "vídeo-balé-espetáculo" de 1964, *Game de sept* (Jogo de Sete), mostra um vídeo numa tela grande. Seu "*eidoforo*", projetor de televisão numa tela grande, permitiu-lhe realizar grandes planos[11].

---

9 Outra relação de escala, em B. Picon-Vallin (dir.), *Les Écrans sur la scène*, p. 322-324.
10 Para alguns exemplos, além de *Les Écrans sur la scène*, op. cit., consultar-se-á alguns números de revistas, especialmente: *Théâtre/Public*, n. 127 (*Théâtre et technologie*), dirigido por F. Maurin. Ver S. Dixon, *Digital Performance*; M. Causey, *Theatre and Performance in Digital Culture*; G. Giannachi, *The Politics of New Media Theatre*.
11 Ver D. Bablet, *Svoboda*. Ver também J. Polieri, *Scenography and Technology*.

♦ A partir do início dos anos de 1970, as projeções fílmicas desapareceram em proveito da tela de televisão que serve como suporte aos vídeos. Estas, tendo como seu próprio testemunho o de um de seus primeiros utilizadores, Hans- Peter Cloos, eram muitas vezes empregadas como um gesto de oposição ao teatro burguês. Muito rapidamente, o vídeo se tornará, nos anos de 1980, um meio para renovar a narração cênica, para "substituir" um ator ausente (como exemplo, em *LSD*, do Wooster Group), para confrontar a atuação dos atores no palco com sua representação na tela (*Route 1 et 9* [Rota 1 e 9], *Brace up* [Coragem!]), em 1981 e 92, do mesmo grupo americano). O grupo Mabou Mines utilizou o vídeo para *Hajj* (Haikai)[12]. Na Alemanha, o encenador Hans-Günther Heyme[13] realizou em 1979 um *Hamlet Eletrônico* com o videasta Wolf Vorstell. Até os anos de 1980, a relação das pessoas de teatro com o vídeo era ainda um pouquinho difícil e desajeitada: os artistas tinham uma tendência a acumular os televisores no espaço, um pouco à maneira das instalações de Nam June Paik ou de Peter Sellars nos seus começos (com a imensa cruz composta de televisores na encenação de *Saint François d'Assise* [São Francisco de Assis], em 1992).

♦ A partir dos anos de 1990, artistas de teatro como Robert Lepage, Peter Sellars, Giorgio Barbero Corseti ou Frank Castorf inauguraram uma nova etapa no uso do vídeo: este não mais era utilizado à margem e por pura provocação, mas sim no centro de um dispositivo e de uma nova maneira de narrar com os meios do teatro. Neste sentido, ele não se constituía mais num fim em si, porém um novo ponto de partida rumo a terras desconhecidas.

♦ A partir dos anos de 2000, o uso de mídias foi consideravelmente "descomplexado", até banalizado. A encenação, por Christian Schiaretti, de *Ervart ou les derniers jours de Frédéric Nietzsche* (Ervart, ou os Últimos Dias de Frederico Nietzsche), de Hervé Blusch, é típica de uma tendência para utilizar ironicamente as projeções do cenário virtual, como que para substituir os antigos cenários de papelão da cenografia de antanho.

---

12 Sobre essas experiências, ver o artigo de F. Maurin em *Théâtre/public*, n. 127.
13 Ver M. Moninger, *Shakespeare inszeniert*.

Em Robert Lepage, as mídias estão sempre a serviço da história contada, muito mais fácil e diretamente do que em seus colegas europeus. Na sua *Projet Andersen* (Projeto Andersen), (2005), Lepage, como ator, atuou em todos os papéis mantidos pelas imagens virtuais. As mídias são ao mesmo tempo mais eficazes caso estejam integradas a uma função dramatúrgica: para uma arte de contar, para uma pesquisa de identidade do personagem. Como a música de filme, as mídias são tanto melhor utilizadas e integradas quanto menos as notemos. Da mesma maneira que a nossa vida faz apelo, incessantemente e sem ruptura, a todo tipo de próteses, as mídias da encenação recente parecem tê-las assimilado. Está-se longe desses vídeos *trash* que se espalhavam na tela como imagens descartáveis, realizados para ser imediatamente consumidos e evacuados.

5. POSSIBILIDADES DO VÍDEO NO PALCO

Evidentemente, o vídeo é muito mais manejável do que a filmagem e a projeção fílmicas. A melhoria da imagem, especialmente graças à alta definição, explica igualmente o seu sucesso. Nada lucraremos em opor vídeo e cinema ao pesquisar sua respectiva essência, porém é muito útil conhecer algumas propriedades de cada mídia. Segundo Frédéric Maurin, "a alternativa permanece ao opor-se o direto e o diferenciado, em termos televisivos, ao plano geral e ao plano-fora-de-campo em termos cinematográficos, ou ainda, em termos psicanalíticos, os processos de narcisismo (a imagem como duplicação) ao fetichismo (a imagem como substituto da falta)"[14]. Desta forma, portanto, o vídeo remete a um reflexo narcisístico, enquanto o filme encoraja o fetichismo. Essa comparação se junta à de Stéphane Braunschweig, que observa o uso muito conceitual e pouco ilusionista do vídeo no palco: "A televisão, como objeto, é muito mais conceitual. Ela envia um signo. Na tela, ao contrário, o signo é imediatamente absorvido pela ficção"[15].

14 Scène, mensonges et vidéo, *Théâtre/Public*, n. 127, p. 41. Ver também o conjunto desse número consagrado a *Théâtre et technologie*.
15 L'Enfer d'un monde virtuel, *Théâtre/Public*, n. 127, p. 57.

6. EFEITOS DAS MÍDIAS EM NOSSA PERCEPÇÃO

A presença das mídias audiovisuais no palco tem consequências na nossa percepção a curto e a longo prazo. A mudança de escala, procedimento corrente na fotografia e no cinema, conduz especialmente a uma desorientação espacial e corporal do espectador, mais ou menos agradável ou desagradável. As trucagens procuram às vezes o prazer do maravilhoso, como no tempo dos filmes de Méliès.

Como já vimos anteriormente, na concorrência entre a imagem e a presença real, entre o vídeo e o ator, o espectador não escolhe necessariamente o vídeo contra o inanimado, muito pelo contrário. O espectador escolhe aquilo que é visível em maior escala, aquilo que evolui sem cessar e que retém, assim, a sua atenção. Tal é, precisamente, a aposta desse conflito entre o ator vivo e a imagem, o desafio que se coloca para o teatro: fazer com que se encontre, para o ator, sua presença e sua força de apresentação. Jean-François Peyret observa isso a propósito do vídeo em seus espetáculos:

> Coloquem um ator no palco; projetem em seguida uma imagem de vídeo: o olhar do espectador será imediatamente atraído por ela. O que é que fará esse olhar voltar-se para o ator? A promessa de qual emoção? Para mim, esta é a única questão que se coloca doravante para o teatro, pois este não pode mais tirar sua força de sua representação, menos ainda de seu poder de ilusão, mas sim, ao contrário, de sua capacidade de apresentação, e como corolário, eu diria de sua capacidade de expulsar o olhar do já visto ou do muito visto[16].

Junto a Peyret, mas também com Lepage[17] ou Braunschweig[18], parece dar-se como aceito que o "problema" da mídia no palco não é a eliminação do humano ou a questão da presença, mas o tipo de identificação que o vídeo, o cinema, ou mesmo a projeção permitem ao espectador. Trata-se de verificar em que medida essa identificação difere daquela da representação teatral (se é que esta noção pode ser mantida). No cinema, o

---

16 Texte, scène et vidéo, em B. Picon-Vallin (dir.), op. cit., p. 284.
17 R. Lepage, Du théâtre d'ombres aux technologies contemnporaines, em B. Picon-Vallin (dir.), op. cit., p. 330.
18 L'enfer d'un monde virtuel, op. cit., p. 57.

espectador identifica-se com o personagem, enquanto no teatro a identificação é dirigida para o ator e para a comunidade do público. A presença real do ator no palco não é absolutamente indispensável para o espectador e também não é absolutamente prova da superioridade "ontológica" do teatro sobre a mídia audiovisual. Esse poder fantasmático da imagem cinematográfica, essa plasticidade do vídeo na tomada da interpretação e ligada ao mundo exterior, são uma dura concorrência para a realidade teatral; os corpos estão presentes no imaginário do espectador, porém golpeados por sua experiência concreta. Ora, Peyret observa, de forma muito pertinente, que os corpos

no cinema são tanto mais fortes na medida em que estão perdidos, fora de alcance, fora da presença real, tanto mais fantasmaticamente apresentados quanto estejam ausentes. Porque as ligações entre o visível e o vivo talvez estejam rompidas, o que sem dúvida não é o desafio que o mundo da imagem (real, de síntese e virtual) coloca para o palco. A palavra mãe de toda fenomenologia da percepção era, segundo Merleau-Ponty, que qualquer visão tinha lugar em alguma parte no espaço tátil. Ainda estamos certos disso? Existe ainda um espaço tátil?[19]

Essa questão toca o espectador no seu âmago. Será que ele consegue recentrar em si e nas suas sensações corporais aquilo que na mídia visa exatamente descentrar, deslocalizar a percepção, para não mais remetê-la a um lugar estável e tátil? O *cybertheatre* elimina a noção de palco e de espectador inscrito num espaço estável e, em última análise, tátil. O espectador não se encontra mais na representação de uma realidade exterior e existente, mas sim na simulação do teatro virtual. A partir disso, abandonou definitivamente o *escrínio* seguro do palco e da sala pela *tela**, lugar de projeção (cinema) ou de emissão (vídeo digital).

Para nos mantermos (um termo ainda muito tátil!) no uso do vídeo no palco teatral, propomos observar as mídias audiovisuais na sua relação com a encenação teatral e colocarmos a esse respeito algumas questões diretas, porém simples.

19 Op. cit., p. 289 e s.
* Trocadilho com base na semelhança de pronúncia de vocábulos, intraduzível para o português: o espectador abandonou o *écrin* (escrínio) pelo *écran* (tela) (N. da T.).

7. PROPOSTAS PARA ANÁLISE DAS MÍDIAS NA ENCENAÇÃO

Colocaremos algumas questões simples:

* São as mídias identificáveis, visíveis e expostas, ou são, ao contrário, escondidas, dissimuladas à vista do público (não especialista)? Vemos o aparato técnico ou ele está muito sob o efeito do maravilhoso?
* São as mídias produtos ao vivo, como, por exemplo, um vídeo *live* que retransmite a atuação dos atores? Ou foram preparados com muita antecedência para serem inseridos na representação teatral num dado momento, fixo ou arbitrário?
* Qual é a proporção entre as mídias audiovisuais e a performance *live*? É necessária a presença de um ator vivo e visível para que a performance não se torne uma instalação, um filme interativo ou um *cybertheatre*? Questão de palavras, talvez? A presença de um ser humano no corpo – visível ou invisível – potencialmente tangível é necessária para que possamos falar de teatro? E, por outro lado, a apresentação *live*, isto é, ao vivo, é verdadeiramente a marca do teatro? Não mais podemos fazer um uso *live* de máquinas? É preciso distinguir, então, o vivo do *live*, aquilo que no uso midiático do termo não quer dizer, portanto, "ao vivo", mas sim "produzido em tempo real para o receptor, aquele do teatro e o das mídias".
* Qual é a relação das mídias entre si? Estão elas claramente separadas? Ou, ao contrário, resvalamos de uma para outra sem problema?
* Em que momento histórico da evolução das mídias situa-se a obra visada? No momento da ocorrência ou da intermidialidade? "Na fase de concorrência entre as mídias, o diálogo dizia respeito à sobrevivência de uma mídia; na fase de experiências intermediárias diz respeito ao desenvolvimento de novos modos de ver"[20]. Estamos, na maior parte vezes, no segundo caso indicado: as mídias nos fornecem novos modos de ver o mundo.

---

20 M. Moninger, Vom "media-match" zum "media-crossing", em C. Balme e M. Moninger (hgs.), *Crossing Media*, p. 7 e s.

Estes problemas simples, mais ainda do que suas respostas, conduzem-nos a algumas conclusões teóricas, que são outras tantas hipóteses de trabalho.

8. HIPÓTESES FINAIS

♦ Deve-se conhecer e comparar as propriedades específicas das mídias? Certamente que isso não é inútil; em todo caso, porém, é muitas vezes difícil para o espectador normal identificar e, em seguida, descrever as mídias em jogo na representação. Quando muito, caso isso aconteça, ainda não haveria de explicar o seu funcionamento, e muito menos o efeito nele produzido. (Da mesma maneira, descrever "exaustivamente" um espetáculo também não "prova" nada!)

Como o mostra Christopher Balme[21], as mídias não têm nenhuma essência ontológica específica, nada mais sendo do que construções provisórias e mutáveis. Não existe "o televisual", "o teatral", "o fílmico", contrariamente àquilo que afirma Philip Auslander[22]. Paradoxalmente, torna-se mais fácil estudar as mudanças entre as mídias, suas interações. O estudo dessas mudanças, ou a intermidialidade, é a disciplina que, espera-se, possa encarregar-se disso. O teatro e sua teoria abandonaram o essencialismo, a exigência de pureza midiática de Grotóvski, Brook ou Kantor, na época que culminou nos anos de 1960. Balme não fala de uma "mudança de paradigma que possa ser descrita como uma substituição da especificidade da mídia em direção à intermidialidade"[23]. Esta última está ligada à faculdade de o espectador perceber diferentemente cada mídia e aceitar receber várias "mensagens", mais ou menos "mixadas".

♦ Resta estabelecer a relação entre a representação imediata das artes do palco e as mídias. Segundo Philip Auslander, a forma *live* é paradoxalmente "moldada" pela forma midiática que a influencia. Tratar-se-ia de uma reviravolta histórica:

---

21 Theater zwischen den Medien, em C. Balme; M. Moninger (eds.), *Crossing Media*, p. 13-31.
22 *Liveness. Performance in a Mediatized Culture.*
23 Citado em E. Fischer-Lichte et al. (eds.), *Transformationen, Theater der Neunziger Jahre*, p. 135.

"No início, a forma midiatizada modela-se na forma *live*, mas em seguida usurpa a posição da forma *live* na economia cultural"[24]. De acordo com o autor, "historicamente, o *live* é na realidade um efeito da midiatização, e não o inverso. Foi o desenvolvimento de tecnologias de gravação que tornou possível perceber representações existentes como *live*"[25]. É inegável, como observa Auslander, que "o teatro grego antigo, por exemplo, não era *live* porque não havia nenhuma possibilidade de gravá-lo"[26]. Essa categoria do *live* é, portanto, histórica, e não ontológica. Neste sentido, esse pesquisador tem razão ao relativizar a noção de *live*, de não fazê-la a origem absoluta, a voz no sentido que lhe dá Derrida, a qual, segundo a metafísica ocidental, haveria de preceder a escritura. Em suma, Auslander descobre que o *live* é uma categoria relativa e que não existe sem o seu sentido contrário, o gravado. Essa descoberta da dialética (não do branco sem negro, nem do bem sem mal) não autoriza, no entanto, que se empurre o paradoxo a ponto de se dizer que o *live* é uma construção e uma consequência da mídia. Auslander mostra com felicidade que a posição de Peggy Phelan[27], segundo a qual o teatro define-se ontologicamente como aquilo que não pode ser reproduzido, trai uma concepção essencialista do teatro que não dá conta da evolução das artes e das mídias. Porém, daí a ver o *live* como uma produção da mídia há um passo que hesitamos em percorrer. Não é suficiente constatar que as formas teatrais pretensamente autênticas são, com efeito, influenciadas e deformadas sob o impacto das mídias?

Juntamente com o teórico Matthew Causey, diremos que as teses de Phelan e Auslander são igualmente problemáticas:

Phelan deixa de lado qualquer efeito da tecnologia na representação e traça uma fronteira não negociável, essencialista, entre as duas mídias. A teoria material e legalista de Auslander negligencia o aspecto mais material do *live*, ou seja, a morte. [...] O fato de acrescer à performance *live* tecnologias midiáticas de representação cria um

---

24 Op. cit., p. 158.
25 Idem, p. 51.
26 Idem, ibidem.
27 *Unmarked: The Politics of Performance*.

sistema que pode alterar o sistema espaçotemporal ao estar, simultaneamente, presente e ausente[28].

Seguindo a lógica de Causey, propomos o seguinte compromisso: a representação *live* sempre está em relação com as mídias e, assim, é influenciada por elas, porém, não as reproduz mecanicamente e, portanto, não as precede. A encenação (tal como a definimos) constitui precisamente uma mediação entre o *live* e a mídia. A encenação tenta, com efeito, conciliar, e às vezes confrontar, um princípio de autenticidade com um princípio de repetição do mesmo: esforça-se por parecer autêntica e única a cada representação, mas ao mesmo tempo é "fabricada" para ser repetida de maneira idêntica, sejam quais forem os públicos necessariamente diferentes.

• A remidiatização, ou a representação de uma mídia por outra[29], retraça a modificação de uma mídia por meio da retomada de convenções de outra mídia. No caso da encenação do século XX, seria fácil mostrar que o palco adotou constantemente os procedimentos emprestados das outras mídias tecnológicas, como o cinema e, mais recentemente, o vídeo, e que os adaptou às necessidades concretas do momento. O grande plano, a montagem, a montagem alternada, são exemplos de técnicas fílmicas perfeitamente adaptáveis ao palco do teatro.

Ao invés de opor, portanto, num uso de mídias como em *Paradis* (Paraíso), a teatralidade, a coreografia, a música, a voz, o teatro de sombras etc.; ao invés de enumerar as trucagens do cinema, do computador, das projeções, seria melhor tentar entender a estratégia de sua interação: "A reflexão intermidial não consiste em cimentar a maneira errática de critérios específicos das mídias; ela demanda saber, antes de mais nada, qual funcionamento de uso, qual convenção de percepção, qual

---

28 M. Causey, Media and Performance, em D. Kennedy (dir.), *The Oxford Encyclopedia of Theatre and Performance*, p. 825.
29 "A medium is that which remediates". It is that which appropriates the techniques, forms, and social significance of other media and attempts to rival or refashion them in the name of the real" (Uma mídia é aquilo que remedeia. É aquilo que se apropria das técnicas, formas e importância social de outras mídias e aquilo que tenta rivalizar com elas ou reorganizá-las em nome do real). J. Bolter; R. Grusin, *Remediation: Understanding New Media*, p. 65.

efeito, qual estratégia e qual experiência estética encontram-se atualizadas em e por meio de uma mídia"[30].

No exemplo de *Paraíso*, a experiência estética é a de uma *midiatização* do corpo, tanto o dos artistas quanto o dos espectadores, mediação entre os princípios normalmente antitéticos: o verdadeiro e o falso, o *live* e o filmado, o clássico e o popular. Essa mediação é, ao mesmo tempo, uma *re-mediação* e um *remédio* para os corpos fatigados dos espectadores, um remédio social para fazer dançar e coexistir em conjunto estilos, culturas, corporalidades diferentes. Esse "remédio social" consiste em suprimir, pelo movimento e pela beleza, as diferenças, as culturas, as corporalidades divergentes. Subitamente receptivo às mudanças de convenções perceptivas, o espectador, esse dançarino imóvel, segue o movimento, identifica-se com ele; como se esse movimento assumisse uma dimensão política, ele cimenta os gêneros e as classes, as mídias e as artes, é transportado por eles.

Essa re-mediação não é, portanto, abstrata, mas encarnada: efetua-se segundo uma sequência de movimentos e ações físicas, manifestando-se nos efeitos produzidos nos espectadores. Portanto, há basicamente uma sequência de imagens, efeitos visuais, possuindo uma grande "força de ações afetivas"[31], mas essas imagens são sempre encarnadas pelos corpos (reais ou filmados) dos intérpretes. Elas se desenvolvem no tempo não como ações isoladas, mas como uma sequência vectorizada de momentos de intensidades diferentes.

Neste sentido, a análise de mídias e imagens deve ser realizada estando-se atentos àquilo que Marie-José Mondzain chama de "sociabilidade política das emoções"[32]. Essa análise conduz sempre, então, em última instância, ao julgamento, à avaliação de uma comunidade.

Munido desse frágil instrumental teórico, deveríamos nos lançar à conquista do mundo, à descrição de espetáculos nos quais intervenham as mídias audiovisuais, o que igualmente significaria nos lançarmos numa pesquisa quixotesca.

---

30 M. Moninger, op. cit., p. 10.
31 B. Wadenfels, *Phänomenologie der Aufmerksamkeit*, p. 206.
32 *Le Commerce des regards*, p. 180.

9. TRÊS EXEMPLOS

9.1 Paradis (*Paraíso*), de Dominique Hervieu e José Montalvo

Analisamos uma breve sequência de *Paraíso*[33], desde o momento em que a dançarina antilhana repete "*bene sikine*" até a chegada à tela da velha dama, que fecha o extrato da ópera de Vivaldi.

No fundo azul claro, dirigindo-se ao público com aquelas palavras de sentido obscuro e lançando a música com essa recomendação "com elegância", a dançarina efetua um breve solo que termina com uma proeza física: mover espetacularmente o quadril e contrair os músculos das nádegas, cuja evidente mobilidade espanta. Tudo isso em contraponto irônico com a música "celeste" da ópera, a seguir, com a voz depurada, "angélica" da cantora.

Começa então um jogo de *trompe-l'oeil*: quatro dançarinos parecem erguer um painel e nele mostrar uma cena, porém esta nada mais é, em si mesma, senão uma tela na qual dançam dois grupos idênticos de três dançarinos, também eles visíveis graças a uma projeção fílmica. Cada um dos três dançarinos exprime-se num estilo diferente: *hip-hop*, clássico, africano.

As mídias (projetores) estão escondidas à vista do público, a ilusão é quase perfeita, as ações parecem desenrolar-se magicamente, sem que saibamos como nem por quê. Não conseguimos distinguir bem os verdadeiros dançarinos dos dançarinos filmados.

Atravessando em seguida o palco, do jardim para o pátio, aparecem projeções animadas de animais: cão, asno, serpente, elefante, tigre, crocodilo, os quais no seu caminho cruzam com dançarinos verdadeiros que os perseguem ou procuram evitá-los. A escala dos animais é variável entre a serpente muito grande, o cão imenso, ou o elefante de tamanho normal. Aos dançarinos verdadeiros misturam-se os dançarinos filmados, tentando também eles não se chocarem com os animais, reentrando às vezes no interior da tela, saindo dela em seguida tanto

---

33 Coreografia de José Montalvo e Dominique Hervieu, Paris, Palais Chaillot, 1997. Existe um vídeo realizado pela Arte em 2004.

como imagem fílmica quanto como pessoa real. Essa sequência é acompanhada, na sua dinâmica e no seu ritmo de desfile, pela música de Vivaldi, e especialmente pela voz humana. Rapidez e virtuosismo gestuais, voz depurada e música barroca são os vetores da emoção e fazem o espectador "decolar".

Dois dançarinos, um homem e uma mulher, colocam-se diante da tela, esforçando-se, a seguir, para evitar uma imensa sombra, desdobrada, que ameaça esmagá-los; sombra essa filmada, que poderia ser a do homem calçado com botas pesadas. Esses dois dançarinos correm em seguida para o proscênio, pondo em sua frente uma espécie de luz que projeta sua sombra, muito parecida com a precedente, e também ela está decidida a esmagar todos os "verdadeiros" dançarinos que vieram lutar com ela. A música é coberta pelos gritos de pavor dos dançarinos até o apaziguamento final, quando da chegada de uma velha mulher, imagem fílmica que se imobiliza nos últimos níveis da sequência musical.

Graças à música de Vivaldi, *Paraíso* encontra todos os poderes da ópera nascente. O maravilhoso e o sublime triunfam da matéria, escondem a maquinaria, transportam-nos a um mundo maravilhoso onde tudo é possível. A sequência é estruturada de acordo com uma progressão dramática clássica: introdução e aviso da dançarina antilhana; abertura com a dança desmultiplicada e multimídia; peripécia dos animais ameaçadores, intensificação do perigo, mas fracasso dos "maldosos"; pacificação final e parada conjunta da música e do movimento. Esta narração clássica procura provocar no espectador uma experiência cinestésica completa. As mídias estão perfeitamente integradas no corpo da representação, todo o palco torna-se um corpo cantante e dançante. O movimento, o gestual são indexados na temporalidade, assim como o ritmo e toda espécie de percepções inconscientes, ligados à voz e ao invisível.

O tema constante da sequência e do balé na sua inteireza configurou a luta incessante dos dançarinos reais contra as imagens virtuais, as suas em particular. A imagem fílmica foi utilizada para "esmagar", na sua estatura e na sua mudança constante de escala, as frágeis silhuetas "reais" dos dançarinos. Assistiu-se à luta entre as imagens virtuais maravilhosas e a realidade dos dançarinos "em carne e osso", ora virtuoses, ora assustados ou gritadores. Porém, essa luta era falseada, pois o modo de representação dos animais evitava qualquer realismo e qualquer efeito de medo. O conflito era tão ingênuo quanto a coexistência de estilos e grupos sociais que os representam. Ecumenismo estilístico, étnico e sociocultural. Porém, quem ousaria se queixar?

Às vezes, o uso de mídias é claramente mais crítico e combativo. Como se a mídia abandonasse sua função ilustrativa e sedativa para confrontar-se com a realidade ambiente e provocar o espectador no seu conforto midiático. Dois exemplos: os de René Pollesch e de Frank Castorf.

9.2 Cappuccetto rosso (Chapeuzinho Vermelho), de René Pollesch

Criado em 2005 em Viena e em Berlim (Volksbühne), com cenografia de Bert Neumann, *Chapeuzinho Vermelho* conta a história de três atrizes que preparam, sob a direção de um encenador, um filme pornográfico sobre duas lésbicas nazistas, melhor dizendo, um filme mais comercial do que artístico! Porém, o trabalho fica emperrado porque a atriz principal, interpretada por Sophie Rois, está em crise, suas contracenantes acham que ela "perdeu o seu charme".

Desde o início, e durante um bom quarto de hora, não se percebia senão as intérpretes filmadas no interior do guarda-roupa, em plano médio ou plano geral, quando se dirigiam para a câmera. Na maior parte do tempo pareciam atuar sem estar conscientes da câmera, a qual perseguia suas interações dramáticas dentro do bangalô. De tempos em tempos, contudo, dirigiam-se a ela em tom confidencial. Através das janelas observávamos bem a sua presença: suas vozes eram amplificadas por um microfone suspenso num suporte. Além da *camerawoman*, uma *souffleuse** seguia-os de perto. A imagem era clara, o enquadramento cuidadoso, a imagem numa tela ampla ao lado do jardim permitia seguir corretamente todas as evoluções, pois sua imagem possuía a qualidade de uma imagem fílmica. Mesmo que o tema fosse o de uma filmagem, a mídia

---

* *Souffleuse*: feminino de *souffleur*, que equivale ao nosso ponto no teatro (N. da T.).

utilizada, o vídeo *live*, não era absolutamente indispensável e comandado pela temática. O vídeo foi uma maneira de contar essa história, uma decisão formal. Não foi o pretexto de um jogo pirandelliano entre realidade e ficção, entre palco e tela. Pollesch parecia zombar da mania autorreferencial do teatro, relegando a autorreferencialidade ao magazine de acessórios da modernidade. O vídeo não era tampouco dominante a ponto de eliminar a atuação cênica a descoberto (mesmo que parecesse muito frágil e pouco "presente" depois da longa introdução fílmica dos primeiros quinze minutos). O dispositivo de encenação de Pollesch manteve um equilíbrio entre a imagem em vídeo e a atuação no proscênio: a longa fachada do bangalô com sua porta, suas janelas e sua varanda, a seguir perto do fim, quando da fuga do palco e do arrombamento, sem sucesso, da representação e da quarta parede, com o espaço da técnica no público, os mesmos eram espaços teatrais suficientemente fortes para contrabalançar a tela. Sophie Rois invadia o espaço da técnica como se procurasse neutralizá-lo, colocando um fim, assim, ao domínio das mídias. Ela era, evidentemente, afastada e remetida para dentro do bangalô enquanto Caroline Peters, a rival, também era condenada a reaparecer em cena para comer o seu bolo, "separada" dela mesma e separada da grande literatura, devorada por um "cogumelo" que a obrigava a rodar filmes comerciais.

O vídeo foi essencialmente um instrumento para mostrar de perto as emoções e reações desse grupo de artistas. As atrizes estavam conscientes da câmera, que não parava de filmá-las enquanto estavam no interior; elas necessitavam dessa presença insistente para existir e, quando tinham uma "confidência" a fazer, dirigiam-se imediatamente a ela, cochichando ou berrando segundo o humor do momento. A câmera nos fazia penetrar na intimidade das *stars*, ela nos tornava *voyeurs* de sua crise de identidade, de seus problemas sentimentais. Nós as víamos através dos olhos de seu encenador (interpretado por Volker Spengler), o qual era tanto um artista quanto um proxeneta e produtor de filmes pornôs. A enunciação fílmica reconstituiu, assim, as relações de força e poder entre o patrão, o mestre do olhar e seus empregados. A câmera serviu também para espionar as atrizes, não tanto como no caso de Castorf, para revelar as falhas, os defeitos ou as incongruências das intérpretes, porém mais para controlar o nível de presença ou de "charme", em suma, para tematizar a questão principal da peça: o quanto vale comercialmente o corpo da atriz? Nada de sequências *trash* emprestadas da publicidade audiovisual, que escoaria durante todo o espetáculo como ocorre muitas vezes no caso de Pollesch. A única exceção ao vídeo *live* foi uma sequência que ilustrava o momento da peça em que a atriz devia atravessar um caminho em plena circulação. Como que por azar, o herói desse perigoso teste era um negro tentando atravessar uma autoestrada americana.

A referência a Paula Tura remete, sem dizê-lo, ao filme de Lubitsch: *To Be or Not to Be* (Ser ou Não Ser), rodado em 1942 nos Estados Unidos. Nele, vemos duas vedetes de teatro, Joseph e Maria Tura, ensaiar uma peça na Polônia, *Gestapo*, antes de cair sob o domínio dos nazistas. Essa intertextualidade permite centrar a peça nas infelicidades artísticas de Sophie, ligando tudo com outro *topos* hollywoodiano, o envelhecimento da atriz e sua substituição por uma rival mais jovem (que também acontece em *All about Eve* [A Malvada], de Mankiewicz, filme de 1951).

Essa história é contada igualmente pelos diálogos, muitas vezes explícitos, como se o autor dissesse diretamente as coisas, ao invés de fazê-las dizer pela boca dos personagens e pelo vídeo, que percebe o exagero e a violência das reações. A mídia do vídeo é frequentemente mais forte do que a atuação visível e sem microfone à frente do bangalô. Fica-se de tal modo habituado à imagem superdimensionada e ao som amplificado que se experimenta como que uma decepção ao ver os atores "em carne e osso" entrar no espaço cênico visível. A "verdadeira" representação, a da atriz no palco, parece decepcionante, até falsa. Mas não se pode, já o dizia Derrida[34], sair da representação, não permanecemos muito tempo na apresentação ou no acontecimento único. Pollesch, por meio de queixas repetidas dos personagens, reclama do "teatro da representação", "que nos separa de nós mesmos". Cada atriz gostaria de escapar da representação estereotipada que o filme ou o teatro lhe impõem, gostaria de evitar que o seu caso particular se tornasse típico e

---

34 Le Théâtre de la cruauté e la clôture de la représentation, *Écriture et la Différence*, p. 341-368.

universal. A necessidade de interpretar todos os papéis, e de representar personagens os mais diversos, é vivenciada como uma despossessão do eu individual. As transposições daquilo que é representado para significações que o público acredita observar são ilusórias. Experimentamos um magro consolo ao ler as metáforas, as transferências, as representações figuradas.

Chapeuzinho Vermelho, *escrita e encenada por René Pollesch*. ©*Patrice Pavis*.

Isso quer dizer que Pollesch tentou um teatro da não-representação, que ele escapou àquilo que Derrida chamava de o "destino da representação"? Longe disso! Ele contou com humor e ironia uma história, a de pessoas de cinema e de teatro em face da concorrência "desleal" do cinema comercial do tipo de *Der Untergang* (A Queda), o filme de sucesso de Oliver Hirschbiegel sobre os últimos dias de Hitler, essa dramaturgia da identificação que vem preencher uma lacuna e joga na onda de nostalgia e fascinação pelo III Reich. O encenador de sua fábula não tem outra escolha a não ser rodar, ele próprio, um filme pornô sobre o mesmo período. E Pollesch seguiu-lhe os passos, certamente de forma paródica, servindo-se do vídeo como instrumento para desvendar os mecanismos da representação, da identificação, da inspiração, em resumo, de todo o teatro burguês. Dito de outra forma: o único meio de desconstruir o "teatro da representação" consiste em parodiá-lo, em evitar a armadilha do pirandellismo e da autorreferencialidade para contentar-se com as farpas mais eficazes contra esse teatro e de alusões à prática cultural do momento.

Esta peça é, com efeito, uma rápida resposta à atualidade (o filme sobre Hitler), no espírito dos *living newspapers* americanos, que comentam, através da atuação, a quente atualidade política. Por trás de fórmulas provocantes, vemos os célebres ataques contra o neoliberalismo, as fórmulas da peça-portátil de personagens em fúria. Pollesch transmite um discurso radical contra a maneira de ganhar dinheiro ao se explorar um passado pouco recomendável. Sophie aconselhou, finalmente, que se deixe de lado a moral para consagrar-se ao direito: "Como podemos salvar o mundo? Somente interpretando nazistas".

A técnica de Pollesch foi a da guerrilha: ataques fulgurantes seguidos de uma réplica estratégica e uma recusa em atacar massivamente ou fundar um sistema. O poder está tão bem organizado e pronto para tudo que somente os atos de tipo terrorista podem ainda inquietá-lo. Neste caso, o terrorismo foi puramente verbal, foi o de fórmulas perscrutantes e provocantes que eram ao mesmo tempo intuições e reflexões para o espectador. Essas fórmulas substituíram os *slogans* políticos dos "artistas progressistas de esquerda". Da mesma forma, a luta contra o poder e o dinheiro não foi mais precedida de um discurso político em regra: "No combate confrontado com os dispositivos do poder não estamos mais subitamente munidos de fórmulas mágicas". Essas fórmulas mágicas eram, segundo Pollesch, tanto os *slogans* políticos ocos dos anos de 1968, quanto as fórmulas que pretendiam proteger-nos da realidade. Na atualidade, quando o charme não mais opera, eis-nos à mercê do poder que nos destrói, na mesma medida em que a indústria fílmica pornô destrói as atrizes, sua identidade e seus sentimentos.

O discurso político de Pollesch não era, portanto, tão cínico quanto parece! Ele apenas foi tomado por uma denegação e um *double bind*: de um lado, desmontou o processo da filmagem, da representação, da procura de charme; de outro, graças ao charme das atrizes e ao prazer de contar uma história dentro da boa velha tradição do "teatro da representação", esteve em condições de fabricar um espetáculo crítico e engraçado. E esse espetáculo permitiu-lhe, finalmente, representar nossa época.

Dispositivo certamente irônico, já que tirou proveito do sistema neoliberal ao comentar essas formas as mais abjetas.

O uso do vídeo retransmitido *live* expandiu-se a partir do final dos anos de 1980, por vezes tendo-se tornado, para alguns artistas, uma marca de fábrica, como para Castorf. Convém descrevê-lo de maneira diferenciada, pois se a técnica foi a mesma, a função dramatúrgica variou consideravelmente de um caso para outro. No exemplo de *Chapeuzinho Vermelho*, a utilização do vídeo esteve ligada à fábula, visto que o espectador foi quase convidado a julgar se as atrizes perderam ou não o seu charme e de que maneira a captação através do vídeo augura o futuro da rodagem fílmica. O vídeo como mídia foi tomado diretamente como testemunha para ilustrar o tema central da peça. Este caso de figura não foi, evidentemente, a regra. Tomaremos, portanto, o exemplo de Frank Castorf para examinar o uso não temático do vídeo e as possibilidades que oferece.

9.3 Crime et châtiment *(Crime e Castigo)*, de Frank Castorf

Em inúmeros espetáculos, e particularmente em *Crime e Castigo*, Castorf filma os atores continuamente. Sua imagem aparece muito pouco nítida numa tela ou nos elementos da cenografia de Bert Neumann. Os semblantes são muitas vezes apreendidos em planos gerais e nada escapa, então, à objetividade: nem as rugas, nem a pornografia, nem os detalhes sórdidos. O vídeo é uma intrusão planejada na intimidade cênica, ali onde normalmente se pode olhar, mas nunca de tão perto. O vídeo "trespassa" o ator, como se ele fosse invisível, denuncia junto ao público qualquer infração às regras ou aos bons costumes, tal como uma boa velha videofiscalização. O ator não se supõe estar interpretando para a câmera: trata-se, então, de uma captação feita à sua revelia. O *cameraman* surpreende algumas imagens sem pretensão à exaustividade, tal como um repórter esportivo que quer testemunhar e nos fazer apreciar as explosões dos artistas. Ele nos entrega detalhes invisíveis a olho nu ou considerados como privados ou tabus. É evidente, contudo, que o ator está consciente da captação. Ele deve fazer como se ignorasse e, ao mesmo tempo, prestar-se às exigências técnicas da câmera.

A captação ao vivo não é, em todo caso, necessariamente um distanciamento crítico de tipo brechtiano. É mais uma desconstrução, até uma demolição, do que um distanciamento estético e político. Esta "vivissecção pelo vídeo *live*"[35], isenta da má consciência ideológica e da pose pedagógica, parece dizer-nos: "Vejam o que consegui mostrar a vocês do ator, todos esses pequenos segredos do palco que esse cabotino gostaria de revelar e ao mesmo tempo esconder de vocês!" O ator não escapa da câmera. Porém, são também os personagens de Dostoiévski que são sondados, perseguidos, submetidos ao soro da verdade da objetiva: Raskolnikof interrogado pelo policial sabe que o outro sabe? E o policial faz uma cara de não suspeitar ou está na verdade a pique de torturá-lo psicologicamente? A câmera adiciona uma dimensão de análise, de *suspense* e de autenticidade aos diálogos do romance.

Seja qual for a confissão, voluntária ou involuntária, o vídeo oferece ao espectador uma espécie de segundo olhar sobre o palco e sobre o acontecimento teatral.

É nossa percepção que produz o mundo – é o que nos lembra o segundo olhar do vídeo *live* no palco. Potencialmente, o seu olhar alternativo dá-nos a possibilidade de tornar visível aquilo que escapa ao controle quando, como sempre no teatro, exercemos um controle. O olhar do *cameraman* que aflora as coisas a partir do seu objetivo garante a possibilidade de participar, pela sua presença, de assistir a um acontecimento autêntico. Também a utilização *live* do vídeo traz a possibilidade especial de conduzir a encenação rumo a um "agora" intensificado: nessa simultaneidade integrada abrem-se à percepção degraus de verdade e descobertas que, de outra forma, jamais poderíamos imaginar[36].

Em Castorf, o olhar do vídeo segue e intensifica o frenesi da interpretação, colocando o ator em crise e a representação em pane: técnica épica, mas não necessariamente brechtiana na sua dimensão política. Disso resulta uma relação nova e reforçada entre o ator e seu personagem: é o personagem que está sujo ou o ator que está emporcalhado? Qual dos dois mente? Como saber a verdade? O que é que sinaliza essa reportagem sobre

---

35 T. Oberender, Mehr jetzt auf der Bühne, *Theater heute*, n. 4, p. 23.
36 Idem, ibidem.

o ator no trabalho? As velhas questões da estética teatral nunca acabam de ressurgir com nova acuidade, elas obrigam os espectadores a decidir imediatamente pela resposta. A percepção é desmontada sem cessar em profundidade e duravelmente, enquanto em *Paraíso* ela era favorecida e confirmada pelas suas certezas. Ao ilusionismo depurado, expurgado, infantilizado, idealista e um pouco simplório do *Paraíso*, opõe-se o deslocamento de identidades, a fratura aberta nas relações sociais e interpessoais no inferno de Dostoiévski e de Castorf. O *Paraíso* apazigua o tema, centra novamente suas percepções dispersas, enquanto o inferno de Castorf nutre-se de impressões contraditórias e chocantes. As projeções e trucagens em *trompe-l'oeil* de *Paraíso* intensificam a embriaguez do movimento rápido e virtuoso graças à música eufórica da ópera barroca, propõem uma cinesterapia, certamente ilusória, das relações sociais. Ao contrário, as imagens chocantes de *Crime e Castigo* induzem a uma percepção fragmentada do corpo, colocando em questão qualquer harmonização voluntarista das relações humanas.

10. CONCLUSÕES GERAIS

O uso das mídias não é uma simples questão de técnica e forma. Abrange o sentido global da encenação. Não consideremos, portanto, essa questão como acessória e não fiquemos mais nas considerações de princípio no uso da técnica no teatro!

• O exemplo contrastado de *Paraíso* e *Chapeuzinho Vermelho* (ou de *Crime e Castigo*) prova suficientemente que há meios opostos para se recorrer às mídias. O seu uso deve ser analisado no quadro de uma encenação em que estas assumem o seu sentido. Para avaliar este uso, a hermenêutica revela-se um meio adequado para avaliar o impacto e a integração das mídias sobre e na representação.

• Temos necessidade, para a análise do espetáculo, de uma teoria da imagem? Esta questão fica para ser demonstrada e depende evidentemente da teoria! O acontecimento cênico, isto é, a sequência de ações físicas e cênicas (na qual as mídias podem intervir) é muito mais do que uma série de imagens visíveis. Evitemos centrar tudo na visualidade e na visibilidade. Interessemo-nos também pelo invisível, pelo tempo, pelo som e pela voz, indo, neste aspecto, ao encontro da posição de Marie-José Mondzain: as indústrias de entretenimento.

situam-se na hipótese do tudo visível, do mostrar tudo. Encontramo-nos no totalitarismo da visão. Só existe aquilo que vemos, durante o tempo em que o vemos. Fato que dá um poder exorbitante aos proprietários das visibilidades, que geram a noção de espetáculo em termos de pura visibilidade e não em termos de invisibilidade, que é a essência do espetáculo. A essência do espetáculo não é o visível, porque esta é o tempo[37].

• Em lugar de estabelecer uma teoria geral das mídias (empreendimento, aliás, tão problemático quanto titânico), propomos antes de mais nada uma teoria provisória da encenação e do papel variável das mídias na sua constituição. Para dar conta disso, proporemos algumas questões simples: como funciona um acontecimento cênico, fílmico, auditivo, para um dado espectador? De que maneira as novas mídias audiovisuais nos conduzem a uma percepção renovada, a uma reviravolta do olhar? Por exemplo, em que o vídeo ou as projeções nos obrigam a repensar e a "re-sentir" nossas impressões teatrais habituais? No caso de *Paraíso*, constatamos que as projeções e as trucagens intensificam a embriaguez do movimento virtuoso acompanhado de uma música euforizante. Simples intensificação, portanto. E ainda a função cinesterapêutica e anestesiante: aliviar a dor, e não suprimir-lhe a causa. As mídias contribuem para reconstituir a identidade e a unidade corporal. Com relação a *Crime e Castigo*, o vídeo *live* possui às vezes uma função brechtiana de distanciamento, controla nossa percepção puramente teatral, tornada muito imprecisa e pouco confiável. O frenesi de mostrar tudo (como nos *reality shows*) implica um certo sadismo da atenção e engendra um corpo fragmentado. Graças às mídias, nossa relação com o mundo é reconfigurada: é como se nós o habitássemos de outra maneira. No *Paraíso* (perdido!), nós "planamos"; no *Crime*, nosso castigo é nos

37 Le Temps et la visibilité, *Frictions*, n. 8, p. 19.

rebaixarmos, é sermos constantemente levados ao raso da realidade sórdida revelada pela câmera que persegue o culpado.

• As mídias desconectam e reconectam o espectador com seu próprio corpo e com sua situação no mundo. Longe de ser destruída pelas mídias, a encenação é reformada, recriada, revivida por elas. No fundo, ela própria se situa à igual distância entre o espetáculo – vivo, mas não codificável – e a tecnologia – reprodutível, mas inerte.

Concebe-se espontaneamente o trabalho da encenação como o de uma paciente construção da representação. A encenação, esse objeto aberto e polimorfo, torna-se um objeto estético para o público ao fim de várias regulações. É também, simultaneamente, uma desconstrução de nossa maneira habitual de ver e ler, uma colocação à distância da representação, aquilo que Brecht chamava distanciamento, ou antes, efeito de estranhamento. No que se lhe diferencia?

A desconstrução é muito mais que um efeito de distanciamento. Brecht ainda se situa na representação mimética do real, embora estilizada num realismo crítico. Porém, a partir do momento em que se questione, com Derrida, essa representação logocêntrica, a partir do momento em que se interrogue o texto ou o espetáculo em si mesmo, para além de sua metalinguagem e de sua línguagem dramática ou cênica, entra-se na desconstrução.

A desconstrução contesta a autoridade da linguagem e do *logos* para interpretar o objeto analisado, tenta quebrar o "fechamento da representação" (Derrida).

Há muito de representação no teatro, e mais ainda fechamentos.

A encenação presta-se a esses jogos de construção/desconstrução, visto que ela se elabora no próprio momento em que é recebida, e posto que dispõe de meios para comentar, manipular e desmistificar *in situ* o processo de produção e recepção de seu objeto pelas atenções do ator/espectador/crítico/hermeneuta.

Derrida ama as palavras em D: diferença, destinerrância, destruição, descentramento, mas também: disseminação, dissociação (termo emprestado de Freud). Essas ferramentas do "D-fazer" afastam-nos e preservam-nos da destruição, sem se tornar, para tanto, ferramentas pragmáticas, metodológicas ou regulamentares.

Para compreender Derrida, sem Des-afiá-lo e para "Der-ridá-lo" de sua seriedade filosófica, partiremos de alguns espetáculos concretos.

Esperamos, assim, juntar o útil ao agradável.

9. A Desconstrução da Encenação Pós-moderna

Sem dúvida, dever-se-ia começar por desconstruir este título e a ambiguidade que ele veicula! Trata-se não só de examinar de que maneira a encenação pós-moderna pode ser desconstruída, mas igualmente como efetua, ela própria, uma desconstrução. Resumindo: em princípio, brincaremos em cima do prefixo de-, tanto no seu sentido passivo quanto ativo. Como os três termos do título nada têm de unívoco, a errância, a "destinerrância" (Derrida[1]) é programada. Entretanto, esta reflexão não tem outra ambição senão utilizar a noção derridiana de desconstrução como ferramenta para analisar o funcionamento de alguns espetáculos, de Vitez a Castorf.

Não obstante, qual é esse objeto desconstruído ou a desconstruir? Pode ser um texto a ser interpretado no palco, mas igualmente a própria encenação, a maneira pela qual é elaborada ou se desfaz diante de nossos olhos. A encenação, porém, no sentido clássico e primitivo do termo, é uma obra total, unitária, harmoniosa e orientada, a sua desconstrução (no

---

1 *Sur Parole. Instantanés philosophiques*, p. 53. "Creio que, como a morte, a indecidibilidade, aquilo que chamo também de 'destinerrância', é a possibilidade para um gesto não chegar ao destino, é a condição do movimento do desejo que, de outra forma, morreria antecipadamente."

sentido de Derrida) consiste em refazer e induzir sua possível fragmentação, suas contradições, suas dissonâncias e sua desorientação.

Emprestado da arquitetura, até da maçonaria, o termo *desconstrução* designa, no seu sentido "próprio", a desmontagem, a abdicação de uma estrutura. Derrida utiliza-o desde 1967 na *De la grammatologie* (Gramatologia*), inspirado na *Destruktion* e no *Abbau*, de Heidegger, o qual não procura fazer crítica ao logocentrismo. Perguntado frequentemente sobre o sentido e a origem da noção, Derrida não a definiu de boa vontade, apesar das pressões amigáveis:

> O que nós deduzíamos, no começo, era a alusão à estrutura; porque no momento em que me servi dessa palavra, era o momento em que o estruturalismo estava dominante; pensou-se na desconstrução ao mesmo tempo como um gesto estruturalista e antiestruturalista. O que, de certa forma, o era. A desconstrução não é simplesmente a decomposição de uma estrutura arquitetural, é também uma questão sobre o fundamento, sobre a relação fundamento/fundado; sobre o fechamento da estrutura, sobre toda uma arquitetura da filosofia. Não apenas sobre tal ou qual construção, mas sobre o motivo arquitetônico do sistema[2].

Esse gesto pró e antiestruturalista não estará no fundo daquele da encenação que forma um sistema mais ou menos fechado ou aberto, orientado ou desorientado? A encenação é descrita ora como sistema coerente de signos, ora como acontecimento sem limites. Com efeito, a encenação é muito aquilo que acontece sem que nunca se saiba onde nem por quê. Ora, eis aí uma característica do trabalho inconsciente da desconstrução. É, de resto, o que sobressai de uma conversação entre Jacques Derrida e Elisabeth Roudinesco. Esta última propõe a seguinte definição:

> Um trabalho do pensamento inconsciente ("este desconstrói-se") e que consiste em desfazer, sem jamais o destruir, um sistema de pensamento hegemônico ou dominante. Desconstruir é, de algum modo, resistir à tirania do Um, do *logos*, da metafísica (ocidental) na própria

---

* Trad. bras.: 2. ed., São Paulo: Perspectiva, 2008.
2 Il n'y a pas le narcissisme (1986), *Points de suspension. Entretiens*, p. 225.

língua em que ela se enuncia, com a ajuda do mesmo material que se substitui, que se faz movimentar para fins de reconstruções movediças. A desconstrução é "aquilo que acontece", "aquilo que não sabemos se chegará ao seu destino etc"[3].

Esta bela e completa definição – feita na presença de Derrida e não refutada ou desconstruída por ele! –, não se aplica apenas à filosofia e à literatura; *mutatis mutandis*, ela se adapta ao teatro. Deve-se, porém, necessariamente limitá-la ao teatro dito "pós-moderno"?

A categoria do pós-moderno é prática, mas pouco pertinente. Estamos de acordo, certamente, com certo número de características do pós-moderno nas artes e na literatura, mas deve-se tomar cuidado para não assimilá-las ou reduzi-las à desconstrução! Na literatura, o pós-moderno caracteriza-se por uma mistura de registros, gêneros, níveis de estilo, por uma hibridez de formas, uma intertextualidade muito poderosa. De boa vontade, ele é paródico, lúdico, irredutível a um sentido definitivo. Se o moderno rompeu claramente com a tradição clássica, de Baudelaire a Kafka, por exemplo, o pós-modernismo reintroduziu a representação e o gosto da narração, não sem colocar em crise essa faculdade de representar o real, especialmente nas "grandes narrativas" inspiradas no marxismo, no freudismo ou de todos os outros modelos canônicos. No teatro, a encenação pós-moderna (termo utilizado mais nas Américas do Norte e do Sul do que na Europa) não se apresenta sob um estilo homogêneo ou sob um gênero definido, nem mesmo numa dada época, mas sim, no melhor dos casos, como uma certa atitude, "um certo olhar". Diante de tal imprecisão artística, não seria melhor recorrer a esse instrumento mais confiável que é a desconstrução derridiana? Não que ela disponha de uma bateria de regras e propriedades estáveis, mas porque fez análises sólidas do tema e, sobretudo, porque podemos verificar-lhe a utilidade com exemplos concretos de encenações. Além disso, a desconstrução, assim como o pós-estruturalismo, define-se muitas vezes como uma resposta teórica e crítica ao pós-modernismo. Com efeito, graças à desconstrução, a encenação regula problemas de fabricação do sentido e, ao mesmo tempo, o espectador ou o

3   J. Derrida; E. Roudinesco, *De quoi demain... Dialogue*, p. 12.

teórico testa métodos de análise desse gênero de espetáculo. Os exemplos foram escolhidos em função tanto de sua diversidade quanto pelas propriedades de desconstrução que colocam em evidência. De Vitez a Castorf, passando por Régy, Chéreau e Marthaler, tomaremos alguns exemplos de encenações concebidas como desconstrução.

1. A IMPOSSÍVEL ANULAÇÃO DO PALIMPSESTO

O *rastro* é, para Derrida, o lugar onde a presença de um elemento está condicionada por uma série de ausências. O que a linguagem representa jamais está ali. Ela brilha por sua ausência, sob o rastro daquilo que não é nem visível nem tangível. Em psicanálise, o rastro memorial carrega a marca inconsciente de incidentes inscritos na memória. Esse rastro, presente e ausente, permite compreender de que maneira as encenações não se elaboram no vazio, mas são interconectadas por toda uma rede de citações, alusões, polêmicas ou, simplesmente, de rastros involuntários. Com mais razão, para as encenações da mesma peça, uma espécie de ardósia mágica semelhante ao *Wunderblock* freudiano conserva rastros de trabalhos ou experiências anteriores. Não é raro que um artista monte uma obra em diferentes momentos de sua carreira[4]. Os rastros não são puras citações, reminiscências, uma "interludicidade". São substituições de seu lugar de origem, de sua identidade, de sua presença.

A encenação ou a escritura não são repetíveis. Mesmo a nova encenação de uma obra substitui o que pareceu a solução adotada e nada faz senão remeter a outras leituras anteriores e provisórias.

A figura de Vitez impõe-se como a de um dos primeiros "desconstrutores" da cena, especialmente a clássica. Se a partir do acontecimento da encenação a relatividade e, portanto, a desconstrução potencial da obra são moeda corrente; com o pós-estruturalismo dos anos de 1970 a desconstrução tornou-se uma técnica testada para se interpretar a peça contra si mesma, para abrir a série infinita de leituras possíveis, série

---

4   Ver M. Carlson, *The Haunted Stage. The Theatre as Memory Machine*.

restabelecida, na prática, para alguns casos de figura em número limitado.

Um homem de teatro como Antoine Vitez via suas encenações de uma mesma obra, apesar de tudo muito diferentes umas das outras, como variações, talvez pelo fato de que elas se superpunham na sua memória. Desejava ele, exatamente, montar ou mostrar? São os rastros dessa memória: "O que enceno está no palco, é exatamente isso, minha memória"[5]. Essa memória é também a daquilo que sabemos das obras, de sua história, de sua interpretação. Os clássicos não são os contemporâneos dos quais fingimos ignorar tudo. Não se deve cair nesse gênero de intimidação pelos clássicos, nem naquela de que falava Brecht a propósito do público pequeno-burguês, impressionado pelo passado; ao contrário, essa intimidação nos empurraria a acreditar em sua contemporaneidade, na sua eterna juventude[6].

Desse modo, não apenas qualquer nova versão de uma obra não anula totalmente as precedentes, como também, de acordo com Daniel Mesguich, todas as interpretações fazem doravante parte dela, inscrevem-se na série infinita de versões sucessivas (cf. suas encenações de *Hamlet*, 1977; de *Romeu e Julieta*, 1985 ou de *Lorenzaccio*, 1986). Certas criações teatrais, como as de Carmelo Bene, de início consistem em variações de uma mesma simples ação e não mais, como no caso do teatro popular ou brechtiano, em representações de conflitos[7].

2. DESCONSTRUÇÃO E RECONSTRUÇÃO DA TRADIÇÃO

Desconstruir a tradição não significa absolutamente destruí-la, mas sim realçar-lhe os princípios ao confrontá-los com os da atualidade. Observar a tradição na interpretação do ator consiste em restituir a gestualidade ou o fraseado (*phrasé*), a pronúcia

---

5 *Écrits sur le théâtre*, Tome III – *La Scène, 1975-1983*, p. 29.
6 Idem, p. 30: "A intimidação pelos nossos clássicos tem como estranha consequência que rejeitemos a qualidade de clássicos para crê-los modernos, sempre jovens, como nós, finalmente".
7 C. Bene; G. Deleuze, *Superpositions*, p. 120 e s.

do passado, como o fazem, muito precisamente, por exemplo, encenadores como Eugène Green ou Jean-Denis Monory, com suas reconstituições barrocas de Racine. Porém, isso não é uma reconstrução como a praticava Antoine Vitez. Na sua encenação de *Andrômaca*, em 1971, Vitez reforçou a retórica dos alexandrinos, respeitou-a escrupulosamente; obedeceu às regras da eufonia. O objetivo não era imitar nem se aproximar o máximo possível da tradição de atuação, mas fazer compreender o papel desses princípios na constituição do personagem e do trágico. Vitez permutou os papéis, os atores anunciavam o nome do personagem: "Os atores interpretavam diversos papéis, que eram desempenhados por vários atores"[8]. À maneira de Derrida, Vitez afirma que a peça não tem um sentido tão conhecido que bastaria traduzi-lo cenicamente: "Não se pode representar *Andrômaca* como se o seu sentido existisse por si e que se tratasse apenas de traduzi-lo"[9]. Representar a peça é, portanto, começar por desconstruir-lhe a imagem tradicional, nisso reconstruindo já uma possível leitura. Para fazê-lo, substitui-se o lugar do discurso e do comentário: ele não está mais no centro da peça, e sim à margem, ao lado. Trata-se de mostrar, ao invés de incluir. Este descentramento é fundamental, visto que a encenação não pretende mais, doravante, investir contra o centro da peça, estar em posição de desaprumo, de explicação: o discurso da encenação continua à margem do espetáculo.

3. A INDECIDIBILIDADE DO SENTIDO

Com a obra de Bernard-Marie Koltès, no começo dos anos de 1980, esse princípio do descentramento da escritura, em seguida da atuação, encontrou um magnífico campo de aplicação. *Na Solidão dos Campos de Algodão*, que se dá como um diálogo mais filosófico do que dramático, é um pastiche de disputas filosóficas clássicas e do estilo herói-cômico da alta literatura dos séculos XVII e XVIII. A ironia pós-moderna consiste em por na boca de dois marginais as grandes leis da dialética e

---

8 *Écrits sur le théâtre Tome II – La Scène, 1954-1975*, p. 273.
9 Idem, p. 265.

do diálogo. Uma mistura tão explosiva obriga o espectador a reconsiderar suas categorias do sublime e do vulgar, do filosófico e do comercial. Não estamos mais na alternativa do verdadeiro e do falso, na resolução de conflitos, mas no jogo da *diferença*: a conclusão, a solução e o encontro são repelidos incessantemente. O prazer e a perversidade da atuação residem na igualdade de argumentos e na impossibilidade de concluir: o autor, em seguida os intérpretes, mantêm o leitor e o espectador em treinamento, dando-lhes a ilusão de que acabarão por descobrir o enigma desse *deal* e desse conflito sem tema. Chéreau e seus atores evitam especificar-lhe a natureza. Por certo, a interpretação cênica não pode deixar de dar indícios, porém sua tática é retomar imediatamente aquilo que acaba de sugerir. Qualquer nova pista fornecida pela atuação revela-se, portanto, falsa. Espacialmente, qualquer ganho de terreno é seguido, da mesma forma, por uma perda e vice-versa. Os atores (Pascal Grégory e Patrice Chéreau) diferenciam-se ao máximo na explicação, dando a total ilusão de que a procuram apaixonadamente. Essa *diferença* manifesta-se num "espaçamento pelo qual os elementos relacionam-se uns com os outros": mais concretamente, relacionam-se tanto nessa distância física que colocam no espaço, quanto no tempo para continuar a abordagem e manter o conflito, sem nunca trair-lhe a motivação. Não se trata, nesse caso, de diferenciar os personagens cujos discursos parecem às vezes intercambiáveis, embora designados pelos marcadores antitéticos Cliente/*Dealer*, de achar-lhes as diferenças, mas sim de diferenciar seu verdadeiro encontro, ao mesmo tempo em que se dá o momento de nossa compreensão do dispositivo, que colocaria fim à nossa espera e ao suspense. Ação, espaço e tempo coincidem nessa procura desnorteada da alteridade, em conformidade com a *diferença*: "a diferença não é uma distinção, uma essência ou uma oposição, mas um movimento de espaçamento, um 'tornar-se espaço' do tempo, um 'tornar-se espaço' do espaço, uma referência à alteridade, a uma heterogeneidade que, de antemão, não tem característica de oposição"[10].

---

10 J. Derrida; E. Roudinesco, op. cit., p. 43.

Essa *diferença* de qualquer solução, e de qualquer sentido, é, então, a encenação quem a confirma. Para a estratégica textual, a representação de Chéreau é como um suplemento que, contrariamente ao habitual, não acrescenta nem explica nada, não oferece qualquer posição de desaprumo para clarear o texto. A desconstrução de Koltès, e despois a de Chéreau, que lhe segue o passo, arruina a dialética hegeliana, seu *Aufhebung* (ou seja, sua resolução) de modo a tornar impossível qualquer síntese das duas posições. Ao fazê-lo, texto e encenação introduzem uma alteridade radical ao remeter qualquer proposta ao seu duplo, ao impedir o acesso ao outro e qualquer vitória de um sobre o outro, qualquer dom ou troca humana. Chéreau aplica as "senhas derridianas" ao pé da letra, não trai o segredo, mantém, portanto, a dialética hegeliana em xeque. Finalmente, introduz como princípio a alteridade radical no interior do mesmo.

É sabido que a desconstrução de textos literários coloca em dúvida a possibilidade de uma coerência do texto, garantida pelo autor da mesma forma que pelo leitor; que ela procura o pequeno detalhe, o grão de areia que emperra a máquina explicativa. Ora, nesta peça, assim como na encenação, os grãos de areia são legião: o menor gesto discordante, o menor efeito cênico, a imperceptível interrupção do fluxo de ações ou de imagens é suscetível de contradizer, de "contrainterpretar" a bela harmonia do texto, de arruinar qualquer explicação de conjunto. A *diferença* está, portanto, igualmente encarregada de retardar, até de invalidar qualquer convergência de linhas de força, de redes de vetores de signos, de recusar-se a qualquer visão de conjunto. Está inscrita em muitos espetáculos contemporâneos, tornando-se quase uma marca pós-moderna. O ator, que nesse caso rejeita qualquer identificação psicológica ou social, recusa-se no mesmo sentido a tornar-se o suporte legível e estável de signos. Fugindo de qualquer situação dramática concreta, prefere continuar num dispositivo abstrato. De onde decorre a receita de Chéreau: apesar dos efeitos do real (figurinos, entonações de marginais, *look "destroy"*), os dois atores deslocam-se segundo trajetórias quase geométricas, de acordo com abstrações de direitos ou parábolas. Porém, destino da representação, não chegam nunca ao destino...

4. CRISE DA REPRESENTAÇÃO E CORALIDADE

Se a desconstrução não chega sempre aos seus fins, é porque o objeto a desconstruir, e especialmente a representação teatral, continua fortemente ligada à *mímesis*. Em particular, aquela que emana de um texto pré-existente dado a entender e a ilustrar pelo palco. Entre as tentativas de rejeitar a ilustração, o Théâtre du Radeau, de François Tanguy, impõe-se como norma nada ilustrar; não dar a entender um texto ou um roteiro pré-existentes. Mais do que encenações, propõe-nos performances, as quais instalam o espectador num estado de sonho acordado, do qual, contudo, não percebe senão migalhas, com atores certamente "de carne e osso", mas frequentemente reduzidos a sombras, silhuetas, figuras de existência incerta. Qualquer figuração é decepcionante, a desses atores escapa particularmente a qualquer representação congelada.

Coda, um dos últimos espetáculos do Radeau, repousa num efeito decepcionante de profundidade: percebe-se indistintamente no fundo do palco, cada vez mais claramente e na medida exata, que figuras anônimas se aproximam do público, com roupão e chapéu de outra época, murmurando algumas palavras endereçadas não se sabe a quem, enquanto suas vozes são muitas vezes convertidas em barulhos de fundo ou de música provenientes de uma peça no alto que permanece inacessível. Pedacinhos de texto são perceptíveis, sem que se possa reconhecer qualquer história ou fábula. A figuração cênica, feita aqui e ali, não se presta a nenhuma totalização: painéis de madeira compensada retalhados em serraria, a menos que já não estejamos nessa serraria, ritmam o espaço e os deslocamentos. A *diferença* de qualquer sentido é perseguida na rede muito fechada de diferentes sistemas de signos ou, antes, de significantes que passam de um material a outro sem jamais se deterem num sentido final, mas que produzem um espaçamento muito marcado e visível não somente no arranjo de figuras, mas também temporalmente à medida que saltamos de um motivo a outro. No entanto, esse percurso acha seu lugar graças a um circuito muito canalizado de efeitos, isto é, de efeitos produzidos no espectador: para além do terror e da piedade próprios da tragédia, o espectador é constantemente assaltado por novos efeitos ligados à procura de indícios que se revelam rapidamente ilusórios e que nada mais fazem do que passar à imagem e ao motivo musical seguintes, num movimento contínuo de aprofundamento digno de uma "arqueologia do frívolo" (Derrida).

Encenação? Não, em todo caso, no sentido habitual da representação de um texto ou de um material pré-existentes. Melhor seria falar de uma instalação visível à distância (e, assim, não visitável a qualquer momento e nem visível sob todos os ângulos). Essa instalação insere-se num espaçotempo comum no qual penetramos tanto pela percepção à distância quanto pela imaginação. Livre, desse modo, ao observador a fim de distinguir nesse espaçotempo formas e movimentos, pois "os ritmos e movimentos respiratórios formam, constroem, desconstroem, relançam elementos concretos através dos quais as percepções compõem linhas de sentido"[11]. Na prática, o observador distingue níveis diferentes de elementos amontoados, superpostos, sucessivos e deslocados, dados num imbricamento ou dispersos.

Coda é "a derivação da figura musical retomada do motivo no final de um trecho, estendido aqui pelo movimento teatral: acolher, reunir, renovar, desligar"[12]. O espectador é constrangido incessantemente a triar e a religar suas próprias percepções, sem saber se as partilha com os outros. Sua tarefa consiste essencialmente em aceitar sensações visuais e auditivas novas, colocadas em comum por uma comunidade frágil e efêmera. No lugar do único olhar do encenador vetorizando[13], encontram-se esses materiais, um conjunto de imagens e sons dados como uma coralidade, àquelas de todos os elementos da representação considerados sem hierarquia pré-estabelecida. Essa coralidade não partilha uma palavra: religa acontecimentos cênicos e inaugura uma nova maneira de estar no mundo e de recebê-lo em conjunto. Os materiais, textos, sonoridades, luzes, silhuetas, são desdobrados, estendidos diante de nós, mantidos à distância, único índice que ainda distingue a visão teatral e a visita da instalação. Somos confrontados com um "excesso de significação", com um "significante voador", e esta "*superabun-*

---

11 F. Tanguy, Le Théâtre comme expérience, *La Terrasse*, p. 11.
12 Idem, ibidem.
13 Sobre a noção de vetor, ver P. Pavis, *L'Analyse des spectacles*.

dância de significante, seu caráter *suplementar*, mantém assim uma finitude, isto é, uma falta que deve ser *suplementada*"[14].

Essa *suplementação* da falta conduz a um *suplemento* pelo qual, na tradição metafísica ocidental, o signo é suplementar na medida em que procura compensar a perda da origem, a ausência, o vazio. A presença do signo e da abundância do significante, do qual temos com o Radeau um belo rastro, é assim a consequência da perda do sentido. Disso decorre uma escritura cênica abundante e sem fim que tenta preencher essa perda. Porém, de acordo com Derrida, a escritura não é aquilo que substitui a palavra: como um suplemento degradado vindo no lugar da presença e da voz, ela está sempre ali como um bem suplementar, para não dizer supérfluo, ou seja, estético. No caso de *Coda*, a escritura cênica possui essa qualidade de um significante em constante crescimento: esse significante não remete a um significado anterior e estável, ele se inventa nas suas perpétuas mutações. Contudo, o que significa isso para uma escritura cênica como aquela de Régy, que visa exatamente esvaziar o palco e o ator de qualquer expressividade, de qualquer significação já entendida? Podemos reconstruir antes de desconstruir?

5. ELOGIO DO VAZIO E DA LENTIDÃO

Para a encenação de *Comme un psaume de David* (Como um Salmo de Davi), Claude Régy começa por fazer o vazio. Inventa para sua intérprete, Valérie Dréville, um imenso quadrado em torno do qual o público está sentado em duas fileiras, numa obscuridade total. Uma luz muito fraca, cujo foco é invisível, cai por um teto falso, deixando pouco a pouco distinguir o ar de atuação, especialmente os quatro lados. A atriz caminha em passos muito lentos, porém regulares nas linhas exteriores do quadrado, utilizando às vezes uma diagonal para colocar-se no centro sob o foco luminoso e musical. Ela diz trechos de treze Salmos de Davi nos quais o mesmo confessa a Deus as suas "faltas".

14 J. Derrida, La Structure, le signe et le jeu, *L'Écriture et la Différence*, p. 424.

O que o espectador percebe, de início e antes de mais nada, é a extrema lentidão dos deslocamentos e da enunciação verbal, "duas sintaxes viradas pelo avesso, a da gramática e a do teatro"[15]. Ao dilatar o tempo, ao desacelerar o *tempo* da palavra tanto quanto o dos passos, Régy visa modificar a percepção do espectador, a fazê-lo perder o equilíbrio e muitas vezes também os nervos... A perda, aliás, talvez vá para além de suas esperanças: Valérie Dréville controla os seus deslocamentos físicos, cuida da concentração necessária para figurar perfeitamente os traços geométricos. No entanto, a voz humana não pode ser tratada como uma fita magnética ou um vídeo que passou para o desaceleramento e a deformação da articulação. A enunciação verbal não é regular, conhece constantes mudanças de velocidade. A atriz não pode articular as frases ao espaçar as palavras, tomando cuidado para que se dê uma vazão constante; porém a lentidão constante não é possível de ser mantida, as acelerações para ir ao objetivo da frase e garantir sua compreensão semântica são inevitáveis. A escuta torna-se muitas vezes dolorosa para o ouvinte, sem falar de sua frustração por não poder seguir a semântica da frase e dos versículos. Claude Régy e Henri Meschonnic, o tradutor, tentam inutilmente justificar essa descontinuidade de enunciação pelas necessárias paradas, os apelos, as interrupções próprias do discurso profético; essa derrota da língua "perturba muito as pessoas [...] que aceitam mal não compreender e não captar o sentido. Perguntamo-nos sempre 'do que é que isso fala? O que isso quer dizer?"[16]

Contrariamente aos exemplos anteriores e a despeito das expectativas, essa encenação não atingiu uma desconstrução do texto ou da cena. Com efeito, o "espaçamento", o "tornar-se espaço do tempo" do qual fala Derrida a propósito da diferença, não produziu nenhuma "inversão estratégica"[17] para interrogar e nem mesmo para descobrir o sentido dos Salmos. Esse texto foi certamente concebido como "uma experiência espiritual", uma "espiritualidade sem pertencimento, ou seja, não afastada

---

15 C. Régy, Programa do espetáculo no Théâtre de la Colline, 2006.
16 V. Dréville, Interview, *Bulletin du Centre National de Normandie de Caen*.
17 Termo de Derrida a propósito da desconstrução. Sobre a "diferença" (escrita com um a, em francês *différance*, em contraposição a *différence*. N. da T.), ver: La Différance, *Bulletin de la Société française de philosophie*, set. 1968; e *Théorie d'ensemble*.

por uma religião"[18], não sendo, portanto, "invertida", mas quando muito utilizada de maneira decorativa, como uma música perfeitamente executada, porém vazia de sentido. Fragmentada ao extremo, emitida numa *no man's land* isolada do mundo real e de qualquer dimensão mimética relacionável com a situação atual (salvo no programa), esses salmos não atingiram seu ouvinte, enquanto a encenação deveria fazer-nos acessá-los diretamente – sem discurso visual, político, filosófico ou religioso – à Bíblia, concebida como poesia pura.

Em contrapartida, não poderíamos negar – se superarmos a irritação para entender as palavras sem apreender-lhes o sentido global – uma certa "hipnose poética". Essa hipnose se produz desde que o ouvinte renuncie a querer ir mais rápido do que a música do texto e a detectar uma intenção qualquer de encenação. Ao receber os salmos como poesia quase pura, e a música tendo parcialmente uma dimensão semântica, o espectador chegou, por outro viés, ao espírito da desconstrução, que visa, em oposição à metafísica ocidental, superar as oposições do inteligível e do sensível, dentro e fora, sujeito e objeto, espírito e matéria, razão e paixão, palavra e escritura, filosofia e poesia. No seu "dispositivo ilimitado", Régy esforçou-se por chegar "ao fato de que a luz e a sombra sejam tratadas, não como duas noções opostas, mas como matéria unificada"[19]. Graças à luz, a arquitetura cênica (essencialmente o quadrado e os céus que sugere) pôs-se a cantar, a saber, em termos mais prosaicos, fez com que participasse da construção do universo do sentido. A voz e a luz, o silêncio e a obscuridade, o pleno e o vazio, o abstrato e o concreto, tornaram-se essa "matéria unificada", o desenho geométrico materializando o plano divino (ou poético?).

O problema é, evidentemente, saber se a percepção subliminar da luz, da poesia verbal e de todas essas uniões místicas mudou realmente a visão do espectador, se essa experiência sensorial continuou verdadeiramente isolada de qualquer pretensão religiosa, metafísica, e se alcançou a crítica derridiana do logocentrismo, da palavra sussurrada, da presença e da representação, especialmente aquela mimética da tradição teatral

18 C. Régy, Programa do Théâtre de la Colline, 2006.
19 Idem.

ocidental. Dito de outro modo, é preciso saber se a desconstrução funciona!

Pode-se duvidar disso. Faltou, para essa ironia, a autorreflexão. Régy permaneceu na crença de que o sentido, o texto, a poesia, haveriam de manifestar-se se o cerimonial da lentidão, da luz, da concentração tivesse sido respeitado. Ficou-se na essência, no essencialismo, como se a lentidão, a obscuridade tivessem um valor por si, como se se abrissem sobre o desvelamento do sentido. Fato que nos remete a uma metafísica da presença, a uma pureza da presença em si da palavra, a uma nostalgia da palavra plena, poética, universal, ingenuamente humanista.

Existem, achava Derrida, "duas interpretações da interpretação, da estrutura, do signo e da atuação. Uma procura decifrar, sonha em decifrar uma verdade ou uma origem que escapa à atuação e à ordem do signo, e vive como um exilado a necessidade da interpretação. A outra, que não se dirige mais à origem, afirma a atuação e tenta ir para além do homem e do humanismo..."[20] Régy situou-se na primeira interpretação: desconfia do signo, não o desconstrói; procura, no fundo, uma origem anterior à palavra e à história, fica na metafísica ocidental. Outros, como Vitez, ou, como veremos adiante, Marthaler ou Castorf, trabalham de modo contrário o jogo da repetição, da citação e da ironia.

6. RITUAL DEGRADADO DA REPETIÇÃO

Em Marthaler, desde *Murx den Europäer* (Atirem no Europeu!) (1993), os espetáculos evitam a representação linear de uma fábula, ilustrando um texto anterior; não são encenações concebidas como síntese e simultaneidade de signos, como "polifonia informacional" (Barthes), ou representação hierarquizada e centrada nas diretivas do encenador. São antes performances sem começo nem fim (para não dizer sem pé nem cabeça), acontecimentos arrastando-se em duração, entrecortados de rupturas, surpresas ou efeitos inopinados. A partir disso, com esses acontecimentos igualmente intermináveis e sincopados, sempre perfeitamente dominados pelos intérpretes, tanto quanto pelo seu

20 La structure, le signe et le jeu, op. cit., p. 427.

"chefe de orquestra", pensamos poder escapar ao "fechamento da representação" que, de acordo com Derrida ao reler Artaud, afeta o teatro e a metafísica ocidental subtraindo-os de qualquer influência exterior. Deve-se ainda entender o sentido dessa expectativa ritual: é sempre a ocasião de executar ações repetitivas e aborrecidas, mas também de viver momentos poéticos, líricos, até sublimes. A repetição, o *ritornello* e o refrão veem-se também elevados ao ápice da arte teatral e musical.

Seemannslieder (Cantos de Marinheiros), criada em 2005, é emblemática da postura pós-moderna, trivial e sublime ao mesmo tempo, a de um ritual degradado, mas também magnificado pela repetição. Num bar de marinheiros, um grupo de homens e mulheres de marujos reuniu-se para escutar e cantar canções populares. Forma-se um coro involuntário de ausência, enjoos, viagens, mas, sobretudo, de afeição e comunidade humana. Mesmo se algum personagem não se sobressaia no lote, entretanto, cada um interpreta, no momento requerido, o seu número com a maior seriedade e a mais sutil precisão. A evocação do mar por aqueles que ficaram em terra, a nostalgia das mulheres, a estranha rouquidão das vozes neerlandesas produzem um belo efeito coral. Como em *O Navio Fantasma* wagneriano, os membros do coro parecem condenados a repetir as mesmas ações, não obstante sem esperança de redenção. Apenas incidentes muitas vezes burlescos – quedas, reações repentinas, pequenas revoltas na rotina quotidiana – vêm perturbar esses rituais, sem a menor perspectiva de sucesso ou de melhoria de sua situação.

Sem sabê-lo, esses bravos marinheiros são, portanto, vítimas do fechamento e da crise da representação. De um lado, com efeito, estão presos ao visgo dos seus hábitos quotidianos, seus lugares comuns, sua ausência de perspectiva; por outro, tentam, apesar de tudo, sair das velhas rotinas, libertando-se ao se entregar a um grande esforço, vocal ou gestual. Seu desafio é igualmente o da encenação confrontada com a performance. Os personagens são rapidamente recolocados no seu lugar, não chegam a sair do lote e a propor um número individual, retornam ao anonimato. De maneira similar, a encenação esforça-se por quebrar a rotina da representação mimética e congelada, tenta emancipar-se[21] do

---

21 Ver B. Dort, *La Représentation émancipée*.

controle do encenador ao deixar o campo livre para os atores, acolhendo suas rupturas, seus incidentes, tudo aquilo que desconstrói ou que pelo menos quebra a representação clássica. A encenação não chega, entretanto, a transformar-se numa performance, pois recai numa representação congelada e controlada pelo encenador, que domina e finalmente fecha a encenação, vítima, assim como o espectador, do "destino da representação": "Pensar o fechamento da representação é pensar o trágico: não mais como representação do destino, mas como destino da representação. Sua necessidade gratuita e sem base. E isso porque no seu fechamento é *fatal* que a representação continue"[22].

Em Marthaler, a representação também continua, mesmo que a viagem por mar reserve sempre as mais belas surpresas.

7. SAÍDA DA REPRESENTAÇÃO

Se em Marthaler a representação não chega a fissurar-se para chegar a uma performance aberta à manipulação pelos atores, em Frank Castorf ela tenta uma última manobra, mais radical ainda, para "sair de si própria": as câmeras/vídeos *live* desmontam e desconstroem irremediavelmente a representação teatral clássica.

Na sua adaptação de *Crime e Castigo*, o diretor da Volksbühne segue de perto a história do romance de Doestoievski, mesmo que a recoloque num contexto alemão contemporâneo. Durante quase todo o espetáculo, a câmera/vídeo persegue sem folga as ações cênicas, invisíveis desde a plateia, retransmite imagens sobre grandes telas exteriores ou sobre elementos planos do cenário. Ela desvela, desse modo, a face oculta das coisas, da qual dá uma perspectiva invertida que o espectador de teatro deve recolocar no lugar e na perspectiva da escala adequada. O espectador percebe o que habitualmente não teve tempo de observar: o ator no trabalho, seus tiques, suas imperfeições, sem grau de implicação na fábula, também o seu virtuosismo. Transformado em câmera indiscreta, seu olhar não deixa nenhuma

---

[22] J. Derrida, Le théâtre de la cruauté et La clôture de la représentation, *L'Écriture et la Différence*, p. 368.

intimidade aos protagonistas. Com meios de ação direta sobre nosso tempo (rapidez, tempo real, eficácia), o vídeo *live* faz explodir a representação frontal do teatro tradicional, delega o princípio de análise objetiva inserindo-a de alguma forma no objeto teatral, o qual perde sua anterioridade, sua aura, sua presença imediata em proveito da imagem do vídeo ao vivo, certamente "sujo" e aproximativo, porém imediato e perscrutante, como o corte "cirúrgico" de um míssil. A mídia transforma, magnifica, mas também parodia e distancia a performance dos atores. O olhar provoca o olhado, mas este não está jamais à distância, de um ponto de vista exterior ao objeto, que o descreveria e o exporia definitivamente. Não sobressaem senão verdades parciais, embora desagradáveis, sobre a realidade. Esse olhar nunca é totalizador e profundo: não faz senão roçar a superfície das aparências, arruinando tudo que se tornou definitivo, acabado e tocado "muito de leve", talvez também com toda a pretensão de conhecer os fins últimos das coisas.

Essa falta de intimidade dos atores, sua impotência para salvaguardar a forma teatral clássica, é também o tema dessa história policialesca. O ator encontra-se na posição do inspetor na perseguição ao culpado, Raskolnikov, sem jamais querer prendê-lo: posição sádica que atormenta o criminoso mais do que uma prisão imediata e que também é uma posição metafórica de nossa relação com as mídias. A intrusão da câmera na esfera privada do ator, longe de sua faculdade de imitar um caracter, revela (ou produz?) nele uma atuação ora bloqueada e patética, ora destacada e desencarnada. O campo da câmera torna-se um espaço limitado, mas protegido no quadro do qual o ator pode inventar sua própria partitura, até improvisar, utilizar suas características psicológicas ou físicas, sua imagem, sem para tanto solicitar a identificação do espectador, sem nunca se entregar inteiramente à figuração dele exigida. O frenesi da interpretação, sua rapidez, sua desmedida digna da *hybris* grega, é menos a marca de uma identificação psicodramática nos papéis do que indício de um à vontade, de um histrionismo, até de uma cabotinagem destinada a colocá-la à vista total do público, o qual não é otário da performance esportiva desse tipo de interpretação. Essa desmedida, esse frenesi da revelação lembra o trabalho de "perlaboração", isto é, o trabalho de simbolização e encaminhamento de si mesmo, que o indivíduo em análise, ou mesmo o personagem à procura de si mesmo, e por seu lado o espectador "implicado" nessa ação, devem efetuar sobre eles próprios, "a fim de chegar de alguma forma ao objetivo das trevas insustentáveis que o habitam"[23]. Desse modo, esse processo que se oferece ao espectador está, evidentemente, ligado ao da catarse.

8. DESCONSTRUIR A REPRESENTAÇÃO

Quem diz desconstrução diz também, implicitamente, reconstrução. A encenação não tem somente que desfazer e criticar um texto ou uma representação, deve também reconstituir e comentar aquilo que se dá como um texto desde logo consideravelmente desconstruído. Tal é o caso de uma escritura dramática como a de Sarah Kane, especialmente toda sua última peça, *4.48 Psychosis* (Psicose 4h48)[24]. Tal parece ter sido a delicada e necessária tarefa de Park Jung-Hee para sua recente e notável criação da peça na Coreia por ocasião do Festival de Outono de 2006 no Teatro Arko de Seul.

8.1 *Escolha Dramatúrgica*

A peça é um longo monólogo, subdividido em sequências separadas umas das outras por pontilhismos, às vezes articulado numa sucessão de perguntas-respostas sem que o nome do locutor seja indicado. O monólogo pode parecer autobiográfico na medida em que anuncia um suicídio que o próprio autor não pôde evitar. Não é, portanto, um documento autêntico e

---

23 A. Françon, *La Représentation*, p. 85. Neste notável volume, Marie-José Mondzain e Myriam Revault d'Allones propõem traduzir por "perlaboração" o termo de Aristóteles *Perainein*, palavra que "designa ao mesmo tempo o ato de limitar aquilo que não tem limite e o ato de conduzir a seu termo um movimento que conduz à sua conclusão. É exatamente isso que está em questão no movimento de simbolização que Freud quer conduzir no seu trabalho de análise. Perlaborar foi o termo que escolheram os tradutores de Freud para dar o sentido de *durcharbeiten*" (p. 75).
24 *4.48 Psychosis*, em *Complete Plays*.

A DESCONSTRUÇÃO DA ENCENAÇÃO PÓS-MODERNA 221

Sarah Kane, Psicose 4h48, *encenação de Park Jung-Hee.*
© *Park Jung-Hee.*

puramente autobiográfico, uma última carta na qual o dramaturgo justificaria seu suicídio. É um texto de enorme sofisticação estilística, um poema muito trabalhado formalmente que não se pode imaginar saído da pena de uma pessoa que esteja a ponto de suprimir-se.

A encenadora respeitou perfeitamente essa última vontade formal ao propor um poema visual de um grande domínio naquilo que diz respeito à atuação, à cenografia e ao acompanhamento musical. Neste sentido, a encenação soube evitar o documento bruto, o aspecto psicodramático, documentário e clínico desse episódio fatal. O absoluto controle dos signos, especialmente os do comportamento da suicida, dá à representação um lado sublime, essencial, quase místico e cerimonial. Essa escolha respeita perfeitamente a estratégia e o espírito da peça, sua tentativa de ir até o fim da análise, de "tocar o seu ego essencial"[25], de nomear sem moderação as razões do desespero, ao manter de maneira completa uma forma perfeitamente dominada. A procura das causas da psicose, a análise impiedosa do ego, a fragmentação do texto, a incerteza sobre a identidade

25 Idem, p. 229.

Sarah Kane, Psicose 4h48, *encenação de Park Jung-Hee.*
©*Park Jung-Hee.*

do ou dos interlocutores, tudo isso contribui para a desconstrução extrema da peça. Entretanto, a coerência formal, a lógica implacável do raciocínio conferem a essa experiência pessoal valor universal, permitindo aos leitores reconhecer-se, identificar-se e, finalmente, reconstruir-se. Essa reconstrução do outro através da autodestruição da narradora não é o menor paradoxo da peça. A encenação de Park Jung-Hee soube encontrar os meios cênicos e formais para permitir ao espectador essa caminhada em direção à reconstrução, até da reconciliação.

8.2 *Reconstrução*

A reconstrução do outro passa pelo trabalho estético desta encenação e por uma reconstrução do texto fragmentado e privado de destinatário identificável. Tomando partido da origem das palavras, Park Jung-Hee fez apelo a três atores encarregados de encarnar três personagens, ou ao menos três vozes ou três eus diferentes. Ao eu principal da narradora respondem o eu do médico e o eu do outro, aquele que, tal como a pequena voz em nós, responde à narradora. A peça não indica absolutamente a origem das palavras e, portanto, o nome e a identidade dos personagens. A figura do médico, encarregado de zelar pela saúde mental dos outros, quase se impôs nos "diálogos" marcados por aspas. A do "outro eu", interpretado pela segunda atriz, não era evidente: ela "duplicou", é o caso de dizer, é aquela do eu principal, que está precisamente à procura de si mesmo. A escolha dramatúrgica desses três actantes certamente tornou a peça mais legível ao dramatizá-la, porém teve o grave inconveniente de confundir a procura do eu. Sugeria que se pode dialogar, arranjar-se, reconciliar-se com o outro em si mesmo, enquanto a narradora não chega, justamente, a acertar suas contas consigo mesma e com todos aqueles que, com as melhores intenções do mundo, querem curá-la. As cenas em que o doutor intervinha tornavam-se rapidamente anedóticas ou banais, de acordo com a ideia que se faz de um psiquiatra destacado ou de um psicanalista de escuta instável. Felizmente, a atuação esforçou-se por atenuar os efeitos do real, deixando aberta a possibilidade de que dois papéis suplementares não fossem senão projeções mentais da narradora, como, de resto, o texto sugere. O problema para a interpretação cênica de um texto tão evanescente é que ele deve ser muito dominante e engolir as palavras, que suportam mal a menor ilustração cênica. A peça parece confirmar a ideia pós-dramática de que um texto não precisa de encenação: "*Just a word on a page and there is the drama*"[26]. Para que haja não somente *drama*, mas também teatro, apresentação num palco para um público, é preciso passar-se *para*, e quase *sobre*, o corpo do ator. O de Kim Ho-Jeong, a atriz que encarnou o eu principal, não estava absolutamente marcada pela doença, era jovem, ágil e descontraída. Estando seus cabelos arrumados com calma e elegância em rabo-de-cavalo, a narradora estava longe da imagem convencional da doente mental. O outro eu, o dublê da paciente, por definição tinha dificuldade em encontrar sua identidade. Ora imitava o eu principal em espelho – mesmas calças, mesmo caminhar, mesma recusa do doutor; ora destacava-se: espada na mão, atacava seu modelo, como que para tocá-lo e identificá-lo, por fim. A reconstrução do texto, na sua dimensão explicativa e dramatúrgica, ajudou o espectador a localizar-se nessa luta contra a psicose. A encenadora escolheu a intervenção

---

[26] Idem, p. 213: "Uma palavra, apenas, na página e o drama acontece".

dramatúrgica radical: acréscimo de personagens e identificação de forças psíquicas em ação. Felizmente, foi contrabalançada pelos outros fatores clássicos da reconstrução, como a disseminação e o descentramento, a abstração e o vazio.

8.3 Disseminação e Descentramento

O cenógrafo Chung Hyung-Woo, a dramaturga Lim Yoo, o iluminador Jo Sunghan e a encenadora Park Jung-Hee disseminaram em todo espaço cênico e no bloco temporal de uma hora os diferentes fragmentos de fala desse monólogo de três vozes, que seguiram cuidadosamente o desenvolvimento do texto, exceto por alguns cortes de passagens poéticas quase musicais e dificilmente traduzíveis, porém distinguiram claramente as zonas correspondentes aos momentos da confissão. Do fundo do palco vinha a sombra, o duplo do eu. Da fossa em forma de caixão mortuário ou de divã psicanalítico surgia o médico sentado atrás de sua paciente. Um compasso imenso confirmava a impressão de um mundo geométrico e quadrilhado, frio e implacável, denunciando qualquer desvio e qualquer curva. Essa disseminação da palavra no espaço correspondeu bem ao descentramento da escritura: não há nenhuma resposta às perguntas dessa mulher abandonada a si mesma. Num ato de diferença, no sentido de Derrida, o enigma do eu, o "semblante colado no subterrâneo do espírito"[27], não era jamais atingível; sua compreensão foi incessantemente empurrada para mais tarde. Graças a uma sequência de confissões, mas também de desapossamentos, o momento do suicídio foi recuado, deferido, mas igualmente preparado e planificado. A pulsação rítmica do espetáculo restituiu essas desapossessões, ao construir cada sequência entre os negros e breves intermédios musicais, segundo o esquema esperança/decepção. A iluminação muito precisa, quase cirúrgica, recortava a sombra e a luz de acordo com as formas geométricas, isolando uma parte do semblante, um quarto do palco, um eu do personagem inteiro. Passando da "palavra na página" para a presença no palco, Park Jung-Hee transpôs a arquitetura verbal e a tipografia poética

---
27 Idem, p. 245.

numa coreografia abstrata ao redor do trio de atores. A palavra, a luz, o som musical se encontravam, antes de dissociar-se novamente para sugerir a perseguição à conquista da identidade. À diferença do poema dramático que se desenrolava em nossas cabeças, a representação devia manifestar, ilustrar, explicitar aquilo que era sutil e imaterial. Assim, a passagem ao ato apenas evocado pudicamente pelo *"please open the curtains"* ("por favor, abram as cortinas")[28], provável reminiscência do *"Mehr Licht!"* (Mais luz!), de Goethe, se traduzia no palco pelo avanço da mulher em direção à luz cegante dos projetores, que, por um instante, cegava, também, os espectadores. Disso decorria um efeito um pouco melodramático, dificilmente evitável: uma música carregada que geralmente mais apoia do que sublinha e pontua a saída final.

8.4 O Grito do Silêncio, o Vazio do Coração

A composição musical de Choi Jung-Woo, interpretada diretamente por seu grupo Renata Suicide, deu uma imagem do vazio e do silêncio da morte. Atribuindo-se à "impessoalidade da abstração" de Maurice Blanchot, essa composição contemporânea feita de percussões minimalistas ao estilo da música budista jamais foi ilustrativa. Não sublinhava o texto por tal ou qual emoção ou *leitmotiv*. Criava, antes, quadros vazios e silenciosos para o ouvinte. Tratava-se, para essa música discreta – sofrivelmente audível durante as cenas –, de dar a impressão do vazio, à maneira do monge budista que utiliza a percussão monocórdica e obsessiva de um sino de madeira. Essa pureza do som, essa simplicidade (aparente) da melodia fizeram sentir a forma vazia, o puro significante, que o personagem acredita exatamente não mais dominar: *"How can I return to form/Now my formal thought has gone?"*[29] O poema se reduzia, muitas vezes, a um puro jogo sobre o significante, que, não obstante, fazia sentido. Dessa forma, para *"still ill"*[30], às vezes era "ainda

---

28 Idem, p. 245.
29 Idem, p. 213 ("Como poderei retornar à forma / agora [que] meu pensamento formal se foi?").
30 Idem, p. 223.

Sarah Kane, Psicose 4h48, *encenação de Park Jung-Hee.*
©Park Jung-Hee.

doente" e "a calma, a imobilidade doentia". A ausência de som e de movimento – a morte, portanto – produzia, através do jogo do significante, uma fórmula que, por sua sonoridade, sua elisão, não deixava nada mais do que o *"ill"*, a doença e antes de tudo a morte. O mérito da música foi igual ao da encenação: um não duplicou o outro, mas valorizou-o. *Via-se* essa música, *escutava-se* esse vazio da morte. Restou a beleza cintilante da forma, aquela do drama e da encenação...

8.5 *O Pós-modernismo, aliás, Nada*

A forma da interpretação, da cenografia ou da música, apagou qualquer indicação cultural, coreana ou outra. A temática, porém, bem como a maneira de figurar a psicose e a morte voluntária, a depressão e a falta de amor, eram eminentemente universais: sua figuração artística atual estava, no entanto, antes de mais nada ligada ao pós-modernismo ocidental, que reivindica uma identidade internacional, asséptica às vezes, porém liberta de tentações identitárias. De Londres a Seul, de Paris a Changai, identificar-nos-emos com essa psicose que nos faz acreditar numa psicologia excessiva e numa cor muito local. É preciso, no entanto, todo o domínio formal de Park Jung-Hee e de suas excelentes colaboradoras para transmitir ao público coreano a universalidade dessa miséria humana. A beleza formal de *Psicose* e de sua encenação coreana, o sentido da autenticidade e da lucidez são as armas últimas contra o luto, o desespero e os eternos queixumes.

9. CONCLUSÕES:
"PARA ACABAR COM O JULGAMENTO DE DEUS" (ARTAUD) E COM A DESCONSTRUÇÃO?

• Os exemplos contemporâneos aqui evocados revelam um constante vaivém entre desconstrução e reconstrução. É preciso, no entanto, dispor desde logo de uma construção, em suma, de uma escritura no sentido de Derrida, uma escritura que não seja o rastro de uma palavra pré-existente.

• Disso resulta um descentramento do encenador: este não está mais no centro de tudo, especialmente do sentido, não é mais o dono de uma subjetividade absoluta que se traduziria em todas as decisões e escolhas da encenação. Vitez, um dos primeiros, nos anos de 1970, marcou claramente a mudança epistemológica da prática do teatro: o encenador não é mais o ponto de origem, e sim o ponto de chegada para os atores: "Não considero mais que uma obra teatral realizada no palco seja a ilustração, pelos atores, de um desenho concebido pelo encenador. Não, o desenho pode variar segundo os atores"[31]. A partir de Vitez, essa ideia fez o seu caminho. A antiga posição do "diretor" demiurgo é criticada doravante sem cessar como absolutista e autoritária: trata-se, declara Alain Françon, "de uma visão 'visionária', vidente, 'fantasmática', intuitiva, que não confedera um 'nós' a não ser pela sua única autoridade e que não concede nenhuma mudança para a escuta, para o pensamento alargado"[32]. Uma escuta amplificadora, um pensamento alargado, eis o que almeja, se é que se pode dizer, a encenação descentrada, "descerrada", "descenocratizada" (desembaraçada do diretor autocrata), em resumo: como nos anos de 1960 e 70, o controle da visão de um sujeito absoluto. O controle foi, há muito tempo, transferido para o ator, até para o espectador, que é posto a dar uma contribuição real. O pós-moderno coincidiu com o relativismo dos anos de 1950 e 60, que foram também os do apogeu da arte da performance. A desconstrução, aquilo que o mundo anglo-americano intitula de pós-estruturalismo, Derrida à frente e em seguida, nos anos de 1970 e 80, reconquistou o terreno deixado como lavoura em descanso pelo abandono do estruturalismo puro e duro de um Lévi-Strauss ou de um Benveniste; foi a resposta universitária, pelo mesmo golpe, ao impressionismo pós-moderno. O recentramento no espectador, depois da necessária etapa estruturalista e semiótica da teatrologia, arremata essa evolução em direção a uma desconstrução, na filosofia e nas artes.

• Esse espectador, sobre o qual recentra-se tanto a teoria (fenomenológica) quanto a prática (performativa), é a aposta de

---

31 A. Vitez, *Écrits sur le théâtre, Tome III – La Scène, 1975-1983*, v. 3, p. 273.
32 Ver em M.-J. Mondzain (ed.), *L'Assemblée théâtrale*, p. 76.

todas as solicitações e convenções: é sua tarefa ornar, corrigir, preparar o espetáculo que ele dá a si próprio.

* Os exemplos desse *corpus* reduzido provam, pelo menos, uma coisa: a desconstrução não é um estilo de encenação, no caso pós-moderno de trabalho e de crítica da representação. Testemunha talvez a melhor maneira do retorno à representação, depois da apresentação. A "apresentação" de si mesmo (segundo a fórmula de Goffman) conviria à arte da performance, que visaria apresentar diretamente, sem o falseamento da imitação mimética, o ator falando de sua vida "verdadeira", não desempenhando nenhum personagem, apresentando seus próprios problemas. Os exemplos do *corpus* restabelecem a representação teatral nos seus direitos ancestrais. Castorf narra e retoma os procedimentos do enigma policial do romance de Dostoiévski; Marthaler reencontra para além das canções derrisórias uma autêntica experiência vivida: Chéreau finge narrar a história sem fim de dois marginais; Tanguy evoca imagens conhecidas da Europa Central, de seus mitos literários e de suas tradições plásticas; Vitez restitui a seus atores o sentido do francês e da dicção do século XVII e faz teatro dentro do teatro, contando com o conhecimento das formas para chegar à história; Régy faz dos Salmos um texto poético universal.

Nesses exemplos, certamente a desconstrução está em pauta de muitas maneiras, porém desemboca sempre na reconstrução, naquilo que Derrida chama o "destino da representação": a reconstrução de uma ficção, de um limite, de um signo, de um fechamento. Para o teatro, isso implica que a desconstrução não eliminou o encenador, porém deu-lhe simplesmente novas tarefas para fundar uma "representação emancipada" (Dort). Tarefas múltiplas, para não dizer infinitas, como estes seis exemplos provam muito bem. Vitez utiliza o desempenho do ator, o exercício ou o esboço como margem para desmontar a retórica e o desejo inscrito na violência da língua. Chéreau, seguindo Koltès, inventa um mecanismo homeostático para não decidir nunca sobre o sentido e a saída do conflito. Tanguy apega-se mais à desconstrução do que à construção, citando e desmontando todas as referências culturais nas quais os espectadores mergulham, porém tem dificuldade em reconstruí-las num discurso que tenha sua própria lógica. Régy dispensa-se de desconstruir a escritura, continuando numa problemática essencialista do texto que supõe falar de si mesmo, graças a um dispositivo muito especial (silêncio, obscuridade, lentidão). Marthaler desconstrói a permuta teatral por meio de uma coralidade que acaba por restaurar uma conexão entre os indivíduos isolados e melancólicos. Castorf desconstrói a representação clássica à distância para melhor restabelecer o sentido da culpa (significação e direção) e restituir a fábula do romance graças ao desempenho frenético e à vigilância pelas câmeras. Neste sentido, à exceção de Régy, movido por intenções distintas, sua desconstrução é derridiana na medida em que não se situa no depois, no "pós" moderno ou no pós-dramático, na morte da filosofia ou no fim da história. O fechamento do seu espetáculo, tanto quanto o da metafísica segundo Derrida, não é absolutamente o fim e a destruição do teatro (ou da metafísica), é o começo de outra maneira de fazer teatro (ou filosofia).

No fundo, e finalmente, nosso melhor teatro, contrariamente a um sentimento frequentemente expresso, não destrói nada: ele desconstrói e muitas vezes reconstrói. Poderíamos aplicar-lhe literalmente aquilo que Jacques Derrida, num dos seus últimos textos, escreveu sobre a desconstrução: "A desconstrução não procura desacreditar a crítica: lhe relegitima sem cessar a legitimidade e a herança, porém não renuncia jamais à genealogia da ideia crítica, não mais do que à história da questão e do suposto privilégio do pensamento interrogativo"[33]. A encenação que desconstrói seu objeto interrogando seu funcionamento, da mesma forma que sua proveniência, não renuncia à virtude crítica da representação teatral, à sua faculdade de interrogar e contestar o real.

---

33 *Voyous*, p. 207.

Velho sonho do ator: abster-se do encenador.

Velho sonho do encenador: transformar os atores em marionetes.

Felizmente, tais sonhos nunca se realizam. É difícil, e pouco recomendável, apresentar-se ao público sem antes ter sido olhado por uma pessoa exterior a serviço. E o ser humano não é um fantoche: ele respira e pensa.

Isso não impede na maioria das vezes o ator de querer trabalhar, sozinho em seu estúdio, o seu monólogo ou seu mimodrama, de querer controlar tudo na cadeia de produção, desde a ideia original até a entrega final da obra em diversos lugares.

O teatro do gesto (o "teatro físico"), baseado na habilidade do corpo, tornou-se um gênero em si, que entra em concorrência e às vezes eclipsa a "máquina encenação".

Porém – e aqui está o paradoxo do teatro gestual –, essa habilidade do corpo vista como atributo específico do ator nos conduz às exigências da encenação. E até a performance, ao enaltecer um uso não ficcional do corpo, volta frequentemente (como é o caso de Marina Abramovic) à teatralização e ao controle da encenação, a um corpo estritamente vigiado.

10. O Teatro do Gesto e a Dramaturgia do Ator

No mundo teatral anglófono, fala-se de *physical theatre (teatro físico)* para designar um tipo de espetáculo fundado mais no corpo do ator do que em seu texto e seu espírito[1]. *Teatro do Gesto*, o título do livro organizado por Jacques Lecoq[2], seria uma tradução possível, embora aproximativa, dessa fórmula, porém refere-se, sobretudo, como nesta obra, ao mimo e seus derivados. "Teatro do corpo" estaria mais próximo dessa prática, mas a expressão soa mal aos ouvidos franceses. Seja qual for a designação, o *teatro físico* é um gênero que encontramos sob muitas formas experimentais ocidentais. O mimo e aluno de Decroux, Thomas Leabhardt, define-o como "um teatro híbrido não tradicional, que insiste na virtuosidade física, mas que não é exclusivamente da dança e, se bem que utilizando muitas vezes as palavras, não começa com um texto escrito"[3].

---

1 Sobre o *physical theatre* (teatro físico), ver D. Callery, *Through the Body*.
2 *Le Théâtre du geste. Mimes et acteurs*. No capítulo "Olhar de um Ator sobre o Teatro que se Move", Alain Gautré inclui, especialmente no teatro do gesto, artistas como os do Footsbarn Theatre, do Théâtre de Complicité, do Théâtre du Mouvement, do teatro de Kantor, de Jérôme Deschamps e os do Mummenschantz.
3 Physical Theatre, em D Kennedy (dir.), *The Oxford Encyclopedia of Theatre and Performance*, p. 1031.

Esta prática do teatro do gesto encontra naturalmente seu lugar em uma obra consagrada à encenação contemporânea, visto que o teatro gestual constitui parte importante da produção atual, dirigindo basicamente um desafio à ordem imposta pelo encenador. Com efeito, o "teatro do gesto" abstém-se muitas vezes do encenador, delegando ao ator o poder de construir a partitura do conjunto, de constituir aquilo que Barba chamou de dramaturgia do ator. O teatro do gesto está nas mãos de atores, que inventam de um só golpe uma nova maneira de trabalhar.

Desde os anos de 1960, o teatro do gesto já tinha uma longa história: nessa época, a noção remetia quase sempre a Antonin Artaud e à sua crítica do teatro burguês e psicológico. E, não obstante, Julian Beck, Peter Brook, Charles Marowitz ou Jerzy Grotóvski não tinham lido o autor do *Teatro e seu Duplo* no começo de suas carreiras, porém, tal como ele, postulavam intensamente que se lessem os textos de teatro de forma radicalmente diversa. Grotóvski pedia aos atores para estarem conscientes das ações por trás das palavras, para nelas sentir a trajetória da linguagem. Brook sempre pensou que uma palavra não começa pela palavra, mas sim que é um produto final que começa por uma impulsão. Ao montar *Dionysus in 69*, Schechner interessou-se em priorizar a respiração e as crises dos intérpretes. Ao comentar *Le Regard du Sourd* (O Olhar do Surdo), de Robert Wilson, Louis Aragon, numa carta aberta a André Breton, falou desses "nem dançarinos, nem atores: experimentadores de uma ciência ainda sem nome. A do corpo e sua liberdade". Segundo Barba, a palavra não será entendida verdadeiramente caso não provenha de um "corpo decidido". Todos esses artistas estão, portanto, persuadidos da base física do teatro.

Não teríamos condições de escrever, aqui, a história do teatro do gesto, visto que nos concentramos nos anos de 1990. Desde os anos de 1960, esse gênero evoluiu muito, não ficou restrito ao teatro antropológico de Grotóvski ou de Brook: muitas outras formas apareceram, das quais daremos apenas alguns exemplos isolados, porém típicos. Examinaremos a concepção do corpo que cada tentativa subentende: de que maneira, nas experiências mais recentes, esse corpo é moldado? Qual a relação que ele mantém com o outro, especialmente quando entra em contato físico com ele? Se o inconsciente fala através do corpo, os espectadores devem ler esses corpos para compreender o que revelam de seu inconsciente e do nosso.

De *May B.* (Maio B) (1981) à última criação do Théâtre du Soleil, *Les Éphémères* (Os Efêmeros) (2007), o teatro do corpo sonha com muitas identidades. Afasta-se cada vez mais dessa "revolta dos corpos" de que falava Bernard Dort nos anos de 1960. A ideia de que o corpo seria a resposta à alienação do espírito venceu. A oposição do corpo e do texto perdeu sua pertinência. Essa revolta não foi, aliás, do gosto de todos, particularmente de mimos como Decroux ou Lecoq, mais ligados ao rigor do gesto. Este último zombava dessa "revolta de escolioses" e desconfiava do purismo grotovskiano[4]. A polêmica sobre a expressão corporal dos anos de 1960 e 70 não está, em todo caso, completamente apaziguada. Será preciso aguardar o fim do século XX para que o teatro do corpo ganhe novas luzes e um lugar doravante incontestado no seio da encenação contemporânea.

Antes de abordar os novos dados do teatro do corpo a partir dos anos de 1990, autorizar-nos-emos uma rápida incursão no território da dança-teatro de Maguy Marin, já que percebemos em suas obras, como *May B.*, os germes do teatro gestual dos últimos anos do século XX. O percurso terá como fio condutor a questão do corpo, sua concepção implícita, o sentido do tocar como barômetro da proximidade entre as pessoas.

1. *MAIO B.*, DE MAGUY MARIN: ESSE OUTRO QUE ME TOCA

Com essa coreografia, uma das mais interpretadas no mundo, Maguy Marin celebra um dos raros encontros felizes entre a

[4] J. Lecoq: "O retorno à expressão física do comediante, trazida pelo grande psicodrama de 1968, fez surgir gestos do interior que estavam ocultos até então. O corpo liberou na superfície visível uma géstica 'imprecisa' mais do que expressiva, e essa foi a revolta das escolioses, o 'por que não eu?' Os imostráveis mostraram-se nus no palco pela primeira vez. Grotóvski ritualizou o corpo em cerimônias semiprivadas, num semivoyerismo elitista. Colocou o corpo no lençol branco, mortalha da pureza. A partir de uma espécie de ascese física, o ator procurou ultrapassar os limites de seu poder, à força da vontade, arriscando-se mesmo a fazer-se mal" (Le théâtre du geste et de l'image, *Le Théâtre du geste, mimes et acteurs*, p. 138).

dança e o teatro[5]. Um grupo de zumbis com o semblante e o corpo emplastrados, congelado em atitude hierática, não se move senão ao sinal de apito ou da fanfarra popular dos Palhaços de Binche. "Fim, acabou, isto vai acabar, isto talvez vá acabar": as únicas palavras que saem de sua boca deformada são emprestadas de *Fim de Jogo*, de Samuel Beckett. Esse fim é menos o fim do espetáculo do que o da humanidade, a julgar pelo lamentável estado de decrepitude em que vegetam. Seu corpo é tratado como um material esbranquiçado, batido como gesso, à maneira dessas criaturas moldadas pelo artista plástico Georges Segal, que apreende os gestos quotidianos de seus concidadãos comuns. Cada uma dessas dez silhuetas sem qualidades fundem-se ao grupo, bloco homogêneo de desolação, carcassa coletiva que vive seus últimos sobressaltos. O grupo desloca-se em bloco. Os indivíduos executam os mesmos pobres gestos mecânicos e repetitivos. Os corpos são sujos, repelentes, vulgares, privados de individualidade e humanidade. Porém, sabem também ajudar-se mutuamente, olhar-se, seduzir-se, mesmo que não cheguem à isolar-se da massa pastosa do clã ou de sua gangue corporal. A arte do movimento alia-se à plástica viva – se assim podemos dizer! – para figurar ou desfigurar o ser humano na sua solidão petrificada e na sua embriaguez. O grupo de zumbis também dança mais sob a música da fanfarra do que sob a música clássica: marca o compasso de modo simples, mas justo. *Maio B* repousa no contraste irônico entre o refinamento da música de Schubert e a vulgaridade de gestos que marcam o compasso. Esses estropiados da vida não são mais capazes de se movimentar senão coletivamente, em resposta a *stimuli* sonoros: batida de tambor, barulhos de passos deslizados ou fragmentados. Fiel, nisto, a Beckett, cujas peças recusam-se obstinadamente a "significar alguma coisa", Maguy Marin dá a entender intelectualmente, mas também "cinestesicamente", o seu vazio e sua desumanização. A alienação do grupo é menos metafísica e individual (como no caso de Beckett ou no

---

5 Regularmente retomado ao longo de mais de vinte e cinco anos, *May B.* está disponível em vídeo. Gravado em 22 de dezembro de 1983 na Casa das Artes de Créteil pelo Office culturel pour la communication audiovisuelle para o Ballet Théâtre de l'Arche de Maguy Marin.

butô) do que social e coletiva. Ainda que vestidos ridiculamente com um focinho, com uma silhueta e uma caminhada de *troll**, esses personagens desfigurados continuam sendo nossos contemporâneos, nossos semelhantes, nossos irmãos: figuram nossas desordens e errâncias, fazem parte integrante de nossa realidade social, de nossa experiência quotidiana. Mas quem são eles, exatamente? Excluídos, novos pobres, abandonados por conta da mundialização? Por muito tempo voltado para o absurdo existencial, especialmente beckettiano, ou para a abstração pós-moderna, o palco reconquista uma dimensão mimética, para além da coreografia do puro movimento. Maguy Marin permanece na tradição de Béjart, que foi seu professor: tudo aquilo que se movimenta é colocado à disposição de uma situação a ser desenvolvida, de uma história a contar. O corpo coletivo desse coro exprime a desumanização, o gregarismo e a mecanização dos comportamentos e das ideias. Com frequentes paradas, silêncios ou intervenções musicais, a coreografia passa constantemente dos indivíduos para os grupos. A intervalos regulares, um movimento de conjunto, uma dança que se apoia num ar de fanfarra ou numa música sinfônica fazem-no deslocar-se do grupo, tirando-o de sua apatia, lançando-o numa figura muito bem regulada que transporta o espectador para fora da ficção teatral em direção ao domínio da virtuosidade coreográfica. A partitura gestual e coreográfica propõe atitudes, posturas, deslocamentos e movimentos de extrema precisão. Disso resulta, uma vez esse dispositivo coreográfico assimilado, um conjunto de personagens finalmente teatrais, surgidos do nosso universo social – um exército de velhinhos deslocados, mas apesar de tudo ainda vivos e contentes de assim estarem.

Se os corpos são o barômetro e a metáfora do estado do mundo, *May B.* é o inverso tragicômico da libertação dos corpos, dos quais tanto se fala nos anos de 1960. O contato entre os corpos se tornara problemático, paródico e repulsivo.

Para ficar na problemática da expressão corporal tal como se desenvolveu a partir dos anos de 1960, abordaremos o espetáculo de uma atriz do Odin Teatret, *Itsi Bitsi*, espetáculo

---

* *Troll*: do folclore escandinavo, criatura sobrenatural, anão ou gigante, que se supõe viver em cavernas ou nas montanhas (N. da T.).

autobiográfico concebido e interpretado pela atriz dinamarquesa Iben Nagel Rasmussen.

2. *ITSI BITSI*: A DRAMATURGIA DA ATRIZ

Este espetáculo[6], interpretado com os músicos Jan Ferslev (guitarra) e Kai Bredoldt (acordeão), situa-se exatamente nos anos de 1960. Iben Nagel Rasmussen evoca episódio de sua vida ao lado de Eik Skaløb, poeta e cantor, o Bob Dylan dinamarquês, que se suicidou na Índia em 1968. Ela recorda momentos e visões dessa época por meio dos personagens de seus papéis no Odin Teatret, a partir de 1966. A narrativa autobiográfica nutre-se constantemente, assim, de partituras gestuais e vocais que ela elaborou para seus espetáculos anteriores.

Duas cenas esclarecem particularmente bem o seu modo de trabalhar: *Le Voyage et la Vieille Femme* (A Viagem e a Velha Mulher) e *Kattrin la Muette* (Kattrin, a Muda). Convém, inicialmente, familiarizarmo-nos com o método de *training* e de ensaio. A pesquisa é feita a partir do gesto, da voz, de palavras e sons, com o intuito de "achar o personagem": "É como se o personagem fosse um espaço que descubro pouco a pouco em mim no decorrer da composição e no qual há de tudo: ações, sentimentos, palavras, sons... Reconheço esse espaço no meu corpo"[7]. Antes de mais nada, linguagem e gesto não são separáveis. A tarefa da atriz é elaborar seu personagem em termos ditos "pré-expressivos", antes de conferir-lhe um sentido na montagem ulterior: "O personagem estava pronto antes que começássemos o trabalho da montagem. Todos esses modos de andar, sentar, de utilizar seus braços, de utilizar sons, eram ações físicas muito precisas, sem significados específicos e que podiam, portanto, ser utilizados em diversos contextos"[8]. Não somente a atriz encontra seus próprios materiais, como também tem a possibilidade de elaborá-los, "de tal modo que o encenador não tenha que dar suas diretrizes de acordo com

---

6 Vídeo a partir do filme para a televisão dinamarquesa.
7 La dramaturgie du personnage, *Degrés*, n. 97-98-99; P. Pavis (dir.), *La Dramaturgie de l'actrice*, p. 19.
8 I. N. Rasmussen, Interview, em E. E. Christoffersen, *The Actor's Way*, p. 101.

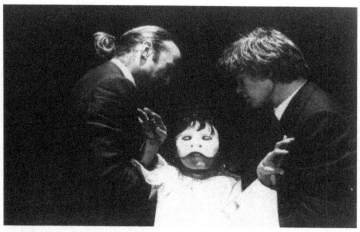

Iben Nagel Rasmussen, Itsi Bitsi, *encenação de Eugenio Barba.*
©*Paul Østergaard.*

sua ideia do espetáculo"[9]. Ela conserva assim, pelo menos num primeiro momento, o domínio de suas propostas.

Consideremos, no momento, a cena de viagem com a velha mulher. Iben Nagel Rasmussen é mantida no laço por uma fita vermelha como um cavalo, espécie de rastro de sangue que não acaba nunca de se esticar. O *dealer*, dublê de cafetão e vadio, mantém as rédeas e o controle de seus movimentos, olha-a em estado de drogado. Ele não afrouxa as rédeas a não ser para melhor aprisioná-la inextricavelmente por meio de sábias manipulações. Vestida com um traje de noite negro, falando com voz doce e sorriso de felicidade máxima em contraste com o horror das palavras que descrevem sua descida aos infernos, Iben Nagel conta suas lembranças de viagem e de dependência da droga. Essa voz suave, estilizada, teatralizada, artificial, insiste na materialidade e na sonoridade das palavras. Crer-se-ia que pertence a uma velha e codificada tradição de interpretação, enquanto não é senão pura invenção da atriz. Se o corpo do *dealer* é facilmente identificável, legível semiologicamente

[9] Idem, La dramaturgie du personnage, op. cit., p. 22.

Iben Nagel Rasmussen, Itsi Bitsi, encenação de Eugenio Barba.
©*Tony d'Urso.*

através de sua atitude e do seu *gestus* social, a voz de Iben Nagel Rasmussen significa menos do que produz em termos de viva impressão. É o resultado de uma impulsão, de um movimento, de um ritmo e de um fraseado (*phrasé*) que pertencem apenas a ela. Dessa voz e desse corpo, avançando inexoravelmente para frente e para a morte, o espectador recebe uma impulsão física e cinestésica. O corpo mudo dessa mulher, dessocializado, despolitizado, cortado da história, transmite, entretanto poderosas vibrações às quais o espectador reage antes mesmo de decifrar os signos. "A reação cinestésica é produzida antes da reação semiótica", observa Simon Shepherd e Mick Wallis[10], fazendo eco às reflexões de Bernard Beckerman sobre a experiência teatral: "Nossos corpos reagem de antemão à estrutura da ação, antes de nos darmos conta de que assim procedem"[11].

Em *Kattrin, a Muda* (sequência XI), Iben Nagel Rasmussen reconstitui um episódio do espetáculo de Eugenio Barba intitulado *Cendres de Brecht* (Cinzas de Brecht). Ela cria a figura da filha de Mãe Coragem, que salva a cidade de Halle graças ao sacrifício de sua vida. Kattrin é muda, porém não é surda aos males do mundo. Seus gritos inarticulados e o som do toque do sino dão o alerta. Permanecendo em contato com o mundo, ela soube preservar em si a criança e não tem consciência da violência que a cerca, "ela é como essa geração de crianças do *flower power* (paz e amor) dos anos de 1960 que depuseram as armas e então foram assassinadas, desaparecendo antes de poder dizer aquilo que representavam"[12]. Seu corpo é aquele, incompleto, de uma aparência simplória, de uma jovem com elefantíase, de uma deficiente vítima da violência da guerra, "levada pelos soldados, violentada, colocada contra o muro para ser morta"[13]. A tentação da bondade custa-lhe a vida. Seu corpo, assim como sua idade, ficará congelado na lembrança, o que ela exprime num poema testamentário emprestado de Brecht:

Quando você me deixa alegre,
Então penso muitas vezes penso: agora eu posso morrer.

---

10 *Drama/Theatre/Performance*, p. 205-210.
11 *Dynamics of Drama*, p. 151.
12 Notas de Iben Nagel Rasmussen, programa de *Itsi Bitsi*, 1992.
13 Idem.

Então eu fico feliz até o meu fim
Quando você fica velho e pensar em mim
Eu me pareço como hoje
E você tem uma bem-amada que ainda é jovem.[14]

O corpo congelado na eternidade e a lembrança rapidamente idealizada, essencializada. É um corpo abstrato, indiferenciado, subtraído ao tempo que passa, corpo "oferecido em sacrifício", porém assexuado, de gênero (*gender*) incerto, negado no seu desejo de amor e maternidade, um corpo humilde no heroísmo e que não tem outra escolha a não ser fazer-se último anteparo contra a violência e a destruição. Esse corpo é feminino, porém ele parece virilizado incessantemente pelos tratamentos que sofreu: a voz rouca, grave, é forçada, como a de um homem – esse homem privado de feminilidade que "ensinou-lhe" quem foi Mãe Coragem a fim de que não seduza os homens, que representam um perigo permanente de violação, castração e assassínio.

Em Grotóvski, o do período das encenações (até 1968, precisamente), o corpo dos atores possuía o mesmo gênero (*gender*) neutralizado. O corpo incandescente de Cieslak em *Le Prince Constant* (O Príncipe Constante) revelava o sofrimento e o sacrifício crístico, porém habitava um corpo sexualmente indiferenciado, essencializado. Apesar de sua exposição total, de sua autopenetração sacrificial, segundo os termos de Grotóvski, faltava a esse corpo órfão e místico a alteridade sexual na forma do desejo do outro. Kattrin/Iben herdou diretamente desse corpo indiferenciado de origem grotovskiana um corpo empurrado para o objetivo por um treino esgotante, mais viril do que feminino. No entanto, através de seu comentário sobre a época desde a perspectiva de 1991, ela toma suas distâncias frente à herança incômoda dos anos de 1960, estabelecendo ligação com os anos de 1980 e 90, constatando a liquidação das utopias, do pensamento de 1968 e das ilusões individualistas (droga, amor livre, anarquismo). Sua crítica à utopia de

---

14 B. Brecht, *Lied einer Leibenden, Gesmmmelte Werk*, n. 10, p. 994. (No original alemão: "Wenn Du mich lustig mascht / Dann denk ich manchmal / Jetzt könnte ich sterban / Dann blieb ich glücklich / Bis an mein End / Wenn Du dann alt bist / Und du an mich denkst / Seh ich wie heute aus / Und hast ein Liebchen / Das ist noch jung".

1968 é explícita, assim como o é também a consciência de que sua geração foi sacrificada devido ao seu idealismo com relação àqueles mesmos que lhe trairam os ideais, inevitavelmente talvez, pois não continuaram, tal como Eik ou Kattrin, eternamente jovens.

Contudo, Kattrin – e por seu intermédio, Iben – procura sua voz/caminho: procura sua feminilidade, sua maternidade, malgrado o mundo masculino perigoso dos violadores e dos assassinos. Procura desfazer-se de um treinamento muito viril, de um sacrifício muito exigente e de uma integração forçada, seja ao mundo dos homens, seja – o que também é quase tão grave – ao mundo dos anjos assexuados, sem voz própria, ou então com uma voz imposta pelos homens, pela sobrevivência ou pela ameaça, com uma voz unicamente corporal e que não atinge o simbolismo da linguagem.

3. *LE CHANT PERDU DES PETITS RIENS* (O CANTO PERDIDO DAS NINHARIAS), DE CLAIRE HEGGEN E YVES MARC: A DELICADA ARTE DO CONTATO

O mimo da tradição Decroux, levado ao mundo inteiro por numerosos e brilhantes alunos, constitui um pedaço considerável do teatro do gesto. Com efeito, com o pai do *mimo corporal* o corpo sempre tem a abstração geométrica de um gesto perfeito, de um belo gesto. É, como o observa sua discípula Claire Heggen, um "corpo sem disfarce/sem artifício/face e sexo velados/corpo/sem sexo/na extensão do desfecho"[15]. Porém, Heggen, na sua criação atual especialmente com Yves Marc, vai muito além dessa concepção muito desnudada do corpo.

Numa sequência de *O Canto Perdido das Ninharias*, Claire Heggen e Claude Bokhbza são dois mimos que falam: recitam o alfabeto. A cada letra corresponde um autocontato do mimo. O dedo na boca, por exemplo, quer dizer, entre outras coisas: silêncio. Na vida quotidiana, os autocontatos situam-se ali onde

---

15 Méditation. Poème à partir de photos d'Étienne Weill, em P. Pezin (dir.), *Étienne Decroux, mime corporel*, p. 36. Ver igualmente o artigo de C. Heggen, Sujet-objet: entretiens et pourparlers, *Alternatives théâtrales*, n. 80.

repetimos uma parte de nós mesmos. A imitação dos nossos tiques gestuais é perfeita: reconhecemos imediatamente esses gestos frequentes e codificados, essas atitudes. A partir de Le Brun e de seus estudos gestuais, indo desde as emoções até as poses de Decroux, os artistas plásticos ou gestuais sempre tiveram como objetivo caracterizar, codificar, congelar a expressão corporal.

A oposição entre a pele e os ossos não é a do corpo e da alma, da matéria e do espírito, do visível e do invisível, da superfície e da profundidade. É, antes de mais nada, daquilo que me toca ou daquilo que me fala, da sensação ou do conceito, da pele doce ou dos ossos rígidos. Essa oposição torna-se ternária a partir do momento em que se lhe inclua a carne, que constitui a ligação entre os ossos e a pele. Segundo Zeami[16], o modelo da percepção é ternário, e não binário e hegeliano: a pele está ligada à vida, a carne à audição; os ossos ao espírito. Esse modelo "progressivo", o teatro e a filosofia ocidental tiveram a infelicidade de adotar, pois não escolheram senão uma única dimensão – a carne ou os ossos –, ou marcadamente uma oposição muito estéril, e assim fecham-se à meditação da carne. Ora, a carne é também a escuta sensível, da voz e da palavra. Delicada, porém necessária, é a sugestão feita ao espectador para abordar o objeto teatral com sua pele, sua carne, seus ossos. O que é uma experiência estética senão o confronto entre a obra e o espectador através da sua pele, de sua carne, de seus ossos? Não é sempre uma questão de contato, de tato, de experiência sensível? Não se trata de analisar friamente o palco, mas de colocar em contato duas peles, a do objeto estético com a epiderme sempre sensível, e aquela do espectador, a qual se esfrega na obra e se coloca em perigo de sensação. Haveria, portanto, dois modos de percepção: um visual, isto é, à distância, e outro tátil, até "háptico" (Barthes): ligado à apreensão pela mão, e portanto pela pele, esse posto avançado do corpo. Assim sendo, abertos um ao outro, osso contra osso, o que é pior, ou pele contra pele, que é o melhor, a obra e seu receptor vivem numa continuidade, mesmo num *continuum*, num contato permanente. Há também uma continuidade sensível e tátil entre o autor, o encenador, o ator e

16 *La Tradition secrète du nô*.

Claire Heggen, O Canto Perdido das Ninharias, de Claire Heggen e Yves Marc.
Foto: Théâtre du Mouvement. ©François Figlarz.

o espectador. A produção teatral deixa-se abraçar como um único e mesmo corpo, como uma contiguidade e uma continuidade entre as obras, entre os colaboradores. Deixa-se analisar em função das relações entre ossos, carne e pele, não apenas na maneira pela qual privilegia um desses três elementos, como também pela qual se dirigem ao espectador na sua dimensão óssea, carnal e cutânea[17].

4. *LES ÉTOURDIS* (OS ATURDIDOS), *LA COUR DES GRANDS* (O TRIBUNAL DOS GRANDES), DE MACHA MAKEÏEFF E JÉRÔME DESCHAMPS: O CORPO DESLOCADO

Os aturdidos, os grandes: esses personagens privados de palavra vêm de um mundo onde alegremente fracassamos em tudo aquilo que empreendemos. São os "Pensionistas": "Estão cercados e se esquecem!"[18] Esses personagens desengonçados ou

---

17 Sobre o aporte de Decroux, ver P. Pavis, Decroux et la tradition du théâtre gestuel, em P. Pezin (dir.), op. cit., p. 291-305.
18 M. Makeïeff, *Inventaire d'un spectacle*, p. 11. Macha Makeïeff fala de seu trabalho como de uma "poética do desastre".

rechonchudos parecem-se conosco, invejamos sua inocência e, perdoando-os, absolvemo-nos a nós mesmos. Percebemos imediatamente seus corpos, muitas vezes disformes ou voluntariamente deformados, por causa de uma propriedade física e de um comportamento que se afasta da norma. Privado de qualquer linguagem articulada, seu corpo dispõe de muitos outros meios para exprimir-se. Sempre indisposto, martirizado pela hierarquia e pela tolice, é também um instrumento virtuoso a serviço de malabaristas, acrobatas, cantores de ópera, capazes de giros e proezas espantosos, de façanhas físicas involuntárias.

Os aturdidos são os simples de espírito que não sabem o que fazem. Obedecem às ordens idiotas de um patrão colérico e imprevisível, provocam as piores catástrofes com a inocência e a poesia dos ingênuos. Eles não têm consciência de estarem no mundo, em todo caso não no mundo social, seguem seu caminho tranquilamente. Os grandes, esses para eles são os outros, as autoridades, os chefinhos, todos os obstáculos erguidos no seu caminho.

Um corpo defeituoso impede-os de levar a cabo o menor projeto. O espetáculo também não apresenta nenhuma ação geral, nenhuma fábula, nenhuma tese. Consiste numa série de *gags*, de combates dos pequenos contra os grandes. Cada episódio de folhetim é soldado ao outro por novo desafio ou proeza gestual inesperada. Do que decorre esta impressão, muitíssimas vezes confirmada, de que a encenação não consegue contar uma história, contentando-se em repetir a mesma situação. Porém, inversamente, é, com certeza, o corpo dos atores que está na origem de todos os desenvolvimentos. Não se trata, como no caso de Iben Nagel Rasmussen, de contar os anos de formação de um indivíduo; nem, como no do Théâtre du Mouvement, de explorar sistematicamente as possibilidades do gesto. A ideia é fazer encarnar pelo ator-*performer* o mal-estar indefinível e não verbalizável de qualquer época. Hoje parece mais fácil exprimir esse mal-estar de maneira grotesca e clownesca, ao invés de propor-lhe uma análise global, especialmente a brechtiana, que coloque em evidência, pelo *gestus* e pelo distanciamento interpostos, as contradições do mundo do trabalho, e que sempre possa transmitir um pouco a lição ao espectador. Escaramuças burlescas e maliciosas, até gozações "de classe", inspiradas pela superioridade social e intelectual do espectador, são seguramente mais eficazes e, sobretudo, mais engraçadas. O ritmo ofegante dos espetáculos "deschienos"* corresponde melhor à pulsação do tempo. O público recebe uma variação dessas criaturas "diminuídas", muito estúpidas para que façamos pouco caso delas, mas muito frágeis para que as desprezemos severamente. No fundo, ocorre uma total compreensão pelo seu desarranjo face às novas condições de trabalho: a partir do momento em que reconhece sua angústia, seu modo de resistência passiva, o público "ri amarelo" e aceita sem condescendência suas crenças, seus caprichos, seus tiques e seus pequenos prazeres. O sentimento de superioridade e desprezo dá lugar à simpatia e à ternura.

O problema do corpo, vê-se, é colocado no interior do dispositivo global da identificação e do sujeito no vir-a-ser. Um corpo é carregado e constituído por uma pessoa e por um sujeito. Sua exposição está ligada a uma narração, a uma maneira de narrar o futuro dos seres humanos e, finalmente, a uma visão do mundo. O corpo continua, apesar da exposição de suas imperfeições e dos efeitos *freak*, no quadro da representação. Ainda é o corpo de um personagem e um instrumento do ator, sua significação continua simbólica, mimética e não literal[19]. Precisamente para ultrapassar essa limitação da expressão física através da convenção dramática é que formas como a performance e a *body art* decidiram, a partir dos anos de 1960, utilizar os corpos dos atores "pra valer", direta e literalmente.

---

* Referência a *Deschiens*, série cômica da televisão francesa de grande sucesso (1996-2002), dirigida por Jérôme Deschamps e Macha Makeïeff (N. da T.).

19 Há no teatro, como na realidade, duas maneiras de entender o corpo: como coisa ou como consciência. Porém, como bem o mostra a fenomenologia de Merleau-Ponty, o corpo não é nem objeto, nem pensamento. "Quer se trate do corpo do outro ou do meu próprio corpo, não tenho outro meio de conhecer o corpo humano a não ser ao vivê-lo, ou seja, ao retomar por minha conta o drama que o atravessa e confundir-me com ele. Eu sou, assim, o meu corpo, pelo menos em toda medida em que eu tenha uma experiência e, reciprocamente, que meu corpo seja como um sujeito natural, como um rascunho provisório do meu ser total. Desse modo, a experiência do corpo próprio opõe-se ao movimento reflexivo que libera o objeto do sujeito e o sujeito do objeto, e que não nos dá senão o pensamento do corpo ou o corpo em ideia, e não a experiência do corpo ou o corpo em realidade" (M. Merleau-Ponty, *Phénoménologie de la perception*, p. 221).

5. DA *BODY ART* DE ANTIGAMENTE ÀS IDENTIDADES MÚLTIPLAS DO PRESENTE

A *body art* conheceu sua hora de glória na esteira da performance, ao longo dos anos de 1960 e 70. Os *performers* quebram a ilusão teatral ao utilizar seus corpos diretamente, e não como suporte para uma ficção. Procuram ultrapassar os limites de seu corpo inflingindo-lhe tratamentos provocantes, até dolorosos e perigosos.

A arte da fotografia testemunha experiências anteriores, a partir dos anos de 1920. Por volta de 1927, a fotógrafa e comediante Claude Cahen posou como uma halterofilista de bigodes, jogando sobre a ambiguidade sexual, ridicularizando a divisão tradicional de sexos[20]. Quarenta anos mais tarde, Caroline Schneemann realizou performances provocadoras. No decorrer de uma conferência pública, não parou de desvestir-se e vestir-se, perguntando ao público "qual crédito teria uma estoriadora (sem h) nua quando fala"[21]. Em 1979, ela realizou com *Interior Scroll* (Rolo Interno) sua provocação mais acabada: desenrolava de sua vagina um longo filamento de papel. Na mesma veia, porém num espírito (ainda) mais feminista e militante, a artista saída da militância vienense Valie Export realizou, com *Panique générale* (Pânico Geral)[22] (1969), uma intervenção num cinema pornô. Uma metralhadora nas mãos, o sexo à mostra, anunciou que o "sexo" estava disponível, basicamente ameaçando com sua arma fálica os potenciais compradores. O "verdadeiro" sexo produz nos homens um efeito diferente daquele do sexo filmado: tal é a conclusão da experiência, de resto previsível.

No que se refere ao sofrimento autoinfringido, a palma, sem contestação, deve ser dada a Chris Burden, contumaz em ações violentas dirigidas contra si. Em 1974, quando por ocasião de uma ação chamada *Trans-fixed*, não hesitou em se fazer crucificar no teto de um automóvel, uma "baratinha" Volkswagen[23]. Stellarc, *performer* australiano, é muito mais doce com

---

20 Para este exemplo e os seguintes, referir-nos-emos ao livro de W. A. Erwing, *Le Siècle du corps* (para este exemplo, ver p. 72-73).
21 Idem, p. 130. (Em *Naked Action Lecture*, em 1968, no Institute of Contemporary Art de London.)
22 Idem, p. 141.
23 Idem, p. 156-157.

seu organismo, pois se limita a suspendê-lo como um quarto de boi, porém repartindo seus pés sobre vários ganchos. O contato com a matéria parece estar no seu nível máximo: crucificação, enganchamento, cirurgias plásticas em ensaios transformam radicalmente o semblante de Orlan[24]. Quem diz melhor? Os limites foram atingidos, o divórcio com a ficção teatral é consumado.

Por volta do início dos anos de 1990, as ações violentas e perigosas parecem ter passado de moda. O corpo como simples pedaço de carne perdeu sua atração. O revezamento com a máquina parecia evidente. Stellarc, ao considerar o corpo humano um objeto obsoleto e residual pouco performático, procurou substituí-lo por uma prótese mais segura. Aparelhou um terceiro braço biotecnológico, que respondia aos impulsos da máquina (*The Third Hand* [A Terceira Mão])[25].

A partir do último decênio do século XX, *a body art* pura e pesada dos anos de 1960 e 70 foi deslocada: quase desapareceu completamente sob a forma primitiva e aliou-se com o problema das identidades (sexual, racial, social etc.). Na perspectiva derridiana da desconstrução, ou de modo preponderante segundo um enfoque francamente pós-moderno, examinamos como o ator combina, na sua criação, diversas identidades. Seu corpo torna-se um laboratório de misturas, hibridismos, relações inconscientes entre esses territórios identitários em constante evolução. Esse corpo é a aposta de todas as cobiças, não apenas eróticas, mas, sobretudo, epistemológicas. É o marcador das contradições identitárias que ainda não chegamos a pensar em conjunto e em conciliar. Cada tipo de identidade apresenta sérios problemas. Assim, a noção de raça, habitual nos Estados Unidos, é tabu na Europa continental, pois essa noção foi utilizada muitas vezes de maneira "racista". A noção de sexo foi substituída por aquela de *gender*, o que facilita a reflexão feminista, ainda mal aplicada ao pensamento teórico no teatro. Quanto à noção de pertencimento social, não se reduz, ou não apenas, às contradições sociais e à ilustração muitas vezes

---

[24] P. Allain; J. Harvie, Orlan, *The Routledge Companion to Theatre and Performance*, p. 58-59.
[25] Foto em J.-J. Courtine (dir.), *Histoire du corps. Les mutations du regard*, prancha n. 14, p. 415.

simplista de determinações sociais na escolha de *gestus* que pretendem encarnar as diferenças de classe.

A geração de *performers* e de "criadores coletivos", mesmo que tenha começado seu trabalho nos anos de 1960, afastou-se de um uso puramente literal do corpo. A partir dos dez últimos anos do século xx, sua pesquisa reorientou-se para um retorno parcial do simbólico, às expensas do somático e do acontecimento. Essa pesquisa não exclui, de início, o uso do texto ou o recurso ao personagem. Inventa muitas vezes uma nova maneira de narrar. Distanciou-se da literalidade direta da *body art* para dirigir-se a textos, modernos ou clássicos, que trata de forma física e carnal, permanecendo atenta ao seu sentido e às sensações que emanam. Tomaremos como exemplo a encenação de uma peça clássica como *Andrômaca*, de Racine, dirigida por Michel Liard. Pode-se imaginar interpretação mais física?

6. *ANDRÔMACA* À FLOR DA PELE: O OLHAR E A ESCUTA DE MICHEL LIARD

No centro, Orestes, crânio rapado, corpo encurvado, olhar voltado para si mesmo, braços cruzados, confunde-se ao não ter ninguém para abraçar[26]. É sustentado gestual e verbalmente pelos outros três atores, interpretando os personagens principais e formando aqui um coro encarregado do papel e do texto de seu confidente, Pílades.

Todo o universo trágico está concentrado nesse quadro vivo, nesses autocontatos e nessa maneira pela qual cada um toca o outro literal ou emocionalmente, com uma tensão corporal específica. Orestes, de joelhos, mas sentado nos calcanhares, está prestes a saltar para outras esperanças ou outros crimes; Hermíone, à direita, aguarda as novidades, como se não lhe dissessem respeito; Andrômaca, á esquerda, está estendida no seu doloroso esforço para "escapar-lhe"; Pirro domina real-

---

26 Encenação de M. Liard no Fol ordinário, Avignon, julho de 2000. Teatro de sótão de chão. Com Florence Dannhofer, Karin Madrid, Yves Arcaix, Dominique Delavigne. Para melhor conhecimento da poética de Michel Liard, ver seu livro póstumo: *Parole écrite, parole scénique*, com prefácio de Patrice Pavis.

mente a situação: superego de Orestes, o guia mais do que dá conta de si próprio para melhor reconduzi-lo à realidade.

Esse quadro e a encenação de Michel Liard no seu conjunto reconciliam os ossos (a dramaturgia clássica, sua sólida coerência) e a pele (a de um teatro artaudiano que "nos desperta, nervos e coração", para "dirigir-se não somente ao espírito, mas aos sentidos"[27]). Os membros do coro e Orestes sustentam-se uns aos outros. Aos seus apoios gestuais (mãos, olhares, posturas) correspondem os apoios vocais, retóricos, rítmicos do alexandrino. Uns não se confundem com os outros, o corpo não tem as mesmas necessidades que a linguagem e um não duplica ritmicamente o outro. Não obstante, eles "ombreiam-se": o trabalho físico, seus apoios posturais e seus contatos, servem de ancoragem à linguagem da paixão e, inversamente, a expressão das paixões e a dicção dos versos encontram pontos de referência e conformações rítmicas nas paradas posturais. Atuando muitas vezes no chão (de joelhos, alongados, acocorados), exploram fisicamente os apoios, tensões, impulsões, os saltos, as rejeições de nosso corpo e daquele imaginário do grupo; fazem a experiência concreta das pulsões do corpo inteiro: não apenas o esqueleto nas posturas contráteis ou liberadas, mas também a pele e a carne que brilham nos jogos da linguagem e da sedução.

Racine, Andrômaca, *encenação de Michel Liard.* ©*Vincent Jacques.*

27 A. Artaud, *Le Théâtre et son double*, p. 3.

A aliança da rigidez óssea e da pele reluzente, do rigorismo corporal e do murmúrio da língua, transforma a própria carne do verbo raciniano na regularidade alexandrina e nas surpresas rítmicas. Constitui o coração palpitante desse universo físico e vocal, o lugar da paixão e da pulsão.

Quem, da pele ou dos ossos, controla a carne? Impossível decidir. A carne está ali, luminosa e murmurante. As peles queimam, os corações abraçam-se. Roçando-se, as mãos transmitem ordens imperceptíveis, conscientes ou inconscientes. Não se teria condições, doravante, de distinguir o interior do exterior.

Os atores de Michel Liard dizem os alexandrinos de forma impecável, encontrando sempre apoios gestuais necessários para a boa articulação do texto. Seus corpos são estritamente contemporâneos dos nossos: não são os corpos alongados ou superexcitados dos anos de 1960 e 70, nem o *look clean, cool* (aparência limpa, fresca) ou da moda dos anos de 1980 e 90, mas, antes, os corpos em equilíbrio e em intensidade variável, recolocando o verso na sua camisa de força. Às vezes, em certos momentos de crise, essa camisa estoura sob influência da paixão e da linguagem por um instante perturbada.

Realiza-se, assim, a Mandala[28] de Racine: um mundo em que reinam forças em oposição ora positivas, ora negativas, um mundo que essa encenação ilustra sem o saber: as paixões (a) (neste caso: amor, ciúme, cólera) são impulsões (emocionais e musculares), os "querer apreeder", elas são imediatamente contidas pelo intelecto (b), a consciência analítica à procura do saber.

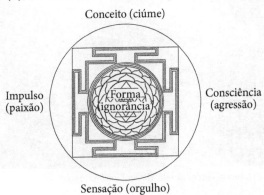

28 Ver especialmente C. Trungpa, *Mandala: Un Chaos ordonné*, p. 41-52.

A sensação (c), essa "composição de afetos e percepções" (Deleuze), que aqui se exprime numa espécie de orgulho da pele em se expor, é contida por uma lógica da comparação, pelo uso de conceitos (d) muito "ciosos" de suas prerrogativas.

Na sua intersecção, os quatro elementos em contraste produzem uma forma vazia, inconsciente e ignorante de si mesma, a forma da tragédia, do universo trágico. Essa forma é o lugar do equilíbrio miraculoso entre todas as instâncias, particularmente os ossos e a pele, ou seja: a dramaturgia regulada perfeitamente e a textualidade respirada à perfeição.

Esta *Andrômaca* montada por Michel Liard exige dos atores (bem como dos espectadores) situar-se ao mesmo tempo no meio das coisas e fora, do lado da pele e do lado dos ossos. Ultrapassa o dualismo ocidental da expressividade que, antes do "Dire Racine" (Dizer Racine), de Roland Barthes[29], e de encenadores "barthesianos" como Vitez, Villégier ou Mesguich, ainda empoeirou a interpretação raciniana por meio de numerosos efeitos expressivos. A dicção não é mais concebida como uma decoração chapada no sentido evidente e estável, porém como aquela que constitui o sentido. O sentido e a expressividade são inseparáveis. A encenação de Liard transporta os atores (e mais tarde os espectadores) através dos alexandrinos e dos corpos, mobilizando tanto seu sentido de estrutura óssea e sólida quanto suas sensações fugidias e cutâneas. Marca um equilíbrio entre profundidade e superfície, osso e pele, um equilíbrio que as obras contemporâneas raramente realizam, arrebatadas que são pela ardente interioridade ou, ao contrário, bloqueadas pelo seu frio formalismo. Quando Racine é tão magnificamente dito e dado a ver, é como se a ossatura espiritual de nosso inconsciente estivesse diretamente articulada na pele delicada dos alexandrinos e dos corpos; como se osso e pele se encontrassem num lugar indeterminado, sempre um pouco secreto, o qual se trata, para os atores, de achar pela prática, e para os espectadores de adivinhar na superfície das coisas. Inversamente, uma voz bem colocada, um apoio exato, uma atitude corretamente mantida, uma tactibilidade assumida jorram na inteligência do texto. É como se todo o universo de Racine – a

---

29 *Sur Racine*, p. 883-1103.

inextricável interdependência dos apoios, a proximidade das carícias e dos golpes, as pulsões e as palavras – parecesse estar a ponto de levantar-se de um único sustentáculo, como se daí em diante fosse desnecessário distinguir os três estágios do corpo, não mais do que os diversos degraus do sentido.

7. *WHITE ON WHITE* (BRANCO NO BRANCO), DE GUILLERMO GÓMEZ-PEÑA: ESCREVER AS IDENTIDADES

Este *performer* mexicano, que vive nos Estados Unidos, nos fornece um bom exemplo de uso do corpo mais simbólico do que literal. No seu DVD – *Ethnotechno: los Video Graffiti* (Etnotecno: Os Vídeo-grafites) (2004) – ele retomou um certo número de esquetes de seu grupo La Pocha Nostra. Estes clipes curtos de dois a três minutos estão centrados na representação do corpo, na identidade chicana no meio anglo-americano, na crise identitária, na política da cultura e da língua.

Numa das sequências, *Branco no Branco*, um ator "branco"(?) com o torso nu azulado devido à iluminação e à maquiagem escreve sucessivamente com marcador em seu corpo uma série de palavras: para começar, no braço direito *white*, depois no busto de alto a baixo: *race, suprematist, wash, power, trash**. Sobre o braço esquerdo, acaba por escrever *lie*, "mentira". A expressão *white lie* significa "mentira piedosa", que denuncia ironicamente o *credo* dos artistas brancos.

Seja qual for a intenção ou a mensagem política, a inscrição no corpo não é dolorosa, não é nem tatuagem, nem *piercing*, nem enxerto cirúrgico, não é o caso, como em Chris Burden ou Orlan[30], de entalhar as carnes. É suficiente provocar o sorriso dos espectadores ao assistir a essa fabricação artesanal de *slogans* demasiado primitivos numa pele utilizada como quadro

---

* Literalmente: branco, raça, suprematista, lavado, poder, lixo. No entanto, quando em relação, tais termos adquirem uma conotação racista; assim, *white trash* é a forma pejorativa de se referir aos brancos pobres de periferia, e *white-wash* é usado, também pejorativamente, para se referir a quem não sendo "branco" age "como", ou "parece" com, um "branco" (N. da E.).

30 Por exemplo, em *The Reincarnation of Saint Orlan* (1990-1993). Ver CD-rom *Orlan*, editado por Jériko, 2000.

negro. O corpo desnudo apenas até a metade encontra um uso mais teatral, mais irônico e menos agressivo. Ele não narra diretamente, é um suporte de escritura e de discurso implícitos.

Na sua obra videográfica, Gómez-Peña zomba da alta tecnologia informática da qual os chicanos são excluídos: estes habituados com os costumes de ciborgues com *gadgets* fantasistas continuam, porém, a ser perseguidos pela polícia de fronteiras. Seu corpo "primitivo" não é senão um amontoado de próteses tecnológicas inúteis ou de roupas exóticas delirantes. Os primitivos falam uma língua inventada, pretensamente pré-colombiana, na qual se reconhecem apenas alguns nomes de marcas publicitárias (Benetton, Calvin Klein). Ao mesmo tempo, enquanto *performer*, Gómez-Peña domina perfeitamente todas as tecnologias de mídias existentes. É capaz de manipular os objetos ao redor de si e, além disso, as mídias ajudam a transformar o ambiente cênico virtual.

A maior parte dos esquetes críticos utiliza, certamente, um corpo nu, sempre excessivo e teatral, decorado e deformado, parodiando os *gadgets* e as fantasias da modernidade. O importante não é sua exposição direta, mas o uso narrativo e político feito deles.

A noção de "teatro físico", por mais radical que tenha sido, deslocou-se, há uns trinta anos, rumo a territórios que lhe teriam parecido outrora inimigos, tais como a encenação de clássicos ou o teatro político. Ela retorna a um de seus pontos de partida: a criação coletiva, não tanto a que conhecemos nos anos de 1960, especialmente na França, mas aquela mais próxima da noção inglesa de *devised theatre*, isto é, de um teatro que cria o conjunto de seus materiais, numa lógica de construção progressiva do significante. A esta guinada para a antiga criação coletiva e para o teatro do gesto correspondem predominantemente as pesquisas atuais do Théâtre du Soleil, a partir de *O Último Caravançará (Odyssées)* (2004) até o espetáculo de 2007: *Les Éphémeres* (Os Efêmeros).

8. *OS EFÊMEROS*, DO SOLEIL: A INVENÇÃO COLETIVA

A noção de *devised theatre* (literalmente: o teatro inventado – subentendido, inventado coletivamente) não se impôs na Grã-Bretanha senão nos anos de 1990, com referência a experiências pós-modernas. Inventar é "um método para fabricar o espetáculo, o qual não repousa num texto pré-existente e implica a participação e a colaboração de toda parte criativa da companhia, em todos os estágios e sob todos os aspectos da fabricação do espetáculo, a partir da concepção cenográfica até à elaboração do texto, à criação das luzes e do som, até ao espetáculo propriamente dito"[31]. Essa definição aplicar-se-ia ao método atual do Théâtre du Soleil para *Os Efêmeros*. Com efeito, tudo não foi elaborado coletivamente pelo grupo de atores, como para *1789*, sem encenador supervisionando o empreendimento. A criação é parte de microprojetos, concebidos e desenvolvidos em termos locais, enquadrados e montados (no sentido fílmico) por Ariane Mnouchkine.

Não nos aventuraremos a uma delicada análise genética de diferentes sainetes, deixando aos estudiosos de primeira linha ou aos sábios privilegiados e reatraídos, que são os únicos a terem tempo para assistir a toda a evolução do projeto, essa tarefa titânica e essa causa perdida. Em contrapartida, continuaremos a interrogar o modelo corporal subjacente a esse empreendimento.

O corpo do ator chega-nos literalmente numa bandeja. Dois atores-maquinistas empurram em cena uma pequena carruagem, muitas vezes circular. Dois ou três personagens já estão empenhados numa ação, num diálogo ou numa situação muda que identificamos rapidamente. A carruagem atravessa o espaço cênico longilíneo entre os dois lados das galerias onde o público tomou lugar, inclinado, como num anfiteatro de anatomia. A carruagem volta-se continuamente sobre seu eixo e desloca-se longitudinalmente com a mesma velocidade. Graças a este *travelling* permanente, cada espectador obtém acesso pessoal à intimidade do palco. Ele se sente diretamente

---

31 P. Allain; J. Harvie, op. cit., p. 145 (trad. do autor).

Théâtre du Soleil, Les Ephémeres, *pelo Théâtre du Solei e Ariane Mnouchkine.*
©*Charles-Henri Bradier.*

interpelado por essas cenas intimistas. O menor detalhe faz sentido. A lenta velocidade de rotação varia ligeiramente de uma sequência para outra. Ela depende da atmosfera cênica, à qual a música de Jean-Jacques Lemêtre contribui grandemente na sua fabricação. O movimento das carruagens torna-se quase um balé em si, um teatro de objetos: no fim do "ato", as carruagens atravessam o palco para "cumprimentar", sob os aplausos do público. Esse balé muito bem regulado serve, evidentemente, para a dramaturgia de cada fragmento e, em menor medida, para a dramaturgia geral dessas "efemérides". Durante essas lentas rotações, o espectador experimenta um prazer de *voyeur* ao descobrir os personagens sob todas as suas facetas, ao acompanhar o caminhar de sua consciência ou de seu pensamento, um pensamento movente, uma vida, que se formam sob nossos olhos. O efêmero é, por definição, de curta duração, dificilmente apreensível, momentâneo. Concretiza-se num breve momento de parada do tempo ou numa fusão encadeada cinematográfica, até num grande plano sobre um aspecto oculto da existência. Coincide com momentos de iluminação, de *satori*[32], com ocasiões inesperadas de encontros, de aceitação do e para o outro. Como para a cronofotografia de Marey ou Muybridge, todo movimento é como que reconstituído numa sequência de planos, etapas intermediárias, impressões efêmeras.

No espaço voluntariamente apertado, recheado de objetos, saturado desses estrados, os movimentos dos atores são mínimos e tanto mais significativos. Estamos longe do corpo espetacular, expressivo, visível, expansivo, teatralizado do Soleil de outrora; o das encenações de Shakespeare e das tragédias gregas dos anos de 1980. Num efeito de miniaturização, concentração, o personagem é apresentado no seu meio quotidiano, minimalista, típico. Para certos atores, isto assemelha-se a uma reconstituição obsessiva do passado, necessária para a emergência das lembranças e das palavras, uma espécie de detonador de tipo stanislavskiano. Esse procedimento de reconstituição e concentração não se dá sem perigo, podendo degenerar rapidamente numa produção estandardizada de esquetes televisuais, que visa um efeito de reconhecimento imediato, para situações muito conhecidas, causando prazer ao público um pouco preguiçoso. Felizmente, esses atores "solares" aprenderam a resistir à tentação e raramente sucumbem. O sistema de retomadas, na segunda parte, de histórias esboçadas como a da ecografia, por exemplo, conduz, às vezes, a extensões, repetições, facilidades. Porém, no conjunto, o afresco desses deslizamentos da vida no espaço cênico é impressionante pela justeza. Trata-se do retorno de um teatro de situações? Nunca, em todo caso, no sentido de um espetáculo realista e homogêneo. A fragmentação, que é o destino desse tipo de montagem, é compensada por uma unidade de tom e tema, pela colocação em rede desses sainetes sob a batuta mágica e a palmatória de Mnouchkine, e completada a seguir por seu filho Ariane.

Tomaremos um exemplo dessa síntese muito bem sucedida de palavra pessoal, de dramaturgia do ator, de *body art* "à francesa" e de representação tradicional. Em "O Aniversário de Sandra", Jeremy James interpreta o papel de um travesti que festeja seu aniversário em companhia da menina (Galatea Bellugi)

---

32 O *satori*, palavra japonesa, é um despertar espiritual e uma iluminação do discípulo no budismo zen.

que será cuidada por ele nesta noite. Respondendo ao telefone, o personagem revela que viveu dolorosamente o fato de ter nascido homem e que prefere, no momento, ser considerado e estar vestido como mulher. As pessoas à sua volta não ficaram encantadas com essa mudança de identidade. Somente a menininha o compreende e o defende contra seus camaradas e seu pai. Este, particularmente agressivo, tendo vindo procurar a filha, subitamente prorrompe em soluços, desabando num canapé. Ele precisaria desse tipo de consolo, desse amparo físico que o travesti não ousa dar-lhe, a não ser de forma calada e compassiva. Ficamos sabendo que o pai perdeu a mulher e o menino num acidente de carro. Porém, serão o luto e a dor a única causa de seu aniquilamento? Seria a frustração de constatar que sua filha preferiria continuar com a *baby sitter*, pois que uma presença feminina e maternal falta-lhe cruelmente? Essas lágrimas súbitas e públicas também querem dizer alguma coisa à "mulher" que cuida da criança: a aceitação de sua mudança de sexo, de sua diferença, a consciência de que o sofrimento é a coisa, no mundo, melhor partilhável. A contensão embaraçosa de "Sandra", sua hesitação em tocar e consolar o pai, a maneira pela qual o travesti olha a televisão com a menina adormecida em seus joelhos: são comportamentos não verbais que o espectador é instado a ler. O prazer da representação teatral reside, sobretudo, na interpretação de comportamentos não verbais dos personagens, mas igualmente nos índices involuntários que o ator "deixa arrastar" sobre seu corpo, à maneira de uma *body art* que se ignora.

O palco e o corpo do ator são sempre o lugar de uma exposição pública. Por definição, o corpo travestido se dá em espetáculo, no teatro, duplamente. O *camp* é a pessoa cabotina, afetada, efeminada, fazendo alarde do mal gosto e do *kitsch* nas suas maneiras. O *camp* parodia o comportamento heterossexual para denunciar-lhe o aspecto construído e performático. Nada disso ocorre na atuação de Jeremy James. Ele não é absolutamente paródico e, provavelmente, visa antes construir a imagem e o gestual de uma mulher com as banalidades habituais: apuro no vestir e no interior, preparação do bolo segundo a receita familiar. Nesse travestimento, os caracteres sexuais secundários são o objeto de nossa observação: estamos em face da *body art*, pois somos confrontados com a corporalidade real e construída do ator. Este faz um trabalho de apresentação literal de sua aparência, decidindo sobre a maneira pela qual os traços ditos masculinos serão mostrados ou neutralizados no travestimento. Os traços físicos (porte grande, voz muito grave) não são mascarados ou adaptados aos padrões femininos. O corpo não é provocado, forçado numa direção inabitual. Nenhuma violência de um corpo explícito[33], exibido com desafio, provocando um debate sobre a pornografia ou a política sexual. Estamos longe da exposição provocadora de Caroline Schneemann ou de Cindy Sherman, e muito mais de um desnudamento sistemático de atributos sexuais da mulher tal como a pratica a fotógrafa japonesa Nobuyoshi Araki[34], ou da paródia da representação elegante da gueixa pelo *performer* Gómez-Peña[35].

Na *body art* à francesa, tal como a pratica Jeremy James, o corpo não é explicitamente mostrado e exibido. De início, é colocado em narração, a serviço de uma ideia dramatúrgica: Sandra não tem outra ambição senão a de se fazer aceita por todos, tanto adultos como crianças, entrar na normalidade pequeno-burguesa, no caso.

Esse episódio, ostensivamente dominado por ele, é característico da recente evolução da *body art* e da dramaturgia do ator. O fim da radicalidade do pensamento do corpo está manifesto, mas seu sentido permanece impreciso. Trata-se de uma restauração da antiga ordem ou de uma subversão mais sutil? É como a observam com grande perspicácia Shepherd e Wallis, "um modo plausível de contar toda essa história consistiria em dizer que, enquanto, na contracultura dos anos de 1960, o corpo era ingenuamente considerado como fonte de humanidade não alienada, o retorno ao corpo nos anos de 1990 era baseado na compreensão desconstrucionista do 'corpo no discurso', tal como foi elaborada no decorrer do decênio teórico dos anos

---

33 Ver, sobre o tema, o livro de R. Schneider, *The Explicit Body in Performance*.
34 Ensaio colorido de 1991, em W. A. Erwing, *Le Siècle du Corps*, p. 199. A força e a ambiguidade da fotografia residem no olhar para a objetiva e na impossibilidade de saber se a provocação é um convite erótico ou uma crítica da representação clássica da gueixa japonesa.
35 La Kabuki Club Girl, *Ethno-Techno: Los Video Graffiti*, v. 1, La Pocha Nostra, 2004, DVD-PAL.

oitenta"[36]. Esta observação geral ajuda a avaliar o que se entrevê na cena de James, consagrada à nova identidade de Sandra: o corpo faz um visível retorno à ordem simbólica da linguagem e da narração. O que conta para Sandra não é tanto o corpo literal e biológico, mas sim a identidade, o *gender* que o sujeito desejante experimenta. Sandra aceita o olhar negativo do outro (da menina no começo, dos meninos zombeteiros, dos pais desaprovadores), porém subverte-o sem que o outro se dê conta. A transgressão de papéis e identidades sexuais há muito tempo é aceita pelo interessado e os outros chegam a isso pouco a pouco. Seu pai recusa-se, certamente, a falar-lhe, mas o pai da menininha deixa cair suas defesas, de um só golpe, tornando-se ele próprio o objeto digno de comiseração. Sandra é cuidadosa em ser ela mesma, não em agradar os outros. Ela sabe que estes chegarão a uma verdadeira aceitação quando forem capazes de falar de outra coisa. O problema agora é: como fazer para que o outro, aquele que aceita, não fique mal, como consolá-lo, tranquilizá-lo, mantê-lo nos seus braços. Reviravolta irônica da situação e do estatuto do corpo: a velha transgressão deve agora tranquilizar a norma bem pensante de outrora, uma norma que doravante duvida de si própria, tendo perdido seus pontos de referência e suas certezas.

A arte da narração, aqui como alhures, é a arte de não dizer tudo, de deixar pairar a dúvida e uma boa parte do implícito. A maioria desses dramatículos "efêmeros" restabelece o teatro do silêncio[37], tanto quanto o "teatro do quotidiano" dos anos de 1970. Objetos reais, palavras verdadeiramente entendidas ou pronunciadas inserem-se num dispositivo narrativo inventado pelos próprios atores, depois pelo encenador. À diferença do teatro do quotidiano, os sainetes falam de experiências autobiográficas. São as dramatizações de acontecimentos vividos e criados pelos atores do Soleil.

Comparativamente com a arte de narrar de Robert Lepage, acharemos talvez trabalhosas e clássicas as maneiras narrativas do Soleil, ainda que cada fragmento obedeça a suas próprias leis e encontre às vezes meios indiretos e originais de fazer passar

---

36 S. Shepherd; M. Wallis, *Drama/Theatre/Performance*, p. 145-146.
37 Especialmente de Jean-Jacques Bernard (1888-1972): "Há sob o diálogo entendido um tipo de diálogo em representação que se trata de tornar sensível".

a mensagem. A música parcialmente gravada de Lemêtre, por mais hábil e virtuosa que seja, abusa frequentemente de suas facilidades, envolvendo o trabalho com uma sentimentalidade adocicada ao recorrer sistemática e pesadamente ao *leitmotiv* musical, com as velhas receitas da música de cinema. Esse uso não razoável do *leitmotiv* sublinha muito aquilo que deveria ficar simplesmente sugerido no desempenho do ator.

A arte da narração é igualmente a arte da montagem. *Montagem em superfície*, em primeiro lugar, visto que cada sequência decide sobre aquilo que se mostra ou se diz, escondendo ou calando. Como em qualquer escritura, escolhe-se revelar ou mascarar as motivações dos personagens, concluir ou manter a ambiguidade. O procedimento do *travelling* e da relatividade, da reversibilidade do ponto de vista introduzem uma relatividade e uma fineza que correspondem muito ao efêmero das coisas. Assim, é também a arte da *montagem global*, a da organização dramatúrgica do conjunto total. Torna-se manifesto na segunda parte, quando se começa a estabelecer a rede de todas essas figuras. Esta conexão é ao mesmo tempo mais anedótica do que dramatúrgica. Nenhuma fábula, nenhuma imagem central, nenhum ponto de vista global resulta dela. A fugacidade das coisas convence-nos facilmente de que todo ponto de vista é apenas provisório. Mais do que um descentramento, do que uma desconstrução, *Os Efêmeros* propõem uma descentralização da perspectiva, uma delegação do poder diretorial aos atores, que trabalham no efêmero da lembrança. Esse retorno de uma preocupação ao mesmo tempo descentralizada e coletiva é uma boa novidade. A criação coletiva é, no momento, muito mais a do *devised theatre*, ou seja, um teatro imaginado por um agente coletivo, um sujeito não diretivo, que trabalha a partir daquilo que encontra no grupo e não numa ideia preconcebida. Ora, é forçoso constatar que não existe história de criações elaboradas coletivamente pelas companhias de teatro. A observação da encenação e das decisões do encenador deverá, portanto, ser respaldada – completada e reforçada – pelo conhecimento do trabalho coletivo. Retorno à genética? Ou ponto de partida da genética?

9. *THE BIOGRAPHY REMIX* (A BIOGRAFIA REMIXADA), DE MARINA ABRAMOVIC: O CORPO ENTRE A PERFORMANCE E A ENCENAÇÃO

O último exemplo, *A Biografia Remixada*, ainda que uma retrospectiva da vida e das performances de Marina Abramovic, é encenada por seu colega e amigo de sempre Michael Laub. Há, portanto, uma ambiguidade na apresentação desse evento. Não se trata de uma performance para o grande público, mas de uma exposição, de resto extremamente clara e bem concebida, sobre um gênero mal conhecido em Avignon, a partir de exemplos, doravante históricos, de performances passadas.

Ora, essa biografia remixada, que é uma espécie de *work in progress* de Marina Abramovic e uma recapitulação de sua já longa carreira, é provavelmente a chave para compreender os outros espetáculos, para avaliar, sem *a priori*, as relações cambiantes da encenação e da performance. Talvez seja, igualmente, o momento de esclarecer a noção de calamidade, por oposição àquelas de risco e perigo à qual se sujeita o *performer*. No fundo, este último (ou esta, pois se trata, sobretudo, de mulheres) interpreta o papel de *uma calamidade*, no segundo sentido da palavra: não o flagelo natural, mas aquele que é causa de aborrecimentos constantes, ao mesmo tempo que é vítima de aborrecimentos autoprovocados. O *performer* não é, com efeito, uma calamidade para si mesmo, alguém que, sem parar, inventa para si aborrecimentos e infelicidades? Porém, se ele possui a arte de fazer sua própria infelicidade, possui também a de frustrar-se com brio, e às vezes com humor, e sair vencedor das provas que se autoinfringe. Sua infelicidade não tem, portanto, nada de uma calamidade natural, que por definição instala-se no tempo mais longo possível e deixa pouca chance para que os humanos possam evitá-la ou neutralizá-la.

Sente-se que este espetáculo encontrou seu equilíbrio e sua força pedagógica positiva. Michael Laub concebeu essa evocação como uma cronologia, exibindo, sobre duas faixas passantes, em francês e em inglês, as datas marcantes da vida de Marina Abramovic e as de suas principais obras. O olhar exterior de Laub não é crítico – esse não é seu papel –, porém ele gosta de dar pontos de referência humorísticos. Opta por uma apresentação dupla: trechos de vídeo numa tela que cobre toda a abertura do palco e dos eventos *live*, que começam a partir do momento em que a tela sobe lentamente, dando a impressão de que a realidade cênica sai da tela. Ele organiza, então, ações simultâneas, serializa a mesma ação, conferindo-lhe uma dimensão estética incontestável. A célebre prática do duelo de bofetadas, retomado por cinco grupos, torna-se um belo momento rítmico, perdendo sua violência original em proveito de um efeito de conjunto: acreditamos ouvir várias partidas de pingue-pongue num vasto *hall*.

Na primeira sequência, Marina Abramovic, suspensa na parede, acolhe o público mantendo nas mãos duas serpentes, enquanto dois plácidos cães molossos entram em cena e roem um osso, embaixo das serpentes. Os alto-falantes dão a entender inquietantes grunhidos, uma cantora italiana exprime-se no microfone, aliás, no amplificador. O terror é rapidamente substituído pela admiração pelo sentido da composição, pelo humor e pela beleza plástica.

O conjunto do espetáculo é dessa qualidade: a de uma encenação bem ajustada que, sem excluir os riscos e incidentes de uma performance, pelo menos coloca-os à distância, relativiza-os, dando-nos uma amostra, uma versão conceitual, tudo de maneira muito pedagógica. O *remix* retoma o risco, ou pelo menos o minimiza, diminuindo-lhe o impacto. Protegido pela distância em suspenso, o público semiotiza e estetiza aquilo que percebe. Porém, pelo menos respira ao encarar frontal e bravamente esses eventos, não estando verdadeiramente colocado à beira de um ataque de nervos, observando as demonstrações um pouco como no circo ou no ginásio. Lentamente toma conhecimento de Marina Abramovic, simpatiza com ela, toma consciência de seu percurso de dor, deixando de lado seus *a priori* sobre o delírio da arte, a frivolidade do teatro, descobrindo a presença e o silêncio. Quando, finalmente, Marina Abramovic vem sentar-se, com um figurino cinzento muito clássico, diante dele, olhando-o diretamente nos olhos, usufruindo um momento de silêncio e imobilidade, há alguns segundos de apaziguamento universal, de *anagnorisis* generalizada, de profunda simpatia, de encontro. Depois, subitamente,

Marina Abramovic, A Biografia Remixada, encenação de Michael Laub.
©Patrice Pavis.

Rosto mascarado, corpo expondo suas imperfeições (de acordo com as normas em vigor) e guiada no palco, depois apreciada por seu professor e mentor, pode ela ainda tornar-se objeto estético colocado em cena para nos contar histórias? Não exatamente! Pois não podemos esquecer o ser humano, e, portanto, seu sofrimento. Não conseguimos ver o mundo unicamente pelos traços da beleza e da ficção. Por trás do teatro, discernimos uma pessoa tão real quanto nós. A performance testa nossa faculdade de reagir e protestar enquanto ser humano, contudo, não ousamos fazê-lo. Nós nos abrigamos por trás do teatro.

Marina Abramovic, A Biografia Remixada, encenação de Michael Laub.
©Patrice Pavis.

As serpentes se movem. São perigosas? Sim, pois não ousaríamos tocá-las! E elas arriscam-se a cair sobre os cães. É, então, uma performance não repetível, arriscada, imprevisível, irritante. Porém, a pose crítica, o halo de luz, a beleza das iluminações ou da voz da cantora, a irônica relação de elementos trazidos para o palco, tudo isso nos conduz aos prazeres indizíveis da relação teatral. É preciso escolher entre a performance ou a mise-en-scène? Mise-en-perf ou performise?

os aplausos estouram como fogo caloroso que não se esperava mais, nessa programação antes de mais nada sombria do Festival de 2005.

Não obstante, apesar dessa mistura de modos de (re)presentação, a diferença encenação/performance continua. Não se trata simplesmente de compreender a sua indefectível aliança. Tudo está em jogo na questão da presença e da representação (do sentido). Segundo Badiou, "o teatro seria a percepção do instante como um instante de pensamento"[38]. Não é a performance, neste caso, a percepção do teatro como pensamento do instante?

O público, evidentemente, não se coloca o problema de saber se está assistindo a uma encenação ou se embarcou numa performance. O espectador fica em dúvida, a partir do momento em que põe os pés em Avignon, sobre se a sua posição não será confortável, se não pode mais esperar receber representações miméticas do mundo, se deve *"to go with the flow"*, deixar-se ir ao sabor da corrente. Nada mais o surpreende nem o choca: o que é um corpo desnudo, uma serpente embaixo de um cão bem adestrado, comparado a um *kamikaze* que mata dezenas de pessoas ao seu redor?

O exemplo desta performance "teatralizada" constitui o encontro do teatro do gesto com a dramaturgia do ator no interior da arte da performance – a qual tende a voltar a uma encenação, a uma de-monstração de ações controladas. Este exemplo, como o dos *Efêmeros*, confirma a impressão de que o teatro do gesto mudou de identidade a partir dos anos de 1960, que se travestiu em algo diferente. A partir do último decênio do século precedente, ele inventou novas formas, nas quais a dramaturgia do ator não é senão uma possibilidade entre muitas outras. A noção de teatro do gesto talvez esteja superada: útil nos anos de 1960, como reação ao imperialismo da literatura dramática, perde sua pertinência e sua eficácia desde o instante em que alguém reconheceu, de boa vontade, a presença do corpo em qualquer manifestação espetacular. Se a *body art* e a performance parecem-nos, a nós crianças da era pós-moderna e pós-dramática, como gêneros históricos, quase peças de museu (pelo menos

---

[38] Op. cit. p. 115.

no sentido literal do termo), é porque um novo modelo do corpo tomou, justamente, corpo. Não é mais o corpo "selvagem" e "descontrolado" dos anos de 1960, nem mesmo o explícito, caro a Rebecca Schneider ou a Caroline Schneemann, mas sim um corpo imaginário, híbrido, fantasmático, que mistura linguagem e discurso, à cata de múltiplas identidades e de um sujeito multipolar. Esse sujeito encarnado não precisa mais, para se afirmar, opor-se ao espírito, ao texto ou à tecnologia. De forma análoga, o teatro não se sente mais na obrigação de nos convencer que é físico, ligado ao ator, e que consiste em "eventos encarnados". Integrou de tal modo (e encarnou) essa "corporalidade" que o "teatro físico", estrito senso, para de ser uma categoria pertinente e que se oferece como convidado a outros gêneros. A representação de um clássico é, às vezes, mais sensual e física do que um mimodrama fossilizado. E a escritura contemporânea tem muitas vezes a necessidade imperiosa, para ser compreensível, de desdobrar-se em suas frases e em sua retórica, nas suas asas como se se tratasse de partes do corpo humano ou modulações da voz. Artistas como Robert Lepage ou Simon McBurney provaram que o uso de mídias pode enxertar-se na presença humana, na arte da narração e no uso literal do corpo humano.

A esta extensão infinita do teatro "encarnado" – chame-se a ele físico ou gestual –, acrescenta-se o fato de que é recapturado pelo debate teórico pós-moderno sobre as mútliplas identidades, debate este que nos faz, de algum modo, passar diretamente da idade da pedra para a condição esquizofrênica pós-moderna, para um corpo protético que mistura a carne animal e os componentes do computador, um corpo que se supõe fazer de todos nós felizes *ciborgues*.

Boa parte da programação dos teatros compõe-se de peças do repertório clássico.

É muitas vezes por meio dela que os espectadores tomam conhecimento do teatro. Nossa relação com o repertório é ambivalente: intimidação ou rejeição às vezes, incerteza quase sempre.

Estamos nos despedindo do passado? Mesmo que os encenadores não mais acreditem muito no seu poder. Nem minimamente num método de interpretação que haveria de se impor. É como se tivéssemos, todos nós, perdido o sentido de orientação.

A solução para interpretar o passado está no "presentismo"? Ou no futuro, pós-moderno e pós-dramático?

11. Esplendores e Misérias da Interpretação dos Clássicos

"Não está em questão negar que a problemática da encenação dos clássicos, enquanto tal, desapareceu. No entanto, esses textos continuam presentes nos palcos. Não existe nada mais específico para sua abordagem?"[1], observa Anne-Françoise Benhamou na sua introdução a um notável "Diálogo com os Clássicos" da revista *Outre Scène*. Essas constatações e esta questão colocam perfeitamente o problema, resumem bem a situação atual, porém nos obrigam igualmente a emitir algumas hipóteses sobre a abordagem cênica de peças clássicas no decorrer dos últimos vinte anos.

O que é um clássico? Um clássico, dizia Hemingway, é um livro do qual todo mundo fala, mas que ninguém leu! Acrescentaríamos com prazer: uma peça clássica é uma obra que todo mundo leu na escola, mas da qual ninguém quer falar, a tal ponto a lembrança das matinês escolares pesa-lhe ainda. Nossas lembranças são clássicas por natureza: será que não remetem à infância da arte, a esse momento privilegiado em que um acontecimento único e fundante assume subitamente um valor exemplar e marca nossa vida? Um exemplo dado rapi-

---

1 *Outre scène*, revista do Teatro Nacional de Strassburgo, n. 5, p. 4.

damente, pois cada vez é preciso menos tempo para que uma obra seja declarada clássica: "Curiosamente, bastam vinte anos para que um texto se torne tão velho quanto a *Eneida*. Embora tendo tomado alguma precaução para sobreviver (fotos, fitas magnéticas, notas), o próprio Brecht tornou-se velho, não é menos difícil para decifrar do que Molière"[2].

Cada época, cada cultura, tem sua própria concepção de clássicos. Na França, essa categoria formou-se no século XIX, em oposição ao romantismo. O classicismo é uma categoria estética, mas também uma época: "o século de Luís XIV", de acordo com a expressão de Voltaire. Ele se refere à antiguidade, aos seus valores considerados indiscutíveis e universais. De um ponto de vista estético, o classicismo reivindica a ordem, a harmonia, a coerência. Ao visar um equilíbrio entre razão e emoções, obedece a regras como a conveniência e a verossimilhança[3].

Tomaremos o termo *clássico* menos no sentido histórico (o século XVII), do que no sentido em que o empregam os encenadores desde há cem anos atrás: um texto para ser redescoberto, um texto que foi montado inúmeras vezes, no sentido em que o define Italo Calvino: "Os clássicos são esses livros dos quais sempre ouvimos dizer: 'Eu estou ocupado em relê-lo...', mas jamais: 'Eu estou ocupado em lê-lo...'"[4]

Poder-se-ia tentar uma história da interpretação de obras clássicas no decorrer dos séculos até hoje. Ver-se-ia que se interpretava Racine e Molière nos séculos XVIII e XIX muito diferentemente do que no século de Luís XIV. No teatro, os clássicos têm, assim, uma longa história de condições da interpretação. Fato esse ao qual se adiciona a reputação de se transformar numa nova categoria, com o aparecimento progressivo da encenação ao longo de todo o século XIX, essa encenação que, por volta do fim do século XIX, toma consciência de sua força e de seu poder de (re)leitura de textos muitíssimas vezes interpretados ou, ao contrário, caídos no esquecimento. Com

---

2   A. Vitez, Notes pour *Le Précepteur*, de Lenz, *Écrits sur le théâtre, Tome II – La Scène, 1954-1975*, p. 243.
3   Estas reflexões são feitas a partir do artigo: Classicisme, de F. Dumora-Mabille, em Paul Aron, Denis Saint-Jacques e Alain Viala (eds.), *Le Dictionnaire du littéraire*, p. 96.
4   I. Calvino, *Pourquoi lire les classiques*, p. 7. (Trad. bras.: *Por Que Ler os Clássicos*, São Paulo: Companhia das Letras, 1993.)

efeito, é o momento em que os encenadores sentiram-se autorizados a dar sua própria versão das peças do repertório. É sobre esses textos seculares que a encenação assestou sua estratégia de reconquista da literatura universal. Não se compreende esse desenvolvimento, como bem o mostra Didier Plassard, senão no quadro da evolução da educação e do "alicerce social"[5] do público. A idade de ouro dos clássicos não aconteceu senão nos anos do pós-guerra, de 1945 a 1965 mais ou menos, na vaga do teatro popular, quando o teatro se beneficiou de um prejulgamento favorável que visava educar a população e contribuir para a mudança política, quando "a sociedade francesa empreendeu a tarefa de diminuir o seu atraso em matéria de duração dos estudos médios por habitante"[6]. Esse período é seguido "por uma fase de contestação (1965-1975), quando o ciclo escolar começou a se democratizar, depois por uma fase de culturalização (1975-1990), quando as portas da universidade se abriram numa proporção grandiosa para aqueles que constituiriam doravante o principal público dos teatros"[7]. Esta fase – que teve uma recaída por volta de 1981, com a chegada da esquerda ao poder na França – é a do "tudo cultural", das experiências de teatro intercultural, do "teatro elitista para todos", segundo a fórmula de Vitez, e coincide com o apogeu do "teatro dos encenadores", os quais assentam seu poder comumente no recurso aos clássicos. Depois de 1989 e da queda do Muro de Berlim, entrou-se numa fase de instabilidade, de crítica da mundialização, mas também da colocação em causa do relativismo cultural e do teatro antropológico dos anos de 1980 (Grotóvski, Brook, Barba, Mnouchkine). A palavra de ordem implícita pareceu ter-se tornado a de um "teatro igualitário para mim", um teatro que enaltece a igualdade de oportunidades, na medida única em que me seja favorável, de uma "arte de decepção massiva" cujas armas são inencontráveis. Essa crise do pensamento clássico e de sua análise não se

---

5   D. Plassard, Esquisse d'une typologie de la mise en scène des classiques, *Littératures classiques*, n. 48.
6   Idem, p. 252. Ver sobre esta questão: P. Pavis, Quelques raisons sociologiques du succès des classiques au théâtre en France après 1945 (1986), *Le Théâtre au croisement des cultures*, p. 51-54. (Trad. bras.: *O Teatro no Cruzamento de Culturas*, São Paulo: Perspectiva, 2008.)
7   D. Plassard, op. cit., p. 252.

coloca, no entanto, sem futuro nem sem grandeza. Resta-nos descobrir as potencialidades comumente escondidas no discurso pessimista ou cínico, resta-nos adivinhar o futuro de uma ilusão teatral.

1. O "EFEITO CLÁSSICO"

Desde o descobrimento dos grandes textos, a partir de 1890 e mais ainda de 1950 e até os anos de 1960, o famoso "efeito clássico" induziu a um efeito de intimidação devido ao prestígio dos clássicos e de sua virtude "integradora" para quem os frequentava e respeitava. Porém, esse efeito não atua mais, no momento, no mesmo sentido: o espectador pensa, acima de tudo, que vai encontrar-se no mesmo nível deles e compreendê-los imediatamente e sem esforço. Esta intimidação ao contrário dá-nos a ilusão de que os clássicos estão agora no nosso nível e que basta considerá-los como nossos contemporâneos para que eles o sejam[8]. Sua assiduidade não é mais sinônimo de promoção cultural, de ascensão social, de integração à classe média. Está até em questão expurgá-los, a fim de colocá-los nas normas do *politically correct* (este já é o caso dos trechos escolhidos de colégios e liceus). Certas peças, certas cenas, certos achados cênicos são descartados com medo de chocar ou de não passarem pela censura dos islâmicos. Outros são anexados para tal ou qual comunidade que lhes denega qualquer valor universal. Um festival como o de Avignon afasta-se de suas origens populares e certos jornalistas inquietam-se de que os artistas tenham se tornado escondidos e egocêntricos. Fato que leva um observador distante como Régis Debray a se perguntar: "O que seria melhor: o povo privado da arte, cuja ideia tanto arrepiava Vilar, ou então a arte sem povo, autista e feliz de o ser? Os dois estão casados"[9]. Os clássicos sofrem tanto do desaparecimento da arte popular quanto do hermetismo da arte contemporânea.

---

8   A. Vitez, L'intimidation par nos classiques a pour étrange conséquence que nous leur refusons la qualité de classiques pour les croire modernes, toujours jeunes, comme nous finalement, *Écrits sur le théâtres*, Tome III – *La Scène, 1975-1983*, p. 30.
9   *Sur le pont d'Avignon*, p. 37.

2. TIPOLOGIA DIFÍCIL

A partir dos anos de 1990, temos dificuldade para distinguir diferentes tipos de encenação dos clássicos. A distância histórica é, talvez, ainda muito pequena, mas, sobretudo, os "métodos", as maneiras de interpretar os clássicos não têm mais nada de universal e sistemático. Examinando as representações de clássicos até por volta de 1980, distinguimos ao mesmo tempo o caso das seguintes figuras[10]:

1. a reconstituição arqueológica;
2. a historicização;
3. a recuperação;
4. a prática significante;
5. o despedaçamento;
6. o retorno ao mito;
7. a denegação.

Esta tipologia fundamentava-se na concepção específica de que cada tipo de trabalho cênico se fazia a partir do texto dramático (até os anos de 1970). Nos perguntamos: essa concepção se liga 1. à letra do texto; 2. à fabula contada; 3. aos materiais utilizados; 4. aos múltiplos sentidos; 5. à desconstrução da retórica; 6. ao mito no qual ele finca raízes; 7. à relação direta que se supõe manter com o espectador?

Talvez não seja inútil revisitar estas velhas categorias, não somente para observar o quanto a prática dos anos de 1990 afastou-se delas, mas o quanto, também, às vezes toma emprestado delas sem o saber.

2.1 *A Reconstituição Arqueológica* do espetáculo tal como se apresentava na sua criação sempre foi uma ilusão, sendo colocada, às vezes, como o próprio ideal da representação dos clássicos. Ela renunciou rapidamente, por pura dificuldade

---

10 P. Pavis, Du texte à la mise en scène: l'histoire traversée, *Kodikas/Code*, v. 7, n. 1-2, p. 24-41. Estas reflexões foram formuladas à margem de uma tese consagrada à interpretação de Marivaux no palco dos anos de 1970: *Marivaux à l'épreuve de la scène*.

técnica, a reconstruir o passado e a reconstituir o jogo do ator. Longe de ser perfeita, a reconstituição reduzia-se então a um exercício de estilo, a uma distração inútil, a um modelo de representação que "afastava, dessa forma, o público do texto e o seduzia não pela fábula ou pela linguagem, mas pelo exotismo da representação"[11]. A reconstituição tornou-se rapidamente uma impostura, um trabalho puramente formal que se preocupava com detalhes arqueológicos e não o suficiente com a nova relação da obra com o público contemporâneo e, portanto, com a concretização induzida pela mudança da recepção. Paradoxalmente, o público achava-se afastado da obra, desviado dela, distraído por uma visão do passado.

Dessa reconstituição um pouco ingênua, convém distinguir as representações com declamação barroca de Eugène Green ou de Jean-Denis Monory. Na sua reconstituição de *Mithridate* (Mitrídates), Green trabalhou antes de tudo a declamação e a gestualidade, cuidando em dizer e fazer dizer o texto, de acordo com aquilo que avalia ter sido a dicção de versos pelos atores de Racine. As sonoridades de época, o sistema muito codificado dos gestos e das atitudes restituíram um conjunto que reencontra a sensação da poesia raciniana. O trabalho foi admirável no seu espírito e tornou-nos atentos para a fatura técnica da obra. No entanto, habituados a uma manifestação da situação dramática e da opção hermenêutica escolhida, ficamos "deficitários", privados do prazer da releitura. Ou, dizendo de outra forma, é preciso possuir a arte de imaginar a cena, como o faríamos na simples leitura. Porém, essa leitura foi apenas uma "leitura em relevo": a interpretação da obra, o sentido, o imaginário cênico, faltaram-nos cruelmente. Todavia, não é isso o essencial?

2.2 *A Historicização* é exatamente o contrário da reconstituição arqueológica. Consiste em representar a peça do ponto de vista que é o nosso atualmente: situações, personagens,

---

[11] A. Vitez, À propos d'*Électre*, *Les Lettres françaises*, n. 1125.

conflitos são mostrados na sua relatividade histórica. O encadeamento dos eventos da fábula é tal que reencontramos uma história que ainda nos diz respeito hoje em dia. Desde os anos de 1960, em plena lua de mel brechtiana do teatro de então, vozes como a de Vitez levantavam-se para manifestar-se contra essa tendência de querer explicar demasiado o presente ao fazer dizer, nas peças, aquilo que nos convém atualmente. Vitez desconfiava e zombava da "atualização (de esquerda, com certeza) e da reconstituição pseudomarxista". "A atualização de esquerda: associações explícitas entre a peça e os acontecimentos de nossa época (Creonte usa uma braçadeira de cruz gamada...)". "A reconstituição pseudomarxista: evidenciação da luta de classes tal como se pode imaginá-la (com riscos de erros consideráveis) em 1399"[12].

Esses procedimentos de reconstituição atualizantes, emprestados do Berliner Ensemble, frequentes em Joan Littlewood ou em Roger Planchon nos anos de 1960, tornaram-se muito raros na prática contemporânea. Quando são empregados, não o são mais do que por gosto do anacronismo e sem pretensão didática. Falta todo um sistema coerente (porém pesado) de alusões que estabeleceriam as passarelas históricas entre as duas épocas.

2.3 *A Recuperação do Texto* como material foi o método mais radical para tratar o texto dramático como material sonoro ou como elementos polissêmicos suscetíveis de se combinarem para produzir múltiplas interpretações. Com exceção das composições musicais, nas quais o texto reduziu-se, com efeito, a uma colagem de sonoridades nas quais a adição não mais faz sentido – sentido semântico, entenda-se –, o texto não é, no fundo, jamais redutível a um "material" (termo fetiche nos anos de 1960 e 1970). Brecht teria adorado utilizar o texto clássico como material, porém ele sabia que isso não era possível, tão forte permanecia a noção de propriedade: "essa raiva da possessão impediu que se descobrisse o valor de material bruto dos clássicos, o

[12] Idem, À propos de Richard II, *Écrits sur le théâtre*, Tome II – *La Scène, 1954-1975*, p. 130.

que no entanto teria permitido torná-los novamente utilizáveis; e a crença de destruí-los reduziu a nada todos os esforços feitos nesse sentido"[13]. Esta crença com o recuo do tempo, poderíamos dizer, era infundada: foi o que se produziu nos anos de 1960 e 1970, quando encenadores como Robert Wilson utilizaram os textos, tanto clássicos quanto contemporâneos, como simples "cenografia verbal", para melhor concentrarem-se na produção de imagens. O resultado valeu, certamente, o sacrifício do texto, pois os espetáculos visuais ultrapassaram em beleza aquilo que se poderia imaginar no palco. Não obstante, isso não foi uma releitura dos clássicos. O abandono da concepção do texto como material recuperável, que se poderia datar do começo dos anos de 1980, e do pensamento moralizante do *politically correct*, não conduziu, para tanto, ao desaparecimento do teatro de imagens, muito pelo contrário!

Quando Wilson "montou" as *Fábulas*, de La Fontaine, na Comédie-Française em 2004, o texto certamente era audível, corretamente pronunciado pelos comediantes, porém a imagem e sua beleza subjugante borravam, por assim dizer, a letra do texto, modificavam qualquer perspectiva de (re)leitura das *Fábulas*: abandonávamos o reino literário clássico, estávamos no domínio das artes plásticas. Mesmo o *Dramaturgo* de origem alemã Hellen Hammer concordou:

> O fio diretivo e os temas rememorados são o fruto de um trabalho arquitetural e musical. Joga nos contrastes de situação: gravidade/leveza, burlesco/sério, comédia/tragédia, pessimismo/otimismo, duração/brevidade, bobagem/sabedoria. Joga nos contrastes de tamanho (leão/mosquito) ou de número (um, dois, três ou uma multidão de animais).

A imagem sonorisada substituiu a dramaturgia da palavra.

2.4 *A Prática Significante* é uma sequela da técnica de recuperação. Implica que o texto se abre ao maior número possível de significações, à pluralidade de sentidos que se contradizem, se complementam, se respondem e não se reduzem a uma signi-

---

[13] B. Brecht, Entretien sur les classiques, *Écrits sur le théâtre*.

ficação global final[14]. A pluralidade é mantida graças à multiplicação de enunciadores cênicos (ator, música, ritmo, iluminação etc.), com a recusa de hierarquizar os sistemas de signos e, portanto, de interpretar. Peter Brook louvava a forma shakespeariana como aberta a "interpretações infinitas", "forma também tão vaga quanto possível, expressa para não dar interpretação"[15]. Esse elogio da abertura é um grande clássico de nossa época. Marca a crítica da semiologia dos anos de 1970 ao se haver com o princípio de coerência e fechamento da obra. Com resultados os mais diversos, como o da encenação do *Anfitrião*, de Molière, por Anatoli Vassiliev na Comédie-Française em 2002: quando, por exemplo, numa cena interminável os atores manipulavam longos bastões e panos que depois giravam no espaço. Sua dicção interrompia-se em momentos arbitrários, não previstos pela sintaxe. O ritmo global da representação mudava sem parar. Esta fragmentação não tinha nenhum sentido dramatúrgico claro, parecendo, portanto, gratuita e arbitrária. Esse exercício de estilo nos desviava de qualquer leitura da fábula, de qualquer interpretação. Da mesma maneira, em *Thérèse philosophe* (Teresa Filósofa), nos Ateliers Berthier, do Odéon, em 2007, os dois atores fragmentaram o texto do romance dizendo o papel com fragmentos recortados em plena frase, sem que a operação adquirisse um sentido para a compreensão da frase, muito pelo contrário. A máquina cênica funcionava muito visualmente, porém aplicada à dicção tornava-se uma explicitação muito pesada do corpo-máquina.

2.5 *O Despedaçamento*, para retomar o título da experiência a que Planchon outrora (1968) submeteu o *Cid*, de Corneille[16], é uma prática tornada corrente, uma desconstrução ao pé da letra da dramaturgia clássica, uma fragmentação do texto, tão

---

14 A prática significante é uma noção da semiótica dos anos de1970, aquela de Roland Barthes, por exemplo: "interpretar um texto é não dar-lhe um sentido (mais ou menos baseado, mais ou menos livre), é, ao contrário, apreciar de qual plural ele é feito". S/Z, p. 11.
15 P. Brook, *Travail théâtral*, n. 18, p. 87.
16 A contestação e o despedaçamento da mais ilustre das tragédias francesas, *O Cid*, de Pierre Corneille, seguida de uma "cruel" colocação em morte do autor dramático e de uma distribuição gratuita de diversas conservas culturais.

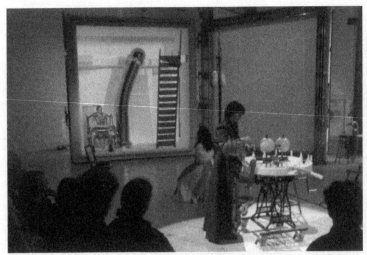

Sade, Filósofa Teresa, encenação de Anatoli Vassiliev, Odeon, 2007.
©*Patrice Pavis.*

Às vezes a prática cênica, a maneira de enunciar o texto (neste caso, soletrando-o sem razão aparente) não produzia nenhum resultado e, assim, não dava o texto a reler, nem mesmo a ler. Sob o pretexto de não congelar o texto literário, de não fetichizá-lo, de não venerá-lo como alguma coisa intocável, Vassiliev foi levado a triturá-lo, a desritmá-lo a ponto de desfigurá-lo, de tornar a remessa ao sentido senão impossível, pelo menos comparável ao de um frágil pássaro lastrado de chumbo. Ao invés de vestir o texto, essa atuação picada nos afastou, impedindo sua ficcionalização, sua metaforização, a emergência de um sentido possível.

frequente no decorrer dos últimos quarenta anos. Desde o fim dos anos de 1970, quis-se reconstruir a representação em pedaços. Pressentiu-se muito que a colagem, tão fácil no papel ou na atuação de trechos escolhidos de cenas, não produzia automaticamente resultados satisfatórios, nem para os sentidos, nem para a inteligência do texto.

2.6 *O Retorno ao Mito* foi, para inúmeros encenadores dos anos de 1960 e 70, um meio de ir diretamente ao núcleo essencial de qualquer história, ao mito que a habita e a nutre. *Mito* foi tomado no sentido metafórico de fonte, raiz ou de ressonância que o texto sugere. Desse modo, em encenações dos clássicos poloneses, Grotóvski procurou a arqueologia e a atualização; procurou nos clássicos o mito esquecido e a lembrança escondida no ser humano.

Esse *topos*, dos anos de 1960, soa totalmente estranho no presente. Ninguém sonha, doravante, em conduzir a escritura ou a representação para um substrato mítico. Na maior parte do tempo, a encenação mostra o detalhe da escritura, permanece atenta às formas e não simplesmente aos temas universais. É raro que a tragédia, grega, por exemplo, seja reduzida a uma abstração, a um *mitos* universal.

2.7 A *Denegação* da encenação constitui, no fundo, sua situação natural: a encenação está sempre presente, porém quer fazer-se passar por invisível. Face às peças clássicas muitas vezes "difíceis", até parcialmente ilegíveis, cujas condições de representação permanecem mal conhecidas, a encenação fica tentada a apostar todas as suas fichas: de confiar somente aos atores a tarefa de dizer os textos "sem filtro cultural", sem o metadiscurso de uma reflexão de conjunto sobre a peça e sua época. Contudo, não há leitura neutra, universal e imediata: o público entenderá certamente a letra do texto, mas o sentido nunca, evidentemente.

3. FIM DA RADICALIDADE, FASCINAÇÃO
   DO PRESENTE

Esta tentativa de tipologia para as representações clássicas dos anos de 1950, 60 e 70 é desde logo muito problemática. É ainda mais problemática para a produção "estourada" nos anos de 1980 e 90. A época mudou. A abordagem de textos do passado perdeu sua radicalidade, sua combatividade. Por duas razões, segundo Anne-Françoise Benhamou:

> Os clássicos continuam presentes, porém é um pouco como se as problemáticas – e as polêmicas – ligadas à sua encenação estivessem dissolvidas: seja porque as questões históricas não nos falam mais dessa época de "presentismo", seja porque os guardiões do tempo e os tenentes da fidelidade à obra tenham desaparecido sob os ataques da modernidade ou, quem sabe, da pós-modernidade[17].

17 Outre scène, *Revue do TNS*, n. 5, p. 31.

Por que teríamos nós congelado nosso passado? Por que essa desconfiança com relação ao passado e esse culto do presente? Bastaria evocar a aceleração das mudanças, sua concomitância com a escala global do planeta, a fuga adiante em direção a mais progresso tecnológico e mais lucro, o desconhecimento das experiências passadas e sua desvalorização, o declínio, a impossibilidade até da análise dramatúrgica, a ausência de perspectiva futura?

Viver no presente não é tão fácil, mesmo que seja aquilo a que aspiram, na atualidade, o ator, o espectador e, às vezes, mesmo o autor.

3.1 *O Ator* vive no presente: incumbe-lhe a tarefa de trazer toda a ficção para um ato real, o de um ser humano no *hic et nunc* da interpretação. Porém, essa evidência verifica-se, na maior parte dos casos, com muitos atores e encenadores que tombaram sob o charme da performance e da concepção performática do teatro. São numerosos, tal como Jean-François Sivadier, que constata a importância do partilhamento no teatro:

> O partilhamento é essencial no teatro. O partilhamento do tempo e do espaço. E isso nunca é evidente. Sempre tento interrogar a natureza do partilhamento entre os atores e os espectadores. Efetivamente, isso trabalha muito sob a ideia de se estar no mesmo tempo do público. Se eu estou na plateia e tenho a impressão de que o ator não está em condições de responder a uma imagem de ficção, mas sim de confrontar-se diante de mim e comigo com relação a um texto ou ao espaço, vou ter a impressão de estar ao lado dele no tablado[18].

Em *A Morte de Danton*, de Büchner, Sivadier começava por colocar o conjunto dos atores de frente para o público, como se quisesse partir de sua realidade de ator e cidadão para interpelá-los e inscrevê-los pouco a pouco e sem ruptura na ficção de Büchner. Os atores cuidavam a seguir dessa presença pessoal como se fossem *performers*, atores concretos e cidadãos antes de estarem a serviço da ficção.

Esse procedimento é doravante frequente. Na encenação de *Hamlet*, com apenas três atores masculinos, Árpád Schilling

18 L'Acteur au rendez-vous de l'instant et du passé, *Revue do TNS*, p. 35.

trabalha, também ele, com essa presença temporal e espacial do ator. Não é mais questão de entregar uma nova leitura da peça, nem mesmo, de resto, uma leitura muito breve![19] Certamente, seguimos a história, porém inúmeras citações de outros textos e, sobretudo, uma constante mudança de diferentes papéis da peça tornam difícil, até impossível, uma leitura linear. O que conta para os três *performers* é manter a distância, manter o contato com o público custe o que custar, apesar das palavras húngaras, as legendas muito longas e literárias. Eles se esforçam para nos fazer viver na sua enunciação, na sua performance de ator, na sua presença e na sua arte do contato. Renunciaram à elaboração de papéis, a colocar-se a serviço do autor e de suas intenções. Pretendem transformar-se em coautores do espetáculo e dirigir-se a nós enquanto companheiros de jogo. Fazem-nos ler algumas passagens da brochura e nos mantêm alertas por facécias incessantemente renovadas. Esse exercício de virtuosidade, essa explosão do ator sempre em sintonia com seus companheiros, sensível ao público, é extraordinário, porém – se a questão for permitida –, será que é ainda uma encenação da peça de Shakespeare? É *Ham-let* ou "*Let (it be) hum/hum*" (Não interfira, hum/hum)? Um exercício de *ham-acting*, de cabotinismo, um *humming*, um zumbido permanente e agradável sobre os temas quase musicais longinquamente inspirados por *Ham-let*? A hipertrofia da função enunciativa às expensas dos enunciados não interdita qualquer releitura da peça? Neste caso específico, não é provavelmente o objetivo. O fato de nos "dizer" que se interpreta *Hamlet*, sem dá-lo a compreender, é suficiente para nossa felicidade atual? Esse exercício de virtuosismo e de presença será apreciado por quem já conhece a peça ou por quem não tem nenhuma intenção de tomar conhecimento dela, nem mesmo de ter um entendimento mais amplo sobre ela. No tocante à releitura, não seria o problema neste caso: a função performativa, por muito tempo dominante, ocupa no momento todas as praias.

3.2 *O Espectador* está diretamente relacionado a essa presença invasiva do *performer*. Ele haverá de sentir-se lisonjeado ou, ao contrário, irritado por tal solicitude. Ao conceder-lhe um

---

19 Encenação em Avignon, julho de 2005.

acesso direto, espontâneo, ao texto, e, portanto, limitando-lhe voluntariamente toda e qualquer explicação por meio das ações cênicas, toda e qualquer concepção que se aventurasse a encobrir esse acesso, o encenador não estaria depositando esperança demasiada nas faculdades do espectador? Se o seu interesse está na enunciação e na performance, na fruição do momento, o espectador corre o risco, também, de renunciar bem depressa àquilo que a peça poderia lhe trazer no dia de hoje, inclusive em termos de sua compreensão da obra e do mundo. Não obstante, às vezes, o milagre se produz. O espectador é interpelado ao mesmo tempo no mais profundo de si mesmo e amplia seu campo de conhecimento. Quando, em *A Morte de Danton*, o ator Ernst Stötzner[20], no papel de Robespierre, coloca-se frente ao público e dirige-se a ele como o faria um ator francês, falando aos espectadores sobre o problema dos intermitentes* do espetáculo, nós o escutamos com aguda atenção e sua apologia do terror parece ilustrar a nossa atualidade. O alcance político desse discurso, por mais fortuito que seja, não é menos evidente. Todos os endereçamentos ao público, brechtianos ou não, nada têm dessa força, porém obrigam ao menos a sugerir a ilusão referencial em proveito de um despertar vigoroso da consciência crítica, até política.

3.3 *O Autor* é o terceiro e indispensável termo desta nova equação. Anne-Françoise Benhamou observa que "nos anos de 1970, sob a influência do estruturalismo e da suposta 'morte do sujeito', a figura do autor tinha quase desaparecido da teoria literária e, por ricochete, da encenação de clássicos. Hoje, ela faz o seu retorno"[21]. Esse retorno é sensível não apenas nas declarações dos encenadores, mas, sobretudo, na maneira pela qual a noção de autor permite ultrapassar a fragmentação de materiais, encontrando uma coerência para além dos pedacinhos de textos. Stéphane Braunschweig observa, a propósito de seu método

---

20 Na encenação de Thomas Thieme, no Stadttheater de Bochum, 2006.
* Intermitentes do espetáculo: na cena francesa, artistas sem vínculos trabalhistas e sem continuidade de trabalho (N. da T.).
21 A.-F. Benhamou op. cit., p. 58. Retomado em S. Braunschweig, *Petites portes, grands paysages*, p. 290.

de pesquisa: "Trabalhar o texto como texto é pressupor que há uma coerência – com todas as suas contradições. É dizer que essa coisa foi pensada, desejada, compreendida inconscientemente e que forma um todo: o todo de um autor"[22]. Em seu *Misantropo*, Braunschweig reconstitui um Alceste "inteiro", não somente no sentido caracteriológico do termo. O "todo do autor" é a concepção global, estruturalmente ambígua, de Molière: seu Alceste é sincero, mas também fanático e, portanto, perigoso. É deplorável, infantil, atraente, mas igualmente imaturo, ridículo e egocêntrico. O problema não é saber se parece com seu criador, mas sim se é legível no conjunto do pensamento da pesquisa sobre Molière. E é consideravelmente este o caso, pois a dramaturgia do espetáculo soube reconstituir a perspectiva de conjunto. Muito seguramente, essa dramaturgia não é sensível senão ao ator: ele é a *interface*, por meio do seu imaginário e de sua aparência física, entre o mundo exterior e o texto ancorado numa época, atual ou passada. Corpo condutor intermediário, o ator faz a ligação entre o texto e o mundo exterior no qual o encenador "se abastece". De que maneira, a partir disso, não ser fiel e infiel, representante autêntico do autor e passageiro clandestino enviado pelo encenador?

Ora, essa coerência, que no caso provém da leitura global e rigorosa, nem sempre é suficiente, admitindo-se que a encenação seja coerente e bem administrada. É o que ocorre com a versão de *Hedda Gabler*, de Ibsen, proposta por Thomas Ostermeier[23], na Schaubühne. A peça é habilmente atualizada. Ela é extraída de seu meio naturalista norueguês, deslocado que foi para nossa época e para um interior burguês alemão e *bobo** neoeuropeu. Acreditando-se no programa (não assinado), a heroína teria se suicidado porque achava que os seus projetos de futuro seriam aniquilados pela volta inopinada de Lovborg, que arriscaria retomar o cargo de professor de seu marido. É manifestamente um contrassenso quando se lê a peça: Hedda mata-se para escapar à chantagem do juiz Brack, por decepção amorosa, por desgosto pela mediocridade dos que a rodeiam,

---

[22] Idem, p. 57, e em *Petites portes, grands paysages*, p. 289.
[23] Vista no teatro dos Gémeaux, Sceaux, janeiro de 2007.
* Contração de *bourgeois-bohème*, no sentido de "esquerda-caviar" ou "esquerda festiva" (N. da E.).

e não absolutamente por medo da decadência social, o que supostamente parece ser a imagem de "nosso drama coletivo"[24]. A bem dizer, a interpretação cênica diz coisa distinta, não é tão errônea quanto sugere o programa: as motivações de Hedda permanecem ambíguas, ligadas mais a um desespero existencial do que a considerações econômicas (porém, como saber?). Seja qual for essa leitura (que se supõe ser a do dramaturgo Marius von Mayenburg, mencionado como tal no programa), ela não faz justiça à "totalidade do autor", revestindo a peça de preocupações ou obsessões atuais estranhas às de Ibsen. Aquilo que, há trinta anos, teria passado por uma leitura "produtiva", por uma "releitura", por uma descoberta que haveria de renovar o nosso conhecimento sobre o texto (como se dizia!), atualmente nos choca como um abuso de poder e como uma insuficiência de leitura, de uma leitura "presunçosa" até.

Contudo, essa leitura presunçosa não se tornou a regra. Seria, antes de mais nada, exatamente o contrário: a encenação hesita muitas vezes em formular uma tese muito ousada, muito contemporânea, muito específica apenas para o encenador. O teatro não acalenta mais a ilusão de nos fazer compreender melhor o mundo, e menos ainda de transformá-lo graças aos poderes da arte.

Vivendo mais ancorados no presente, o ator, o espectador e o autor mudaram as regras do jogo: os clássicos não são mais uma coisa do passado, que teríamos de uma vez por todas classificado e enfileirado como casos separados. Ousamos, portanto, esboçar algumas das novas formas de encenação destes últimos vinte anos.

4. NOVAS FORMAS PARA VELHOS PROBLEMAS

4.1 *A Reemergência do Corpo*

Na peça clássica, supõe-se que o corpo desapareça por trás do sentido e das palavras. Porém, a partir do momento em que estas últimas são pronunciadas no palco e conduzidas pelo ator, o corpo retoma seus direitos. Que se pense nas inumeráveis interpre-

---

24 Programa, Sceaux, Théâtre des Gémeaux, 2007.

tações cênicas de Racine nas quais o corpo desempenha papel central. Alguns exemplos:

* Para *Berenice*, o coreógrafo Bernard Montet e o encenador Frédéric Fisbach utilizaram ao mesmo tempo atores e dançarinos[25]. Segundo eles, o corpo é mais rápido do que a palavra: "por momentos, o corpo, o movimento, o espaço podem dizer melhor do que as palavras"[26]. A presença do corpo chega, então, através do texto, que se prolonga nesse corpo. Dança e teatro coexistem sem que um engula o outro. A dança com o texto ouvido pelo alto-falante instaura uma atmosfera, familiarizada com a fábula, antes do verdadeiro começo da palavra teatral. As palavras são trocadas, os corpos são afastados uns dos outros ou separados por um vidro; Tito e Berenice não se juntam senão num curto instante, exatamente antes da separação definitiva.

* Na encenação de *Ifigênia*, Ophélia Teillaud domina perfeitamente a dicção ao impor um desempenho totalmente físico conduzido pela linguagem. Longe de procurar uma chave de nova leitura, inspirada em Barthes, Goldmann ou qualquer outro estruturalista que tenha sobrevivido aos anos de 1960, este trabalho coloca lado a lado e em seguida integra duas linhas de pesquisa: de uma parte, uma dicção que não seja "arqueológica" – como em Eugène Green –, mas que respeite as leis do alexandrino, sem limitá-lo a uma música abstrata, e que portanto, deixe passar as emoções do personagem em situação; de outra parte, uma expressão cênica e corporal que dá a ver e a sentir novamente os deslocamentos, os entrechoques, os bloqueamentos, os conflitos de corpos em revolta. Esse confronto é tanto nuançado quanto mitigado. Com efeito, a declamação não é interceptada pelo corpo, está sempre aprisionada pela expressão corporal, a qual não é mais, como nos anos de 1960 e 70, uma forma individual, "expressionista", desencadeada e desarticulada. As pulsões do corpo e das paixões, por exemplo, a cólera de Aquiles, o desejo, a obediência juvenil de Ifigênia, a opacidade surda e massiva de Agamêmnon são imediatamente sensíveis e comunicadas ao espectador.

25 Representação no Théâtre de la Cité universitaire, fevereiro de 2001.
26 Frédéric Fisbach, notas no dossiê de imprensa.

A peça de Racine vê-se revivificada, habitada gestual e pulsionalmente, tratada como origem e arena de pulsões corporais, pela ordem militar patriarcal. A crueldade, no sentido de Artaud, encontra sua origem na violência das situações (sacrifício, assassinato, desejo de poder) que se encarnam nos constrangimentos do alexandrino, da etiqueta e da fábula. Devido ao fato de a distribuição das mulheres ser cambiável (os homens são mais estáveis), o corpo feminino é variável e global: reproduzido na mesma idade e na mesma aparência é ao mesmo tempo vibrante, liberado, estético e martirizado, exposto e consumido no altar de sacrifício "naturalmente" feminino, entregue à perversidade dos jogos de poder. Aquíles, o colérico, e Ulisses, o ambíguo, são impotentes nesta história de sacrifício feminino que os ultrapassa; a experiência acaba bem, tudo termina mal. Esta realização integra e reconcilia um conhecimento íntimo do texto com um trabalho físico individual dos atores.

• Ao comparar os espetáculos de Luc Bondy e Patrice Chéreau sobre a *Fedra*, de Racine, interpretados respectivamente em 2002 e 2004, tomamos consciência da utilização diferenciada dos corpos. A intérprete de Bondy, Valérie Dréville, usa uma roupa revestida com correntes de ouro, prisão dourada de seu corpo supliciado. Sua aparência sugere uma origem arcaica, selvagem, mítica, que de resto é a da filha de Minos e Pasifaé. A dicção ressente-se desse jogo muito visceral, "artaudiano". A dicção de Valérie Dréville respeita demasiado bem a forma do alexandrino, porém a dos demais intérpretes, especialmente a do ator que interpreta Hipólito, é muito "psicológica", muito distante e frouxa. Em contrapartida, a intérprete de Chéreau, Dominique Blanc, é muito mais contida nas suas emoções visíveis e dobra-se à coleira de ferro do alexandrino. Sua atuação, e mais ainda a de Éric Ruf e de Michel Duchaussoy, atores da Comédie-Française, é muito dirigida, atenta à retórica da frase e, se ousamos dizer, mais viteziana[27] do que chereaudiana. Somente Patrice Chéreau conseguiu fazer compreender e sentir a íntima ligação do alexandrino, reforçando a língua e o corpo submetido à lei da linguagem.

---

27 Lembramos que Dominique Blanc sustentava o papel de Célimène na encenação do *Misantropo* por Vitez, em 1988, em Chaillot.

Racine, Ifigênia, *encenação de Ophélia Teillaud*.
©Guy Delahaye.

4.2 *A Reapropriação da Língua Clássica*

A língua formal do alexandrino, tanto na tragédia como na comédia, representa um desafio simbólico capital. Na maior parte do tempo, os atores respeitam-lhe a forma, especialmente o número de pés e as diereses. O apuro aplicado na dicção correta não impede, aliás, uma modernização e uma atualização do contexto da peça. Constata-se isso em Stéphane Braunschweig, como também em Benoît Lambert na sua apresentação do *Misantropo*. A alternativa não é mais modernizar ou conservar. A dicção impecável dos versos torna os anacronismos cênicos e o *leitmotiv* pronunciado por todos em momentos diferentes ("ficai, eu vos peço...") ainda mais engraçados. O respeito à letra não impede as reviravoltas inesperadas: "Do seu modo de agir, eu não gosto", declara Alceste a Celimène no começo do segundo ato, ao se arrumar, o que dá a essa observação uma conotação totalmente distinta. As excentricidades de Oronte, roqueiro e dançarino, as roupas contemporâneas, as canções dos admiradores de Celimène ao microfone, todas estas *gags* muito bem-sucedidas, não fazem perder de vista as problemáticas da peça; elas a recolocam num contexto atual, sem, no entanto, banalizar a fábula original. Trata-se de mostrar, indica Lambert, "de que maneira a língua de Molière continua audível a partir do momento em que atravessa os corpos de hoje. E trata-se, nesse caso, de perseguir o confronto entre a cultura sábia que herdamos e a cultura de contrabando a qual nós nos forjamos"[28]. O equilíbrio é milagrosamente mantido e o público, especialmente o jovem, parece que faz a ligação entre seu mundo e aquele de Molière.

4.3 A Reconstituição em Declamação Barroca

Além de Eugène Green, encenadores como Jean-Denis Monory e Bénédicte Lavocat esforçam-se para reconstituir a declamação barroca.

La Ruelle des plaisirs (A Viela dos Prazeres) é uma montagem de poemas eróticos de Ronsard a Saint-Amant, de Belleau a Louise Labbé*, ditos e "interpretados" em declamação barroca por Bastien Ossart e Bénédicte Lavocat, sob a direção desta última. É um percurso muito agradável e refinado através da poesia erótica desconhecida dos séculos XVI e XVII. Feito com delicadeza, o espetáculo jamais cai na vulgaridade graças à elegante distância constantemente mantida entre a palavra e a coisa, entre a linguagem muitas vezes crua, embora poética, e a coisa poética, embora profundamente crua. A irônica distância entre a palavra e o ato também é a de um travestimento literário como o praticavam os séculos XVII e XVIII. Sob uma forma deslumbrante e espiritual, falam-se de realidades sexuais ousadas, submetidas a tabus e por vezes derrisórias. Este pequeno espetáculo é, sob este ponto de vista, uma grande conquista, uma pérola rara: os dois atores conseguem sugerir "a coisa" com poses e atitudes perfeitamente dominadas, sem contato físico. A mulher retoma os estereótipos esperados da repressão feminina, cuja pessoa não é tola, enquanto o homem consome-se de amor, mas a passos contados e medindo seus

---

[28] Note liminaire sur les classiques. Dossiê de imprensa, Théâtre de Malakoff, janeiro de 2007.

* Pierre Ronsard, 1524-1585; Marc-Antoine de Girard Saint-Amant, 1594-1661; Rémi Belleau, 1528-1577; e Louise Labbé, 1526-1565 (N. da T.).

efeitos. A declamação de poemas é mais do que um recital: a escolha e a organização de poemas e canções constituem uma dramaturgia de relações entre os sexos e do desejo feminino, tais como os encaramos, outrora e atualmente. Tudo está na cabeça do homem, no seu livro, enquanto a mulher, apesar dos fingimentos codificados, guarda o sentido das realidades. Ela empurra o homem para suas últimas trincheiras: esgotado por tantos esforços repetidos, o pobre homem é constrangido a desdizer-se. Disso decorre um constrangimento feminino inesperado: é preciso trair, abandonar o amante para partir não se sabe para onde, lá onde o desejo chamar:

> Devo preparar-me para esse dia funesto
> Em que, apesar do meu ardor fiel,
> O destino me constrange, fazendo corar o amor,
> A trair meu amante, abandoná-lo simplesmente?
> Oh dor! Tal não posso aceitar,
> E no entanto é preciso partir.
>
> (Saint-Amant.)

A declamação barroca funciona perfeitamente neste caso, pois a gestualidade, que nos parece, e que já parecia na época, um pouco artificial e especiosa, serve muito bem ao propósito. Ao diminuir a velocidade do impacto das palavras cruas e das realidades sexuais, ela é como um filtro, ajudando a estilização e a alusão, embelezando e distanciando a palavra liberada. Essa desaceleração não prejudica a dinâmica da encenação, à diferença da declamação de uma tragédia ou, muito mais ainda, de uma comédia.

Desse modo, este desempenho através da declamação é muito problemático para a encenação de uma comédia, como é o caso de *Médico à Força*, de Molière, realizada por Jean-Denis Monory. Para a comédia, na verdade, a interpretação produz um efeito contrário: freia e às vezes aniquila os efeitos cômicos, especialmente os verbais, impede-nos de reagir "ao quarto de humor", provoca uma espécie de "retardamento da ignição", instiga-nos ao "gosto pelo imaginário", como dizia Roxane a Christian em *Cyrano de Bergerac*.

Tais são, talvez, os limites da declamação barroca aplicada indistintamente a todos os gêneros. Para uma tragédia como

Coletivo, A Viela dos Prazeres, *encenação de Bénédicte Lavocat, Théâtre du Ranelagh, junho de 2007.*
Foto *Théâtre de la Fabrica.* ©Pierre Hajek.

Andrômaca, encenada por Jean-Denis Monory, a interpretação barroca dava acesso à língua poética ao concentrar-se na expressão das paixões. A desaceleração, os efeitos do francês "camponês" ou quebequense nos divertiam e nos distraíam um pouco: nós os colocávamos à conta da verdade histórica e acabávamos por aceitá-los. Esta ascese e esta concentração aguda faziam-nos apreciar o poema dramático raciniano. As emoções eram mantidas por um momento nas poses dos atores, as paixões inscreviam-se nas suas atitudes, o *pathos* vibrava até a ponta de seus dedos, as posições dos membros e dos dedos correspondiam a pensamentos e emoções muito precisos. No entanto, para uma comédia, e com mais razão para uma farsa de Molière, a operação barroca justifica-se menos, permanece como uma curiosidade literária: a peça se desvitaliza porque o movimento animado e o corpo liberado da coleira de ferro da declamação e da gestualidade codificada tornam-na cruelmente falha. Em oposição, a poesia, com mais razão a de uma montagem dramatúrgica eficaz como a citada anteriormente, presta-se admiravelmente a essa fantasia antiquizante que é a declamação barroca, a partir do momento em que encoraja o espectador a concentrar-se na linguagem das paixões ou nas alusões da poesia erótica.

4.4 A "Recontextualização" da Encenação

Como no caso de Benoît Lambert e Stéphane Braunschweig, a encenação se esforça mais para aproximar o passado do presente do que o inverso. A "recontextualização", essa "transposição da ação dramática para novos referentes espaçotemporais"[29], efetua-se, portanto, num meio familiar ao público atual. Para o *Misantropo* de Lambert, nossa época é figurada pelo grupo ao redor de Alceste, constantemente presente no palco, indiferente àquilo que acontece no primeiro plano. Fuma, canta, diverte-se, longe da imagem negativa que Alceste gostaria de dar-lhe. No mesmo espírito, o *Misantropo* de Braunschweig não é deslocado para seu contexto histórico, remete literalmente nosso reflexo a um imenso espelho. Gestualidade, comportamento, figurinos, ajudam-nos a nos encontrarmos, enquanto a dicção nos faz alguma concessão na frouxa linguagem contemporânea: como tudo que fazem Lassalle e Braunschweig, ela é hipercorreta sem ser arcaizante, e contribui para a compreensão dos mecanismos da peça. A precisão vocal não é, assim, unicamente formal, porém ajuda a compreender de que forma se articula o pensamento do personagem e do autor.

4.5 Recontextualização Radical ou Pertinente?

Se a recontextualização da fábula parece evidente, particularmente para a comédia, ela é, entretanto, mais ou menos "feliz": a recontextualização mais radical não é necessariamente a mais justa. Quando Ostermeier situa o *Woyzeck*, de Büchner, na boca de esgoto de uma grande metrópole da Europa Oriental, encontra certamente uma metáfora poderosa da situação atual de seu anti-herói, porém isso modifica o sistema de personagens. Woyzeck não é tanto a vítima da bestialidade do exército e da medicina quanto o bode expiatório de mafiosos e traficantes de todos os níveis. Perguntamo-nos por que ele viola Maria depois de tê-la assassinado. A violência dos quadros, sua coerência

---

29 D. Plassard, op. cit., p. 248.

visual, seu esteticismo, a hábil montagem dos trechos musicais (sequência de *rap* ao vivo e como bônus), tudo isso não pode fazer esquecer a indigência da análise dramatúrgica. Poderíamos fazer a mesma observação para os espetáculos de Frank Castorf: a coerência estilística e a provocação são, certamente, adequadas, porém obscurecem mais do que esclarecem a peça. Ou seria o caso de dizer que a análise dramatúrgica perdeu todo interesse e toda pertinência?[30]

Nem sempre e não necessariamente! As frias provocações irônicas de Christoph Marthaler, esse lento furacão vindo da Suíça, provam-nos o contrário. Na encenação na Ópera de Paris de *Bodas de Fígaro*, ele cria, com sua fiel cenógrafa, Anna Viebrock, todo um universo da banalidade quotidiana: estamos no *hall* de entrada impessoal de um cartório de registro civil suíço. O conde é um porteiro de uniforme, Susana uma servente de avental branco. Na jaula envidraçada da loja, empregados afobam-se. Um gago não consegue cantar senão quando lhe é desferido um violento tapa nas costas. O recitativo é assegurado por um indivíduo lunático (Jörg Kienberger), espécie de Groucho Marx que faz vibrar e cantar garrafas num tablado: um número musical diversamente apreciado por melômanos... Por uma espécie de "efeito Deschamps" (do nome dos primeiros atores de Jérôme Deschamps e Macha Makeïef), Marthaler cria um mundo visual do tédio quotidiano, com criaturas ordinárias acentuando a imbecilidade, porém "esboçadas" ao vivo com humor e ternura. Põe em destaque, em cães de faiança, dois universos antitéticos: a mediocridade pequeno-burguesa e a sublime música mozartiana. Essa dessacralização não está ao gosto de todos os endinheirados e volta rapidamente ao procedimento fácil. No entanto, esta piscada cúmplice nunca se reduz a uma pura provocação ou a uma franca paródia. Do que zombamos, em suma? Não tanto dos pequenos homens quanto de nós, espectadores supostamente cultivados, que procuramos a beleza nas obras sublimes e que somos incapazes de descobri-las no quotidiano.

---

30 Para uma análise mais completa da representação, ver P. Pavis, Woyzeck à la cour d'honneur, *Théâtre/Public*; ver mais adiante a análise de *Dans la jungle des villes* (Na Selva das Cidades), dirigida por Castorf.

5. NOVA RELAÇÃO COM A TRADIÇÃO

A interpretação de peças clássicas depende da relação que o teatro mantém com a tradição. Essa relação não para de evoluir, pois o passado torna-se objeto de reavaliação permanente e o leitor e o encenador dispõem de ferramentas que, também elas, evoluem em função do tempo transcorrido e dos métodos de análise do momento. Estamos longe da visão um pouco ingênua dos anos de 1950 e 60, que pretendia renovar as obras do passado ao "modernizá-las", ao "desempoeirá-las". Vitez zombava dessa "faxina":

> Nada me parece mais tolo do que essa ideia: desempoeirar os clássicos. Como se, sob a poeira, o sentido pudesse aparecer nu, puro, brilhante, dourado. Não, não é assim que as coisas acontecem. Existem modos, tradições, escolas, o estilo sempre esconde outra coisa, outro desafio, geralmente político, e não necessariamente ligado às ideias políticas das obras em si mesmas: às formas, antes de mais nada[31].

Esse desafio é político – Vitez tem muita razão – e é preciso procurá-lo nas formas utilizadas, nas formas de atuação e de encenação. O encenador pode escolher aproximar-se o mais possível do seu objeto e da maneira pela qual a peça foi interpretada na sua criação, ou, muito ao contrário, virar as costas para essas circunstâncias e inventar um modo de interpretação desligado do seu modelo de origem.

Na encenação de *Mitrídates*, de Racine, em declamação barroca, Eugène Green recitou "uma arte teatral esquecida há dois séculos":

> Redescobrimos que qualquer texto lido ou recitado em público exigia outrora uma "palavra eloquente", o que envolvia uma dicção e uma pronúncia totalmente diferentes da dicção e da pronúncia que tinham curso na mesma época na conversação corrente. A declamação aproximava-se do canto, e Lully, o criador da ópera francesa, convidava seus cantores a irem escutar os atores de Racine. A própria interpretação teatral estava a serviço dessa palavra eloquente, gestos e expressões do semblante, visando sublinhar as palavras e a valorização dos conflitos e paixões[32].

---

31 Britannicus (1981), *Écrits sur le théâtre, Tome III – La Scène 1975-1983*, p. 216.
32 Georges Forestier, Quelques mots sur le spectacle, programa de *Mithridate*, Théâtre de la Sapience, maio de 1999.

O espectador de hoje não deixará de ficar surpreso ao ouvir essa declamação, que lhe parecerá arcaica. Porém, segundo Georges Forestier, o público do século XVII não estava menos afastado dessa "palavra eloquente"[33], que sentia como um código artístico e artificial. A partir disso, o público do século XXI deve concentrar-se na performance vocal e plástica, deve renunciar a descobrir uma nova leitura da peça e a ler as emoções dos personagens fora das codificações da expressão facial e das atitudes codificadas e mantidas pelos "declamadores". Os traços do semblante e as atitudes são magnificados pela iluminação a vela, são igualmente legíveis "à luz" da pintura da época. Esta forma reconstituída, mesmo que não tenha sido feita de maneira historicamente exata, está pelo menos próxima de sua origem. Tem o mérito de nos obrigar a reler essa "poesia dramática" ao imaginar sua performance vocal e visual.

Na maior parte do tempo, a interpretação não tem mais nenhuma relação com a tradição. Chega a acontecer, às vezes, que a peça tenha sido escolhida justamente para fazer um acerto de contas com a interpretação. É comum o caso nas montagens-ensacadas de Frank Castorf, que conhece bem a inclinação pequeno-burguesa de assistir com deleite moroso à destruição sem rodeios de uma obra prima de sua infância. Com *Meistersinger* (Mestre Cantor), "a partir de Wagner e Ernst Toller", Castorf escolheu a ópera que "não se constituiu impunemente no ponto máximo da obra de arte total nacional-socialista de 1933"[34]. Ele a monta numa cenograrfia *trash*, "degenerada", como se dizia outrora tanto entre os nazistas quanto entre os stalinistas, e o contraste com a música e a cenografia de origem wagneriana é no mínimo surpreendente e provocador. Graças a um cavalo de Troia, os artistas entram literalmente no monumento wagneriano. As *gags* cênicas se repetem, as citações revolucionárias de Toller perdem qualquer sentido, tornam-se involuntariamente paródicas devido ao seu excesso. A ideia de Godard ou de Mesguich nos anos de 1960 ou 1970, de incorporar citações estranhas à obra, perdeu sua força de provocação e qualquer justificação crítica.

---

33 Ver o livro de E. Green, *La Parole baroque: Essai*.
34 Nota de Frank Castorf no programa, 2007.

No entanto, para os encenadores a tradição é muitas vezes, e mais prosaicamente, a tradição de papai, a da geração anterior. Para os Castorf, Ostermeier ou Thalheimer, trata-se de reagir contra o *Regietheater*[35] de um Peter Stein, de um Claus Peymann ou de um Peter Zadek. Na França, os pais parecem mais ignorados do que infamados. Ninguém sonha em rejeitar nomeadamente Copeau ou Vilar, nem mesmo Chéreau ou Planchon. O que os encenadores quadragenários franceses rejeitam seria, antes de tudo, a tradição do teatro de arte, "bem amarrado", crítico e coerente. Muitos se consideram, não obstante e a justo título, nessa mesma linha de um teatro de qualidade. Não se trata, como no caso de seus primos alemães, insubmissos a qualquer autoridade, de revoltar-se contra a correção ou a pretensão crítica e política dos pais. Os Fisbach, Sivadier, Lacascade ou Braunschweig concordam pelo menos sobre a necessidade de inscrever-se na continuidade da encenação de textos do repertório.

O que resta para esses encenadores, franceses ou alemães, no mínimo, é manifestar uma desconfiança não dissimulada contra a geração precedente. Não mais acreditam num "sistema interpretativo, globalizante (por exemplo, a análise marxista, a psicanálise, o feminismo)"[36]. Não são hostis *a priori* e por princípio às análises teóricas inspiradas nas ciências humanas, mas não pretendem atribuir à obra montada uma explicação global ou definitiva. Aquilo que, trinta anos antes deles, parecia evidente: a universalidade da imagem, do translinguismo, da gestualidade expressiva, da festa, não está mais completamente evidente, nem para eles nem para as teorias atuais. O teatro da imagem, que deve tanto a Robert Wilson, perdeu sua evidência estética. O teatro intercultural criou para os atores culturas e línguas diferentes, especialmente em Brook, transformou-se no objeto das críticas, muitas vezes injustas e demagógicas por parte de intelectuais, não obstante muito "ocidentalizados", e não progride mais. A expressão corporal, saída da contracultura dos anos de 1960, da festa celebrada pelo Théâtre du Soleil nos seus inícios, são sentidas no presente como muito apro-

---

35 O *Regietheater*, teatro da encenação, é na Alemanha o teatro que carrega a marca e a assinatura de um encenador.
36 D. Plassard, op. cit., p. 252.

ximativas e mal dominadas pelos jovens artistas[37]. Seus pressupostos ideológicos, a liberação dos corpos e dos indivíduos, por exemplo, são retomados em questão.

A tradição, sabe-se, não é mais como era: não se pode mais imaginá-la e ela é suspeita. Porém, cada artista, quer o queira ou não, reexamina sua relação com essa tradição. Para descrever essas mudanças recentes na interpretação dos clássicos, examinaremos alguns componentes da representação. Quais mudanças opera, e em quais níveis?

6. OPERAÇÕES NOS CLÁSSICOS

6.1 *Mudança de Tempo e de Lugar*

Semelhante mudança tem se tornado quase a regra: o quadro da peça é então o nosso, seja se os locutores usam nossos trajes e imitam nossos modos de falar, seja se adotam uma atitude quanto à ação que nos parece familiar. Paradoxalmente, somos quase surpreendidos ao ver evoluir o personagem do Avarento encenado por Georges Werler e interpretado por Michel Bouquet, num interior que imita uma casa burguesa do século XVII[38]. O efeito mimético, a ilusão da representação de objetos e comportamentos remetem-nos a um mundo imaginário onde o "Avarento da época" entrega-se à exposição "natural" de sua avareza, tanto em palavras como em ações. O efeito mimético estende-se a toda a representação: nenhum detalhe, nenhum anacronismo vem perturbar nossa impressão. O naturalismo da cenografia, a habilidade mimética e vocal dos atores proporcionam o prazer do naturalismo, deixando os espectadores totalmente livres para admirar a composição do ator vedete. Michel Bouquet faz do seu Harpagão um personagem mais doentio do que cômico,

---

37 Mas em 1976, Antoine Vitez já desconfiava da expressão corporal mal dominada e da festa: *"L'Âge d'or*. Théâtre du Soleil. Desigualdade do espetáculo [...]. Porém, se o espetáculo fosse no circo, faria aparecer suas imperfeições. Enquanto aqui, várias vezes o arrebatamento do público dá a sensação de uma festa sem cerimônia e mascara a fraqueza do texto dos atores. É a festa, então não se é exigente" (*Écrits sur le théâtre, Tome III – La Scène, 1975-1983*, p. 32).

38 Encenação no Théâtre de la porte Saint-Martin, fevereiro de 2007.

como se se tratasse de achar escusas médicas para sua neurose. É divertido mais por seus excessos do que pelo ridículo das situações. Há pouco lugar para o puro jogo e para a teatralidade neste drama sombrio. Sentimo-nos sempre mal ao debochar de um doente, mesmo que seja imaginário. A célebre voz de Michel Bouquet, tão forte nesse corpo doentio, reforça a impressão de um vivo sofrimento interior do personagem. Esse avarento, que somatiza a doença a tal ponto, inspira-nos alguma piedade, porém isso se dá às expensas de um riso liberador.

A noitada é agradável, mas de modo algum reparadora. Ressente-se de leveza. E em seguida, percebe-se muito nela um pouco de todos os "em torno" do empreendimento teatral: os trabalhadores terceirizados reclamam sua dívida, o programa luxuoso de papel prateado e, acima de tudo, a estética sem surpresa da representação sem falha, compacta e coerente, o ator *star* que todos viemos ver encarnar a avareza.

Que contraste com esse outro *Avarento* proposto por Andreï Serban[39]: a abstração da cenografia e a ausência de referência definida oferecem-nos uma percepção mais universal e essencial da avareza e das relações violentas entre possuidores e possuídos. A ausência de marcas unívocas obriga-nos a imaginar a situação. As mãos que saem da divisória para apalpar o avarento, as divisórias monocromáticas que se deslocam são instrumentos visíveis da representação e da teatralidade. A partir disso, o espectador, constrangido a construir seu próprio "cenário", concentra-se nas paixões humanas para interpretar essas ações lúdicas. A tarefa dos atores consiste em fazer o espectador compreender que a fábula e as paixões da peça são universais, que é preciso começar por ler a organização de signos, sem passar unicamente pela representação mimética, e que se trata de elucidar as opções da encenação.

6.2 Mudança da Fábula

A questão (brechtiana) da fábula, estabelecida em função daquilo que o espetáculo faz a peça dizer, raramente se coloca

[39] Na Comédie-Française, em 2000.

hoje em dia, pois a encenação não procura mais impor sua leitura, preferindo, entretanto, abrir a peça a diversas interpretações. A análise dramatúrgica, tão frequente nos anos de 1960 e 70 na Alemanha e na França, não tem mais nenhuma pertinência. A dificuldade em contar, até de dar coerência a um texto numa época de desconstrução, conduz muito os mestres da interpretação a abandonar qualquer tentativa de contar uma história pela crença de simplificar a realidade. Somente aqueles que ainda se perguntam – ou mais uma vez – qual foi o sentido que o autor se esforçou por construir, serão capazes de contar uma história e de construir o espetáculo sobre a estrutura narrativa que dela resulta. É o caso de Stéphane Braunschweig: seu *Misantropo* não pretende absolutamente achar a verdade da história de Alceste, mas possui uma coerência suficiente para estabelecer as contradições dos personagens[40].

Não é, infelizmente, o caso que sempre ocorre nas adaptações de obras clássicas. Parece que o jogo consiste mesmo, frequentemente, em embaralhar as pistas. Para *Na Selva das Cidades*, de Brecht, Castorf faz as coisas se arrastarem em duração[41]. Os atores inventam *gag* sobre *gag* para chamar a atenção a qualquer preço. Um guitarrista toca ao vivo, enquanto um ator desenha no chão. Cada ator tem seu momento de número pessoal. Ao invés do cuidado em contar uma história, já muito embaralhada em Brecht, uma sequência de efeitos, de minichoques insistem na atualidade do desempenho, como se a percepção atual primasse sobre a vontade de contar e significar. Sem a orientação de uma dramaturgia bem estruturada, a encenação torna-se uma sequência de efeitos fáceis, uma música de fundo repetitiva, um trampolim para atores virtuosos com tiques e truques. Porém, a quem queremos nós exatamente impressionar? Não apenas a fábula não mudou, porém está mal estabelecida.

---

[40] Reportar-nos-emos à magnífica análise da peça feita por S. Braunschweig, Quelques mots sur *Le Misanthrope*, à mi-chémin des répétitions, op. cit., p. 145-150. Existe um DVD do espetáculo produzido pelo Théâtre National de Strassbourg.
[41] Visto na MC 93 de Bobigny, fevereiro de 2007.

6.3 Mudança da Intriga

A intriga é impossível de ser modificada. A maior parte das encenações de clássicos, pelo menos na França, conserva a integralidade do texto: a intriga varia então um pouco. Os criadores aventuram-se raramente a mudar a ordem das sequências, a propor outra maneira de contar. O que muda frequentemente é, em contrapartida, sua atualização, o universo onde a ação se desenrola.

Comumente, a intriga não é interrompida senão entre os atos: desse modo, na versão de Benoît Lambert do *Misantropo*, os amigos de Alceste cantam, dançam, se divertem. Nesses momentos de tempo *off*, a intriga linear recebe um complemento irônico que não afeta a lógica da narração. Para nós, hermeneutas infatigáveis, é a ocasião inesperada para respirar.

6.4 Mudança da Textualidade

A textualidade varia, sobretudo, nas traduções, as quais se adaptam à língua contemporânea. Às vezes, a tradução é acompanhada de uma verdadeira adaptação. O teatro, melhor do que qualquer outro gênero, joga com a materialidade e a maleabilidade do texto dramático e do palco. O texto arcaico retorna subitamente legível e atual graças à sua nova tradução. O tradutor tem a possibilidade de adaptá-lo às necessidades da futura encenação. Não se contam mais as traduções refeitas para um projeto cênico específico.

Na encenação de *Andrômaca*, a fim de tornar a língua acessível a todos, Luk Perceval "anulou todas as formas clássicas de Shakespeare até Racine, sem esquecer os clássicos flamengos. Foi reescrito, verdadeiramente foi reescrito. E isso agora é norma entre nós, e ninguém entende mais que se monte Racine 'clássico-clássico'"[42]. Esta reescritura numa versão neerlandesa simplificada destrói infelizmente qualquer sensibilidade do texto de origem. No entanto, dela não resulta, para tanto, uma liberdade

---

42 L. Perceval, La Contradiction, c'est la poésie de la vie, *Outre scène*, n. 5, p. 66. Encenação vista em Avignon, em 2004.

de expressão verbal ou corporal: os atores estão agrupados num estreito altar de onde se arriscam a cair a todo momento e a se ferirem nos cacos de vidro no chão abaixo deles. A coleira de ferro da língua e a etiqueta da corte do século XVII transformam-se, desse modo, num jogo cruel, num teatro do risco e da crueldade, no qual os corpos estão em perigo de morte. As palavras matam, não mais "indiretamente" como na dramaturgia clássica de antanho, mas por meio da linguagem do corpo e do desejo.

Racine sofre um tratamento de rejuvenescimento obrigatório a partir do momento em que foi retranscrito numa língua contemporânea – neste caso, o neerlandês –, língua certamente "aplainada" com relação aos alexandrinos franceses, porém recolocada no nível semântico dos leitores e espectadores de hoje. Esse processo de tradução e adaptação é, no fundo, característico da encenação em geral como maneira de recolocar em execução (em via, em circulação) uma língua e uma história. Às vezes, o desempenho e a encenação bastam; às vezes, é preciso talhar nas carnes da escritura para melhor salvar o grande corpo doente e regenerá-lo por um momento.

É, evidentemente, mais delicado modificar os textos na sua versão original. Acontece o caso de passagens obscuras serem omitidas, até ligeiramente reescritas. O *regisseur* alemão Michael Thalheimer reduz as peças clássicas ao condensá-las e ao reduzi-las ao essencial: sua *Emilia Galotti* (de Lessing) é reconduzida a uma partitura quase musical, que os atores executam de acordo com uma nova rítmica, em geral ao dizer as réplicas a toda velocidade. A condensação não hesita em fazer inúmeros cortes e a mudar o fim! Esse procedimento permite-lhe "evitar no palco tudo que seja supérfluo": "assim, dirijo a atenção (do público) para um núcleo da peça essencial para mim"[43], admite. As concepções de "fidelidade" variam, vê-se, de um lado para outro do Reno...

6.5 Mudança do Sistema de Personagens

A grande época de exercícios de atores de Vitez ou Brook nos anos de 1970 voltou com rapidez. É raro assistir a constantes

---

43 M. Thalheimer, *Sans passé, nous sommes incapables de vivre l'ici et maintenanta*, *Outre Scène*, n. 5, p. 25.

Bertolt Brecht, Na Selva das Cidades, *encenação de Frank Castorf.*
©*Patrice Pavis.*

trocas de papéis ou a anúncios do tipo: "eu interpreto x ou y". Mesguich, aluno de Vitez nos anos de 1970, é um dos únicos que ainda praticam, com moderação, o desdobramento de certos personagens, como na sua *Andrômaca* pela Comédie-Française. A patroa e a serva funcionam às vezes como o duplo uma da outra. Mais raro ainda, porém mais impressionante, é o desdobramento do intérprete em ator e dançarino, como na *Berenice*, de Montet e Fisbach[44].

Um personagem pode multiplicar-se numa infinidade de figuras, tornar-se simples elemento de um coro, perdendo assim sua dimensão individual e psicológica. A ópera presta-se particularmente a estes efeitos de coralidade. Marthaler, nas *Bodas de Fígaro*, de Mozart, ou Barry Kosky, no *Vaisseau fantôme* (Navio Fantasma), de Wagner, divertem-se em dar ao coro um anonimato quotidiano. Nos dois casos, o efeito é multiplicado graças à entrada em fila dos membros do coro. Todos estão vestidos com a mesma roupa impessoal.

---

44 Ver supra, p. 287.

6.6 Mudança das Convenções e da Figuração

A encenação não hesita mais em mixar e em opor convenções próprias a gêneros diferentes: naturalismo e simbolismo, realismo e teatralidade. A técnica de interpretação do ator varia muitas vezes consideravelmente com relação àquela da criação original. Em *Brand*, de Ibsen, dirigida por Braunschweig, o personagem vestido de montanhês passeia num plano inclinado abstrato, branco e bem afastado da montanha menor. Esquecemos rapidamente esse *hiatus*, essa incompatibilidade, para nos concentrarmos melhor no texto e na caracterização.

A figuração do mundo cênico procede comumente mais por metonímia do que por metáfora, como se fosse mais fácil e mais provocante significar uma realidade por um detalhe da cena ao invés de figurá-la mimética ou simbolicamente.

6.7 Mudança de Paradigma: Da Performance para a Encenação

A mudança de convenções de atuação vai por vezes até à mudança de prioridade: a rapidez e a virtuosidade da performance assumem preferência sobre a precisão e a profundidade da encenação. O exemplo de espetáculos de Declan Donnellan impõe-se. Em *Cymbeline* (Cimbelino), de Shakespeare, Donnellan consegue a proeza de tornar a peça e a intriga compreensíveis. Graças à rapidez do jogo, às mudanças imediatas de personagens e de situações por simples convenção, à coordenação da palavra e do gesto, a intriga progride sem dificuldade, os códigos da representação são exibidos, a ironia e o humor frente às inverossimilhanças do *script* shakespeariano não coalham numa paródia pesada ou num discurso profundo que pretenda nos explicar as contradições, como o teria feito uma encenação brechtiana ou "continental" dos anos de 1960. É ao desempenho dos atores que devemos essa performance, em todos os sentidos do termo. A beleza plástica e clarificante dos reagrupamentos, os deslocamentos harmoniosos dos grupos e de seu *blocking* (localização), o domínio da língua e a leveza da enunciação, a vivacidade das trocas, tudo isso é mérito dos atores dirigidos sem que o pareçam e tanto mais eficazmente. Arte de desenhar no espaço, de clarificar as relações dos personagens por efeitos de paralelismo e de alusões ao presente (figurinos) que não pretendem, no entanto, transpor ou historicizar a fábula como o faria uma encenação "continental". Tal corporalidade alivia a intriga sinuosa, põe o texto em movimento, sincroniza a palavra e o deslocamento. As motivações e emoções são assinaladas, e não espalhadas e retidas, sem psicologismo e sem didatismo. A impressão de movimento perpétuo e de energia dos atores no tablado provém de ritmos e impulsões da língua de Shakespeare que o corpo reveza, canaliza e organiza. Torna-se difícil separar as impulsões corporais da energia verbal. O ator está em condições – graças à percepção de seu objetivo, de sua finalidade interior – de dirigir tudo: suas emoções, seus desejos, seus movimentos, a dinâmica do texto que pronuncia.

6.8 Mudança do Contexto Cultural

Qualquer representação clássica implica uma transposição cultural, quando muito não seja devido à defasagem temporal ou geográfica. É nos clássicos do teatro universal que se jogou, em grande parte, a questão da interculturalidade no teatro[45], especialmente em Brook e Mnouchkine nos anos de 1970 e 80. A partir da queda do Muro de Berlim em 1989, o debate do multiculturalismo assumiu uma coloração Norte-Sul mais marcada. O multiculturalismo é, comumente, relegado ou falseado pela questão do fundamentalismo religioso, que desencoraja as melhores vontades artísticas. A reviravolta do século não soube muito de que maneira dar conta da virada intercultural. Os espetáculos de pesquisa – deixemos de lado o *show-business* internacional – desprezaram as misturas de culturas, com medo de chocar não mais a burguesia, mas sim o fundamentalismo de serviço ou a proposta à la *political correctness*.

Felizmente, ainda ocorrem milagres, espetáculos que contornam ou sobrevoam essas baixezas político-culturais. A *Fedra*, de Philippe Adrien[46], é um desses casos. Ela inventa uma

---

45 Ver, por exemplo, D. Kennedy (ed.), *Foreign Shakespeare*.
46 No Théâtre de la Tempête, setembro de 2006, com Aurélie Dalmat no papel-título.

nova maneira de conciliar diversas exigências culturais ao colocá-las a serviço da interpretação da obra. Não é, contudo, uma encenação intercultural no sentido dos anos de 1970, pois mesmo sendo negros (martiniquianos, na maior parte), os atores não procuravam sugerir não se sabe qual técnica de atuação africana. De fato, não se pode situar a peça num dado contexto geográfico: a *Fedra*, de Aurélie Dalmat, parece tanto africana quanto asiática: os atores antilhanos, brancos, mestiços e negros não estão, neste caso, ligados a um contexto geográfico determinado. O espetáculo não é exatamente *colour-blind*[47] para tanto: é bom que o espectador seja agarrado e maravilhado por essa beleza e por essa estranheza de corpos e peles. O imaginário de Racine, "ao mesmo tempo fantástico e arcaico", acomoda-se bem à "mistura complexa de influências e caracteres – africanos, caribenhos, indígenas – específica das Antilhas"[48], mistura talvez estranha para a Grécia clássica ou para a corte de Luís XIV, mas absolutamente não para a antiguidade do seu conjunto e do seu imaginário "labiríntico", "amazônico", "netuniano", "creto-minotaurino".

A força dessa representação vem dos atores, especialmente de sua dicção impecável dos alexandrinos. Essa dicção é a forma necessária para que a fábula conserve sua apresentação e os personagens sua identidade. Nenhuma falha, nenhuma hesitação na maneira de dizer de Fedra. Esta aparece penteada com chapéus espantosos, cada mudança de chapéu correspondendo a uma nova fase na evolução do personagem e da fábula! A sensualidade de Fedra é, enfim, sensível: é uma mulher fechada, e não infantil como a Fedra de Dominique Blanc. Aquela Fedra tinha "vivido", quando o pequeno Hipólito ainda era verde, sua pequena bengala à guisa de espada dissimulando uma arma pouco dissuasiva. Com seus chifres de cervo *ad hoc*, Teseu tem alguma coisa de primitivo, de xamânico, também lamentável: o patriarcado dirige mal, é francamente ridículo. Teramène controla perfeitamente a dicção e o ritmo, notadamente na narração final: restabelece a ordem. Essa distribuição

---

47 "Indiferente à cor": empregamos esta expressão nos meios teatrais anglófonos para designar uma distribuição que não leva em conta, para suas escolhas, a origem étnica dos atores.
48 Notas de Philippe Adrien no programa, Théâtre de la Tempête, setembro de 2006.

e essa interpretação baseiam-se, portanto, numa análise dramatúrgica muito coerente.

Não há nenhum pedantismo tentador em reler a peça à la Mauron, Barthes ou Goldmann, provavelmente porque, muito simplesmente, já assimilamos suas conclusões e elas são evidentes. Renunciando a uma leitura nova ou desaprumada, com revelações hermenêuticas invertidas, Philippe Adrien e seus colaboradores encontraram o essencial: mostrar e dar a provar a paixão. Sente-se prazer ao ouvir uma história trágica levada por corpos de hoje, para além das diferenças culturais. De súbito, na volta de um verso, tomamos consciência de que o teatro intercultural ainda está por vir ou por voltar.

Racine, Fedra, encenação de Philippe Adrien. ©Antonia Bozzi.

7. ALGUNS SIGNOS DO TEMPO

Todas essas mudanças, mesmo que mínimas, acabaram por produzir um novo espírito do tempo. Com o risco de ver esse sublime espírito encarnar-se num banal retrato-robô da interpretação clássica atual, formularemos algumas rápidas observações:

Os casos de *desconstrução* são muito raros, pelo menos na França onde o peso do passado continua sensível. Quem, salvo o Théâtre du Radeau, desconstrói em Paris? Alguns elencos regularmente convidados, como a Volksbühne de Castorf ou de Pollesch, o Wooster Group de Nova Iorque, o teatro de Árpád Schilling e o teatro de Jürgen Gosch.

Seria preciso ainda distinguir desconstrução e provocação: Castorf ou Gosch entregam-se mais a uma desmistificação e a uma dessacralização do que a uma verdadeira desconstrução de inspiração derridiana[49]. Seus espetáculos e suas "performances", reconectam-se ao acionismo vienense dos anos de 1960 (Otto Mühl, Hermann Nitsch...).

A *dessacralização do texto* é frequente. A de Jürgen Gosch é tão banal quanto anal. Na encenação de *Macbeth*[50], Gosch conseguiu chocar até a juventude teatral alemã, o que depõe muito sobre a força de sua provocação! A peça é interpretada numa excelente e fiel tradução alemã de Angela Schanelec. Os atores do Stadttheater de Düsseldorf, sete homens para todos os papéis, têm uma técnica vocal impecável, um senso impressionante do espaço e do *timing*. Sabem criar e murmurar ao mesmo tempo, investir-se no seu papel e tomar as suas distâncias, seguir a partitura gestual e improvisar. Graças a eles, a obra conserva uma frescura... úmida. Tendo chegado com vestes modernas, não tardam, uma vez apoiados em suas mesas, a desnudar-se, depois a debater-se numa maré de sangue falso e excrementos, generosamente despejados de garrafas de plástico nos corpos e no chão. O mal gosto, a crueza que chega à crueldade, mas também o cômico, a leveza e a teatralidade estão no próprio centro desse ato de violência. Deixam o espectador senão sonhador, pelo menos espantado por essa aliança inédita entre o horrível e o lúdico. Essa nudez mais excremental do que artística, parodiada e "enfeitada" por meios puramente teatrais, é antes de mais nada sadia. Conduz a uma desopressão coletiva tanto dos atores quanto dos espectadores. Mostra assim toda a diferença com a verdadeira violência da fábula e dos personagens de *Macbeth*, com a violência dos fãs de futebol ou de patriotas cantando o hino americano.

---

49 Ver supra, cap. 9.
50 Encenação no Stadttheater de Düsseldorf, maio de 2006. Espetáculo convidado à MC 93 de Bobigny, março de 2007.

Em outros momentos, o dispêndio físico é não apenas parodiado, mas literal, tal como um *potlatch*[51] e uma performance que os atores nos oferecem: como é o caso do singular combate final entre Macbeth e Macduff. À diferença dos *shows* de Castorf, Gosch nos fornece as chaves e os pontos de referência para seguir uma fábula que ele respeita na sua continuidade e complexidade. O fio – o filé? – condutor, à diferença das obras de Castorf, é legível, embora cuidadoso, repetitivo e líquido. Há uma (b)analização da obra, pois tudo acontece no mesmo estilo *destroy*, na mesma atmosfera violenta e sórdida. Tudo é banal, visto que tudo se vale do horror concebido como evidente; tudo é anal também, pois a fábula se encaminha para um problema sádico-anal. Segundo Freud, a analidade é uma atividade sexual escorada na função da defecação. Na fase sádico-anal, o sujeito é submetido a uma tendência destrutiva e regressiva, especialmente com relação ao pensamento. Os atores deste *Macbeth* têm um prazer visível e infantil em lambuzar-se de líquido vermelho, em defecar em grupo, depois a girar nos seus excrementos, a desafiar o olhar reprovador do público e da boa sociedade. Ao mesmo tempo, essa provocação é puramente lúdica e teatral: assistimos os atores despejando a matéria líquida e fecal e todos se divertem como bons bebezões desobedientes.

Ousaremos esta hipótese final: haveria duas tradições e duas formas de representação: *molhada* e *seca*. No *teatro molhado*, o ator molha-se, no sentido próprio e no figurado, assume riscos, "molha sua camisa", exterior e interiormente, ao produzir um excedente de energia que se traduz por um deboche de líquidos corporais, resíduos, detritos e sujeiras produzidos no palco. Esse estilo é muito frequente nos palcos alemães contemporâneos, seja lá o que se possa interpretar, clássico ou moderno. Em contraste, o *teatro seco* (por exemplo, a tragédia francesa clássica tal como "representada" e não *performed* ou *acted out* na maior parte dos palcos da França ou de Navarra) continua seco, ligado unicamente à palavra, à pura linguagem: o simbólico substitui o literal, o cerebral neutraliza o visceral, a convenção seca impõe-se no lugar das realidades. Os atores deste *Macbeth* "molham-se"

---

51 O *potlatch* é um presente ou uma destruição dirigidos ao donatário, obrigando-o a responder com uma oferenda equivalente.

Shakespeare, Macbeth, *encenação de Jürgen Gosch.* ©*Patrice Pavis.*

em todos os sentidos do termo: sujam suas poucas roupas, sua pele exposta à vista. Assumem grandes riscos físicos sem parar, correm o perigo de escorregar no palco ou no obsceno, de tropeçar num texto ou subtexto pouco legível ou no olhar espantado e desaprovador do público, desviado do essencial. Não obstante, existe um sentido, um sentido "essencial"?

Essas duas tradições e essas duas práticas cênicas apresentam-se raramente sob uma forma "pura"! Ao "secar", uma representação perde sua radicalidade, porém ganha em clareza e racionalidade, torna-se mais legível. Desse modo, este *Macbeth* "seca" a partir do momento em que adquire um fio de abstração, a partir do momento em que se lhe atribui a menor interpretação. Torna-se quase que exangue, ressecado, a partir do momento em que compreendemos, a partir do momento em que procuramos destrinçar os mecanismos de poder. Inversamente, uma explicação muito seca, muito intelectual e cerebral cansa rapidamente o espectador, necessita de uma figuração concreta, apela para um grão de loucura, uma dose de desordem, um filete de água que dissolva o palco e que incite os atores a nela chafurdarem com delícia e provocação, e os espectadores acompanham-nos em pensamento.

ESPLENDORES E MISÉRIAS DA INTERPRETAÇÃO DOS CLÁSSICOS

Shakespeare, Macbeth, *o episódio do hino americano.* ©*Patrice Pavis.*

Dessacralização (b)anal de grandes textos: nada mais está ao abrigo do desgaste das águas, do prazer da regressão anal, da necessidade imperiosa de friccionar-se com tudo o que é úmido e sujo, da fase anal, banal porém normal.

O *sincretismo* das interpretações acompanha os melhores êxitos. Dois exemplos em meio a uma infinidade: *Le Jeu de l'amour et du hasard* (O Jogo do Amor e do Azar) de Marivaux, dirigido por Jacques Kraemer, e o *Tartufo* de Ariane Mnouchkine.

Em *O Jogo do Amor e do Azar*, Kraemer mantém a ilusão de um clássico por meio do figurino, com a elegância gestual e verbal de suas atrizes, produzindo de forma abrangente um forte efeito de contemporaneidade. Porém, a primeira cena permite-lhe imaginar Sílvia e sua criada dormindo sob o mesmo lençol, debatendo-se nele de igual para igual, discutindo amplamente as virtudes do casamento. Os corpos, a gestualidade, a liberdade da palavra são contemporâneos; identificamo-nos imediatamente, entramos empática e completamente nesse charmoso universo imaginário. Depois, enquanto Lisette termina de vestir sua patroa, o tom muda segundo o princípio bem conhecido de que o hábito faz o monge: descobrimos as relações sociais da época, a peça não precisa mais de atualização e a distância social e histórica reassume todos os seus direitos. Ao longo de todo o espetáculo, Kraemer desenvolve todas as possibilidades da interpretação cênica, multiplicando todas as maneiras de tocar o espectador.

No seu *Tartufo*, Ariane Mnouchkine combinou vários métodos de interpretação. Recontextualizou a peça situando-a num país muçulmano, num país onde o integralismo ameaça os lares e a sociedade. Isto a conduziu a uma análise política do islamismo, do empreendimento religioso e econômico do fenômeno. Ao confrontar, como em Molière, a família controlada por Tartufo com a sociedade invadida pelos falsos devotos, pelo privado e pelo político, ela fornece uma explicação de conjunto, enriquecendo os níveis de leitura. A interpretação muda constantemente de registro e de gênero: farsa, peça política, peça histórica, comédia psicológica. Mnouchkine aborda necessariamente o problema intercultural através da temática ampliada da peça e do confronto de atores vindos de horizontes os mais diversos, ao qual acrescentou um método e um toque propriamente "solares": o endereçamento ao público e a frontalidade da atuação, a expressão física de todas as emoções veiculadas pelo texto e trazidas pelos atores. A encenação conciliou, assim, diferentes olhares sobre a peça. Esse sincretismo e perspectivas na realidade conduziram a uma síntese natural de debates conhecidos a partir dos anos de 1960, não sem arriscar-se às vezes a nos devolver ao famoso debate sobre a fidelidade ao texto, prova de que o debate filológico ocupa ainda os pós-modernos e até os pós-dramáticos.

O *debate sobre a fidelidade* tem ressurgido periodicamente, sob outros nomes certamente, por exemplo, com a distinção feita por Didier Plassard entre "encenações com intuito restitutivo" e "encenações com intuito projetivo"[52]. Essa distinção não se confunde com a "fratura entre os encenadores que encaram o texto como texto e aqueles que o encaram como material"[53]. Esta última distinção, devida a Braunschweig, parece, com efeito, caracterizar dois tipos de práticas e corresponder a uma

---

52 Op. cit., p. 250-252. Ver supra, cap. 8, Três exemplos de ressurgimento.
53 A.-F. Benhamou, Entretien avec S. Braunschweig, *Outre scène*, n. 5, p. 57. Retomado por S. Braunschweig, *Petites portes, grands paysages*, p. 289.

diferença real de objetos espetaculares, os quais necessitam de um tratamento teórico específico e distinto[54].

Para a encenação de clássicos, definidos precisamente por um texto dramático considerado como intangível, sagrado até, a "autor-idade" da peça, a referência implícita a um autor e ao seu texto continuam sendo a posição mais frequente. As únicas experiências extremas (e, aliás, apaixonantes), como as de Robert Wilson, Romeo Castellucci, François Tanguy ou Frank Castorf, consideraram o texto como puro material sonoro e não se impuseram como missão "encená-lo". Com efeito, não estamos em condições de reconhecer uma totalidade, nem de construir uma ficção ou uma fábula a partir dos materiais esparsos. É evidente, contudo, que não há regras, não há limites claros entre um texto transmitido em cena e um material utilizado musicalmente, sem recurso ao sentido. Seja qual for a dificuldade real, teórica e prática, para distinguir entre texto e material, continuamos em condições de avaliar se uma instância – encenador, ator, cenógrafo etc. – presidiu à passagem do texto para o palco numa perspectiva da elucidação de um (ou daquele) para outro. A questão é saber como se faz a interpretação da obra, escrita e depois levada ao palco. A experiência das ciências humanas a partir dos anos de 1960 permanece à nossa disposição, quando muito não seja para que não acreditemos mais nem na possibilidade nem no interesse em esgotar o texto e assim dar-lhe a solução definitiva. A recusa de qualquer explicação, a rejeição de qualquer teoria não é absolutamente uma marca de maturidade; a discussão continua, portanto, em aberto.

Quanto à distinção entre *restituição* e *projeção*, não vemos sobre quais critérios ela se daria: como saber o que o texto contém, e que, portanto, "restitui" através da encenação, e aquilo que é "projetado" do exterior, por um artista encarregado de montar o texto? É possível comunicar tão facilmente as coisas? Isso pressuporia que pudéssemos saber o que é restituível a partir do texto e aquilo, portanto, que lhe constitui parte integrante e essencial. Contudo, quem ousaria pronunciar-se? Isso faria pressupor também, inversamente, que não temos o

---

54 Idem, p. 57.

direito de olhar o texto a ser montado, especialmente clássico, de um ponto de vista exterior, "imprevisível". Ora, que a peça, clássica ou contemporânea, seja montada por um encenador ou seja simplesmente interpretada por um leitor, sempre haverá necessariamente um olhar exterior que o atualiza, que o faz existir, um olhar no qual são absorvidas projeções de todas as ordens. Portanto, parece que é necessário considerar que *restituição* e *projeção* caminham lado a lado. Resta, evidentemente, mostrar de que maneira isso se dá: mas essa não é exatamente a arte da encenação?

8. CONCLUSÕES GERAIS

• A encenação dos clássicos conheceu sua grande época "clássica" entre 1950 e 1980. Essas práticas da interpretação de textos canônicos devem ser entesouradas como um conjunto de experiências que podem sempre servir. São recicladas sem cessar e muitas vezes sem as referências de uso.

• A política cultural que preside a essas grandes manobras é pouco legível, variando de um país e de um contexto para outro. Atenção, portanto, às generalizações! Para muitos teatros, a programação de um clássico constitui uma garantia de sucesso comercial, evita assumir um risco. Não se tem nem mais necessidade de invocar os benefícios da educação popular. Acuada entre uma política ilegível e uma indústria cultural anônima, determinados teatros produzem comumente obras cênicas médias que prescindem de radicalidade, até de pertinência. Quem se espantaria?

• Entretanto, e contrariamente aos prognósticos alarmistas, será que não podemos antecipar a prazo fixo uma nova era, abrindo-se sobre uma ecologia dos clássicos? Ao invés de procurar *a* solução do texto, de explorar um filão, a cena encara os clássicos cada vez mais como uma energia renovável, no interior de um desenvolvimento durável. Graças às possibilidades de arquivamento e conservação, cada nova encenação inscreve-se numa duração, numa exploração de longo termo. A encenação não extrai da peça senão aquilo que lhe importa no momento, limitando-se a uma ou duas revelações. O recente trabalho sobre *O Misantropo* de Lassalle, por Braunschweig, por Loyon[55], por Lambert ou Uwe Hergenröder[56], testemunha esse paciente trabalho em que cada elo é anulado pelos precedentes, porém aprofunda nossa curiosidade com relação à peça.

• Quem quer que tenha podido ver todas essas realizações, essas concretizações de uma mesma obra, compreenderia que a mesma é inesgotável e renovável. Com a condição, ao mesmo tempo, de que não a exploremos "até à morte", que não a façamos dizer tudo e não importa o que mais, a ponto de as gerações futuras não acharem mais nada para redizer, nem mesmo para dizer. O *Hamlet* de Árpád Schilling vindo do país de Átila seria o arquétipo dessa superexploração!

• Diante de uma provocação aberta, não nos perguntaremos se o caso é exagerado, escandaloso, desgostoso, imoral, porém mais prosaicamente perguntaremos se uma nova energia emana dela ou se a possibilidade de outra leitura, o gosto de ler acham-se irremediavelmente destruídos. Intuitivamente, e sem provas a favor, diremos que Castorf destruiu de maneira niilista nosso gosto de saber, enquanto os homens de Gosch rolando com deleite nas imundícies convenceram-nos da vontade de domínio e do apetite de poder (o que nada significa).

• No fundo, permanecemos à procura de uma análise e de uma leitura dramatúrgica da peça que se traduzam em termos cênicos. Não é o mínimo? Não obstante, a tendência atual da figuração cênica é preponderantemente a de uma limitação ao deboche visual e explicativo dos anos de 1960 a 80 e, portanto, um desaparecimento do olhar dramatúrgico. A representação não procura mais ilustrar o texto através de uma exibição visual que pretenda ancorá-la num contexto preciso e figurativo. Contenta-se em colocar alguns pontos de referência do texto, em entregar alguns índices e convenções de jogo. Nisso, está submetida à influência da escritura contemporânea e do seu "pôr em jogo" espartano. "O empreendimento da escritura não se separa daquele da encenação, de interpretar etc.: a encenação

---

[55] Encenação de René Loyon, março de 2001, com Serge Lipszyc no papel de Alceste.
[56] Encenação no Schauspiel de Dortmund em maio de 2006, com Jürgen Hartmann no papel-título.

não ilustra o texto: dá-lhe sua urgência, a faz viver ao dar-lhe sua voz, seus músculos"[57].

• A desconfiança pelos grandes meios cênicos aumentou: o máximo de metáfora ou imagem significam globalmente um lugar ou uma paisagem mental, o máximo de dispositivos que permitam um distanciamento político de conjunto, o máximo de uso puramente retórico do palco.

• O desafio é totalmente distinto: atingir um conhecimento melhor da prática cênica do passado. Não para descobrir a boa solução para a representação atual, mas para compreender melhor de que maneira essa "flor textual", o único traço que nos resta, eclodiu no terreno de uma prática teatral desaparecida. Procuramos, portanto, ler essa obra na sua época e segundo o seu estilo, sabendo bem que devemos em grande parte "inventar", visto que não vivemos mais neles. E, paralelamente, imaginarmos uma nova prática cênica a fim de lançar uma nova luz sobre a peça.

• Esse trabalho histórico obriga a retomar, testar e desenvolver os métodos de análise de textos, levando-se em conta tudo aquilo que foi adquirido no decorrer dos últimos trinta anos. Tal trabalho conduz, por si mesmo, a voltar às questões metodológicas que o pós-modernismo e o pós-dramático pretendem ter superado. É o caso também de dizer que não se pode queimar nem as etapas, nem nossos próprios navios, mas sim rever pacientemente a análise e o conhecimento dos textos. Esta sombria e ingrata tarefa exige esforços aos quais poucos estão dispostos. A teoria literária ou teatral não deveria ficar na defensiva frente aos *performance studies* (estudo das manifestações espetaculares), até mesmo complexada diante desse domínio imperialista, mas antes de tudo estar consciente de sua necessidade e de seu papel-chave.

• Não seria preciso, desde então, restabelecer o desafio do pós-moderno, como também do pós-dramático, interrogando-nos sobre aquilo que esses rótulos escondem, mas que também revelam? Este desafio consistiria em observar e descrever a desconstrução do texto ou do espetáculo. Ao procurar aquilo que concretamente nos chega a partir do pós-moderno ou a partir

---

57 D. Bradby; A. Poincheval, *Le Théâtre en France de 1968 a 2000*, p. 600.

do drama e do teatro, roçaremos talvez o encantamento dessa vida no "pós", nesse eterno presente, nessa falsa eterna juventude que nos fascina, mas que também nos aprisiona. O presentismo talvez não dure eternamente! O pós-dramático não é, seguramente, senão um mau momento a ser enfrentado.

Sejam quais forem os rótulos, o importante não será perceber o que esboçam mais ou menos voluntariamente, o que recobrem debaixo das palavras muito rápidas de *desconstrução* ou de *provocação*?

- Semelhantes termos participam do debate sobre as formas da cultura no mundo pós-moderno. A partir dos anos de 1980, a concepção culturalista dominou essa discussão. Tratava-se, então, de reabilitar culturas minoritárias, textos marginais e práticas desprezadas, estilos pouco acadêmicos. O impacto do culturalismo no teatro foi sensível. Alcançou o nivelamento de leituras, a intercambialidade de interpretações e, finalmente, o desaparecimento de teses originais ou provocadoras. A partir dessa democratização culturalista, tornou-se muito difícil para os jovens encenadores superar as facilidades, superar o caminho progressivo, a degradação do artístico em cultural, do cultural em sociocultural. Porém, os achados da encenação e a arte dos clássicos não obrigam a que se procurem as facilidades? Bem maldoso quem disser que a vida a partir do ápice teria valido o esforço da ascensão.

A diversidade de espetáculos, de perspectivas, de artistas e, sobretudo, de espectadores, torna difícil, impossível mesmo, o estabelecimento de categorias distintas e coerentes da encenação.

Mesmo reduzido a sete espetáculos vistos em 2006, em Avignon, escolhidos quase ao azar, em função de expectativas e gostos inexprimíveis, ou injustificáveis, um *corpus* revela uma infinidade de propriedades, funções, facetas, que desencorajariam o mais bizantino dos analistas.

Conseguimos extrair dessa temporada simplesmente sete princípios, sete funções da encenação em meio a tantas outras: harmonia, recontextualização, decantação, conjunto, trajeto, enquadramento, silêncio. Sete maneiras de mostrar e dizer o real.

Sete, como as sete maravilhas do mundo, ou como os sete dias da semana.

Porém, no sétimo dia uma dúvida nos invadiu e o silêncio se fez: e se nós não pudermos elaborar a teoria da encenação? Se, no caso, não foi senão um acúmulo de exemplos específicos, de tentativas isoladas, sem ligação, sem lógica, sem amanhã, sem pé nem cabeça? Se não foi senão uma representação disforme, um objeto empírico indescritível, uma experiência indizível, uma arte fosca que recusa qualquer reflexão teórica?

E se tudo isso que dissemos não for senão pura ficção, ao mesmo título que o teatro ou a vida? Se o teatro nos empurrar para as nossas últimas trincheiras?

Como para o teatro ou como para a vida, isto seria, mesmo assim, um risco a se correr.

12. A Encenação nas Suas Últimas Trincheiras*

A polêmica sobre a programação do Festival de Avignon de 2005 não terá sido em vão. Ela nos fez descobrir outras práticas espetaculares, recolocou o "teatro" no interior daquilo que o mundo anglófono chama de *cultural performances*. Obrigou-nos a ampliar nosso horizonte para além do teatro de texto, até mesmo para além do teatro, simplesmente. Encorajou-nos, embora ainda timidamente, a observar outros ares e outras práticas nas quais a cultura se acha *performed*, ou seja, colocada em ação, à vista, em espetáculo. No entanto, o "teatro", a "encenação", mesmo que tenham aparecido como relativos e não universais, não perderam, entretanto, sua pertinência ou seu valor. Muito ao contrário, a encenação teatral viu-se ao mesmo tempo revigorada e redefinida num contexto artístico e cultural em que se sente menos pobre. A noção histórica e teórica de "encenação" parece mais do que nunca indispensável para o estudo das práticas cênicas atuais, essas práticas que acham seu caminho do lado da cidade dos Papas ou aquelas que povoam nosso mundo globalizado. Para chegar a Avignon 2006: a partir de sete exemplos do festival *in*, propomo-nos a observar as funções, antigas e novas,

---

* Artigo publicado anteriormente em *Théâtre/Public* n. 183, 2006, p. 65-74.

da encenação, na esperança de descobrir os novos territórios que ela se propõe a explorar. Esta escolha é, como sempre, subjetiva, arbitrária, tendenciosa até, tendo como única ambição melhor cercar o apetite, a arte e a maneira de encenar no presente, observando que efeito o teatro ainda produz em nós (ver em destaque, a seguir: "Efeito Produzido").

Efeito Produzido

A noção de efeito produzido (*Wirkung*, em alemão) foi pouco utilizada pela teoria do teatro e, não obstante, é muito útil para examinar de que maneira o teatro age sobre a sociedade, sobre o público ou sobre o espectador individual. É recomendável associá-la, por oposição, à de recepção, isto é, à maneira pela qual a sociedade, o público ou o espectador reagem ao texto dramático ou à representação. Essas duas noções de efeito produzido e de recepção (que o uso corrente nem sempre distingue) fazem-nos compreender como o teatro influi sobre nós e como nós mesmos influímos sobre ele.

Nos anos de 1960 e 1970, a teoria estética alemã opunha uma *Wirkungsästhetik* (uma estética do efeito produzido) a uma *Rezeptionsästhetik* (estética da recepção), e a questão era saber se faltava, para a análise de textos, levar em conta os mecanismos de produção ou então ocupar-se, antes de mais nada, do ato de leitura e da recepção. A estética da recepção vinha preencher uma lacuna: o desconhecimento dos públicos e de seus horizontes de expectativa que o estudo de autores e de suas técnicas de escritura tinha muitas vezes ocultado. Atualmente, admite-se que é preciso abordar ao mesmo tempo a produção e a recepção da obra literária ou teatral, e que não deveríamos separar a produção de efeitos e a maneira pela qual são recebidos pelo leitor ou pelo espectador.

A noção de efeito tem uma longa tradição clássica atrás de si. O efeito produzido se observa mais facilmente no espectador (do que no leitor) e é nesse domínio que o teatro clássico interessou-se por essa noção, como que para verificar se o teatro é eficaz: "Não consultemos numa comédia senão o efeito que exerce sobre nós", recomendava, por exemplo, Molière *(A Crítica da Escola de Mulheres*, cena 6). E Racine sublinhava, por seu lado, que o efeito de seu teatro é universal e durável: "Reconheci com prazer, pelo efeito que produziu sobre nosso teatro, tudo aquilo que imitei de Homero ou de Eurípides, que o bom senso e a razão eram os mesmos em todos os séculos" (Prefácio de *Ifigênia*).

Quer se trate da comédia ou da tragédia, de gregos ou franceses, do público do século XVII ou do século XXI, o teatro produz no público um efeito distinto daquele do das outras artes. A representação é necessariamente "ao vivo", faz coincidir, mesmo que seja por um curto instante, o conjunto que está no palco (ator, texto pronunciado, "efeitos cênicos") e o espectador num acontecimento único e não repetível. No decorrer desse acontecimento, há mesmo uma comunhão e um movimento de vai e vem entre o palco e a plateia, e o efeito produzido é também sensível por um *feedback* na performance dos atores.

A "boa" ou a "má" recepção/reação recai na representação, facilita-a ou a freia. Uma história da influência de públicos e sociedades nos textos dramáticos, nas representações ou nas encenações está para ser escrita. E o que é a encenação senão um mecanismo (tornado indispensável no fim do século XIX) para adaptar a representação ao público específico que se supõe deva recebê-la, e, portanto, o de levar-se em conta o receptor para a criação da representação cênica?

Para imaginar essa história de efeitos produzidos (do teatro no público, assim como do público no teatro), seria preciso começar por especificar o que exatamente faz efeito no espectador: o teatro em geral? A peça lida? A representação? O estilo da encenação? Convém igualmente distinguir o efeito produzido de acordo com o tipo de receptor, tanto quanto o modo de recepção e, de modo particular, sua duração.

Seja qual for o nível em que se aborde o texto ou a representação, vê-se bem que o efeito por eles produzido no leitor ou no espectador depende tanto do próprio objeto (sua configuração) quanto do receptor (de sua identidade). A noção de efeito produzido serve de mediação entre produção e recepção. Determinar esse efeito por uma representação obriga tanto a estabelecer a maneira pela qual ela foi produzida quanto a imaginar segundo quais expectativas é recebida e compreendida. Para não tomar apenas o exemplo da encenação, há duas maneiras de abordá-lo: descrevendo as tarefas e os procedimentos de trabalho do encenador ou reconstituindo o papel do espectador segundo suas expectativas e sua situação concreta. Produção e recepção estão intimamente ligadas e solidárias: a produção antecipa seus efeitos no espectador e imagina o que ele vai compreender do objeto recebido, reconstitui o projeto e até mesmo as intenções da encenação. Desse modo, formatar uma encenação é tanto a operacionalização de uma matéria e sua elaboração pelos atores e todos os outros artistas, quanto dar-se conta do olhar mutável dos espectadores segundo seus hábitos, suas expectativas, sua nova situação. Estar atento ao efeito produzido impede-nos, dessa forma, de não privilegiar senão uma única das duas facetas do fenômeno teatral, produção ou recepção, de reintroduzir um modelo dualista ao emplacar o esquema da comunicação (emissor/receptor) na obra teatral.

A partir disso, vê-se perfeitamente que encenar é suscitar e manter o interesse do espectador, fazer nascer nele o desejo de ver e compreender sem que, contudo, seja possível consegui-lo. Não há, no entanto, teoria universal de efeitos, nem receitas infalíveis para tocar o espectador. Isso porque o importante não é o valor intrínseco dos signos e dos efeitos de cada "linguagem cênica" (música, espaço, plástica, linguagem etc.), mas a combinatória, própria a cada encenação (e até a cada "cena" do espetáculo), do conjunto de materiais. Apenas uma estética "militante" e política, como a de Brecht, por exemplo, que se divertia em calcular os respectivos efeitos de cada linguagem. Dessa forma, Brecht recomendava ao trabalhador encarregado da execução do cenário (*Bühnenbauer*) que estabelecesse uma "tabela de efeitos possíveis", e sugeria-lhe indicar, para cada cena de cada peça, os *quanta* de efeito (*Wirkungsquanten*), por exemplo, "os marcos sociais, os marcos históricos, os efeitos de distanciamento, os efeitos estéticos, os efeitos poéticos, as inovações técnicas, os efeitos da tradição, a destruição da ilusão, os valores da exposição"[1]. Esta *check-list* do construtor do palco parece muito mecânica e dificilmente verificável, porém tem o mérito de medir a força dos efeitos e de distinguir sua variedade.

Os efeitos do teatro são, portanto, numerosos. Porém, medir esses efeitos produzidos no espectador não é evidente, pois nenhuma tipologia de efeitos produzidos se impõe. Seria melhor ainda, não sem gosto pela metáfora, imaginar qual "encenação interior" o espectador realiza a partir do momento em que é "afetado pela encenação": de que maneira esta se aninha, se escava, se esculpe nele? A psicologia cognitiva talvez nos ajudasse a dizer como a configuração cênica se inscreve em "vácuo" no imaginário e no corpo do espectador, tal como uma "figura em negativo" da figura percebida ou alucinada a partir do palco. O espectador percebe-a e sente-a como um *re-desempenho*, como um mimo interior, especialmente dos movimentos cênicos dos atores. O espectador tem a faculdade de apreender um conjunto, uma rede imaginária que a encenação esforçou-se por estabelecer. Tem consciência, uma consciência encarnada que a representação, graças à encenação, deixa nele, quer

1 B. Brecht, *Gesammelte Werke*, v. 7, p. 467.

se trate de uma sensação, um prazer estético, uma figura ou uma partitura de conjunto. Esse efeito produzido no espectador lhe traz a certeza de que tudo é organizado para ele, sem que seja totalmente explicável ou comunicável.

O encenador pergunta-se sempre: como é que devo lidar com isso para que emerja alguma coisa para o espectador, "meu semelhante, meu irmão" (Baudelaire), para que a minha arte lhe produza um efeito?

Genet, Les Bonnes, *encenação de Alain Timar.*
Foto Théâtre des Halles.©Manuel Pàscual.

Na parede ao fundo aparecem fugitivamente algumas imagens fotográficas, que se revelam animadas: imagens branca e preta das irmãs, xícara, mão e olho em plano maior. A febril agitação das criadas é como que vigiada em suspenso por uma poderosa instalação midiática mal identificada (foto, vídeo, fotograma, pintura?) – que dá outro esclarecimento à armadilha de vidro e palavras. Aqui, Odile Grosset-Grange e Lisa Pajon atuam sob sua própria imagem em vídeo trabalhada por Hugues le Chevrel.

1. HARMONIA: *LES BONNES* (AS CRIADAS)

Antes deste sobrevoo sobre os territórios cheios de zelo e elevados do *in*, uma breve parada nos Halles: o teatro de Alain Timar impõe-se, quando muito não seja, pelo domínio de sua criação de *As Criadas* e como exemplo de seu método e de seu estilo clássicos.

A peça de Genet foi montada pelos mais célebres encenadores. Timar inscreve-se, sem dúvida alguma, nessa linha. Sua versão não pretende dar uma nova leitura da obra. Esse clássico da modernidade não suportaria a menor subtração ou adição de texto, e qualquer nova interpretação exigiria estar solidamente amarrada. Aliás, a partir do começo dos anos de 1970, os encenadores raramente tiveram a pretensão de fazer uma releitura radical de clássicos que viesse a refutar as precedentes. A abordagem de Timar oferece-nos uma retomada e uma síntese da tradição clássica, aquela de Copeau ou de Jouvet (que criou a peça em 1947). A encenação, neste caso, é concebida como arte autônoma, se bem que inspirada na leitura de um texto: ela deseja a expressão de um universo imaginário coerente, recortado do real, apreendido na sua lógica interna, porém remetendo metaforicamente ao real. Genet esclarece que se trata de um conto e que é preciso que o encenador, com "uma certa bonomia", atente para a "unidade da narração (que) nascerá não da monotonia do jogo, mas sim de uma harmonia entre as partes muito diversas, muito diversamente interpretadas"[2]. Timar aplica este programa ao pé da letra: apesar das constantes mudanças de papel, o conjunto é de uma grande coerência dramatúrgica e estilística. As atrizes[3] interpretam sem identificação psicológica realista num primeiro grau, mostrando que atuam com ligeiro exagero: jogo rápido, virtuosístico, porém sem histeria; encarnado, mas sem profundeza insondável.

Sobre o tablado, uma gaiola de vidro está colocada: ela se abre em dois imensos batentes transparentes, tanto no fundo como na frente. A abertura e o fechamento das cortinas pelas criadas ajudam-nas a isolar-se para entregar-se aos seus jogos sobre o papel ou para abrir a gaiola para o mundo exterior, seja no fundo, seja sobre o público imaginário no proscênio. De cada lado desse cubo translúcido, dois corredores laterais formam uma peneira entre o mundo real e o dispositivo de atuação: no pátio, o reduto onde as criadas guardam seus acessórios; no jardim, a alameda florida pela qual Madame faz suas aparições. A geometria evolutiva da gaiola de vidro cria lugares

---

2 J. Genet; M. Corvin (ed.), Comment jouer *Les Bonnes*, em J. Genet, *Les Bonnes*, p. 11.
3 Marcelle Basso (Madame), Odile Grosset-Grange (Claire) e Lisa Pajon (Solange).

mais restritos, faz compreender imediatamente a evolução da intriga, distingue entre jogo e realidade. As mudanças de sonoridade, conforme se fale atrás dos vidros ou não, são ao mesmo tempo indicações sobre a situação; os planos sonoros fornecem preciosas, embora discretas, indicações sobre o nível de realidade do momento. Graças a essa armadilha translúcida, manipulada freneticamente pelas duas mulheres, distingue-se sempre os níveis de realidade, desenham-se os territórios do imaginário, segue-se a dinâmica dos desejos sem que seja preciso marcar as mudanças por rupturas claras do jogo ou pelo aporte de objetos novos. Graças à precisão e à abstração desta cenografia, distanciada da decoração sobrecarregada do quarto de vestir e dos móveis estilo Luís XV de Madame, as criadas revezam-se perfeitamente nos seus jogos vertiginosos, não retornam nunca de sua infernal trajetória, que parece traçada como num papel milimetrado; sua energia é refreada por esse dispositivo abstrato e exigente. A força e a rapidez de seu desempenho veem-se decuplicados. A curva ininterrupta de intensidades é sustentada por curtos intermédios musicais que sublinham a atmosfera fúnebre, *piano* e *crescendo* no final. Na parede do fundo aparecem, fugitivamente, algumas imagens fotográficas, que se revelam ser animadas; imagens em preto e branco das irmãs, xícara, mão e olho em grande plano. A agitação febril das criadas é como que vigiada em inclinação por uma possante instalação midiática mal identificada (foto, vídeo, fotograma, pintura?), que dá uma outra claridade à armadilha de vidro e de palavras. Admiramos ao mesmo tempo tanto a eficácia quanto a discrição dessas mídias (avaliamos o quanto, nestes últimos cinco anos, sua utilização tornou-se sofisticada, a serviço do dispositivo de conjunto, como apoio da atmosfera). Assim como a manipulação das cortinas, essa pontuação midiática escande a narração desse jogo funesto, indica sutilmente as etapas do adoecimento das irmãs na armadilha que armaram para si mesmas. Essa é uma das funções clássicas da encenação: estabelecer e esclarecer a fábula, ajustar texto e desempenho, palavras e movimentos, harmonizar os materiais empregados.

Semelhante encenação clássica é, no mínimo, uma interpretação em meio às outras, não tem nada de um "grau zero da encenação", de uma leitura literal e neutra da obra: contribuem para isso o manejo das portas de Plexiglas, a maneira de correr do acompanhamento musical, da consciência fotográfica no fundo do palco. Jogo furtivo, conforme a indicação de Genet[4], mas também rápido, enérgico, sustentado, sem qualquer momento de dúvida. Timar permanece nesse registro clássico que escolheu: cada uma das atrizes, na mesma lógica caracteriológica, mostra totalmente a progressão da loucura do jogo empurrado às suas últimas consequências. Nada há, portanto, de iconoclasta nessa leitura: a encenação mantém uma coerência estrita de signos e visa a harmonia da representação. Qualquer saída do sistema deve ser devidamente justificada e integrar-se à estrutura de conjunto. Nestas *Criadas*, a única saída possível seria no momento em que diz Genet: "Solange se dirige para a janela, abre-a e sobe na sacada. Ela dirá, de costas para o público, diante da noite, a tirada"[5]. Timar escolheu, ao invés de situar a atriz diante do público, fazê-la dirigir-se diretamente aos espectadores ao partilhar com eles o cheiro da fumaça de seu cigarro. Esta exceção à regra contradiz por um instante o sistema adotado, porém não o ameaça absolutamente: unicamente se as rupturas forem frequentes é que a representação deixaria de ser clássica.

Nestes seis exemplos do *in*, a encenação afasta-se consideravelmente desse modelo canônico, aventura-se cada vez mais numa direção surpreendente que renova suas funções e alarga as possibilidades da arte teatral. Resta então descrever as formas dessa renovação e dessa extensão.

2. RECONSTRUÇÃO: *BLACK BATTLES WITH DOGS* (COMBATE DE NEGRO E DE CÃES)

Arthur Nauziciel montou a peça de Koltès, *Combat de Nègre et de chiens* (Combate de Negro e de Cães), na tradução de Maria Delgado e David Bradby[6], para o 7Stages de Atlanta (Estados Unidos), em abril de 2001. Ele montou sua encenação em 2002 em Lorient e em Créteil, depois em Chicago, no Art Institute of Performing Arts, em 2004. Este trabalho, portanto, teve todo o tempo

---

4 J. Genet, op. cit., p. 9.
5 Idem, p. 107.
6 B.-M. Koltès, *Plays I, Black Battles with Dogs*.

para amadurecer e rodar antes de ser confrontado com o público de Avignon. Contudo, o festival pôde descobrir um espetáculo perfeito para uma *audiência* americana, sem que saibamos exatamente como ele evoluiu no decorrer de suas peregrinações.

2.1 Recontextualização/Concretização

Ora, precisamente o observador de Avignon é surpreendido na entrada pelo deslocamento linguístico, geográfico e cultural da obra já clássica de Koltès. Sobretudo caso ele tenha na memória a criação da peça por Patrice Chéreau em 1983, em Nanterre, ou a recente adaptação iconoclasta de Dimiter Gotscheff na Volksbühne de Berlim, em 2003. Apresentado em Atlanta, cidade 75% negra, será que a peça nos traz de volta essa África em que está situada, ou melhor, a crer-se no seu autor, uma África metafórica, como esses "lugares que são espécies de metáforas da vida ou de um aspecto da vida"?[7] O peso da questão racial é tão forte, nos Estados Unidos, e atualmente na França, que tradutor e encenador julgaram necessário mudar, no título francês, o termo *nègre* (negro, *nigger*), que foi julgado ofensivo. Porém, o conteúdo da peça apresentou também, em sua totalidade, reiterados problemas de adaptação ao contexto norte-americano. Não tanto a relação de negros e brancos – pois Koltès mostra sem ambiguidade o neocolonialismo e a frouxidão dos brancos –, quanto pela cena final em que Alboury cospe no rosto de Leone[8]. O que reteve a atenção de Nauziciel não foi a questão do colonialismo francês na África; foi, antes de tudo a relação e a coexistência entre as raças, tais como o público americano do Sul profundo as vive quotidianamente. No entanto, não escolheu transpor a África, um pouco abstrata de Koltès, para o contexto de uma cidade americana ao localizar no cenário, por exemplo, objetos americanos. Sua cenografia produz uma atmosfera visual e auditiva misteriosa, perturbada, angustiante, entre cão e lobo. No palco pouco figurativo, atrás de uma cortina de tule, uma mesa com guarnição branca imaculada e um candelabro. Entre

7 Programa de Avignon, 2006.
8 B.-M. Koltès, op. cit., p. 53.

as cenas, ouve-se uma música barroca, o cúmulo, neste caso, de refinamento ocidental. Tudo isso em contraste com uma África selvagem e abandonada, mais fantasmagórica do que real. Barulhos inquietantes cercam esse lugar de encontro de brancos. O chão é composto por uma mistura de terra batida ocre e cimento gris. Estruturas metálicas, bancos, ladeiam esse canteiro prestes a ser retomado pela natureza, por algumas fitas de plástico de uma floresta tropical emporcalhada.

Ao passar por Atlanta, a encenação concretizou aspectos implícitos, mas muito presentes na peça: a violência racial, a sexualidade à flor da pele, as relações de desejo, ódio e amor entre os protagonistas. Ao ilustrá-las através de carícias e abraços, colocou no centro da representação o desejo, a perturbação sexual, a proximidade depois da recusa do outro: Horn afaga Alboury, Leone faz o mesmo, Cal e Leone permanecem longamente nos braços um do outro. Aquilo que na tragédia clássica koltesiana é da ordem do discurso e do desejo não assumido, encarna-se aqui no palco. A representação ganhou em intensidade e provocação aquilo que faz a peça perder em sutileza e ambiguidade. Porém, essa violência feita ao texto dá também a sentir o desejo para além das proibições de raça ou sexo: as peles se tocam, os corpos se enlaçam. O medo do outro por causa da cor de sua pele, de seu sexo ou de sua origem social é por um instante superado: nem tudo é negro, ou negro e branco, nas suas relações. Para o espectador de Atlanta ou de Avignon, eis aí um momento precioso em que ele se interroga a respeito de suas próprias angústias e terrores. O desempenho oferece-lhe esta prova de verdade, muito apesar de a peça significar, para ele, que o outro continua inacessível, seja qual for a força do desejo.

2.2 Diferença de Estilos de Jogo de Atuação

A interpretação adotou códigos de atuação diferentes uns dos outros, o que acentuou a distância e a incompatibilidade entre os personagens. Esses códigos estão ligados à identidade corporal dos atores, à imagem que projetam. Ismail Ibn Conner (Alboury), afro-americano de alta estatura, o torso e as pernas nus, ombros poderosos, escarificados ("resultado de ritos iniciáticos de gangues de ruas *downtown*", diz-nos a imprensa), sugeria uma força irreprimível. Sua dicção não era, entretanto, absolutamente "negra americana", clara e rebuscada, perfeitamente dominada, como o impõe a literalidade do texto koltesiano. Daniel Petrow (Cal), de talhe muito mais modesto, é um jovem nervoso, agitado, atormentado, ao estilo "*actors studio*" num palco mambembe californiano. Ele disse seu texto estalando e espaçando suas palavras ao invés de pronunciá-las com toda rapidez, conseguindo também um distanciamento e evitando uma psicologia invasiva. Tim McDonough deu a Horn um refinamento na palavra e nas maneiras como um *gentleman* anglo-saxão, esteta em fim de carreira, cuidadoso para evitar o escândalo e para dar ao colonialismo de antanho uma visão mais amena. Janice Akers, espécie de WASP (*white anglo-saxon protestant*), loira e evanescente, emprestou a Leone a fragilidade quase degenerada de um personagem de *E o Vento Levou*, ou a confusão mental da Blanche de *Um Bonde Chamado Desejo*, de Tennessee Williams: o contrário absoluto da criadinha francesa, popular, gorducha e zombeteira interpretada por Myriam Boyer quando da criação do papel. Nauziciel encontrou um compromisso inesperado entre a organicidade impulsiva dos atores americanos e a retórica textual e vocal que esse texto lhe impõe e que eles assumiram perfeitamente. Nos corpos pulsionais opunham-se a coreografia minuciosa e dominadora de seus deslocamentos e de suas entonações, especialmente para os mais "viscerais", como Cal e Leone. Esse contraste obteve os meios para fazer o espectador desestabilizar-se, habituado a julgar em bloco, acreditando numa unidade de textos, porém ajudou também a uma tomada de consciência, não apenas com referência à escritura de Koltès, mas também com relação ao aprisionamento pela língua, pela raça e pelas identidades imaginárias. Nesses breves momentos de imobilização, de parada dos mecanismos de controle, quando os personagens estavam enlaçados ou simplesmente na escuta um do outro, os espectadores tomavam consciência de que esses constrangimentos são culturais e, portanto, desmontáveis. A transposição norte-americana, tanto para a distribuição quanto para o estilo de interpretação, foi perfeitamente coerente. Essa reviravolta para outra cultura e para um contexto racial diverso teve consequências inesperadas: reconfigurou a ação e a fábula. Encontravam-se, com efeito, reunidas e religadas nesta interpretação as questões do gênero (*gender*), da raça, da etnicidade e da identidade. Desse modo, para o personagem de Leone: ela não foi envolvida com o assassinato do operário africano, tendo tido o efeito de uma heroína de melodrama, inocente e generosa, mas seu esforço de reconciliação, seu humanismo ingênuo chocavam-se com a situação neocolonialista e criminal dos homens. Ela aferrava-se às suas falsas identidades, que a colocavam numa situação instável em toda a linha. Sua "loucura", à maneira da Blanche, de Tennessee Williams, pareceu a única saída para escapar da impossibilidade de ser ela mesma e da violência masculina.

Nesse clássico contemporâneo, a fábula e sua interpretação são ainda suficientemente móveis, instáveis e abertas para prestar-se a leituras deslocadas (situadas lá onde não as esperamos) e enriquecidas (no sentido de "mineral enriquecido"). Sua representação consiste, então, num questionamento de qualquer leitura universal, chave mestra ou definitiva. Antecipa e leva em conta o novo público, reconfigura o universo ficcional segundo suas interrogações e suas angústias. Neste sentido, Nauziciel deu a este *Combate* que se tornou *Batalhas Negras* a nova impulsão de que a obra precisava, vinte anos depois de sua criação. Soube adaptar-se aos dados atuais do racismo e da busca identitária. Essa recontextualização ousou tratar de questões muito delicadas, muito pouco *politically correct*, com os meios da astúcia e da denegação teatrais, lá onde a psicologia e a sociologia teriam dificuldades e que, talvez, fossem impotentes.

3. DECANTAÇÃO:
   ROUGE DÉCANTÉ (VERMELHO DECANTADO)

A encenação nem sempre implica uma tal transposição cultural. O mais comum é contentar-se em fornecer alguns índices, nas circunstâncias da história, sobre as escolhas dramatúrgicas e deixar o todo decantar-se, no palco e na cabeça do espectador.

3.1 Redução Cênica

Para mais de um espectador de passagem pelo Claustro dos Celestinos, não há dúvida de que muitas emoções agitadas nele podem ter sido decantadas, nessa noite. *Vermelho Decantado* é uma adaptação da narração autobiográfica do autor neerlandês Jeroen Brouwers. Este relata a morte de sua mãe e suas recordações de infância, dos três aos seis anos, junto com ela, sua irmã e sua avó, no campo de concentração japonês de Tjideng, na Indonésia, entre 1943 e 1945. Na adaptação de Corien Baart, Guy Cassiers e Dirk Roofthooft, o narrador não é identificado nominalmente como sendo o autor Brouwers, um célebre escritor ao qual o romance faz alusão. Está, aliás, antes de mais nada, de acordo com o subtítulo "romance", um personagem fictício que se dirige a não se sabe quem: hesitamos falar em monólogo interior, e é bom que a pesquisa do destinatário permaneça o motor dessa palavra.

O texto do monólogo é uma retomada *verbatim* da narração, exceto por algumas expressões retraduzidas para facilitar a prolação (*mise-en-bouche*). Não é nunca alterado ou edulcorado. As passagens do romance em que o autor faz suas próprias conclusões e reflexões foram sistematicamente descartadas. Com isso, o romance ganhou em mistério, rapidez e presença imediata, como se o processo de decantação não estivesse ainda acabado e nós fôssemos convidados a assisti-lo ao vivo. A condensação necessária, tanto do livro quanto da vida contada, não empobreceu muito a narrativa; comprimindo-o ela vai ao essencial: a vontade de saber, contudo a recusa em apiedar-se, a suposta insensibilidade da criança e do autor adulto. É sintomático que a adaptação tenha terminado nesse *leitmotiv* da insensibilidade ("o que é que devo sentir?"), frase pronunciada uma página antes do fim, quando o romance retoma todos os temas – o vento, o barulho, o encarceramento, a teia de aranha, a cisão do ego –, acabando na imagem mais forte e mais central da obra: o olhar sobre si mesmo, a sensação de que o rosto "pinga", provavelmente porque o vermelho da morte cor de sangue ainda não está decantado: "Um motivo de encarceramento que evoca uma teia de aranha teceu-se entre mim e outro eu, e eu vi na neblina meu rosto decompor-se, liquefazer-se"[9]. A dissociação do eu acabou: o eu observador é reafirmado, porém ele constata a deliquescência do eu em vias de decantação. Continua o sentimento de culpa – e, paradoxalmente, de impassibilidade – ligado ao trauma dos campos, pois a criança não fez a diferença entre o bem e a morte: se quisesse sobreviver, teria que achar normais, até divertidas, as atrocidades cometidas com sua mãe. A carapaça de insensibilidade disso resultante assemelha-se a esse corno, a essas calosidades que aparecem nos pés e que o ator lixa obsessivamente. A palavra e a escritura são comparáveis a essa lixadura para encontrar a doçura da carne, para perceber os segredos do passado e ser capaz de sentir alguma coisa. "Não existe coisa alguma que deixe de tocar outra, mas o que posso fazer? – O que isso tem a ver comigo? O que devo sentir?"[10]; esta divisa, colocada no começo e no fim da narração, resume perfeitamente sua situação e seu sofrimento.

Todo esse dispositivo narrativo, os motivos e a dispersão do eu são magnificamente transpostos para o palco através de uma série de filtros: os dos adaptadores, do dramaturgo (Erwin Jans), do encenador (Guy Cassiers) e, sobretudo, do ator (Dirk Roofthoft). Este último fala, em tom de confidência e como que a contragosto, por meio de um microfone que parece amplificar seus pensamentos. Como atua numa língua que não é sua língua materna, seu leve acento, seu "efeito de retardamento" introduz um meio-segundo de hesitação, fato que redobra ainda mais sua dificuldade em entregar-se aos seus pensamentos. Porém, é, sobretudo, a impassividade misturada à extrema lassidão que surpreende o ouvinte.

3.2 *Mídias Decantadas*

Sete câmeras automáticas, discretamente dispostas na área de atuação e em sua periferia, estão à disposição do ator. Este escolhe ou não colocar-se diante delas e acionar a projeção de sua imagem numa superfície que se assemelha mais a uma gelosia de

9   J. Browers, *Rouge décanté*, p. 167.
10 Idem, p. 152.

madeira do que a uma tela. Essas paliçadas, uma muito grande no fundo, a outra com a dimensão de uma veneziana em primeiro plano, não esburacam a cenografia como o fariam uma parede de vidro ou uma tela branca gigante. Tais imagens não ilustram a vida dos campos: dão a sentir, mais do que a ver, num plano muito grande, o ator em atuação e em sofrimento. Graças à prisão e à coloração em vermelho, azul ou verde, as imagens participam ativamente do esclarecimento emocional das situações. Sobre elas, às vezes, superpõem-se a sombra ou a silhueta do ator. As temporalidades, as lembranças, as atmosferas misturam-se, as tonalidades e as nuanças do psiquismo oferecem-se aos olhos do espectador sem, no entanto, impedi-lo de perceber o corpo vivo e a voz monocórdica do ator. O palco em sua totalidade torna-se um imenso banho de tintura, vermelha no mais das vezes graças à iluminação, em que as lembranças, os traumas, as imagens podem decantar-se pouco a pouco, no fio da dupla narração. O vermelho, diz o narrador, é esta última coisa "que deixarei decantar-se nas minhas retinas", é essa "cor da morte, que aparece na bandeira japonesa sob a forma de uma mancha de sangue"[11]; é também, para a mãe, "o sangue que caiu gota a gota"[12], e para a criança "o vermelho que (lhe) vinha atrás dos olhos"[13]. "Édipo chora", esclarece o romance[14]. O pesar fica liberado, a impassibilidade cala-se em lágrimas de sangue: aquelas dos olhos encovados de Édipo.

Caso nos seja permitido fazer uso da mesma metáfora, diremos que a encenação é decididamente uma decantação: decantam-se as contradições, as séries de motivos, os remorsos e o luto, o caminhar doloroso rumo à *anagnorisis*, ao *requiem* e ao perdão. No líquido cênico, espécie de líquido amniótico, as matérias em suspensão, que tornam o meio ambiente tão sombrio, desprendem-se, depositam-se como elementos vitais, essenciais e que, não obstante, é necessário esquecer. Essas matérias são ao mesmo tempo os resíduos, os dejetos do passado e os elementos, os mais pesados de sentido: tanto redes de signos ou de temas obsessivos quanto princípios de

---

11 Idem, p. 103.
12 Idem, p. 146.
13 Idem, p. 69.
14 Idem, ibidem.

jogo e de significantes irredutíveis ao líquido ou ao gás que seria a significação. Isto é verdadeiro para qualquer encenação, mas particularmente para *Vermelho Decantado*. Sob a direção de Cassiers, na encarnação vocal e física de Roofthooft, todo o dispositivo narrativo, toda a temática, toda a mistura de culpa e inocência estão submetidos ao processo alquímico quase miraculoso da decantação. Os traumatismos de outrora e as obsessões do presente, a carapaça da pele e do ego, a neblina que mascara a vista, a casa protetora, a escritura salvadora, o aramado dos campos e de nossos pensamentos, tudo isso se encontra e se esvazia, lá onde nada de exterior e visível é mais importante. Quando até o corpo da mãe é cremado, a criança, tornada homem, escritor e, por fim, filho, torna-se o depositário de todas as emoções recalcadas, nelas compreendidas as dos espectadores. Nem cura nem sublimação, impossíveis para sempre, porém uma decantação, um perdão dirigido a si mesmo por ocasião de um *requiem* para a mãe defunta.

Às vezes, encenar é simplesmente agitar o frasco, sacudir a soma das matérias, das ideias, dos temas, das sensações, esperando que tudo se decante e que possamos ver através de tudo isso aquilo que nos turvava a vista e o espírito.

4. *ASSEMBLAGE: PLUIE D'ÉTÉ À HIROSHIMA* (CHUVA DE VERÃO EM HIROSHIMA)

Agitar o bocal não tem, no entanto, sentido a não ser que os ingredientes da encenação tenham sido cuidadosamente dosados antes da decantação. E não é, evidentemente, o único método! Podem-se também juntar elementos pré-existentes, como o faria um arquiteto ou um mecânico.

4.1 Assemblage

No projeto de Éric Vigner, a montagem do título e a representação parecem advir desse processo de junção. *La Pluie d'été* (A Chuva de Verão), de 1990, e *Hiroshima, mon amour* (Hiroshima, Meu Amor), de 1960, de Marguerite Duras, são duas obras muito diferentes, temática e estilisticamente. O único tema comum seria o amor impossível: incestuoso ou adúltero. A vontade de aproximar os dois textos, a ponto de representá-los em continuidade (mesmo se com intérpretes distintos), pode surpreender. A explicação biográfica vale o que vale: Duras havia apreciado a maneira pela qual Vigner tinha encenado *Chuva de Verão* no Conservatório Nacional, em 1994 e tinha lhe oferecido, em seguida, os direitos de *Hiroshima, Meu Amor*. Porém, que razão dramatúrgica há para reunir essas duas obras?

Se Vigner julgou bom aproximar e confrontar esses dois textos sob o mesmo teto, não será porque concebeu a encenação tanto como uma reunião de elementos heterogêneos e pré-fabricados, quanto como uma fusão no interior de uma fábula? Sua tarefa consistiria em reunir, ou, antes, juntar, elementos textuais, lidos, interpretados, gravados em voz *off*, da mesma maneira que ele juntou cortinas de Plexiglas, inicialmente abraçadas aos pilares do claustro, depois deslizando no espaço cênico. Encenar não é criar *ex nihilo* em continuação a uma leitura pessoal de um texto dramático. É unir materiais: diálogos, narração, cenário e decupagem fílmica, placas metálicas e vitrais, sem esquecer os corpos humanos. A integração faz-se aos poucos e não *a priori*. A encenação coloca em contato uma escritura (a dizer), atores (a lançar), um espaço (a preencher ou a constituir). A representação constrói-se ao fazer, de algum modo, deslizar esses componentes uns contra os outros. Formalmente, a soldadura entre as duas partes do espetáculo juntados diante de nós realiza-se através da dupla linha de fogo do eixo longitudinal da área de atuação.

A *assemblage* material coloca, contudo, inúmeros problemas, pois o quadrado estrito do Claustro dos Carmelitas, uma vez a cena frontal eliminada, obriga a adaptar o recorte das cortinas de sol a um plano muito restrito. As chanfraduras na superfície de atuação aproximam consideravelmente os espectadores dos comediantes, porém a forte declividade das arquibancadas dão-lhes perspectivas muito diferentes: em mergulho (de longe) ou em contramergulho (de perto). O formato quadrado do claustro teria facilmente acolhido um público nos quatro lados, mas isso não foi possível. A bifrontalidade daí resultante teria sido mais eficaz com um palco retangular mais

Marguerite Duras, Chuva de Verão em Hiroshima, *encenação de Eric vigner.*
© *Patrice Pavis.*

Formalmente, a soldadura entre as duas partes do espetáculo juntados diante de nós realiza-se através da dupla linha de fogo do eixo longitudinal da área de atuação.

longo, a fim de que fosse acentuado o efeito de passarela e de passagem de todo o dispositivo narrativo e espacial. Apesar dessas dificuldades técnicas, a cenografia conseguiu integrar as propostas textuais. O recorte das placas metálicas no chão e as aberturas e fossas que resultam disso são um suporte lúdico para a família mal instalada de *A Chuva de Verão*: todos aparecem e desaparecem num jogo de esconde-esconde. Em *Hiroshima*, a mesma cenografia adquire a dimensão metafórica de uma paisagem de desolação após a bomba, as bolas de metal transformam-se em monstruosas moléculas carbonizadas. O contraste entre a memória ancestral do claustro e a pós-modernidade do Plexiglas colorido é surpreendente.

4.2 *A Encenação da Escritura*

Resta observar de que maneira a escritura de Duras se insere e se junta nesse dispositivo cênico. Seria melhor falar, de resto, *das* escrituras, pois o autor passa incessantemente de um gênero a outro, utilizando a mudança de gênero como processo de reescritura. O material de *A Chuva* é, de início, um álbum para crianças (*Ah! Ernesto*, 1971), depois um filme (*As Crianças*, 1984), por fim uma narração (*La Pluie d'été*, 1990)[15]. Vigner o encena[16] (1993), faz dele um filme (1996), antes de retornar ao romance para adaptá-lo ao contexto dos Carmelitas.

Entre *Hiroshima* e *A Chuva*, a escritura de Duras passa da abstração do *nouveau roman* e do cinema de vanguarda dos anos de 1960 para um retorno à figuração mimética dos anos de 1990.

A Chuva de Verão conta a história de uma família marginal. Ernesto, o filho, distingue-se por seus dons extraordinários, suas reflexões paradoxais e suas réplicas espirituosas. Para sua mãe, espantada com sua descendência, não irá ele declarar: "Não voltarei para a escola porque, na escola, eles me ensinam coisas que eu não sei"?[17] Esta frase enigmática, todos – a escola, a imprensa, a família e o próprio Ernesto – procuram interpretá-la, porém, a modo de um *koan* chinês, escapa à compreensão racional, confirma uma aporia, impensável pelas leis da lógica. Esta curta narração é um romance de educação, de educação impossível. O romance transforma-se muitas vezes em diálogos falsamente inocentes, com rupturas de tom, uma mistura de simplicidade e sofisticação.

Ernesto aprende a ler, portanto, completamente só, reinventa a leitura: "Desse modo, ele compreendeu que a leitura era uma espécie de desenvolvimento contínuo, no seu próprio corpo, de uma história inventada por si própria"[18]. Maravilhosa definição, quase barthesiana, da leitura como escritura! Para o personagem, mas também para o ator, o encenador e o espectador, a leitura consiste em construir e fazer avançar uma história inventada, que parece verdadeira. Esse procedimento, Vigner o coloca em evidência e em prática na primeira sequência: todos os atores instalam-se para ler o começo do romance, cada qual lendo uma frase e com voz neutra de início. Rapidamente, um tom, uma atitude, um esboço de personagem, tomam corpo em cada um. A passagem para a atuação encarnada, segundo

---

15 M. Duras, *La Pluie d'été*.
16 Encontrar-se-á na *Revue d'esthétique*, n. 26, três artigos sobre Éric Vigner, bem como uma foto da encenação, na qual se vê o mesmo princípio de fossas cavadas no palco, p. 111-113.
17 M. Duras, op. cit., p. 22.
18 Idem, p. 16.

os diferentes papéis, efetua-se a partir de então com doçura. Graças à leitura, a escritura passa no corpo dos atores. Acha-se, assim, confirmado o teorema da leitura segundo Duras. Da mesma maneira que a frase ilegível do *koan* gera sentido, suscita interpretações, no caso da escritura trata-se dessa história inventada que acaba por fazer sentido. Compreendemos que Vigner queira precisamente encenar essa escritura, fazê-la entender, ao invés de contar histórias: "Meu trabalho [...] é ligado mais à vontade de fazer entender uma escritura do que à de contar histórias"[19].

Entender e encenar a escritura? À primeira vista, a proposta parece absurda! De que maneira figurar uma escritura sem saber a que se refere, a qual espaço, a qual tempo e a qual ação? Como apreender esse "jorro da escritura" antes que se encarne em um sentido, uma história, em corpos? Esta exigência de certos encenadores contemporâneos[20] é formulada como um meio para evitar jogar-se logo de início na psicologia dos personagens e na representação do mundo, a fim de apreciar melhor a fatura textual, seus ritmos, sua música. Vigner limita ao máximo os efeitos do real e do personagem; em contrapartida, sublinha a retórica do texto, especialmente uma localização (um *blocking*), uma coreografia sistemática dos atores. Em *A Chuva de Verão*, calcula cuidadosamente os efeitos de distância e projeção verbal entre os locutores deste polílogo: joga com três níveis – subterrâneo, superficial e elevado – do claustro para variar e diferenciar as palavras. Em *Hiroshima*, as trocas se fazem na horizontal, para sugerir não os embates eróticos dos amantes como no filme, mas sim a cidade reduzida a nada: a figura principal é a dos deslocamentos simétricos, em espelho, e de contradanças com relação ao eixo longitudinal do dispositivo. Os deslocamentos são também movimentos de união: traçam, segundo a fórmula de Vitez, os trajetos do inconsciente no espaço.

---

19 Les Enfants de Duras, *Les Inrockuptibles*, n. 552, p. 27.
20 A propósito, Stéphane Braunschweig fala da "encenação da escritura (não do diálogo e dos personagens), dito de outro modo, do arranjo e do choque violento de sentidos e situações, o fato de que nada, num texto de teatro, é natural ou fruto do acaso..." (*Revue d'esthétique*, n. 26, p. 63).

4.3 Experiência Sensorial

Nas duas partes, o espetáculo leva bastante tempo para "instalar" os atores no espaço, e com eles os espectadores. Coloca uns e outros numa postura de expectativa, numa atitude de atenção, numa tensão corporal que varia com aquela, global, tanto do palco como do corpo cênico. *A Chuva de Verão* começa por um exercício de descontração e aquecimento: os atores instalam-se no seu espaço e leem de maneira detida, como se estivessem descobrindo o romance, restituindo muito a displicência ligeiramente irônica da escritura; depois, identificam-se pouco a pouco com seu papel, e adotam uma entonação, uma atitude corporal, um "gesto psicológico" (Michael Chekhov). Ernesto então se destaca do grupo por uma diferença de acentuação e tensão física. Sua diferença nos é contada desde logo como uma experiência sensível. Graças a essa experiência cinestésica e sensorial, os espectadores percebem as grandes linhas da encenação e dos textos, assistem à sua junção, visualizam-nos. Sem dúvida, esta é uma experiência comparável à encenação da escritura, porém isto não é senão uma miragem, ou pelo menos uma primeira etapa antes da reafirmação da fábula, dos personagens e das ações cênicas. Não se poderia reprimir o desejo de narração, as associações de ideias, a busca da *mímesis* e da organicidade. A história retorna, os personagens retomam a carne, o espaço dramático reconfigura um lugar, a junção acaba por ganhar corpo. Não apenas no caso de Duras, Vigner ou Ernesto, mas na evolução atual do teatro.

5. A TRAVESSIA DAS APARÊNCIAS: *GENS DE SÉOUL* (GENTE DE SEUL)

Se a junção de materiais heteróclitos colocados num palco acaba, de todo modo, por ganhar corpo, pode-se esperar que a aproximação de culturas e tradições diferentes acabe igualmente por encontrar uma certa organicidade, quase uma unidade estética. É, indubitavelmente, o caso da realização de Frédéric Fisbach, *Gente de Seul*, a peça do japonês Oriza Hirata, montada em Tóquio e depois em Avignon. Não sabemos como o

Oriza Hirata, Gente de Seul, *encenação de Frédéric Fisbach.*
©*Patrice Pavis.*

A cenógrafa, Aiko Harima, não procurou reproduzir um espaço teatral frontal japonês, inspirou-se livremente nele.

público japonês recebeu esse objeto intercultural, mas parece que o público francês apreciou enormemente a possibilidade de ter acesso a uma dramaturgia e a um universo que não conheciam necessariamente bem.

A peça é situada em Seul em 1909, um ano antes da anexação da Coreia pelo Japão. Uma família de comerciantes japoneses – o pai, a mãe, o tio e as três crianças – discute com seus domésticos e seus vizinhos coreanos e japoneses. À maneira tchekhoviana, as conversas dessa família ampliada para o recinto familiar dão-se sobre coisas triviais e não desbordam para nenhuma ação. Os únicos acontecimentos são a chegada e o desaparecimento de um misterioso mágico, os planos secretos do tio visando reencontrar uma dama na Rússia, a fuga do filho mais velho com uma doméstica coreana. Tantos desaparecimentos levam a pensar que as maneiras fúteis e policiadas, afetadas e amáveis, talvez não sejam mais do que uma aparência que pede para ser percebida no dia a dia. Tanto mais que nessa amável família vinda apenas para realizar negócios, não seria o caso de se questionar o colonialismo, a violência e a exploração. Ela é muito convincente em sua superioridade cultural para não ver nos coreanos outra coisa senão uma perspectiva para seus objetos de papelaria.

Todas as sutilezas da peça, na medida em que atravessam bem o obstáculo da tradução, aliás, excelentemente transmitidas pelas legendas, são um desafio para a direção de atores japoneses pelo encenador francês. Se alcançam seu objetivo ocidental, é porque os intérpretes e a encenação as tornam "naturais" e acessíveis ao público. No Japão, esclarece Fisbach, "não se faz diferença entre autor e encenador. Todos os autores contemporâneos são encenadores de seus próprios textos"[21]. Tendo preparado esse espetáculo no Japão, mas com perspectiva para Avignon, Fisbach soube acrescentar com muita delicadeza a perspectiva da encenação ocidental. Damo-nos conta disso principalmente pela cenografia e pela atuação à margem da ação principal. Antes do início do espetáculo, ajudantes de palco, mascarados com um tule negro, tais como os *koken* do nô, conduzem os atores, um a um, numa carreta que atravessa o palco, erguida num estreito corredor invisível a partir de enfileiramentos elevados acima do público. A estreita área de atuação parece-se com uma colina, quase com um túmulo; tem, a um olhar francês, a forma de um *bunker*; faz lembrar a ilha em que os japoneses expansionistas acham-se encurralados. A cenógrafa, Aiko Harima, não procurou reproduzir um espaço teatral frontal japonês, inspirou-se livremente nele. O espaço de baixo não é, para começar, um lugar tradicional de atuação e, além disso, não é exigido pela peça. Talvez represente o lugar visível do discurso crítico, o oposto inquietante e ainda pouco decifrável da resistência coreana. Os personagens mascarados, libertos da empresa familiar, entregam-se a estranhos rituais: caligrafia, confecção de bandeiras políticas. A cenografia e a encenação fazem desbordar, assim, os diálogos "etéreos" para uma pantomima visual que nos inquieta na medida em que não deciframos o subtexto político. Os deslocamentos e as maneiras de se movimentar são as do *nô* e do *kabuki*. As atitudes corporais e a posição sentada sugerem um meio japonês tradicional. Fisbach inspirou-se nessas convenções para inventar novas atitudes, num espírito similar. Exemplo disso é a lenta escalada dos degraus ou a descida, mais difícil, no declive

---

21 Voyage à Séoul, *Les Inrockuptibles*, n. 552, p. 39.

sem degraus, com o risco de escorregar, mas com o mesmo domínio do movimento. Esse sistema de novas convenções estabelece coerência, regularidade. A seguir, ele introduz ínfimas variações. Fisbach edita então suas próprias regras, inventa sua tradição, depois as questiona a partir do momento em que o discurso da encenação foi apreendido, em que as aparências foram atravessadas. Inventa também outro modo de trabalho: não é absolutamente a maneira ocidental (ou pelo menos francesa), que consiste em interpretar subjetivamente um texto dramático, em clarificar a fábula e produzir uma atmosfera; esta não é mais uma regulação imutável de procedimentos de representação e atuação como nas formas codificadas japonesas. A encenação de Fisbach é tão discreta quanto a escritura de Hirata. Não constitui um discurso crítico surpreendente, um metatexto seguro de si. Não se trata, por outro lado, de uma volta às origens da encenação europeia, quando esta negava suas intervenções. Autor e realizador ajudam-nos a apreender o real em mutação, para além das aparências e das convenções sociais e artísticas.

Maturidade do teatro intercultural, por fim? Sem tambor nem trompetes, distanciado tanto dos universos culturais de um Brook ou de um Barba quanto do *cultural clash* de um Gómez-Peña, Fisbach inventou, com Hirata, uma forma original, sutil e *soft* de interculturalidade. Por meio de leves deslocamentos de uma posição cultural a outra, essa associação de benfeitores concilia formas e funções dramatúrgicas de diversas procedências, sem fusão nem entrechoque, ao término de uma travessia de aparências que nos abre os olhos para o ontem e para o hoje.

6. ENQUADRAMENTO: *CARGO SOFIA-AVIGNON* (CARGUEIRO SOFIA-AVIGNON)

O teatro nem sempre é tão facilmente identificável, quer isso esteja no interior das aparências ou para além. Acontece mesmo de termos que procurar extraí-lo da ganga do real. Em *Cargueiro Sofia-Avignon*, o jogo consiste em circular nas rotas da Provença e em descobrir as marcas de um teatro invisível.

6.1 O Teatro em Marcha

Com seus cúmplices do "Rimini Protokoll", Helgard Haug e Daniel Wetzel, Stefan Kaegi já gozou, e a justo título, de uma sólida reputação na Alemanha. Não há um *Theaterwissenschaftler** germano-helvético que não lhe tenha consagrado ao menos algum artigo. Um colóquio sobre sua obra teve lugar em Essen, em 2006. Nessa capital europeia da cultura, o caminhão de dois búlgaros já rodava rumo a nós em junho, com sua carga de uns cinquenta espectadores, atados às suas cadeiras "como caixas de melão", segundo a palavra de um dos chóferes. Os espectadores descobriam, através das grandes baias de vidro sem reflexo num lado do caminhão, os *sites* industriais de Ruhr. O princípio ficou o mesmo: duas vezes por dia, o peso pesado búlgaro leva a passear os festivaleiros, que pensam escapar do turismo, durante duas horas, longe das muralhas da velha cidade, longe dos tristes vilarejos, da realidade dos transportes internacionais e circuitos comerciais, para os recantos vazios do mundo.

Excelente ideia é esse convite para uma viagem de caminhão a fim de testar a faculdade do público em descobrir o teatro por todos os lugares onde passe! Os dois guias, não francófonos, devem passar por uma tradutora búlgara, o que desacelera muito o seu veículo! Eles nos pedem para imaginar que os acompanhamos durante cinco dias, de Sofia a Avignon. De tempos em tempos, as persianas e as imagens das regiões atravessadas são projetadas, como se olhássemos pela janela. Ao longo de todo o percurso, os dois chóferes explicam-nos a vida do guia longe da família, as longas esperas nas fronteiras, a vida nos estacionamentos na entrada das cidades. Legendas nos narram a edificante história do empreendimento de Will Betz, que fez fortuna ao obter o monopólio dos transportes nas regiões do Leste e ao instituir um sistema de gorjetas. O trajeto avignonense leva do correio ao entreposto de mercadorias, do mercado de varejo de Château-Renard ao parque de exposições. Testemunhos, gravados ou ao vivo, de sindicalistas, caminhoneiros, de especialistas em transporte, apresentam uma quadro exato da situação local. Nunca antes deste périplo em

---

* Teatrólogo (N. da T.).

caminhão a função referencial do teatro apareceu com tanta evidência...

6.2 Os Limites do Teatro

Nesse dia, em Avignon, poucos elementos do real deixaram-se teatralizar. Será que o real não é manipulado, infiltrado pela ficção e pelo humor, empanzinado de poesia? Através do vidro, o olhar que nele recai não encontra senão objetos quotidianos, os quais não foram arrumados para aparecer como estéticos. O som que retransmite os testemunhos de diferentes atores sociais não é retrabalhado; as entrevistas ao vivo ou gravadas de especialistas são interessantes, porém de forma alguma teatrais e, portanto, muito triviais. A necessidade de determinar o trajeto deixa pouco lugar para a improvisação, se porventura um incidente, um passante, uma pane real invadirem subitamente a realidade enquadrada para o espectador. Tudo é serio como um papa (suíço). O caminhão parece-se mais com um ônibus de turismo, com projeções integradas, comentários e bebidas frescas, do que com um teatro ambulante ou uma carreta de Téspis. A tradutora búlgara, que comenta e enfeita o discurso dos choferes, tranca o veículo e arrasta a expedição ainda um pouco mais para a visita turística guiada. Como o dispositivo da encenação muitas vezes não se enquadra – exceto nos momentos em que percebemos a cantora búlgara diante do microfone, numa rotatória – nos elementos ficcionais e estéticos, renunciamos a procurar o teatro na realidade. Os únicos efeitos de teatralidade são produzidos pelos guias "verdadeiros", que repetem a cada dia as mesmas fórmulas e brincadeiras. Enquanto atores amadores, não conseguem interpretar o seu papel de guia de maneira convincente e o cabotinismo espreita-os, como se ameaçassem a todos nós! Desse modo, a teatralidade, Deus seja louvado, acaba sempre por reaparecer...

No entanto, temos condições de desaninhar essa teatralidade? Eis que o caminhão para não longe de um painel publicitário, o da exposição "Mémoire en scène" (Memória em Cena). Hesitamos: é necessário ver aí uma alusão à arte dramática? O painel, descentrado, está suficientemente bem enquadrado?

Stephan Kaegi, Cargo Sofia-Essen, encenação de Stephan Kaegi. © Patrice Pavis.

O peso pesado búlgaro passeia com o público durante duas horas, "do correio ao entreposto de mercadorias, do mercado de varejo de Château-Renard ao parque de exposições". Kaegi "enquadra a realidade segundo o itinerário do caminhão e de acordo com o recorte do real através dos vidros".

Isso depende do ângulo de visão, do meu lugar no caminhão, da maneira como o meu aparelho fotográfico inclui o campo de visão? Esse painel será um signo do destino ou, então, um erro de manobra dos caminhoneiros que falharam, no momento de inclui-lo em nosso campo visual, de fazer alusão a ele como teatro? Assinala alguma coisa ou é o caso de estarmos paranoicamente obcecados pelas alusões à ficção e ao espetáculo?

Seja o que for, esse caminhão lançado rotas afora é um filé jogado no real: nosso olhar através dos vidros traz sempre elementos que nos surpreendem, quer o chamemos poesia da existência, encenação da vida quotidiana ou teatralidade. A pesca é, evidentemente, mais ou menos boa de acordo com as saídas do "barco-pesqueiro". Em Essen, a sorte colocou passantes entre o policial-comparsa e o caminhão, do que resultou um quiprocó sobre a legitimidade desse policial e sobre a reunião de passageiros-espectadores. Em Avignon, a pesca do dia não teve nada de milagrosa.

No decorrer de toda essa odisseia, nós outros espectadores estamos em busca do insólito, do fictício, do espetacular. Ora, percebemos pouco disso e retornamos rapidamente ao real. Porém, estamos mais habituados a apreciar o valor referencial e documentário do teatro. Pois estamos desconfiados do teatro documentário. Com efeito, na medida em que o filme documentário talvez se repita indefinidamente sem perder sua força, o teatro documentário perde seu valor e sua força a partir do momento em que é repetido: vê-se bem que é fabricado, arrumado por atores mais ou menos convincentes. É uma nova forma de teatro político? Kaegi parece desconfiar do teatro político, pelo menos o dos anos de 1960, diretamente militante. Ele não renunciou, contudo, a descrever o real e a denunciá-lo eventualmente, pelo menos na escala dos caminhoneiros: sabemos tudo sobre as gorjetas nas fronteiras dos Balcãs, mas o que existe sobre o papel da máfia nos transportes internacionais?

Dessa forma, portanto, o cargueiro de Kaegi consegue nos desestabilizar: estamos ainda na realidade? A mesma foi arrumada, encenada por Kaegi e seus colaboradores invisíveis? Ou tudo vai depender do nosso olhar?

Ao invés de partir da encenação para chegar ao real, Kaegi parte, ao contrário, do real e nele procura, cava e acrescenta efeitos de teatralidade. Para fazê-lo, enquadra a realidade segundo o itinerário do caminhão e de acordo com o recorte do real através dos vidros. É uma encenação? Num certo sentido, sim, visto que esse dispositivo propõe a matéria segundo suas leis estritas e para o olhar do público. Libera, em seguida, este último para dar ou não um sentido àquilo que percebe. A encenação não seria, assim, senão o olhar do espectador sobre aquilo que desfila diante dele? Porém, neste caso, a noção de encenação não estará em vias de se dissolver, de reduzir-se à simples organização de um evento, de um circuito, sem vontade de contar, de imitar, sem o dispositivo habitual do teatro?

Tais foram algumas das questões que certos elementos inquietos do carregamento de melões não deixaram de colocar.

7. SILÊNCIO:
LES MARCHANDS (OS NEGOCIANTES)

Se o teatro interroga sempre sua relação com o real, não pode em princípio eludir a relação do texto e da imagem, tanto mais que essa relação não se estabelece mais simplesmente em termos de transferência do primeiro verso ao segundo. Com *Os Negociantes*, Joël Pommerat prova isso e abre um novo caminho à encenação. Autor e encenador de suas próprias peças, faz bem mais do que encampar as funções e poderes; inventa um método de trabalho e de intervenção que o coloca no centro de uma saia justa permanente entre texto e imagem, um centro que em seguida se transforma no lugar e no momento em que o espectador deve, ele próprio, situar-se, um centro chamado silêncio.

A primeira coisa, entretanto, que se ouve é a voz *off* da narradora, que conta sua história e a de sua amiga. Todo o espetáculo repousa nesse testemunho e o palco figura as ações evocadas. Essa amiga é uma desempregada, vive reclusa no seu apartamento vazio, se diz em contato com os espíritos e os mortos, mata seu filho para protestar contra o fechamento da usina. Ao relatar os acontecimentos do seu ponto de vista, neles compreendidos os fenômenos parapsicológicos dos quais participou, a narradora, mulher simples, senão simplória, não sabe muito daquilo que diz. Não cessa de elogiar os méritos do trabalho e se diz chocada com o fechamento da usina de armamento, fonte de riqueza para toda a região. Ao fazê-lo, nos dá involuntariamente indicações para avaliar a questão do trabalho. Basta prestar atenção às relações de causa e efeito que ela não é capaz de estabelecer: "Dez dias depois do ato de minha amiga e um pouco antes desse anúncio da mobilização de nosso exército..."[22] Não é absolutamente preciso ser uma grande sumidade para adivinhar que a reabertura da usina deve-se mais à mobilização das tropas do que à "gigantesca emoção suscitada por esse ato"[23].

Em quarenta curtas cenas alusivas, em que ressoam subentendidos, humor involuntário e constatações inquietantes, a representação nos faz penetrar num universo meio realista, meio fantástico. Tudo gira em torno da questão do emprego e do desemprego, porém não há tese subjacente, nem por parte dos personagens, nem por parte do autor. Não podemos senão elaborar hipóteses: o sistema capitalista baseia-se numa mística do trabalho e no sacrifício dos empregados, o que permite controlar e regular o mercado. A única chance de tentar uma resposta a essas perguntas é compreender de que maneira se organiza o espetáculo, particularmente quais ligações se estabelecem entre sons e imagens.

7.1 O Som e a Imagem

Permitem-se usar estas categorias do cinema porque a trilha sonora, assim como a banda de imagem, são montadas separadamente antes de serem reunidas e coordenadas.

Com exceção de algumas raras réplicas pronunciadas ao vivo e através de microfones HF, ou ditas sem ajuda técnica, toda a narração, composta de frases curtas, foi pré-gravada e chega até nós através de alto-falantes. Palavras, barulhos, músicas fizeram-se objeto de uma composição muito cuidadosa, comparável a uma peça radiofônica. A trilha sonora coloca-nos

---

22 *Les Marchands*, p. 47.
23 Idem, p. 48.

numa proximidade e numa intimidade tais como as conhecem o rádio ou o cinema. A voz, nas entonações lancinantes, nos efeitos de *suspense*, parece falar ao nosso inconsciente, apesar das observações ou das conclusões muitas vezes ingênuas ou pouco críveis.

A imagem também é trabalhada à maneira da de um filme. A abertura do palco tem as dimensões de uma tela. O palco, quase vazio, acolhe imagens despojadas, estilizadas: planos cinematográficos tratados como pintura abstrata. Vagas silhuetas desenham configurações imediatamente perceptíveis, quase imóveis, quadros vivos, que não adquirem sentido senão com a trilha sonora. Massas de sombras, os atores evitam qualquer agitação, qualquer gesto inconsiderado, qualquer detalhe realista. A iluminação de fundo de cena transforma muitas vezes os corpos reais em sombras chinesas: eles se destacam na cortina de fundo com franjas brancas atrás das quais outras formas ainda mais fluidas podem se deslocar. Evitando qualquer *mímesis*, a imagem possui qualquer coisa de onírico e de fantasmático, de inatingível: não constituindo um objeto puramente formal e estético, que não teria nenhuma outra finalidade senão a beleza, ela se determina e se modifica ao contato com a trilha sonora. Graças à música e aos ruídos, embebe-se de uma atmosfera de suspense, de fantástico social. Porém, não adquire seu valor senão com as palavras simples e tocantes da narradora: no mais das vezes "verificáveis" na imagem, estas apelam a uma figuração, um gesto esboçado, uma reação. Inversamente, o texto ouvido é comparável ao de um livro de imagens para crianças: está ali para apresentar, explicar, comentar as imagens; para assegurar, não sem malícia, que a criança compreendeu bem a situação.

7.2 A Encenação de Autor

A dissociação do som e da imagem, a possibilidade para o mesmo artista de trabalhar separadamente um e outro com o maior cuidado, de reescrever o texto em função da imagem ou de modificar a imagem se o texto mudar, induzem um modo de produção e criação muito raro na paisagem francesa ou europeia. Certamente, Molière ou Shakespeare foram autores, atores e chefes de trupes, porém – para o melhor e para o pior –, nenhum encenador vinha interpor-se entre eles e sua obra. A partir do momento, entretanto, em que o encenador está livre para interpretar à sua maneira o texto a representar, o seu ou aquele de qualquer outro, devemos ater-nos àquilo que o autor não reconhece (que ele acha estranho ou repudia). Como isso acontece com um autor como Pommerat, encenador de suas próprias peças? Ele não pode ignorar o desvio produtivo que constitui a encenação: para ele, é grande a tentação de experimentar por meio dos recursos do palco a fim de examinar o mais exteriormente possível de que maneira seu texto parece claro. E grande é, então, a tentação de modificar o referido texto de maneira a que o impacto do mesmo na imagem cênica seja transformado em retorno. Neste sentido, Pommerat é bem mais do que um autor ou do que um encenador: pratica uma "encenação de autor" no sentido em que se fala, às vezes, de cinema de autor, quando o mesmo indivíduo é responsável por toda a cadeia, a partir da concepção, do roteiro, da filmagem e da montagem. Se o cinema de autor tornou-se raro, a encenação de autor é ainda mais excepcional. Na Europa continental parece, em todo caso, que o autor interiorizou a necessidade de fazer apelo a um olhar exterior para montar o seu texto. A "encenação de autor" encoraja que se trabalhe paralelamente a "trilha sonora" e a "filmagem" de imagens, para em seguida confrontar os dois. Neste contexto, a ligação entre som e imagem é muito instável. O espectador é forçado a mudar constantemente o sentido do movimento de um verso a outro. Ora é o som que precede a imagem, que ilustra, sóbria ou parodicamente, o texto dito. Ora é a imagem que vem primeiro, e se nos impõe como aquilo em que nos faz crer, por contraste com aquilo que diz o texto e, assim, passa a ser então uma mentira. A arte consiste em desestabilizar o espectador: ele deve ir da palavra para a imagem ou o contrário? No caso de Pommerat, essa hesitação provém da pequena defasagem entre o visto e o ouvido, ali onde se coloca a ironia. Sabemos quem fala: a amiga, mas quem organiza o que se passa no palco? A imagem parece "vista" com a mesma ingenuidade, em "câmera subjetiva", como se estivéssemos diante de nossa imagem mental da amiga, da sua maneira simplista de ver as coisas. Essa imagem cênica não é, portanto, aquela, central, controlada, objetiva, de Pommerat encenador. Pommerat tenta unicamente, com um sucesso estrondoso, fabricar uma cena a partir da perspectiva da amiga, ou do grupo que a cerca. Tudo está no conflito entre o som e a imagem, na impossibilidade de reduzir, ou de traduzir, um para o outro. O encenador não mais está lá, como aquele que possui o saber e procura simplesmente exprimi-lo com os meios do palco. Transformou-se em estrategista, o montador da banda sonora e da banda imagética: ele se outorga o tempo e a possibilidade de bricolar as duas bandas, ao preservar-lhes sua autonomia e, assim, não dando nunca a receita de sua aproximação. Esta recusa é também a recusa total às respostas feitas à questão do trabalho. Pommerat utiliza estas alternativas entre a palavra e a imagem como esforço para verbalizar, refletir, explicar através das palavras aquilo que vê nas ações, mais exatamente o que os personagens se figuram.

Seja o que for que advenha desta montagem das duas bandas, o espectador, que não sabe mais em que acreditar, se em suas orelhas ou em seus olhos, percebe pelo menos o desvio, o ligeiro afastamento entre o visto e o ouvido. Essa defasagem concretiza-se nos momentos de silêncio. O silêncio é, então, esse pequeno tempo de retardamento, esse relance do olho à orelha do espectador.

7.3 A Tentação do Silêncio

O silêncio é, antes de tudo, o dos atores: nenhuma palavra é trocada. Com dificuldade ouvimos os passos no tablado, alguns borborigmas, enquanto a voz *off* debulha uma palavra vinda de não se sabe onde. A disposição do texto em versos livres acentua o efeito de breve suspensão da palavra a cada retomada de fôlego. O silêncio é percebido em contraste com a voz *off* muito sonora, como o som no cinema. Porém, essa voz dá a entender bem os não ditos, as frases em suspenso, das quais a última é repetida três vezes: "É então o trabalho que nos liga tão fortemente?/Eu não saberia dizer..."[24] A ausência de resposta,

---

24 Idem, p. 53.

o jogo de palavras involuntário do personagem sobre o sentido de "liga" (aproxima ou entrava?), a ambiguidade do dizer ("Eu não saberia": incapacidade ou recusa de falar?), tudo isso advoga em favor de uma conclusão impossível, de um silêncio final, de uma vontade de não fazer a lição.

A imagem possui vários graus de silêncio. Quanto mais os atores são apreendidos, "filmados" em sombras chinesas, mais suas atitudes parecem abstratas e estilizadas. São esboçados, portanto, em branco e preto, numa situação existencial imutável, nimbados de um silêncio metafísico. Quando esboçam um diálogo, sinalizado apenas pela voz *off*, ganham, aproximando-se da rampa, algumas cores, como se se aproximassem também de nós. Não existirão tanto nuanças de silêncio quanto nuanças de cores?

O silêncio, tanto do espetáculo quanto do espectador, está ligado ao momento de compreensão, de reconhecimento súbito, especialmente da ligação entre imagem e palavra. Em *Os Negociantes*, o silêncio coincide com esse "instante criado pela superposição de diferentes instantes"[25], esse momento e esse ponto de integração no qual os temas, os fios condutores se encontram, depois superpõem-se no espírito do espectador. Silêncio efêmero, porém intenso. Esse silêncio verbal entre as cenas, esse silêncio retórico e irônico entre som e imagem, esses silêncios do texto rejeitam qualquer conclusão bem sucedida no espectador com vistas a um silêncio íntimo: cada um é convidado a escutar em si mesmo a ressonância de todos esses ecos. "Havia um grande silêncio revelador"[26], constata ingenuamente a narradora. É também o nosso; é o silêncio do teatro como "lugar possível de interrogação e de experiência do humano, não um lugar onde vamos procurar a confirmação daquilo que já sabemos, mas um lugar de possíveis e de retomadas em questão daquilo que nos parece adquirido"[27]. Assim, o silêncio não desborda necessariamente em melancolia e em apraxia. Se for ouvido pelo receptor, torna-se imediatamente um incitamento a pensar por si mesmo.

---

25 Joël Pommerat, Notes de travail, dossiê para a imprensa, 2006.
26 Idem, *Les Marchands*, p. 17.
27 Idem, Notes de travail.

Seja qual for sua diversidade, estes sete exemplos empurram a encenação clássica para suas últimas trincheiras. É como se, a cada vez, um contrato específico devesse ser estabelecido entre o público e a representação. *Harmonia, reconstrução, decantação, reunião, travessia, enquadramento, silêncio*: tais são as principais funções desses sete trabalhos de Avignon. Sete princípios em meio a muitos outros, mas que, a cada vez, correspondem a meios de dizer, mais do que mostrar, o real. Não há jamais irrupção do real no teatro, como o reivindica às vezes um teatro militante apressado para transformar esse real[28]. A encenação é sempre, e por definição, uma obra de arte, um sistema que separa o teatro da realidade. A arte e a vida permancem bem distintas, e mesmo o *Cargueiro Sofia-Avignon* não confunde os melões e os espectadores. Tudo leva a pensar que, se quisermos, através do teatro, conhecer melhor nosso mundo e nossa vida, é pelo lado da encenação que se deverá procurar...

---

28 Ver o livro de M. Saison, *Les Théâtres du réel: Pratiques de la représentation dans le théâtre contemporain.*

Onde está a encenação?

E nós, espectadores, onde estamos?

Nós a imaginamos como uma regulagem da representação pelos artistas em nosso favor. É também uma negociação entre eles e nós. Os artistas querem muito dar-nos alguma coisa, porém com a condição de que lhes apresentemos algo nosso.

De nosso, dar-lhes-emos alguma coisa, portanto, mas até certo ponto. Porque não basta, da maneira como a atual moda teórica nos encoraja nesse sentido, fazer tudo repousar sobre nossos frágeis ombros, nossos cérebros agitados, nossos corações perturbados. É preciso também partir da obra analisada, apreciar e descrever o objeto espetacular, descobrir-lhe as formas e as forças, não nos instaurarmos como criadores de pleno direito.

Certamente, criadores gostaríamos de o ser. Porém, será que somos pelo menos uma assembleia teatral, uma comunidade de reflexão e emoção ainda disposta a receber, apreciar e compreender o teatro?

Isso depende igualmente da forma pela qual serão reguladas questões muito espinhosas, desfeitas dos nós muito apertados.

As doenças da encenação, que não são incuráveis, mas unicamente infantis, enfraquecem-na consideravelmente. Falta dinheiro, o interesse murcha, o desejo se esvai, a comunidade abandona o jogo, nós voltamos às nossas províncias.

O encenador, tanto perturbado quanto perturbador, nunca termina de dialogar com seus duplos: ator, autor, dramaturgo, coreógrafo... Também aí se renegociam os acordos passados.

A velha questão do casal – ou a questão do velho casal – texto/representação coloca-se novamente. O eterno debate sobre a fidelidade do encenador à peça retorna como a volta do renegado.

13. Conclusões: Para Onde Vai a Encenação?

O que é a encenação? É o teatro recolocado no seu lugar, no seu lugar exato, o teatro tornado acessível a um público e a um momento dados. Resta saber o que o torna acessível!

O percurso deste livro foi, em si, a encenação de algumas riquezas espetaculares pinçadas ao acaso dos encontros, bons na maior parte. Conduziu-nos através de experiências extremamente variadas para regiões muito contrastadas. Este não foi, contudo, senão um caminho para atravessar a produção cênica destes últimos anos, um caminho que cedo desapareceu na floresta, um *Holzweg* heideggeriano, um caminho que não leva a parte alguma.

Contudo, não haverá nesse bosque bússola alguma que nos deixe jamais sair. Até as migalhas de pão do Pequeno Polegar seriam mais seguras para nos conduzir à entrada. Tentamos muito fazer breves paradas nos altos lugares da produção espetacular destes últimos anos, mas sabemos que a regra do jogo se nos escaparia, que a encenação tomaria formas e identidades inéditas, e a paz dos bravos – a classificação definitiva dos negócios teatrais – se afastaria para sempre.

O que foi que, apesar de tudo, restabelecemos neste périplo perigoso? A intuição de que a encenação foi uma boa artimanha para falar do teatro e que o termo também não estava desperdiçado e ultrapassado como às vezes se diz. A encenação não é apenas o lugar apropriado para a pesquisa de formas e experimentações cênicas; é igualmente, ou ao menos poderia sê-lo, um lugar reparador da ligação social. É a última utopia de uma experiência e de uma entrega coletivas, pois o teatro, avalia o atual diretor do Berliner Ensemble, Claus Peymann,

arrasta os espectadores e os faz viver uma experiência comum, que em alguns casos é uma entrega comum, uma *catarse* transformadora, no espaço de um segundo utópico quando todas as pessoas olham-se como seres fundamentalmente bons [...] [Essas pessoas] todas aspiram a esse segundo sagrado, durante o qual um "silêncio de morte" reina na plateia. [...] A cada vez, o teatro oferece uma imagem do homem muito para além dos clichês[1].

Não nos permite, este segundo de compartilhamento humano, mudar o desespero para utopia, retornar à constatação de Jean-Claude Lallias? Para este, "à utopia de unificar os públicos numa assembleia de compartilhamento responde a pulverização em microlaboratórios praticada por uma sociedade fragmentada, com perda de identidade e, talvez, de destino comum"[2]. Dupla utopia, portanto: a de unificar o público e a de responder desse modo à fragmentação alienadora do teatro e do mundo.

Ninguém mais conta com a arte ou o teatro para salvar a humanidade. Porém, quem, neste começo de milênio, não tem necessidade deste "segundo sagrado"? Desde a época, hoje um pouco idealizada, do "teatro a serviço (do) público" do pós-guerra, desde o sonho viteziano de um "teatro elitista para todos" dos anos de 1980 um pouco demagógicos, será que estamos, no momento, na cínica e debochada era do "teatro igualitário para mim"? Uma razão a mais para esperar um pouco de oxigênio!

É isso que tentamos aqui, ao nos embebermos de algumas fontes vivas da vida teatral de nosso tempo. A cada parada, a cada capítulo, tivemos que modificar o método de análise, não pelo gosto do ecletismo, mas a fim de adaptar a teoria à diversidade do objeto. Isso não foi senão um meio, uma vontade

1 *De Groene Amsterdamer*.
2 J.-C. Lallias, Les Tensions fécondes entre le texte et la scène, *Théâtre aujourd'hui*, n. 10, p. 5.

deliberada de resistir à rejeição pós-moderna e pós-dramática de toda teoria sistemática? Qual foi, portanto, nosso percurso, e por que foi também sinuoso?

1. UM PERCURSO SINUOSO

• Nas fronteiras da encenação, mas no interior das mesmas, o *teatro da voz*, o teatro de colocação em jogo e a leitura dramatizada apareceram-nos como "encenações apesar de tudo", que, no entanto, ganhariam ao serem descritas como ações performativas. Esta descoberta abriu caminho para um confronto da *encenação* e da *performance* (capítulo 1).

• Esse confronto foi aprofundado, sistematizado (capítulo 3), testado por análises e ampliado metodologicamente na oposição complementar da *semiologia da encenação* e da *fenomenologia da performance*.

• A *cenografia* ofereceu-nos a oportunidade de comparar os méritos de uma descrição funcionalista e a de uma fenomenologia da percepção, tanto a do cenógrafo quanto a do espectador (capítulo 4).

• Mesmo o *pôr em jogo* de textos contemporâneos, não obstante cética frente à análise, apresentou-se como desafio à teoria, que teve que afinar e estender seus métodos a práticas em vias de inventar-se (capítulo 5).

• O *espetáculo não europeu*, neste caso o coreano, foi para a encenação, noção originariamente europeia, a principal pedra de toque intercultural, mesmo que os artistas coreanos frequentemente tenham usado "métodos" de interpretação e direção ocidentais (capítulos 6 e 7). A ausência de grandes encenações interculturais na Europa é sintomática da crise do teatro inter ou multicultural, e isso no mesmo momento em que os políticos e os trabalhadores sociais gostariam de convencer os artistas dos benefícios da sociedade multicultural e das mudanças culturais. Um desafio cultural lançado aos artistas, que talvez não tenham nem os meios, nem o desejo de observá-lo.

• A entrada de *mídias audiovisuais* em cena impeliu o teatro para suas últimas trincheiras, obrigando o teatro e o público a maior tolerância e flexibilidade, ao invés de ficar na defensiva.

Nesse campo, com efeito, o teatro arrisca-se certamente a perder sua alma, mas também a regenerar-se, diversificar-se, atualizar-se, ao invés de desfalecer, de essencializar-se, de se "grotovskizar": de reduzir-se a uma essência cada vez mais pura e etérea. O desafio metodológico parece estar, neste caso, no seu ápice, considerando-se a diversidade das mídias. Um cruzamento de tipos de análise, de métodos vindos das artes plásticas e da tecnologia não pode ser senão benéfico. Todos os olhares convergem para a noção de intermidialidade, a encenação aparece cada vez mais como uma "regulação". Porém, regulação não quer dizer regulamento, e ainda menos regulamento de contas (capítulo 8).

• Esta regulação[3], seja semiológica ou performativa, coloca em jogo, em crise, em *desconstrução*, os saberes oriundos da dramaturgia, da teoria das mídias e da fenomenologia (capítulo 9). A desconstrução é também a das fronteiras entre os tipos de práticas teatrais: teatro de texto, escritura pela cenografia, teatro dos clássicos, teatro de imagens, performance multimídia. Esta distinção, adotada no presente estudo, é mais pedagógica do que característica do provável futuro dos espetáculos.

• Todos esses efeitos midiáticos e discursivos repercutem no corpo da atriz, o que convém abordar com o maior tato. Ao modelo expressionista e semiológico dos anos de 1960, substituiu-se um modelo de identidades distintas, modelo emprestado especialmente da *gender theory* (a teoria das "relações sociais do sexo" ou "gênero sexuado") (capítulo 10)[4].

---

3   Nunca falaremos o suficiente da importância desta "regulação" da representação. O encenador Alain Françon concebe-a como a função da representação: "As regulações me parecem ser aquilo que define a representação, mais do que o próprio espaço ou não importa qual signo. Elas precisam de uma série de escolhas precisas. Estas escolhas temos que praticá-las a cada instante, porque a regulação é forçosamente contínua. Encenar seria compreender o desvio constituído pela representação e que esse desvio não é um ponto fixo, mas uma regulação contínua" (*La Représentation*, p. 74). Para a filósofa do visível, Marie-José Mondzain, "se a ciência dos fenômenos é uma regulação ininterrupta do dizer sobre o ver e do ver sobre o dizer para controlar seus desbordamentos recíprocos, então a arte, a arte poética e a teatral consistiriam, ao contrário, em tornar sensível essa desregulação do visível e do dizível ao dar sua forma regulada ao próprio desregulamento" (idem, ibidem).

4   De acordo com a tradução proposta por M. Delvaux; M. Fournier, Rapports sociaux de sexe, *Le Dictionnaire du Littéraire*, p. 489.

- As *peças clássicas* são o terreno em que esses parâmetros e esses métodos de análise podem ser melhor testados. Sua encenação revela sua verdadeira novidade, sua finalidade e sua maneira de proceder. A encenação oscila entre legibilidade e ilegibilidade, a ilegibilidade estando comumente a serviço da pós-modernidade ou do pós-dramático (capítulo 11).
- Todas estas hipóteses foram testadas uma última vez em alguns espetáculos do Festival de Avignon de 2006 (capítulo 12). Ao se separar, por comodidade de exposição, todos esses tipos de espetáculo, sugerimos, no entanto, examinar os "cruzamentos" de todos esses tipos, a maneira pela qual cada um influi nos outros. As análises de espetáculos concretos mostrariam isso facilmente.

2. UM BALANÇO CONTRASTADO: OS ANOS DE 1990

Dada a diversidade de práticas cênicas, das quais nos demos conta amplamente nestas páginas, as observações que se seguem serão necessariamente rápidas e gerais, úteis talvez também para tomar consciência da evolução da arte da encenação em seu conjunto. Esta evolução explica-se por duas séries de fatores, extrateatrais (sociológicos) e teatrais (estéticos), fatores de resto estreitamente ligados entre si e que não podemos distinguir a não ser por pura comodidade de exposição.

2.1 *Fatores Sociológicos*

Estes fatores são decisivos porque tocam no conjunto da vida social, sem que os artistas possam substrair-se a eles. Os efeitos da mundialização e da privatização da economia fazem-se sentir na criação. Grande quantidade de artistas independentes ou de grupos desaparece à falta de poder efetuar a montagem financeira ou de receber a subvenção que tornaria viável seu projeto artístico. Estima-se que, por causa dos atrasos no pagamento das subvenções, cerca de quinze por cento das somas é revertida aos bancos sob a forma de ágios. No plano das grandes instituições, a obrigação de coproduções, nacionais e cada vez mais frequentemente internacionais, conduz a uma estandardização de procedimentos estéticos, a uma simplificação dos problemas abordados. A encenação e o dinheiro configuram aquilo que a teoria e a crítica dramática deixam muitas vezes de lado, por falta de conhecimentos e de informações suficientes, mas igualmente pelo cuidado legítimo de não misturar as escolhas estéticas e as questões de varejo, que não têm o menor impacto evidente no resultado final[5]. Mencionamos somente alguns aspectos para registro e como sugestão para outras pesquisas, remetendo à excelente explicação de Pierre-Étienne Heymann.

O fim do *Welfare State*, do Estado-Providência, do Estado "caixa-registradora", o quase desaparecimento nos ex-países do Leste ou a sua forte redução na Europa Ocidental de subvenções do Estado e das coletividades têm funestas repercussões na produção teatral. Com esse desaparecimento, é de se acreditar que o teatro de arte, tal como o concebia Paul Fort no fim do século XIX e tal como era praticado nos teatros nacionais da Europa oriental e central até o fim dos anos de 1980, tenha também desaparecido para sempre. Com efeito, fazem-lhe falta tanto os meios econômicos quanto a determinação de uma vontade política e nacional hegemônica.

Heymann mostra bem de que maneira o teatro público, na França, mas também alhures, recorre cada vez mais ao *sponsoring*, privatização de inúmeros serviços, abrindo-se ao mercado por meio de ambiciosas coproduções. A mundialização atrai "o dinheiro multinacional investido para produzir eventos luxuosos, montados por encenadores transformados em vedetes (como Robert Wilson, Peter Sellars, Robert Lepage, Luca Ronconi, Luc Bondy). A pesquisa artística é pré-financiada, programada, calibrada com a intenção de públicos de meia dúzia de manifestações internacionais de prestígio"[6]. A privatização do teatro público, a reviravolta de subvenções públicas

---

5 Aspecto negligenciado por pelo menos quase três exceções: R. Abirached, *Le Théâtre et le Prince. Un système fatigué, 1993-2004*; P.-É. Heymann, *Regards sur les mutations du théâtre public (1968-1998)*. Ver, igualmente, os inúmeros artigos de P. Henry na revista *Spectacle vivant et culture d'aujourd'hui*, *Théâtre/Public*, assim como seu livro.
6 P.-É. Heymann, op. cit., p. 130.

para o privado, a reabilitação e a promoção do bulevar fazem-se acompanhar

de uma bulevarização de certas encenações – em nome, seguramente, do prazer do espectador: realizações "surfantes" sobre o texto sem o menor cuidado com um ponto de vista: emplacamento em não importa qual peça de *gags* e gracejos anedóticos; cabotinismo sem freio de atores-vedetes[7].

A constatação de Heymann é desanimadora, não apenas para as finanças da arte teatral, como também para a estética de sua encenação:

Arte suntuosa, arte anedótica e arte conceitual são as caras mais aparentes do teatro público neoliberal: a face neoconformista, totalmente voltada para a exibição do dinheiro; a face populista, fardada de solicitude caritativa; e a face modernista, com seu discreto perfume de sofrimento, que valoriza a espiritualidade do "criador" e a autossatisfação do consumidor iniciado nos arcanos da arte de vanguarda[8].

O financiamento do empreendimento teatral é, ao mesmo tempo, o que o salva do desaparecimento e o que lhe infringe um mal de que nem mesmo se repõe, pelo menos no plano estético. De mais a mais, o teatro depende de leis do mercado e de condições econômicas do momento. As instituições teatrais, das quais os artistas não teriam condições de escapar, constituem uma enorme bolsa de talentos com cotação e quantificação de seu valor mercantil. Fazem projeções sobre as perspectivas de carreira, entregam-se a uma espionagem industrial para descobrir os jovens talentos, a nomeá-los para onde terão a maior visibilidade.

Esses fatores sociológicos da mudança são acentuados também pela evolução das formas teatrais, à qual consagramos o essencial da nossa pesquisa. Um breve adendo, a propósito da escritura e da cenografia, confirmará sua importância.

---

7 Idem, p. 141.
8 Idem, p. 146.

2.2 Fatores Teatrais

No decorrer dos dez ou quinze últimos anos do século xx, a escritura dramática renovou-se profundamente. A encenação teve que inventar novas fórmulas de interpretação, ao mesmo tempo mais simples e das mais sofisticadas. A mudança da cena e da interpretação sob o efeito de um transtorno da escritura não é, de todo modo, uma novidade. Vitez elaborou uma lei da evolução do teatro a partir de Claudel e Tchékhov:

> Ninguém sabia interpretar Claudel ou, no seu começo, nem Tchékhov, porém é ter de interpretar o impossível que transforma a cena e a interpretação do ator; assim, o poeta dramático está na origem das mudanças formais do teatro; sua solidão, sua inexperiência, até sua irresponsabilidade são-nos preciosas. O que podemos fazer com autores tarimbados que preveem os efeitos da iluminação e da inclinação dos tablados? O poeta não sabe nada; não prevê nada, resta aos artistas a interpretação[9].

A multiplicação de experiências de escritura renovou a maneira de interpretar. A encenação, assim, não é mais fragmentária, mas miniaturizada: contém potencialmente o conjunto, está centrada no ator, que ela dirige com rigor, não repousa num esboço cenográfico ou decorativo. Encontra um meio coerente de "executar" o texto, ao seguir escrupulosamente sua partitura. Desse modo, foi preciso inventar uma atuação para interpretar Koltès ou Vinaver e todos esses autores que não exigem um tipo de desempenho determinado, o mais frequentemente psicológico. A atuação dispõe, de Stanislávski a Grotóvski, de uma ampla gama de possibilidades. Para um desempenho que não imita um comportamento psicológico, deve-se mais ainda encontrar uma maneira inédita de "abrir" o texto ou a ação, uma maneira de desconstrui-los, de comentá-los ao invés de ilustrá-los.

Em contrapartida, as pesquisas sobre o *espaço* e a relação palco-plateia não parecem ter conhecido, depois das revoluções cênicas da vanguarda histórica até a vanguarda dos anos de 1960, novos desenvolvimentos. A maior parte das possibi-

---

9   A. Vitez, Editorial, *L'Art du théâtre*, n. 1 p. 8.

lidades espaciais não foi testada e, às vezes, esgotada. A cenografia melhora muitas vezes a relação frontal de antigamente, até em se tratando do bom e velho palco italiano.

Em homenagem ao célebre artigo de Barthes sobre "Les maladies du costume de théâtre" (As Doenças do Figurino Teatral), vamos observar a extensão dessas doenças a toda a encenação, sem pretender conhecer nem propor os remédios. Essas "doenças" são antes sintomas de recentes mutações artísticas do que males incuráveis e funestos.

2.3 *As Doenças da Encenação*

• Quando a encenação nada mais é do que um *estilo*, uma marca de fábrica, uma etiqueta, que reapareceriam sejam quais forem os autores ou espetáculos, muito cedo começa a se degradar num exercício de estilo, num sinal de reconhecimento. A imitação se faz também de colega para colega: na Alemanha, Laurent Chétouane retoma a célebre lentidão e imobilidade de Claude Régy ao aplicá-las a todos os autores interpretados. A lentidão e a imobilidade, uma vez passada a surpresa, conduzem a um oratório fatigante.

• Os jovens encenadores, em vias de serem reconhecidos pela instituição, sentem-se, às vezes, constrangidos a impor uma particularidade, de fazer-se notar por tal detalhe ou tal maneira de proceder que a instituição tacitamente reivindicará deles. Essa particularidade ora lhe é reclamada, ora reprovada. Uma crise aguda de "juvenismo" afeta a paisagem atual, especialmente na Alemanha. Os *Intendanten* (diretores de teatro) procuram avidamente as pessoas jovens, sobretudo se são do sexo feminino, para confiar-lhes alguns pequenos trabalhos cênicos, na esperança de que se tornem, um dia, o novo Peter Stein...[10]

• A encenação tinha como função, "nos seus primórdios", fazer passar o sentido do texto para o palco, utilizar a representação como um meio para explicar a peça. Esclarecer, tornar sensível o sentido da peça não é uma tarefa desprezível nem mesmo inútil, mas, no entanto, não é a finalidade do trabalho

---

[10] Ver o número especial de *Theater der Zeit*, n. 25, Radikal jung. Regisseure.

teatral[11]. Assegurar a *legibilidade* não é, evidentemente, possível a não ser num fundo de *ilegilidade*. Uma não cessa de converter-se na outra, e reciprocamente! Ousaríamos o compromisso? Não ser totalmente legível, nem totalmente ilegível: não é esse o objetivo da arte? Aplicado à encenação, diremos: ela deve ser visível, porém discretamente, como convém ao "charme discreto da boa direção"! Não tem que se esconder, assume suas escolhas ou suas hipóteses, porém não ganha nada ao ostentar muito diretamente sua estratégia, pois o espectador desinteressa-se rápido daquilo que já compreendeu. Adorno observava-o nas obras de arte: "A posteridade das obras, sua recepção enquanto aspecto de sua própria história, situa-se entre a recusa de deixar-se compreender e a vontade de ser compreendida; esta tensão é o ambiente da arte"[12].

• A *tentação decorativista* provém do desejo de conseguir destaque pelo luxo dos materiais (cenografia e figurinos). O artista obriga-se a prestar contas às autoridades de tutela do serviço público e, tentado a proporcionar prazer ao grande público na mesma ocasião, tem tendência a "encher-lhe os olhos". A cenografia, as mídias no palco ou a publicidade em torno do espetáculo são os suportes dessa perversão visual, dessa busca de uma estética carregada na cenografia: "São na maioria os novos ricos que produziram o desenvolvimento da cultura: o aumento das subvenções públicas não socorreu, em princípio, os atores e os escritores, ele decuplicou os meios cenográficos e técnicos"[13].

• A *arte conceitual* tem a tentação inversa: esta última consiste em reduzir ao máximo a sensualidade do teatro, sua percepção ecumênica, como dizia Barthes, para apelar à reflexão abstrata do espectador e às convenções cênicas. A encenação atual de textos contemporâneos é, frequentemente, conceitual, e não apenas por razões de economia, em todos os sentidos do termo[14], mas por uma espécie de terrorismo do pós-moderno ou do pós-dramático. A desconstrução, quando não cai no

---

11 Para retomar uma polêmica amigável com J.-P. Han, *Théâtre d'aujourd'hui*, L'Ère de la mise en scène, n. 10, p. 165.
12 *Ästhetische Theorie*, p. 448. (Trad. port.: *Teoria Estética*, Lisboa: Edições 70, 2008.)
13 B. Tackels em B. Picon-Vallein, *Les Écrans sur la scène*, p. 126.
14 Ver supra, cap. 5.

mesmo defeito, denuncia muito essa obsessão de nossa época pela desmontagem de conceitos e representações.
• A *festivalização* dos espetáculos se traduz por uma certa estandardização, um medo da experimentação. Esses espetáculos são concebidos na perspectiva de um festival, Avignon *in*, ou *off* especialmente, onde serão rodados, comprados e, eventualmente, distribuídos. Maneira concentrada e eficaz, econômica e proveitosa, de produzir espetáculos estandardizados, tão rapidamente esquecidos quanto apresentados e tendo que deixar lugar para os próximos festivais, tudo como esses filmes que não duram senão alguns dias, esses livros que desaparecem das prateleiras ao cabo de um mês, esses beijos retomados assim que são dados...
• Uma nova *divisão de trabalho* deriva da mutação do contexto político-sociocultural, pelo menos para os centros dramáticos nacionais. Com efeito, a criação teatral reivindica novas especializações: engenheiro de som, especialista da luz controlada por computadores ou da imagem em vídeo, ao vivo ou gravada etc. Essas especializações altamente técnicas impõem-se ao encenador. Sem dominá-las quase sempre, este considera essencial integrá-las à sua criação.
• A partir daí, *novas identidades profissionais* não cessam de aparecer. Colaboradores pontuais são contratados para tarefas precisas, comumente muito complexas, para a luz, o som, a coreografia. Essas intervenções apõem no espetáculo a marca de cada colaborador: tem-se um espaço x, uma luz y, uma gestualidade z. Essas assinaturas valorizadas no momento são semelhantes a um *Post-it*, nem sempre se integram à estética do conjunto do espetáculo. Inversamente, a invenção de tarefas novas e experimentais para a encenação, como, por exemplo, a reavaliação do papel do dramaturgo ou a técnica da direção de atores, é muitas vezes freada pelos hábitos lentos da produção ou pelas severas leis da produtividade.
• Disso resulta, para os grandes modelos da encenação, uma estandardização, que ainda é acentuada por um *double bind*, uma dupla pressão: de um lado, uma exigência de originalidade artística a qualquer prova e a qualquer preço, que impõe uma obra inédita e impactante; de outro lado, uma formatação da demanda que emana de grupos sempre mais especializados, de

aficcionados com expectativas bem definidas. O público divide-se num conjunto de grupos formados com a característica de se interessarem cada qual apenas por um único tipo de espetáculo. O espectador torna-se rapidamente homem de um gênero só: triste monogamia!

• A esta guetização de públicos, a esta autonomização de práticas cênicas, a este recuo do teatro para as mil formas independentes acresce-se um certo esfriamento perante as outras artes. À diferença dos anos de 1970, quando, graças à abertura do Festival de Outono de Paris no meio artístico americano, misturamos alegremente pintura, artes plásticas, dança, performance e teatro, os últimos vinte anos do século xx não aboliram (contrariamente às declarações) as fronteiras entre as artes. Havia, no entanto, uma tradição de mistura a partir da dança-teatro (Pina Bausch ou Maguy Marin), das artes da rua e do circo novo, tanto quanto experiências abertas à arte contemporânea, à diferença da encenação estreitamente teatral.

• Felizmente, apesar do purismo, alguns artistas não hesitaram, nestes últimos anos, em "passar dos limites". Jacques Rebotier, músico e poeta, compõe espetáculos em que mistura os princípios de diferentes artes: "Apreender uma arte com as ferramentas de outra estimula a invenção. Cada arte é fractal e remete às outras"[15]. Valère Novarina confronta sua pintura e sua criação poética no seio do acontecimento cênico. François Lazaro fabrica marionetes de talhe humano que faz manipular por atores, interpretando autores contemporâneos como Daniel Lemahieu. Alain Lecuq propõe um "teatro de papel" no qual a narração de um romancista, como Mohammed Kacimi, curva-se às sutilezas da manipulação de superfícies, objetos e do corpo do ator-narrador.

• A renúncia praticada pelo serviço público e pelo teatro subvencionado, o desinteresse do Estado, tomam na França o aspecto de uma *política demagógica*. A tentação é grande, com efeito, de não mais subvencionar a não ser as encenações de grande espetáculo, que com muita força introduzem as mídias audiovisuais, raios *laser*, *hip hop* no seio da peça, como no

---

15 J. Rebotier, Cocasseries et consonances, *Mouvement*, n. 21, p. 71.

Woyzeck de Büchner montado por Ostermeier para o Festival de Avignon em 2004[16]. Para fazer isso, os clássicos são a vítima ideal: a problemática é simplificada, modernizada superficialmente, adaptada ao gosto do público de jovens, transmitida diretamente para as autoridades locais, do produtor ao consumidor, do decisor ao decodificador. Os teatros e os artistas não são mais, então, do que correias de transmissão. Desembaraçamo-nos, por fim, dos encenadores, reduzimo-los a anões de jardim dos quais se servem os proprietários da República para quadrilhar o mundo e computar as suas saladas.

3. O QUESTIONAMENTO DA ENCENAÇÃO E DE SUAS NOVAS FUNÇÕES

• Esta crise do encenador haverá de marcar o seu fim próximo? Nada menos seguro! Há muito tempo que o "diretor de cena" (como se diz em espanhol) não é mais o mestre incontestável do reinado. Ele tornou-se uma LTDA., uma sociedade de responsabilidade limitada, um sujeito pós-moderno intermitente que perde e dispersa voluntariamente seus poderes (continuando totalmente a receber-lhes os dividendos).

A encenação como sistema semiológico de signos controlados a partir de um único olhar durou muito. A clássica ambição de um Copeau, um Craig ou ainda de um Strehler, que sonhavam substituir o autor dramático por um autor cênico que lhe permanecesse fiel até o fim, fracassou contra a realidade pós-moderna da cena e do mundo, e isso a partir da reviravolta dos anos de 1970. É o momento em que a desconstrução, inspirada em Derrida, "desmonta" tanto a semiologia quanto a encenação, reprovando-lhe, não sem razão, ser um sistema fechado, que mascara a dinâmica do desempenho do ator e da representação: o momento em que, por exemplo, Barthes passa do "*sistema* (da moda)" ao "*prazer* (do texto)"[17].

---

16 Ver P. Pavis, Woyzeck à la cour d'honneur, *Théâtre/Public*, n. 175.
17 Para retomar o título de dois dos seus livros, aparecidos respectivamente em 1967 e 1973 (Trad. bras.: *O Prazer do Texto*, 4. ed. São Paulo: Perspectiva, 2008, e *O Sistema da Moda*, São Paulo: Martins Fontes, 2009).

Ninguém melhor do que Bernard Dort denunciou os riscos de uma teoria e de uma representação fechados[18]. Dort não poderia ter sido mais claro. Sua crítica leva à concepção do espetáculo como uma *Gesamtkunstwerk* wagneriana ou como escritura cênica de Craig: "Uma crítica de Wagner e de Craig impõe-se. É uma nova definição da representação teatral que, ao invés de fazer dela uma união estática de signos ou um metatexto, aí veria um procedimento dinâmico que tem lugar no tempo e que é, efetivamente, produzido pelo ator"[19]. À maneira viteziana, ele descreve a encenação como uma produção autônoma de sentido e não como uma tradução ou uma ilustração do texto pré-existente: "Constatamos hoje uma emancipação progressiva dos elementos da representação, e nela vemos uma mudança da própria estrutura: a renúncia a uma unidade orgânica prescrita *a priori* e o reconhecimento do fato teatral enquanto polifonia significante, aberta sobre o espectador"[20]. Vinte anos depois desta colocação, verificamos a justeza do diagnóstico de Dort. O encenador, esse novo e mau neossujeito pós-moderno, deve admitir que perdeu sua posição de apogeu e sua soberba.

♦ Porém, esta perda não é tanto um desafio pessoal quanto um sinal dos tempos. O desafio, caso esta noção tenha algum sentido em arte, é antes o de algumas tentativas teatrais para fazer escola e fundar um sistema.

Desse modo, a pesquisa de Brook para fundar uma língua universal do teatro, uma arte acessível a todos, não desborda numa produção e numa leitura universal de signos, mas, no melhor dos casos, como o observa Vitez, na leitura por meio de uma "translinguística"[21], um esperanto sonoro, visual e gestual que dá a ilusão de compreensão geral para além de línguas e culturas particulares. Ilusão que se traduz muitas vezes seja por uma idealização universalizante das culturas (o essencialismo brookiano, que se tem tanto e muitas vezes injustamente criticado), seja, ao contrário, por um elogio indiferenciado da

---

18 Nesta passagem de *La Représentation émancipée*, Bernard Dort cita meu livro de 1976: *Problèmes de sémiologie théâtrale*, Montreal: Presses de l'université du Québec, p. 177. O recuo do tempo não pode senão dar-lhe razão...
19 Idem, p. 177-178.
20 Idem, p. 178.
21 A. Vitez, *Écrits sur le théâtre*, Tome II – *La Scène, 1954-1975*, p. 428.

diferença, que conduzem às vezes ao comunitarismo sectário. A crise do intercultural, sua incapacidade de situar as culturas ao mesmo tempo na sua especificidade local e na sua humanidade universal, não facilita a tarefa dos artistas multiculturais.

O neossujeito pós-moderno não consegue coisa melhor, de modo algum, no domínio do teatro político, pois o público admite mal que se lhe dê lições. O teatro épico brechtiano e sua ponta afiada têm a intenção de tocar o público no coração de seus interesses, ao assinalar-lhe as contradições e ao apontar-lhe os *gestus* dos personagens. Porém, pela crença de ser muito direto e muito doloroso, os neoencenadores enfraquecem sua análise dramatúrgica, acabam ficando no geral ou no ambíguo.

• O questionamento dos poderes do teatro deixa a representação sem perspectiva clara, à imagem do mundo em que vivemos. Esta última tem dificuldade de encontrar seu caminho, pois numa paisagem sombria tem, antes de mais nada, muito para *corrigir*, muito para *preparar* também, para um futuro que se anuncia não exatamente róseo.

A principal coisa a corrigir, por outro lado, não é atacada, funciona até que muito bem: é a comunicação, aquela das *mass media* e das mensagens prontas. O teatro coloca justamente em dúvida a pretensão de comunicar tudo, a tirania da informação e da vigilância. Tal como a concebemos atualmente, a encenação não tem que ser clara, legível, explicativa. Seu papel não é servir de mediadora entre emissor e receptor, autor e público, de "arredondar os ângulos". Ao invés de simplificar e explicitar, continua voluntariamente opaca. Depois das iluminações do brechtianismo, reivindica ambiguidade e fluido artístico. Pudemos constatá-lo nos espetáculos pouco ortodoxos e bastante "estetizantes", como se teria dito nos anos militantes pós-1968. *A Mãe*, montada em 1995 por Jacques Delcuvellerie, dava à figura epônima uma sensibilidade, à peça uma complexidade e aos personagens uma ambiguidade tão grande quanto suas motivações. Para seu *Círculo de Giz Caucasiano*, Beno Besson, como em todos os seus trabalhos brechtianos, insistia nas matérias brutas, poéticas e sexuais de objetos e figurinos, na humanidade e na bondade irredutíveis da figura principal. Em *A Exceção e a Regra*, interpretada por Antoine Caubet (2006), em *Homem por Homem*, revisto por Emmanuel Demarcy-Mota (2007), observamos tendência idêntica: não reduzir as peças a palavras de ordem, reintroduzir uma dimensão poética não seria senão, ao provocar-lhe um curto-circuito ou ao desregulá-la, uma enorme comunicação política, assegurando uma materialidade intraduzível em significados unívocos.

Qualquer encenação, já o vimos, oscila entre construção e desconstrução. Quando a estrutura das peças, outrora fechada, coerente, narrativa, se rompe, abre-se e se torna aquilo que chamamos, a partir dos anos de 1970, de um "texto" (no sentido semiótico, e por oposição a uma "obra"), torna-se difícil lê-lo e interpretá-lo "num só bloco", de forma unívoca. A encenação tem por missão, precisamente, achar um compromisso entre essa abertura do "texto" semiótico e sua tendência natural de explicar, justificar, interpretar de maneira unívoca e conclusiva a obra interpretada. Inversamente, para uma peça coerente com estruturas previsíveis, com linguagem dramática clássica, com a fábula explícita, o ator e o diretor reintroduzem "texto", ou seja, "interpretação" nas estruturas. Criam uma ambiguidade semântica e reencontram o prazer do enigma e da complexidade, o "prazer do texto" (Barthes). Quando as *obras* dramáticas transformam-se em *textos* abertos e sem fábula clara, ou quando os encenadores "nos seus espetáculos [não dão] nunca a impressão de ver a fábula tratada por aquilo que *é*"[22], a encenação fixa-se a si mesma por tarefa, comumente, "corrigir" essa fábula ou, pelo menos, substitui-la por outra estrutura organizadora.

A correção consiste ainda em preencher, graças à representação, a ausência de referências culturais. Aí está uma das principais funções da encenação, especialmente quando a peça estiver contida noutro ar cultural que não o do público, e quando se-lhe tiver que fornecer, o mais discretamente possível, as referências faltantes, as chaves de leitura indispensáveis. Essa ajuda ao espectador é concedida sem que a encenação esteja sempre consciente disso e, às vezes, contra sua vontade. Esse espectador é, dessa forma, cuidadosamente manipulado. Semelhante manipulação é a obra da ideologia e do inconsciente. A encenação é sempre uma colmatagem ideológica inconsciente.

---

22 B. Tackels, Le "jeune théâtre" de demain, *Revue d'esthétique*, n. 26, p. 90.

4. O ENCENADOR E SEUS DUPLOS

A encenação contemporânea, como foi visto, tem muito que corrigir. Aquilo que já foi a sua função original tornou-se cada vez mais necessária ao mesmo tempo e na mesma medida em que o ser humano afasta-se de um mundo muito regulado, do qual é preciso corrigir o desregulamento de sentido. Porém, corrigir não será uma atividade muito normativa? E estaremos ainda corrigindo? Não se daria o caso de jogarmos fora tudo aquilo que não está conforme às normas?

Há uma tendência, e sem dúvida uma real necessidade, em considerar que a encenação não se aplica mais a não ser aos clássicos, ou pelo menos ao teatro de texto, de repertório, ao teatro de arte, e que "não se pode ser encenador senão dos clássicos"[23]. Não temos nós, igualmente, julgado melhor completar (e não substituir) a noção de encenação por aquela, anglo-americana, de performance? A noção de performance, ou ainda a de *production* (pronunciada à inglesa!), concebe a representação teatral como a efetivação de uma ação, e não como uma "escritura cênica" (Planchon) que transporia, ilustraria, redobraria o texto.

A partir do momento em que a encenação se concebe como uma performance que implica atividades e tarefas vivas e efêmeras, ela se diversifica e se enriquece. Tem que resolver sua contradição constitutiva: de uma parte, nasceu e se nutre de uma divisão de trabalho, o que traz novos colaboradores; de outra parte, não teria sentido a não ser que consiga apreender globalmente o espírito da representação segundo uma certa coerência. O encenador é assolado por uma tensão desconfortável: deve multiplicar-se em diversos papéis continuando a ser integralmente ele mesmo. Seus colaboradores, ou ele próprio, caso trabalhe só, adquirem novas funções. Pudemos constatá-lo nos exemplos escolhidos para este trabalho e, neste sentido, vamos esboçar um retrato-robô de diferentes duplos, reais ou virtuais, do encenador.

---

[23] De acordo com palavras de R. Planchon, Lecture des classiques, *Pratiques*, n. 15-16, p. 53.

4.1 O Ator

Nenhum duplo manifesta tal duplicidade quanto o ator no espetáculo contemporâneo, quer se trate de encenação ou performance. O ator, que seria melhor chamar, muitas vezes, de *performer*, intervém em todas essas práticas. Ele não é apenas um duplo mimético do personagem realista ou naturalista, mas também, frequentemente, uma figura aberta e vazia, não psicológica e, portanto, não mimética, um "portador de rosto" (como teria dito Marivaux), que, na estrutura contemporânea, serve de suporte ao discurso sem para tanto representar um ser real. Quando o ator é o dramaturgo de si mesmo, faz com seu corpo, evidentemente, aquilo que diz ou mostra, tornando-se organicamente presente tanto com suas palavras como com suas ações e com seu encenador, caso este persista em querer guiá-lo e controlá-lo. Quando desconstrói uma maneira de representar (como Régy), uma identidade imposta (como Gómez-Peña) ou, no caso de Marina Abramovic, quando esse ator encontra outra distância, ele se afasta um pouco mais ainda de seu destino de personagem. Seu encenador estará, então, em condições de descentrá-lo, de "trabalhar com o ator para não ficar pré-ocupado"[24]. Sua relação com o texto mudou: ele não tem mais, portanto, de "se pré-ocupar em saber o que há por baixo"[25].

Em todos estes casos de figura, o ator tornou-se parceiro de parte inteira do encenador: um duplo "pré-ocupado", não mais consigo mesmo, mas com seu lugar na representação e no funcionamento global da encenação.

4.2 O Autor

A relação do encenador com o autor tem sido muitas vezes conflituosa, o segundo sentindo-se explorado pelo primeiro. No entanto, depois dos anos de 1980, depois dos anos "*fric*" ou "sociedade do espetáculo", com a renovação da escritura

---

24 R. Cantarella, em M.-J. Mondzain (ed.), *L'Assemblée théâtrale*, p. 63.
25 Idem, p. 65.

dramática nos anos de 1990, o autor doravante tem necessidade do encenador e, mais ainda, do ator, não tanto para ser interpretado quanto para testar e manifestar, graças ao ator, os sentidos possíveis de seu texto. A relação "aproveita" às duas partes. Desse modo, o autor não se vê constrangido, para evitar qualquer traição na enunciação do ponto de vista "justo", a encenar ele próprio sua peça (arriscando-se assim a permanecer muito tímido e muito prisioneiro de seu próprio texto). Ele a confia com prazer a um ator que será capaz de manifestá-la, desdobrá-la, para melhor revelá-la ao autor e ao espectador.

4.3 O Dramaturgo

O dramaturgo, no sentido alemão de *Dramaturg* (conselheiro literário), quase não é mais empregado pelo encenador. Se, na Alemanha e na Escandinávia, ele continua sendo peça fundamental da máquina teatral, jamais fincou pé na França e nos países latinos. Talvez porque sua função, fundamental e indispensável, tenha sido absorvida pela encenação. A partir dos anos de releitura dos clássicos, a dramaturgia transformou-se numa ciência muito pesada, impedindo a relação direta com o texto, mascarando, sob o lastro de referências culturais e análises políticas, as finas nervuras textuais, aniquilando o trabalho sutil e frágil do ator do teatro contemporâneo. A partir da vaga brechtiana na Europa Ocidental, a instituição francesa não a manteve, pois não viu mais a necessidade e o interesse de uma análise crítica, seja ela brechtiana ou marxista. "O que eu poderia fazer com um dramaturgo?", perguntava outrora, não sem provocação, Antoine Vitez. Muitos artistas atuais, de Braunschweig a Cantarella, rejeitam um trabalho de mesa muito longo e uma análise que decida *a priori* as escolhas cênicas da futura encenação.

Inversamente, a análise dramatúrgica, efetuada ou não por um dramaturgo, muitas vezes faz falta na representação. Não apenas para esclarecer as apostas ideológicas, como também para contar bem a fábula e desenhar-lhe os conflitos. Como exemplo dessa falta de análise dramatúrgica, pode-se dizer que sua ausência prejudicou o trabalho de Alain Ollivier sobre a peça pedagógica de Brecht, *A Exceção e a Regra*[26]. De que maneira transpor para nossa época esse clássico da exploração do homem pelo homem, essa violência exercida pelo negociante sobre o *coolie*? Não levando em conta suficientemente o espectador atual e as novas formas de exploração, menos diretas e mais eficazes, não tentando um trabalho formal mais visível e original, Olivier perdeu a oportunidade de atualizar a peça, de realçar-lhe a atual pertinácia. Na ausência de uma análise dramatúrgica, assegurada por um profissional chamado dramaturgo ou por um encenador que ponha no seu trabalho os pingos nos is, a representação parecia em retirada com relação às interpretações políticas e históricas da obra. A tarefa não foi fácil para o antigo ator de Vitez: pois como escapar aos pesos didáticos do brechtianismo sem cair numa dramaturgia "invisível", rapidamente insípida e anêmica? De que maneira transpor uma fábula que é, ela própria, a transposição de um esquema teórico que mal dá conta da complexidade do mundo?

4.4 O Diretor de Atores

O aparecimento de uma escritura dramática voltada ao essencial, a desconfiança para com os faustos da cenografia e do espetáculo, a intimidação pela tecnicidade aguda do manuseio do palco, tudo isso induz, no caso do encenador, a um desejo de simplicidade, a um retorno à base: ao desempenho do ator. Essa redução da encenação à direção de atores[27] é imposta por um modo de produção muito pobre. Como que para fazer da necessidade uma virtude, o diretor de atores não se interessa mais senão pela atuação, com essa ideia simples de que o ator deve ser parido por ele, e para começar, no decorrer dos ensaios, provocado, caído na armadilha, maltratado, martirizado, e mais tantas afinidades... Do que decorrem frequentemente derivações da direção de atores para uma relação patológica. Na maior parte

---

26 Encenação no Théâtre Gérard-Philipe de Saint-Denis, 2002.
27 Sobre esta questão, ver S. Proust, *La Direction d'acteurs dans la mise en scène contemporaine*. Para o trabalho do encenador com jovens atores interpretando numa língua estrangeira, ver Les Essif, *The French Play. Exploring Theatre "Re-creatively" with Foreign Language Students*.

do tempo, felizmente, tudo caminha numa boa direção: a direção de atores, durante os ensaios ou no interior do espetáculo, estabelece-se em contraste e por diferença com a encenação. Esta última é, assim, concebida como o visível, o visual, o supérfluo, a colocação no espaço, a escolha de figurinos e objetos. A direção de atores tem a intenção de fundar a relação teatral, reproduzir a ligação humana entre o intérprete e o organizador, a criatura e Deus, o pai. Conhece-se a expressão de Cocteau a propósito dos encenadores: "Parteiros que se tomam por pai!"

A crítica distingue, às vezes (raramente), as duas funções de direção e encenação. Acontece que se reprova a tal encenador conceber uma cenografia que aprisione o ator no dispositivo cênico, sem permitir-lhe "respirar". Os cenógrafos transformados em encenadores ou vindos das artes plásticas incorrem frequentemente nesta censura[28].

A atenção particular que atualmente dirigimos, a justo título, à direção de atores não deveria, no entanto, eliminar a função de encenação e tudo o que ela implica historica e presentemente. O diretor desempenha, certamente, um papel fundamental na descoberta e na interpretação do texto e das ações cênicas, porém não elimina a função mais global da encenação, pela simples razão de que a direção faz parte da produção final. Se a direção de atores inerva, irriga, ilumina a encenação, o desempenho, tão sutil e central quanto seja, não assume seu sentido senão na realização cênica toda inteira. Desse modo, o encenador não se reduz ao papel de diretor de atores, e ainda menos ao de diretor de *casting*, de *marketing* ou de comunicação.

4.5 O Esteta das Formas

Temendo ver sua arte derivar para o *casting* e para o *management*, temendo perder todo o controle estético, dramatúrgico, ideológico e político, alguns encenadores às vezes reivindicam o teatro de arte e a herança viteziana. Reforçam tudo aquilo que dá à representação seu caráter estético, artístico, artificial:

---

28 Ver as entrevistas de Stéphane Braunschweig no livro de S. Proust, op. cit., e de J. Férat, Mise en scène et jeu de l'acteur, *Entretiens*, t. II.

a teatralidade, o respeito às convenções e às formas. Seus atores traçam belas e claras figuras coreográficas em movimentos trabalhados e precisos; sua maneira de falar é prazerosamente retórica, musical, estilizada e formalizada (pensamos em criadores como Jean-Marie Villégier, Daniel Mesguich, Robert Cantarella). A "interpretação exagerada" que resulta disso não é necessariamente uma marca de cabotinismo, é o ultrapassamento da interpretação simples para uma interpretação coreografada, *heightened* (intensificada), como dizem os ingleses.

Todos estes duplos do encenador representam, para a criação teatral, o equivalente a estímulos, que permaneceriam, contudo, letra morta caso não passassem pela interpretação do espectador. No entanto, o que é um espectador? Não é simplesmente um indivíduo isolado, perdido num edifício teatral. É também o membro de um público que se identifica como assembleia, como comunidade teatral. Convém, neste caso, redefinir essa assembleia.

4.6 O Músico Silencioso

A palavra e a noção de encenação (no sentido moderno: fim do século XIX) foram inventadas por uma prática teatral baseada no texto, mais precisamente no texto literário preexistente à representação. Será que a encenação ainda é uma noção legítima para um teatro que não trabalha com outra coisa senão com um texto (e)mitido em cena, especialmente com imagens sem texto, isto é, com esses "grandes espaços de silêncio, que se configuram em imagens virtuais?"[29] Não se deveria procurar outra palavra e, desse modo, outra teoria para uma encenação que não representa um texto já escrito, mas que trabalha com o silêncio e signos não verbais, visuais ou musicais? Podemos, temos que continuar a falar da encenação em geral como se os seus princípios não tivessem sido sistematizados no decorrer do século XIX? Cremos que todos estes exemplos terão mostrado o quanto a noção é elástica, mas também insubstituível, mesmo

---

29 Enzo Corman, citado por M. Corvin, Mise en scène et silence, *Revue d'esthétique*, n. 26, p. 126.

que a concebamos minimamente como um mecanismo de regulagem e de autorregulação, não apenas para o palco, mas sobretudo para o mundo e para a relação do palco no mundo.

4.7 O Coreógrafo do Silêncio

Essa regulagem, ninguém melhor do que um coreógrafo, real ou metafórico, está em condições de efetuá-la. O teatro torna-se dança a partir do momento em que um jogo se instaura entre os elementos da representação sem que seja preciso passar pela linguagem. Significa que o coreógrafo está sempre presente, sobretudo quando o esquecemos. A música colocada em ritmo põe-se a dançar. No sentido poético que lhe dá Corvin: "O teatro dissolve-se ou, antes, metamorfoseia-se: torna-se dança [...] Dança não quer dizer coreografia, mas sim tempo específico que, não dependendo mais da necessidade da troca e da réplica, insere a interpretação nos sonhos. Interpretação, isto é, uma pulsação rítmica pela qual o encenador [...] faz respirar seu texto"[30]. Tornando-se dança e interpretação rítmica, a encenação da atualidade, de Wilson a Kantor, expulsa o significado muito bem compreendido para consagrar-se a imagens mudas e silenciosas, ou seja, à do significante recusando-se o mais longo tempo possível à interpretação e aos signos. Esta encenação considerada como dança pura nos conduz ao silêncio e ao espectador. Torna-se a arte de fazer emergir o não dito, o indizível até, como uma das vozes do silêncio. É, portanto (ou mais), a arte de exprimir alguma coisa, de perceber a mensagem e o barulho ao passar do textual para o visual. É a arte de fazer emergir o silêncio para um espectador à espera de sentido. A encenação é a colocação à vista do silêncio.

4.8 Nem Deus, nem Mestre, nem Medidor de Palco

Brincando um pouco com as palavras, poderíamos esboçar as identidades do encenador no decorrer do século XX: este se

---

[30] M. Corvin, op. cit., p. 125 e s.

afastou progressivamente do mestre de palco (*maître en scène*) (Craig, Copeau, Jouvet), às vezes a ponto de não ser mais do que um medidor de palco (*métreur en scène*)*, um consertador e muitas vezes um coitado pouco inspirado, que produz o jogo cênico a metro, até em quilômetro, empurrando os peões no tabuleiro de xadrez ao respeitar as regras, mas sem inspiração; tendo perdido o sentido da medida e, mais ainda, o da desmedida. Este medidor, este agrimensor do infinito, deixou atrás de si muitas outras tarefas antigas: a do chefe de palco (*meneur en scène*) (para o *agit-prop*), a do intermediário (*entremetteur*) e a do mentiroso do palco (*menteur en scène*) (a soldo dos parapsicólogos stanislavskianos ou strasberguianos), a do domador (*montreur*) (de urso), mas igualmente a de todos os emissores do palco (*émetteurs en scène*), aqueles que entregam sua mensagem do alto da tribuna com o único objetivo de ser bem recebidos (*Cinq sur Cinq***).

Todos esses duplos do encenador – ator, autor, dramaturgo, diretor de atores, coreógrafo e músico –, longe de relativizar a importância da encenação, reforçam-na ainda mais, fazendo dela uma noção indispensável para a organização teatral. Não teríamos condições, portanto, de renunciar a esta noção e a este método, mesmo que, sob outros aspectos, a concepção do trabalho teatral como performance e *production* – pronunciado à inglesa – estivesse mais em condições de fazer-nos compreender a relação imprevisível da arte com o real, o efeito produzido no espectador, a importância, às vezes, mais de desregular do que regular a representação, de respeitar a abertura do teatro no mundo. Regulagem e desregulagem, regulamento e desregulamento, regulação e desregulação: entre os dois nosso coração balança, e o da encenação também. As identidades mudam até nos provocarem vertigem.

---

* Há nesta passagem um jogo de palavras intraduzível para o português, pois contrapõe o *metteur en scène* (encenador, colocador no palco, em sentido literal) ao *meteur en scène* (medidor de palco) (N. da T.).
** *Cinq sur Cinq (Conseil et formation pour la presse)*: Agência de aconselhamento e de formação para a imprensa, mídias e jornalistas. Ver: <www.cinqsurcinq.net> (N. da T.).

5. DO ESPECTADOR À ASSEMBLEIA TEATRAL

5.1 *O Esgotamento da Teoria e do Espectador*

Tem-se constatado frequentemente: a crítica e a teoria atuais têm a tendência de dirigir-se unicamente à percepção, à sensação, à avaliação subjetiva do espectador único. Tudo foi transferido milagrosamente da produção para a recepção. Ao invés de examinar, como anteriormente, a constituição do espetáculo, a estrutura narrativa da fábula, os conflitos entre os personagens ou as relações de força entre os constituintes da representação, a perspectiva deslocou-se para o campo de tensões entre o palco e seu espectador. Do que decorre o atual interesse pela fenomenologia. Não há uma teoria ou uma reflexão crítica, em dança ou performance, que não a invoque e não a utilize, sendo muitas vezes fortemente judiciosa.

Como explicar, então, esse súbito interesse unilateral pelo polo da recepção e pela fenomenologia? Algumas razões são simples: o espectador tem dificuldade em apreender a estrutura enquanto produção. A produção não emana mais de uma comunidade unificada e identificável. O espectador está um pouco fatigado da teoria, ou muito intimidado pela desconstrução. Os artistas encorajam a "divagação" do espectador[31]. Os velhos semiólogos tiveram a sorte de explicar-lhe que o circuito produção/recepção é muito axiado numa semiologia mecanicista da comunicação[32]. Tornou-se muito difícil traçar uma fronteira clara entre o teatro e o mundo, entre a produção e a recepção das obras. O furioso desenvolvimento do individualismo encorajou, para não dizer que forçou, o indivíduo a interpretar e a fruir sozinho, cada qual no seu canto, a propor o seu próprio percurso hermenêutico, a tentar sua desconstrução, longe do circuito da produção/recepção própria à Mukarovsky[33].

Não manda mais o simples bom senso que, igualmente, se leve em conta a organização semiótica dos produtores do

---

31 Por exemplo, Claude Régy: "Há coisas comuns, certamente, mas há também divagações pessoais. Aliás, chego a pensar que o essencial de uma obra é a divagação do leitor ou do espectador" (em M.-J. Mondzain (ed.), *L'Assemblée théâtrale*, p. 123 e s.).
32 Como por exemplo, E. Fischer-Lichte, *Ästhetik des Performativen*, especialmente p. 29.
33 Ver P. Pavis, *Vers une théorie de la pratique théâtrale*, p. 337-430.

espetáculo, a confrontá-los com as percepções e as experiências do espectador? Há já muito tempo, Bert States[34] nos convidou a não separar semiologia e fenomenologia, a emparelhá-las para melhor apreender o funcionamento da representação. Um equilíbrio entre produção e recepção, entre semiologia e fenomenologia, não seria indispensável?

5.2 A Reemergência do Público Afastado

Esse equilíbrio impõe-se tanto mais que o espectador se sente desamparado em meio a um público no mínimo perplexo. Ele adoraria agregar-se a um todo coletivo, que não mais consegue tranquilizá-lo. O "nós" tornou-se culpável: "Eu deveria, de todo modo, compreender alguma coisa"; suspeitoso: "Esse espetáculo está debochando de mim"; exigente: "Ele não resolve nada"; intolerante: "Eles não entendem nada"; desconfiado: "Eu, que era um sujeito soberano, não acabo me transformando em consumidor?"; nervoso: "Estão tentando me eliminar"; agressivo: "Eu não posso deixar barato"; inquieto: "E se eu deixar barato?"

Todo o mundo abismado ao nosso redor gostaria de abismar-nos a todos nós: olhar-nos e devorar-nos, impedir-nos que fugíssemos. "Qualquer homem é um abismo", nos diz Büchner pela boca de Woyzeck. E, no entanto, visamos ainda e sempre o cume. Observadores pós-modernos, não continuamos nós, assim, entre o baixo e o alto, o sério e o derrisório, o *non-sense* e o sentido, o *yin* e o *yang*?[35] Não cessamos de nos perguntar: *tilt** ou *satori*?[36] Bingo ou Tao?[37] "Canoaria" ou *koan*?[38]

34 *Great Reckonings in Little Rooms*.
35 O *yin*, no pensamento chinês do Tao, manifesta-se através do princípio da passividade. O *yang*, indissociável do *yin*, é o princípio do movimento. "O que anima o pensamento chinês é que esses sítios (*yin* e *yang*) opostos, não fundíveis, irredutíveis um ao outro, não entram em relação senão porque existe o vazio. Ou seja, o sopro, o vazio, a palavra, aquilo que se chama Tao, que quer dizer caminho ou caminhar, se desloca" (M.-J. Mondzain (ed.), *L'Assemblée théâtrale*, p. 94).
* *Tilt*: luta de lanças entre cavaleiros (N. da T.).
36 O *satori* é a iluminação e o despertar súbito que o discípulo procura no budismo *zen*.
37 O Tao, no pensamento chinês, é o caminho, a via, aquilo que leva ao princípio de unidade do cosmos.
38 O *koan* é a impossibilidade lógica de pensar uma proposta ou de produzir uma imagem. Por exemplo: o som de uma mão que aplaude.

5.3 A Comunidade Desamparada e a Assembleia Desassembleiada

A resposta a estas perguntas existenciais demora a nos chegar. Nenhum sentido a partir da comunidade haverá de nos vir em socorro. O grupo "sem objetivo" consagrou longa reflexão à assembleia teatral. É evidente que essa assembleia não tem grande coisa mais a ver com a dos gregos, junto aos quais o "viver em conjunto" com a comunidade ajudava no sentido de que "as violências sejam dominadas pela razão e pelo discurso"[39]. Quais violências, reais ou simbólicas, o público fragmentado e particular do teatro de hoje poderia dominar? Desamparado, atomizado, frustrado, o público sente-se mal ao julgar essas obras complexas e abertas, não dispondo mais de critérios de julgamento. Esse sujeito livre, porém disperso e disseminado, tem dificuldade na escolha. Não se refecha nem se reforma em torno de qualquer valor comum. Ora, pergunta Marie-José Mondzain, como "manter-se na partilha do mundo"? Segundo ela, "ninguém poderá nunca vangloriar-se de saber aquilo que o outro vê ou sente diante do espetáculo do mundo, e, no entanto, uma comunidade não pode manter-se no compartilhamento do mundo senão ao possuírem os meios de constituí-lo nas redes de signos que circulam entre os corpos e que produzem uma sociabilidade política das emoções"[40]. Para reconstituir estas "redes de signos" entre os corpos, é preciso descrever tanto o palco onde evoluem esses corpos quanto os espectadores que os recebem. O que nos obriga, muito oportunamente, a não negligenciar a descrição do espetáculo ao remeter tudo ao único *feeling* do espectador. Não negligenciaremos, portanto, o trabalho sombrio e secreto do encenador. Mesmo um *medidor* consciencioso acha às vezes o caminho e o coração do espectador, causando nele, então, o efeito de um "terremoto silencioso": "Ocorre com alguns espetáculos algo parecido com uma bomba de efeito retardado: eles esperam para explodir-se a si mesmos assim que tenhamos parado para deles desconfiar"[41].

---

39 M. R. d'Allones, em *L'Assemblée théâtrale*, p. 10. Ver também M.-M. Mervant-Roux, *L'Assise du théâtre*, e *Figurations du spectateur*, 2006.
40 M.-J. Mondzain, *Le Commerce des regards*, p. 180.
41 S. Dupuis, *À qui sert le théâtre?* p. 8 e 22.

6. DA FIDELIDADE: OU O DIFÍCIL CAMINHO DA DUPLA TEXTO/REPRESENTAÇÃO

Não deixamos de considerar a encenação como categoria em si, herdeira de uma longa tradição ocidental saída da literatura e do teatro de texto, porém aberta a muitas outras práticas. Teríamos podido abordá-la como uma subcategoria das *cultural performances*, esse quarteto do século xx que se tornou, segundo Richard Schechner, a vanguarda teatral. Porém, não nos descentramos suficientemente da posição europeia e textocentrista e olhamos para o grande mundo? Seja qual for o sistema de classificação, tomamos cuidado em ampliar ao máximo o leque de manifestações espetaculares, sem prejulgar seus limites e ainda menos seu valor ou originalidade.

6.1 A Dupla Texto/Representação

Uma obsessão ocidental não deixa, no entanto, de nos atormentar: o que aconteceu com a relação entre texto e representação, o que houve com a "fidelidade" de uma encenação ao seu texto, do teatro ao seu duplo? Qual é a hierarquia que se estabelece entre eles? Como faz a prática teatral para manobrar essa dupla infernal e tendo ainda necessidade dela? Esta oposição é pertinente nos outros contextos culturais que não sejam os do teatro ocidental? E em que varia ela no curso da história?

O debate parece ainda aberto, e esperamos não aumentar a confusão![42]

• O velho debate para saber se o teatro é *literatura* ou *arte autônoma* não mais se coloca há já muito tempo. No decorrer da história, sempre houve ora uma, ora outra. Continuamos a escrever peças, obras literárias, dramas. Inversamente, o espetáculo não precisa, para existir, de uma origem, de um suporte ou de um rastro textual. O importante é identificar antes o estatuto do texto na representação considerada: é recebida como fonte de sentido a ser considerado pelo espectador-ouvinte,

---

42 Estas reflexões são um *post-scriptum* ao nosso estudo: Du texte à la scène: un enfantement difficile, *Théâtre/Public*, n. 79. Retomado em P. Pavis, *Le Théâtre au croisement des cultures*.

ou é, ao contrário, tratada como material musical, mais audível do que compreensível? Contudo, o próprio encenador não tem que se pronunciar de maneira definitiva e unívoca. De fato, muitas vezes ele permite que a dúvida continue: seus atores transmitem o texto, o pronunciam, porém muitas vezes fazem-no como se não o compreendessem, e de maneira que isso não seja mais problema seu. E, inversamente, os espectadores são às vezes obsidiados pela decifração do texto, quando o essencial, para aqueles que assumem a encenação como arte autônoma, está em outro lugar, na imagem, por exemplo. Nenhuma lei saberia impor-nos aquilo que desejamos perceber[43].

• Stéphane Braunschweig faz outro *distinguo* entre o "teatro enquanto *texto*" e o "teatro enquanto *material*". No primeiro caso, o encenador pressupõe que esse texto possui uma coerência que se trata de reencontrar ou estabelecer, pois "aquilo lá foi pensado, desejado, compreendido inconscientemente, e forma um todo: o todo do autor"[44]. Esse "todo do autor" permite encontrar o autor "na fonte", ou seja, como a instância que nos ajuda a reconstituir a peça no seu conjunto. É possível então partir da totalidade do texto para fazer-lhe a análise. No segundo caso, não nos preocupamos em ler os pedaços do texto num conjunto, mas reunimos, montamos, relemos esses fragmentos verbais e extraverbais no interior de um espetáculo. Na chegada, apreendemos a lógica do encenador, a síntese que efetuou a partir de seus materiais heterogêneos[45].

• Esse *distinguo* texto/material encontra outra oposição, que se estabeleceu nos anos de 1960 e que se impôs nos anos de 1970, especialmente no domínio anglo-americano: distingue-se

---

[43] Como exemplo, a encenação de Robert Wilson das *Fábulas*, de La Fontaine: não acharemos uma releitura das *Fábulas*, menos ainda da fábula dramatúrgica de cada fábula. A imagem cênica, sua lógica e sua evolução visual são unicamente o que importa, tanto mais que o detalhe do texto, sua textualidade não são mais sempre acessíveis. E isso por duas razões: acústica (não ouvimos tudo) e hermenêutica (o ouvinte contemporâneo às vezes sofre para compreender certas passagens das *Fábulas*, a língua tendo evoluído consideravelmente).

[44] S. Braunscweig, *Petites portes, grands paysages*, p. 290.

[45] O *Misantropo* montado por Lassale, Braunschweig ou Lambert é legível como um sistema certamente aberto e enigmático, mas que propõe a cada vez uma maneira de conceber globalmente as motivações e o "destino" do personagem.

nesse caso[46] entre *directing a play* (encenar, "dirigir" uma peça) e *making a performance* (fabricar uma representação). Seja o caso de empurrarmos o texto existente para uma certa direção e com sua própria lógica, seja criar-se um evento cênico ao fabricar um novo objeto, nada ficando este a dever a qualquer fonte textual que seja[47].

Essa fabricação do evento pode até conduzir a uma produção textual. A partir das senhas do jogo, os *performers* improvisam palavras que serão em seguida retranscritas. É isso que Chris Balme chama, no processo criativo de Robert Lepage, "*ein szenisches Schreiben*", "uma escritura cênica": "Aquilo que se constitui no decorrer dos ensaios são acontecimentos cênicos e textos. Esses textos são fixados no processo dos ensaios. Frequentemente, os movimentos ou as imagens precedem as escolhas textuais. Nesse contexto, poderiamos falar de escritura cênica, na qual o objetivo não é realizar sem sutura um texto pré-fabricado, nem desconstruí-lo como um corpo estranho. O texto é um produto necessário no trabalho da encenação e é continuamente modificado"[48]. O palco está, neste caso, portanto, na origem da produção textual. Esse texto é uma verbalização de ações cênicas, varia de acordo com as improvisações cênicas e não está fixo senão num dado momento, arbitrário. Não é a fonte da situação dramática, mas sim a consequência, o traço lábil dessa situação. A encenação não é uma execução do texto, mas sua descoberta[49].

46 Como exemplo: C. Baugh, *Theatre, Performance, and Technology*, p. 217: "The 'making of a performance' has become a significantly different activity from that of 'directing a play' and has required new practices, new technologies and a new stagecraft" ("A 'fabricação de uma representação' tornou-se uma atividade sensivelmente diferente daquela de 'montar uma peça', e tem requerido novas práticas, novas tecnologias e uma nova técnica de palco").
47 "Dirigir uma peça" é, portanto, escolher uma direção, uma orientação, uma interpretação, reduzir o leque de possibilidades. É, sobretudo, partir dos dados do texto inalterável na sua letra. É isso que faz Jürgen Gosch para seu *Macbeth*: ele segue a ordem das cenas e, apesar da escatologia, procura uma coerência da leitura da violência.
48 C. Balme, Robert Lepage und die Zukunft des Theaters im Medienzeitalter, em E. Fischer-Lichte et al. (eds.), *Transformationen. Theater der Neunziger Jahre*, p. 142.
49 A propósito do texto do nô, Antoine Vitez escreve: "O texto é lacunar, incompleto, incompreensível: um livro de mágicos a ser decifrado. Mostrar que um texto não é nunca outra coisa senão isso: incompleto, obscuro, endereçado a alguém. A encenação (e a interpretação) não aponta como execução aquilo

6.2 Fidelidade Funesta?

Quanto ao estatuto do texto, esteja ele na fonte da encenação, ou seja o resultado final do trabalho cênico, importa muito distinguir duas maneiras radicalmente diferentes de tratar a "peça". Tudo depende do acento colocado ora no texto literário, na arte dramática, ora no evento cênico, na atuação e no palco, considerados em si mesmos. Há, observa Stephen Bottoms, "uma divisão primária nos estudos orientados para o teatro – a divisão entre aqueles que abordam a representação concentrando-se na linguagem e nas literaturas em que muitas vezes está baseada, e aqueles que consideram o evento da representação como sua principal preocupação e o texto como simples suporte para esse evento"[50].

As coisas foram esclarecidas, portanto, no decorrer destes últimos anos, e o *statu quo* parece corrente entre textocentristas e cenocentristas. Ninguém tenta provar que o outro está errado, e os amadores de teatro apreciam muitas vezes os dois tipos de espetáculo e as duas espécies de operação (montar uma peça/fabricar um espetáculo). Há, portanto, uma clareza de possibilidades e posições. Não obstante, as teorias de interpretação e de encenação retornam algumas vezes à velha tese da fidelidade. "Fidelidade": tal é a ilusão no sentido de que temos que ler, interpretar e desempenhar a peça em conformidade com as intenções do autor, como se houvesse uma boa leitura, uma leitura que não traísse uma verdade verificável na peça ou na obra interpretada. Parece que, sejam quais forem os momentos históricos, sejam quais forem as culturas, o senso comum agarra-se – bem como a sociedade – à ideia de uma verdade do texto, inscrita nele, indiscutível e inalienável, e assim à ideia de uma necessária e possível fidelidade da interpretação. Esta tese da fidelidade foi discutida em todos os tempos, foi tida por verdadeira e indiscutível, pelo menos até o momento em que, com a invenção concomitante da

---

que se sabe, mas aquilo que se procura. Dito de outra forma, a pesquisa não é (não será) precedente à encenação. A própria encenação é a pesquisa: parte-se da descoberta" (*Écrits sur le théâtre, Tome I – L'Ecole*, p. 196).
50 Texto de apresentação de Stephen Bottoms para a conferência "Performing Literatures", University of Leeds, jun. 2007.

encenação e da psicanálise (num mesmo momento, no fim do século XIX, e de acordo com uma mesma ruptura epistemológica), chegamos a questionar a própria possiblidade de ser fiel (a um texto, a uma palavra, a uma pessoa). Os encenadores, pelo menos, puseram-se a duvidar da leitura fiel e conceberam seu trabalho como uma traição, inevitável e produtiva, com relação a uma pretensa verdade do texto que, segundo eles, nunca existiu e que não tem nem sentido nem interesse. No entanto, o dogma da fidelidade à pele subsiste: reaparece regularmente na teoria, mesmo lá onde a teoria pensava ter acabado com as normas da leitura fiel.

6.3 Três Exemplos de Ressurgimento da Fidelidade

♦ Didier Plassard, na sua famosa "tipologia da encenação dos clássicos", propõe distinguir

dois grandes tipos de escolha, as encenações com finalidade *restitutiva* e aquelas com finalidade *projetiva*. Por encenações de finalidade restitutiva designam(se) aquelas que estão centradas numa leitura imanente do texto: é um esforço de compreensão da obra, apreendida na maioria das vezes na sua emergência histórica [...]. As encenações com finalidade projetiva, em contrapartida, designariam aquelas que mobilizam a obra para produzir um comentário que exceda seus limites, levando principalmente aos objetivos mais gerais, quer se tratem de questões históricas (a sociedade contemporânea, a de Luís XIV), filosóficas, psicanalíticas ou outras[51].

Os exemplos de Dider Plassard são bastante convincentes e reconhecemos muito estes dois "grandes tipos de escolha". Nossa objeção é antes teórica e de princípio: será que podemos ler um clássico de maneira imanente, e, portanto, sem projetar tudo aquilo que sabemos hoje, graças à filosofia, à psicologia, à sociologia etc.? Não o lemos, de todo modo, através de todos esses filtros dos quais não podemos nos desfazer? E, inversamente, a quem serviria ler um clássico segundo nossas "preocupações

---

51 Esquisse d'une typologie de la mise en scène des classiques, *Littératures classiques*, n. 48, p. 251.

do momento", caso percamos de vista a visão de antanho, as formas históricas? Será que não nos arriscamos a criar um objeto certamente atual, porém não tendo grande coisa a ver com o original? Estaremos ainda encenando essa obra antiga? Será que estamos em condições de *directing a play* ou de *making a performance* (dirigir uma peça ou fabricar um espetáculo)? Haveremos de convir, seguramente, que a arte da encenação é justamente a arte do compromisso entre esses dois tipos de finalidade, entre a análise estrutural imanente e a relação hermenêutica exterior ao novo público. As noções de "*restituição*" e de "*projeção*" não teriam que ser, portanto, categoricamente opostas, elas reivindicariam um compromisso e uma transação, e esta seria a tarefa do *director*, de dirigir as negociações. A dupla *restitutivo/projetivo* arrisca-se muito a transformar-se na dupla *fidelidade/infidelidade*, das quais conhecemos as dificuldades epistemológicas e conjugais. Ou, sendo positivo: para restituir é preciso projetar, para projetar é preciso restituir. Para ser fiel, é preciso ser infiel!

• Um debate análogo parece agitar a teoria recente da encenação, sob outros nomes certamente, mas segundo os mesmos esquemas de pensamento. A questão sempre volta em torno da *contribuição "exterior"* do encenador ou da *maneira de "restituir"* aquilo que o texto conteria, antes que viéssemos a procurá-lo, por assim dizer. Bruno Tackels retoma esta alternativa, que acabamos de criticar: "Restam duas posturas distintas de encenação face ao texto escolhido. Seja o encenador dizendo: eu tentei dizer-lhes aquilo que o texto quis dizer. Seja ele respondendo: vou tentar dizer-lhes aquilo que quero lhes dizer, ao explorar melhor aquilo que ele próprio quis dizer. Há neste caso duas políticas radicalmente divergentes"[52].

Para dizer a verdade, a primeira postura tornou-se rara: quem ainda pretende dizer aquilo que o texto quis dizer? A segunda postura continua, apesar do seu aspecto de compromisso que acabamos de elogiar, uma solução bastarda e duplamente problemática: sabe o encenador, logo no início, aquilo que quer dizer, e sabe verdadeiramente aquilo que o texto quer dizer? Podemos duvidar, pelo menos na prática contemporânea.

52 B. Tackels, *Fragments d'un théâtre amoureux*, p. 119 e s.

Vimos, com efeito, que muitas experiências consistem exatamente em não partir de uma certeza, mas de imaginar um dispositivo de enunciação, uma regulagem que irá fazer brotar do texto soluções insuspeitadas e que unicamente a atuação e a encenação estarão em condições de imaginar. Os artistas não se perguntam aquilo que o texto ou eles próprios quiseram dizer. Por que, aliás, teriam que levar isso em conta, visto que consideram, muitas vezes, trabalhar materiais e fazer obra de criação original como autores do espetáculo, como cenocentristas mais ou menos conscientes de o ser?

* A tese da *fidelidade necessária* (ou, o que vem a dar no mesmo, a da infidelidade inevitável) não está nunca muito distante. Caminha a par com uma concepção implícita de encenação como uma *ajuda supérflua* e perigosa, como um suplemento do inútil. O ressurgimento da concepção filológica e logocêntrica nunca está longe. Assim, na introdução a *Théâtre aujourd'hui*[53], de Jean-Claude Lallias, encontramos fórmulas – ora citadas, ora retomadas pelo autor: a distinção não é sempre fácil – que revelam esse possível deslize da concepção da encenação para uma teoria que reivindica a justificação pedagógica e a fidelidade. Segundo ele, a encenação seria uma "tradução" contingente e pessoal: "Mesmo que existam tradições no Ocidente, o teatro de arte se define antes pela *inovação cênica*, ou seja, pela criação de uma obra angular e de um trabalho de *tradução cênica* que se sabe contingente e pessoal. Do que decorre o papel essencial do encenador"[54]. Jean-Claude Lallias insiste, com razão, na emergência do encenador num contexto ocidental, porém talvez "essencialize" muito sua função ao limitar-se a uma "tradução cênica" (termo muito impróprio). Por "tradução" ele subentende provavelmente a tradução de um texto ou de uma ideia pessoal, pelo menos para "qualquer encenação de

---

53 Esta publicação, intitulada *L'Ère de la mise en scène*, coordenada por Jean-Claude Lallias, com um prefácio de Pascal Charvet, "Inspecteur général, lettres-théâtres" (p. 3), foi editada pelo Ministério da Educação Nacional e o da Cultura, Paris, Centre National de Documentation Pédagogique, 2005. O livro, ricamente ilustrado, concentra-se no acontecimento e na transmissão da encenação. Compara nove encenações históricas de *Tartufo* e coloca para dezoito encenadores as mesmas e pertinentes quatro perguntas sobre seu percurso, sua concepção e sua prática cênica.
54 J.-C. Lallias, Les tensions fécondes entre le texte et la scène, *Théâtre aujourd'hui*, n. 10, p. 4.

valor"[55]. Insiste igualmente nas potencialidades do texto que a dramaturgia teria por missão realçar: "Talvez seja preciso antes aprender a descrever aquilo que o texto carrega de potencialidades através de uma leitura aberta, paciente e informada. É o papel da dramaturgia"[56]. A tipologia implícita das tarefas da encenação retoma a oposição, corrente no discurso crítico, entre o encenador tirano e o encenador servidor do texto: "Dessa forma, na hierarquia do teatro a imagem do encenador onipresente faz contraste com o "federador" pedagógico de uma aventura coletiva (que vai muito além do objeto cênico) ou com o servidor modesto que se anularia diante da obra"[57]. Não sabemos como o autor avalia esta hierarquia, nem se produz os desvios extremos desta tipologia para lamentar-se ou felicitar-se dela. Seja como for, essa polaridade não deixa de inquietar, pois repousa numa avaliação normativa do trabalho do encenador, oscilante entre a criação todo-poderosa e a humildade pedagógica. Essa visão normativa e pedagógica da encenação é muito difundida e encontra-se noutra polaridade totalmente discutível, a de que "da mesma forma que com os textos, opor-se-á o trabalho que opacifica, densifica, que multiplica as referências – intertextuais e intercênicas – ao ideal de transparência, legibilidade e homogeneidade dos signos"[58]. Ainda outra vez faz-se luz na *doxa* teórica dessa funesta oposição entre "grau zero da encenação" e pletora redundante devido às inúmeras referências extratextuais e cênicas. Essa oposição é tão problemática quanto a que distingue as encenações plásticas e "aquelas que rarefazem os signos, tendendo à nudez e a privilegiar a escuta, o sonoro e o corpo vibrante da palavra"[59]. Esta falsa oposição entre o visual pletórico e a escuta imaterial é o ressurgimento da concepção dualista ocidental entre a visão exterior, ligada ao corpo representado, e a palavra interior, que estaria ligada à voz nua. Desse modo, as supostas grandes oposições não são senão construções metafísicas dualistas, que se baseiam, implicitamente, no dogma

55 Idem, ibidem. Mas quem decide do valor e da diferença com as encenações "sem valor"?
56 Idem, ibidem.
57 Idem, p. 5.
58 Idem, ibidem.
59 Idem, ibidem.

de uma palavra fiel em contraste com uma visualidade corporal incontrolável.

Não basta dizer, com Lallias, que a verdade reside entre os extremos dessas polaridades, é preciso tentar uma teoria que descreva os casos particulares e que explique o funcionamento dos espetáculos existentes a partir de outros critérios e outras duplas para além das tradicionalmente usadas, como poder/modéstia, opacidade/transparência, atualidade/arqueologia, escritura/arquitetura, natural/teatralidade, visão barroca/palavra a voz nua, arcaísmo/mídia. É isso que temos tentado fazer ao procurar ultrapassar essas falsas oposições através de alguns apanhados sobre diversas experiências recentes da prática teatral. As experiências plásticas, midiáticas, interculturais, desconstrucionistas, gestuais da atividade teatral contemporânea são desafios indispensáveis para o teatro e para sua teorização. Têm em comum deslocar as supostas polaridades da realização cênica[60], obrigam-nos a repensar o mecanismo de regulagem que preside a criação desse objeto estético chamado "encenação".

6.4 Relatividade Histórica do Dualismo

Não obstante, a coisa não é tão fácil: o espectador, assim como o leitor, continua submetido às premissas logocêntricas que regulam as relações da dupla infernal e muito ocidental texto/representação (texto/performance). Temos dificuldade em escapar ao logocentrismo, a imaginar que o texto não está sempre, e necessariamente, na origem do sentido, que não é sempre ilustrado e encarnado pela interpretação do ator ou pelo palco. É a razão pela qual a posição desconstrucionista de Derrida revela-se salutar para pensar essas relações delicadas. Da mesma forma que o é, igualmente, o confronto com os espetáculos não verbais ou não verbocentrados, como o teatro intercultural, midiático ou gestual. Bastaria, aliás, nos lembrarmos de uma coisa: não posso ler um texto sem pensar em sua situação de

---

60 Ver anteriormente, no primeiro subtítulo deste capítulo: "Um Percurso Sinuoso".

enunciação, em sua performance, numa representação (mental ou cênica) na qual ganhe sentido.

Como, a partir desse ponto, continuar a pensar, até mesmo a despensar e a ultrapassar esse dualismo texto/cena, *page/ stage*, legível/ilegível, legível/visível? A situação está ao mesmo tempo esclarecida e bloqueada: deixamos de lado o debate normativo dos anos de 1950 sobre os pares malditos texto *e/ ou* representação, fidelidade *e/ou* tradição. Cessamos, igualmente, de ver a representação como uma semiótica vinda do texto. Porém, será que fomos longe demais, inclusive na teorização do teatro "pós": pós-moderno, pós-dramático, pós-pós? Não estamos sendo como Caribde e Sila, quando recusamos, em bloco, a explicação teórica, ou quando empurramos para o "pós" aquilo que poderíamos ter feito no mesmo dia?

Uma medida simples e salutar consistiria em historicizar e localizar esse debate do texto e da representação, a não mais tratá-lo como um problema lógico atemporal. A ruptura da ligação filológica para o pessoal no teatro interveio em meados dos anos de 1960: as estruturas autoritárias foram questionadas, o corpo foi colocado no centro da atenção, a psicanálise, a economia, a teoria literária estiveram a passo de inverter o sujeito. Isso bastaria para inverter o sentido da relação texto/cena, para valorizar os grandes espetáculos, para marginalizar a literatura dramática. Variantes contextuais e geográficas relativizaram ou inflexionaram essas mudanças. A Alemanha dos anos de 1960 rejeitou-as brutalmente ao descobrir, através de sua juventude em revolta, as desconfianças da obediência cega, o *Regietheater* de Papai, e eis que passou pelo molinete seus grandes clássicos, a tal ponto que teria assustado até Brecht. O Reino Unido da Grã-Bretanha e da Irlanda do Norte, mais sóbrio, resistiu ao culto da personalidade ditatorial e corroborou sua extrema atenção à interpretação do ator. Delegou aos atores e aos participantes do espetáculo a tarefa de *devising*, de criar coletivamente o espetáculo passo a passo, a partir da pesquisa de temas até o estabelecimento da partitura, sem passar pelo olhar de um *director* autenticado e "validado". Nos anos de 1990, na França, a relação texto/palco ainda evoluiu: a separação descrita por Braunschweig entre *texto* a ser montado e *material* a ser preparado foi, no entanto, aceita, tanto mais que o antigo "*directator*"[61] adotou um perfil baixo, renunciando aos efeitos fáceis da grande encenação, cedendo às delícias da direção de atores, inspirando-se na performance ou na *site specific performance*.

No entanto, na prática contemporânea não é absolutamente fácil distinguir entre a encenação de um texto e a encenação como espetáculo, como arte autônoma. Comumente, o artista não decidiu conscientemente se é um ou outro e, com mais razão, o espectador hesitará entre as duas maneiras de ver. Não há, evidentemente, regras para distinguir um do outro. Da mesma forma, o *Macbeth* de Gosch, que poderia chocar e parecer recortado da peça, no fundo resultou ser uma leitura do texto. E, inversamente, os clássicos "montados" por Castorf são mais eventos cênicos do que leituras da obra literária, pois parece muito difícil fazer uma ligação com os textos de partida (ver os exemplos e fotos do capítulo 11).

6.5 Confusão de Papéis

Consequência imprevista: reina grande confusão de gêneros. Antigamente, desde os encorajamentos de Craig para a emancipação do encenador até o exemplo de Artaud e da geração de "diretadores", o encenador acabava por tomar-se por autor do espetáculo, a ponto de despedir o autor verdadeiro. Depois, nos anos de 1960 e 1970, por delicadeza com a literatura dramática, o autor passou a ver-se como um encenador, montando seus próprios textos, concebendo-os como um simples *script* para a representação, convertida de um só golpe em valor supremo. A partir dos anos de 1990, o inverso produziu-se: o autor deu livre curso ao encenador para permitir-lhe explorar as possibilidades de seu texto. O texto dramático não era "incompleto" porquanto órfão do palco, porém "pleno" porque aberto à manipulação tanto dos atores quanto dos espectadores.

---

61 Permitir-se-á esta palavra-valise para designar essa mistura de ditador e diretor. Poderia também se escrever "diretor torto": quem comete o erro de ir rápido demais ao objetivo.

6.6 *Ilha ou Quase-Ilha?*

Como bem o mostrou Michel Vinaver, no século XX o teatro "constituiu-se em ilha"[62]. Separou-se da literatura e até da cultura para realizar a profecia de Craig:

> Quando ele (o encenador) interpreta as obras do dramaturgo com a ajuda de seus atores, cenógrafos e outros artesãos, ele próprio é o mestre-artesão. Quando, por seu turno, ele souber combinar a linha, a cor, o movimento e o ritmo, ele se tornará artista. Nesse dia, não teremos mais necessidade de dramaturgos. Nossa arte será independente[63].

A encenação tornada independente e rejeitando a literatura dramática: tal seria, de acordo com Vinaver, o sentido dessa formação de ilha, o que teria arrastado consigo a supressão da dualidade do texto e do palco e a promoção de espetáculos, "forçando geralmente a admiração pela harmonia que os marca"[64].

Esta sua posição radical remonta a 1988. Deve ser nuançada devido à extraordinária evolução da escritura dramática nos anos de 1990, na França e na Europa, impulso que se deveu, em parte, ao próprio Vinaver[65]. Sua ilha tornou-se uma quase-ilha. Até os anos de 1980, o teatro foi, com efeito, de preferência cênico e recortado da literatura. Os textos viam-se afogados nos espetáculos ou reduzidos ao estatuto de *script*, de libreto ou de

---

62 M. Vinaver, L'Ile, *Théâtre en Europe*, n. 18, set. 1988.
63 *De l'art du théâtre*.
64 Idem, p. 21. Vinaver nos dá uma excelente descrição dessas performances cênicas que não derivam nem dependem de um texto: "A dualidade do texto e do palco sendo suprimida, com tudo aquilo que poderia trazer de confusão, formatam-se espetáculos que provocam geralmente a admiração pela harmonia que os marca (todos os componentes do espetáculo tendo sido concebidos ou ordenados pelo encenador em função de uma visão unitária), pela sua originalidade (cada encenador consagrando-se a criar, de espetáculo para espetáculo, *uma* obra, a sua), pelo esplendor e fulguração da imagem (a serviço da qual a técnica, desafiada, progrediu de maneira estupenda), pelo espírito de aventura e pelo gosto de explorar (a ideologia subjacente colocando acento na passagem ao limite, a aposta extrema, a ponte do risco, a colocação em perigo) e pela dispensa, enfim, do sentido o mais extenso. Joga-se nele todos os recursos e até um pouco mais, esgota-se e consome-se na embriaguez que proporciona o sentimento exaltante e doloroso do efêmero".
65 Ver seu relatório para o Ministério da Cultura: M. Vinaver, *Le Compte-Rend d'Avignon*.

montagem de materiais linguísticos. Consequência benvinda: o trabalho nas peças clássicas beneficiou-se de um interesse particular, tomando-se a cargo a energia interpretativa dos encenadores, submetendo os clássicos a uma "operação catalítica":

> Há o grande repertório universal, os clássicos, por meio dos quais o encenador pode exprimir-se intimamente, fazer obra pessoal e atual, mediando uma operação catalítica que consiste na colocação em reação de elementos do presente por meio de substâncias antigas, ou a reativação do passado por meio de uma injeção da maneira de hoje[66].

Não teríamos condições de descrever melhor a operação nos clássicos. Fica para a teoria e para os artistas decidir aquilo que desejam reativar do passado e graças a qual olhar para seu presente. A imbricação no reativamento do passado e do olhar encadeia uma interpretação a cada vez original e única, uma expressão íntima do encenador.

Esta convicção íntima permanece no centro do ato criador, um ato que tende a escapar a qualquer controle e a qualquer pretensão teórica. Essa conclusão seria muito inquietante para um livro sobre o teatro contemporâneo. Porém, é preciso admitir: o teórico e o historiador não existem para elucidar as escolhas íntimas e inconscientes dos artistas.

6.7 Reconsideração da Dupla Texto/Representação

A velha questão da dupla texto/representação coloca-se novamente. O eterno debate sobre a fidelidade do encenador à peça volta como o retorno do proscrito. Outros pares, outras artimanhas, mais modernas, interpõem-se para camuflar a velha cantilena da necessária fidelidade ao texto interpretado. Fidelidade ilusória, fidelidade bem pensante muitas vezes. Porém, escapamos do pensamento normativo? Não estaremos nós, espectadores, atores, encenadores, sempre no *aprés-coup(le)**, na

---

66 M. Vinaver, op. cit., p. 22.
* Jogo de palavras intraduzível para o português: a expressão *après-coup* (olhando para trás) é acrescida do sufixo (le) (= *couple*: dupla, casal), remetendo à nova expressão que significaria algo como "olhando para a dupla" (N. da T.).

leitura, na interpretação, na linguagem, na representação cênica da palavra? E podemos nós, deveríamos nós escapar ao desejo de reconstituir o "total do autor" por meio da coerência garantida por um autor e por uma estrutura textual? Esse desejo de coerência, verificação, validação e fidelidade é profundo.

Da mesma forma, é muito profundo o desejo de fazer outro tipo de teatro, menos logocêntrico e mais excêntrico. Às vezes, com efeito, o texto simplesmente não está totalmente no ponto certo ou não possui nada de audível, legível, pertinente. Transformou-se em material sonoro, no seu sem sentido, no significante sem significado. E, nesse caso, apenas o evento cênico, a ação física, a performance têm vez. Aprecia-se estes últimos como trabalho plástico ou musical, como uma tentativa de escapar da palavra, e, às vezes, também do sentido. E – milagre do sentido –, acontece que essa materialização da situação de enunciação, de materiais no espaçotempo-ação do palco consegue provocar o texto, o dogma, o congelado, consegue fazê-lo perder as estribeiras, suscitar vibrações inesperadas, conotações imprevisíveis.

Não é, em todo caso, tão fácil assim preparar e fixar o texto: como um tecido vivo, uma hidra, uma alga, ele se regenera ao menor indício, à menor escuta atenta. Contrariamente ao que se acredita, ele não é um material como qualquer outro. Podemos, certamente, apreciá-lo como matéria, textura, chiado sonoro, porém potencialmente permanece como um sistema simbólico, uma hidra textual cujos tentáculos repele à vista do olhar.

O par texto/representação continua sendo um excelente barômetro para julgar a encenação. Não seria preciso, contudo, que o barômetro prescrevesse o tempo. Melhor valeria ainda que se desregulasse sem cessar, ou que fosse submetido a regulagens permanentes: verificações, esclarecimentos, mas igualmente desregulamento sistemático e anárquico de sentidos.

Encenação: deliciosa ambiguidade do oximoro. Se insistirmos na *colocação**, na transferência, na passagem de um material, textual ou não, para o palco, ficaremos na lógica da representação, seja o que for que façamos para escapar ao "destino da representação" (Derrida). Se insistirmos no *palco**, lhe conferiremos

---

* Em francês, a expressão *mise en scène* (encenação) é composta por *mise* (colocação) + *en scène* (no palco), cuja decomposição de sentido é vista pelo autor como oximoro (N. da T.).

um peso, uma existência, uma autonomia que nada mais deve à dianteira, quer seja ela textual, narrativa ou temática.

Felizmente, não sabemos nunca exatamente em qual caso de figura nos encontramos. No fundo, não queremos sabê-lo.

Podemos apenas observar esse deslizamento, historicamente atestado, da *colocação (mise)* no *palco (en scène)*, da encenação para a performance.

Uma nova figura – *mise-en-perf* ou *performise* – aponta para o horizonte.

Talvez, não seja senão uma miragem. Caso ela não se materialize, encoraja-nos pelo menos a avançar, a não ficar com os dois pés no mesmo tamanco regulado *ad vitam aeternam*. Não mais repetiremos, assim, as mesmas simplificações, a mesma fiel filologia filantrópica.

Chegaremos até a conceber e a esperar essa *mise-en-perf/ performise* como uma nova espécie híbrida no reservatório inesgotável das *cultural performances*. Uma espécie vivaz e voraz como essa hidra textual tentacular de antanho. Inesgotável porque fictícia.

Já é tempo, de resto, de nos encontrarmos, desse modo, na dimensão fictícia, lúdica, artística, poética do teatro, sejam quais forem as identidades do momento.

Já é tempo, também, de voltar, *in extremis*, para essa velha dupla texto/representação que a prática tanto textual quanto cênica não cessa de recolocar em questão. O estado atual dessa prática, neste começo de milênio, desloca, com efeito, as certezas e desfaz as alianças de antanho. Graças a tal prática, parece haver-se abandonado a procura essencialista da especificidade do texto dramático ou da teatralidade. Quanto à clara distinção entre texto e representação, ela se manterá muito pouco, a não ser para a encenação dos clássicos: nestes, com efeito, o encenador não pode ignorar a existência de uma peça, não somente publicada e reconhecida, como também possuindo uma tradição de leitura. Mesmo para a publicação de textos contemporâneos, acontece muitas vezes que o texto publicado o seja levando em conta representações precedentes e que seja como uma transcrição. Torna-se, portanto, cada vez mais difícil distinguir o texto da representação. A evolução tanto da escritura dramática quanto da encenação tende a convergir. Alguns encenadores/autores não fazem mais diferença entre as duas práticas, como François Tanguy e o Théâtre du Radeau ou Joël Pommerat, segundo o qual "encenação e escritura haverão de fundir-se cada vez mais"[67].

Hoje, paradoxalmente, a aproximação entre texto e palco verifica-se às vezes também no caso dos clássicos. Há, com efeito, uma tendência a tratar o texto, mesmo o texto clássico, "mostrando-o", citando-o e ostentando-o como uma espécie de *instalação* sonora e gráfica. Não se trata mais, então, de interpretá-lo, de ilustrá-lo, mas sim de expô-lo como um material sonoro, portanto de encontrar um dispositivo que deixe o público circular ao redor. Que se pense em nosso *Hamlet* húngaro (foto a seguir): sabia-se bem que, em Paris, não se compreenderia a língua: não se pronunciava o texto como as palavras de um personagem, mas como uma citação comentada e exposta de fragmentos textuais emprestados de outros autores. Os três *performers* o dizem sem "ter o ar de tocá-lo", ou seja, colocando-o à distância e sem mostrar aquilo que pensam dele, sem interpretá-lo, tal como uma palavra destacada de seu locutor. Porque – pensam eles – não é o caso absolutamente de dizer as palavras, é preciso ainda ver como elas se instalam e se expõem.

Shakespeare, Hamlet, *encenação de Árpád Schilling, Bobigny, 2007.*
©*Patrice Pavis.*

67 J. Pommerat, Vers l'autre langue, *Théâtre/Public*, n. 184, 2007.

Este exemplo hamletiano e húngaro ajuda-nos a compreender as tentativas recentes para desconstruir a separação texto/performance, especialmente graças à teoria do performático e à crítica genética do texto e da cena. Como o observam Jean-Marie Thomasseau e Almuth Grésillon, "a análise genética, se quiser apreender os processos da criação teatral, pode manter por comodidade e cuidado de clareza o partilhamento entre texto e palco. Ao mesmo tempo, ela deve lembrar-se que a verdade do teatro não está no funcionamento autônomo de duas mecânicas separadas, mas sim no movimento que as religa e dá vida à obra a fazer. Tudo é jogado, na realidade, neste entremeio do texto e do palco, nessa passagem complexa e delicada entre o espaço da página e aquele do palco, num contínuo e reversível vai e vem entre o legível, o dizível e o visível"[68]. Para mostrar essa passagem, esse vai e vem, faremos apelo a uma teoria performática do texto. Pois não somente a performance (a representação) é uma ação performática, como também o texto é uma performance, uma produção através de um ato de leitura. O texto dramático, com efeito, como, aliás, qualquer texto ficcional e qualquer texto "real", ao aceitar as ambiguidades continua aparentemente o mesmo, porém sua leitura muda a cada vez, tanto individual quanto coletivamente. Não nos banhamos jamais duas vezes no mesmo rio, nem no mesmo texto. O texto dramático, como qualquer performance, não se constitui senão por uma ação performática: a leitura e, com mais razão, uma nova encenação.

Observaremos que não apenas o texto é tratado como uma ação performática e uma performance, mas que, inversamente, também o palco, a performance, sob o controle do encenador, pode se tornar centrada e legível como um texto, "autor-izado" por um "mestre de palco". Do que decorre essa contradança: o texto se "performiza", a performance se "textualiza".

A encenação, tal como a definimos, é essa instância de regulagem-desregulagem, esse compromisso e essa negociação entre instâncias opostas. Trata-se tanto de regular-desregular o texto por meio de uma colocação em enunciação cênica, de

---

[68] J.-M. Thomasseau; A. Grésillon, Scènes de genèses théâtrales, *Genesis*, n. 26/05, p. 21.

uma prova no sentido vestimentar da palavra, quanto de desregular-regular o palco por meio da adequação de uma textualidade, de uma discursividade implícitas.

Nos exemplos de clássicos colocados e recolocados por belas equipes inventivas, vimos que texto e performance não funcionam mais como antíteses, mas sim como uma dupla que sofre de perda de identidade, uma não aspirando senão a tornar-se a outra (situação clássica do par amoroso!). Não seria, contudo, o caso de se ter aqui um problema de fusão. O exemplo do *Hamlet* à la húngara mostrou-nos que se trata, antes, de uma instalação, de uma justaposição de pedacinhos textuais e de ações cênicas.

Este princípio de instalação, justaposição, essa vontade de não explicar, mas apenas de citar, de acrescentar sem dizer palavra, explica certamente a fortuna de noções do pós-modernismo e do pós-dramático. Essas noções contentam-se em fazer alusão àquilo que vem depois, sem dizer o que nem por quê. Como se a história estivesse congelada e como se não fôssemos capazes de integrar em uma teoria geral a produção teatral da atualidade, como se, depois da dialética do marxismo e do brechtianismo, não mais estivéssemos em condições de compreender o "progresso", nem mesmo a progressão de nosso entendimento do mundo, como se não houvesse mais dialética, somente o "suplemento", o "pós", já que não conseguimos mais pensar na sequência, na evolução, e ainda menos no progresso. Entramos na sociedade do *Post-it*: anotamos num aviso colante aquilo que ter(ia) que ser feito amanhã, mais tarde, na perspectiva preguiçosa do pós-moderno. Quanto à noção de pós-dramático, ela confunde o *textual* – mais nada existe depois do dramático (tanto quanto depois do épico brechtiano) – e o *cênico* – nada existe de encenação "centrada", que esteja centrada num texto ou numa significação privilegiada. Essa categoria do pós-dramático está desse modo longe de aplicar-se a qualquer produção textual e cênica atual. Aliás, quando uma autora como Sarah Kane proclama: "*Just a word on a page and there is the drama*"[69], coloca em questão essa categoria tapa-buracos e

---

[69] S. Kane, *4.48 Psychosis*, *Complete Plays*, p. 213 ("Apenas uma palavra na página e existe o drama").

nos recoloca, antes, no neo ou no pré-dramático, mais do que no pós-dramático.

Porém, neste caso, estamos de acordo, e, sobretudo, onde estamos nós?

7. PARA ONDE VAMOS?

A saber: para onde vai a encenação? Eis aí uma questão hoje em dia um pouco fora de moda ou que perdeu sua pertinência, como se saber "para que o teatro?" fosse uma sobra idealista do pensamento das Luzes. Outrossim, não perguntaremos: para onde vai o teatro, porém mais modestamente: no que a ferramenta da encenação nos ajuda a compreender essa arte perpetuamente em trabalho, em movimento, em fusão? "A obra dramática é um enigma que o teatro deve resolver. Isso às vezes leva muito tempo"[70]. Não estamos dizendo outra coisa: o texto dramático é um problema que a encenação deve *regular*.

Chegada a uma certa perfeição, a uma diversidade e a uma complexidade, a encenação conhece ao mesmo tempo uma séria crise de identidade. Tem dificuldade em continuar uma noção estética, pois as metáforas de todos os lados a empurram para outros domínios que não os do palco ou da ficção, para aplicar-se indistintamente às artes plásticas, às artes da cena, à realidade social, ao mundo considerado como um *show business*, mais *business* do que *show*. Ela é sem cessar intimada a declinar sua identidade em meio a *cultural performances*, que pretendem o mesmo estatuto que ela, em meio às práticas espetaculares que tocam as culturas do mundo inteiro. Ao invés de sentir-se apenas tolerada e em *sursis* em muitos departamentos de espetáculos ou de *cultural performances* ou *studies*, ela tem que reconquistar seu lugar estético e ficcional no interior de todas essas práticas culturais. Muitos artistas da cena sentem que sua arte se degrada em cultural, depois em sociocultural e, por fim, em social. Depois de examinar com a lupa, ou seja, tendo como ponto de partida a universidade encarregada de estudar a louca matéria teatral, constataremos que o buraco não para

---

70 A. Vitez, L'Art du théâtre, *L'Art du théâtre*, n. 1, p. 8.

de aumentar, assim como a resistência de confirmar-se entre os *theatre studies*, os *performance studies* e os *cultural studies*. Ao mesmo tempo, essa rivalidade epistemológica apresenta-se como uma oportunidade para o teatro, caso este seja capaz de assimilar esses métodos de outras práticas culturais e igualmente ser assimilado por elas. Portanto, os canteiros nas mídias, no intercultural ou nas novas escrituras, longe de enfraquecer ou abastardar a representação, provocam-na, obrigando o espectador a reconsiderar seus modos de percepção.

Eis porque a encenação comporta-se antes bem, apesar da rivalidade de noções que pretendem dobrá-la, como as de teatralidade, de espetáculo, de performance ou, mais recentemente, de coralidade. A encenação comporta-se tão bem que às vezes faz escola, não como uma tradição congelada, mas sim como tradição em vias de consolidação. A história da encenação ocidental oferece-nos um rico sortimento de métodos de jogo, alguns grandes casos de escola, algumas assinaturas ou alguns estilos reconhecíveis. Artistas de grande experiência, como Peter Brook, Eugenio Barba ou Ariane Mnouchkine, estabeleceram uma arte que poderia fazer escola se eles não quisessem, constantemente, recolocá-la em questão. À maneira dos mestres de nô ou de *pansori*, esses mestres ocidentais poderiam quase deixar seus atores regularem os detalhes, ocupando-se da intendência, desenhando os lineamentos de um estilo que não pertence senão a eles.

Malgrado estes esboços de tradição, a encenação, essa tradição anti-tradicional do Ocidente, não se tornou um conservatório de formas e métodos. Não se limitou ao teatro de arte, mesmo que este continue o mais belo florão. O teatro de arte não é mais, há muito tempo, a única aspiração dos encenadores; é às vezes sua besta negra, muitas vezes também seu desejo e seu jardim secreto, seu fruto proibido. Porém, sem este jardim secreto, para além do primeiro círculo de iniciados, de incondicionais, reencontrarão eles ainda um público para validar suas hipóteses? Ou, ao contrário, não encontrarão senão uma assembleia dissolvida? Como saber?

Seja qual for o círculo endiabrado de metáforas e definições, a encenação atravessou bravamente o século xx: seja representação, teatralidade, performance, comunicação intercultural, prática espetacular, desconstrução ou *performise*, ela se mantém, na medida em que soube adaptar-se e efetuar a regulagem indispensável para sua transmissão desde o mundo da arte para o da assembleia pública.

Talvez ela se mantenha porque nós outros, espectadores fortuitos de uma noite ou tenazes artistas de toda uma vida, aceitamos ser transformados por ela, à imagem da metamorfose que deve tomar conta do encenador, da qual falava Copeau: "Quando o encenador se acha na presença de uma obra dramática, seu papel não é dizer: 'O que é que vou fazer?', seu papel é dizer: 'O que ela vai fazer de mim?'"[71]

A obra nos transforma, e nós transformamos a obra ao nos deixarmos atravessar por ela, ao nos colocarmos em perigo e nos arriscarmos nela e nas nossas anamorfoses da incerteza, da perda de identidade, da sensação antiga e do novo caminho.

Quem não se sentiria perdido e órfão na partida ou na chegada de tal viagem? Contudo arrisquemo-nos, nessa viagem sem retorno, arrisquemo-nos até a fazer uma aposta no futuro, um ato de fé e de amor! Apesar do fanatismo, do presentismo, do catastrofismo e dos pós-ismos, as esperanças não estão perdidas: o *spleen* se dissipará, a dor se acalmará, a arte reflorirá.

---

[71] J. Copeau, extraído da conferência no Vieux-Colombier, Lyon, 21 de dezembro de 1920. Citado em *Appels*, p. 194.

Bibliografia

LIVROS

ABIRACHED, Robert. *Le Théâtre et le prince: Un Système fatigué, 1993-2004*. Arles: Actes Sud, 2005.
ADORNO, Theodor W. *Ästhetische Theorie*. Frankfurt-am-Main: Suhrkamp, 1977.
ALLAIN, Paul; HARVIE, Jen. Orlan. *The Routledge Companion to Theatre and Performance*. London: Routledge, 2006.
ANNE, Catherine. *Le Bonheur du vent*. Arles: Actes Sud, 2003.
ARONSON, Arnold. *Looking into the Abyss*. Ann Arbor: University of Michigan Press, 2005.
ARTAUD, Antonin. *Le Théâtre et son double* (1938). Paris: Gallimard, 1964.
AUSLANDER, Philip. *Liveness: Performance in a Mediatized Culture*. London: Routledge, 1999.
BABLET, Denis. *Svoboda*, Lausanne: L'Âge d'homme, 1970.
BADIOU, Alain. *Rhapsodie pour le théâtre*. Paris: Imprimerie Nationale, 1990.
BALME, Christopher. Theater zwischen den Medien. In: _____ ; MONINGER, Markus (eds.). *Crossing Media*. München: Epodium, 2004.
_____. Robert Lepage und die Zukunft des Theaters im Medienzeitalter. In: FISCHER-LICHTE, Erika; KOLESCH, Doris; WEILER, Christel (eds.). *Transformationen. Theater der Neunziger Jahre*, Berlin: Theater der Zeit, 1999.
BARBIER, Frédéric; LAVENIR, Catherine. *Histoires des médias*. Paris: Armand Colin, 1996.
BARKER, Clive; HODGE, Alison; LITTLEWOOD, Joan (eds.). *Twentieth Century Actor Training*. London: Routledge, 2000.
BARTHES, Roland [1963]. Dire Racine. *Sur Racine. Oeuvres complètes*, t. 1. Paris: Seuil, 1993.

_____. s/z. Paris: Seuil, 1970.
BARTRA, Roger. *Blood, Ink, and Culture*. Durham: Duke University Press, 2002.
BAUGH, Christopher. *Theatre, Performance and Technology*. London: Palgrave-Macmillan, 2005.
BECKERMAN, Bernard [1970]. *Dynamics of Drama: Theory and Method of Analysis*. New York: Drama Book Specialists, 1979.
BENE, Carmelo; DELEUZE, Gilles. *Superpositions*, Paris: Minuit, 1979.
BIAL, Henry (ed.). *The Performance Studies Reader*. London: Routledge, 2004.
BOIREAU, Nicole. *Théâtre et société en Angleterre: des années 1950 à nos jours*. Paris: PUF, 2000.
BOLTER, Jay; GRUSIN, Richard. *Remediation: Understanding New Media*. Cambridge: MIT Press, 2000.
BOUCRIS, Luc. *L'Espace en scène*. Paris: Librairie Théâtrale, 1993.
BOURDIEU, Pierre; WACQUANT, Loïc. *Réponses*. Paris: Seuil, 1992.
BRADBY, David; POINCHEVAL, Annabel. *Le Théâtre en France de 1968 à 2000*. Paris: Honoré Champion, 2007.
BRADBY, David; WILLIAMS, David. *Director's Theatre*. London: Macmillan, 1988.
BRAU, Edward. *The Director and the Stage: From Naturalism to Grotowski*. London: Methuen, 1986.
BRAUNSCHWEIG, Stéphane. *Petites portes, grands paysages*. Arles: Actes Sud, 2007.
BROUWERS, Jeroen. *Rouge décanté*. Tradução para o francês de Ise Patrick Grilli. Paris: Gallimard, 1994.
BRECHT, Bertolt. *Écrits sur le théâtre*. Paris: Gallimard, 2000.
_____. *Gesammelte Werke*. Frankfurt: Suhrkamp, 1967, v. 7.
_____. *Lied einer Liebenden. Gesammelte Werk*, n. 10, 1967.
BROOK, Peter. Directing. In: CHAMBERS, Colin (ed.). *The Continuum Companion to Twentieth Century Theatre*. London: Continuum, 2002.
CALLERY, Dymphna. *Through the Body*. London: Nick Hern Books, 2001.
CALVINO, Ítalo. *Pourquoi lire les classiques?* Paris: Seuil, 1984.
CANTARELLA, Robert. *L'Assemblée théâtrale*. In: Marie-José Mondzain (ed.). Paris: L'Amandier, 2002.
_____. Mettre en scène le théâtre contemporain. In: Grumberg, Jean-Claude et al. *Trois pièces contemporaines: Grumberg, Minyana, Renaude*. Paris: Gallimard, 2002.
CARLSON, Marvin. *The Haunted Stage: The Theatre as Memory Machine*. Ann Arbor: The University of Michigan Press, 2001.
CAUSEY, Matthew. *Theatre and Performance in Digital Culture*. New York: Routledge, 2006.
_____. Media and Performance. In: KENNEDY, Dennis (dir.). *The Oxford Encyclopedia of Theatre and Performance*. Oxford: Oxford University Press, 2003.
CHÉREAU, Patrice. *Combat de Nègre et de Chiens*. Paris: Minuit, 1983.
CHOLLET Jean; FREYDEFOND, Marcel. *Les Lieux scéniques en France*. Paris: Éditions Actualité de la Scénographie, 1996.
CHRISTOFFERSEN, Erik Exe. *The Actor's Way*. London: Routledge, 1993.
COPEAU, Jacques. *Notes sur le métier d'acteur*. Paris: Michel Brient, 1955.
COPEAU, Jacques; DASTÉ, Marie-Hélène; MAISTRE SAINT-DENIS, Suzanne; SICARD, Claude (eds.). *Appels*. Paris: Gallimard, 1974. (Registres I).
CORVIN, Michel. *Dictionnaire encyclopédique du théâtre*. Paris: Bordas, 1991, v. 2.

_____ (ed.). Comment jouer *Les Bonnes*. In: GENET, Jean. *Les Bonnes*. Paris: Gallimard, 2001.
COURTINE, Jean-Jacques (dir.). *Histoire du corps: Les Mutations du regard*. Paris: Seuil, 2006, v. 3.
CRAIG, Edward Gordon. *De l'art du théâtre*. Paris: Circé, 1999.
CSIKSZENTMIHALYI, Mihaly. *Vivre: La Psychologie du bonheur*. Paris: Robert Laffont, 2004.
D'ALLONES, Myriam Revault. In: Ouvrage collectif. *L'Assemblée théâtrale*. Paris: L'Amandier, 2002.
DANAN, Joseph. *Le Théâtre de la pensée*. Rouen: Médianes, 1985.
DEBRAY, Régis. *Sur le pont d'Avignon*. Paris: Flammarion, 2005.
_____. *Introduction à la médiologie*. Paris: PUF, 2000.
DELVAUX, Martine; FOURNIER, Michel. Rapports sociaux de sexe. *Le Dictionnaire du littéraire*, Paris: PUF, 2002.
DERRIDA, Jacques. *Voyous*, Paris: Galilée, 2003.
_____. *Sur parole. Instantanés philosophiques*. Paris: L'Aube, 1999.
_____ [1986]. "Il n'y a pas *le* narcissisme" (autobiophotographies). In: _____. *Points de suspension: Entretiens*. Paris: Galilée, 1992.
_____. *Théorie d'ensemble*. Paris: Seuil, 1968.
_____. Le Théâtre de la cruauté et la clôture de la représentation. In: *L'Écriture et la différence*. Paris: Seuil, 1967.
DERRIDA, Jacques; ROUDINESCO, Elisabeth. *De quoi demain... Dialogue*. Paris: Fayard/Galilée, 2001.
DICTIONNAIRE d'esthétique et de philosophie de l'art. Paris: PUF, 2007.
DIXON, Steve. *Digital Performance*. Cambridge: The MIT Press, 2007.
DONNELLAN, Declan. *L'Acteur et la cible: règles et outils pour le jeu*. Montpellier: L'Entretemps, 2004.
_____. In: GIANNACHI, Gabriella; LUCKHURST, Mary (eds.). *On Directing: Interviews with Directors*. London: Faber & Faber, 1999.
DORT, Bernard. *La Représentation émancipée*. Arles: Actes Sud, 1988.
_____. Le Texte et la scène: pour une nouvelle alliance. In: *Encyclopaedia universalis, Symposium*. Paris: Encyclopaedia universalis, 1984.
_____. Condition sociologique de la mise en scène théâtrale. In: _____. *Théâtre réel*, Paris: Seuil, 1971.
DOUGLAS, Mary. *Natural Symbols*, London: Routledge, 1996.
DUMORA-MABILLE, Florence. In: ARON, Paul; SAINT-JACQUES, Denis; VIALA, Alain (eds.). *Le Dictionnaire du littéraire*, Paris: PUF, 2002.
DUPUIS, Sylviane. *À qui sert le théâtre?* Genebra: Zoé, 1998.
DURAS, Marguerite. *La Pluie d'été*. Paris: Gallimard, 2005.
DURIF, Eugène. *Hier c'est mon anniversaire*. Arles: Actes Sud, 2005.
ERWING, William A. *Le Siècle du corps*. Paris: La Martinière, 2000.
FÉRAL, Josette. *Mise en scène et jeu de l'acteur: Entretiens. II – Le Corps en scène*. Montreal/Carnière-Morlanwelz: Jeu/Lansman, 1997.
_____. *Théâtralité, écriture et mise en scène*, Montréal: Hurtubise, 1985.
FISCHER-LICHTE, Erika. *Ästhetik des Performativen*. Frankfurt-am-Main: Suhrkamp, 2004.
FISCHER-LICHTE Erika; KOLESCH, Doris; WEILER, Christel (eds.). *Transformationen, Theater der Neunziger Jahre*, Berlin: Theater der Zeit, 1999.
FOUCAULT, Michel. *Les Mots et les Choses*, Paris: Gallimard, 1966.

FRANÇON, Alain. *La Représentation*. Paris: L'Amandier, 2004.
_____. In: MONDZAIN, Marie-José (ed.). *L'Assemblée théâtrale*. Paris: L'Amandier, 2002.
FRÜCHTL, Joseph; ZIMMERMANN, Jörg (eds.). *Ästhetik der Inszenierung*. Frankfurt-am-Main: Suhrkamp, 2001.
GIANNACHI, Gabriella. *The Politics of New Media Theatre*. New York: Routledge, 2007.
GIANNACHI, Gabriella; LUCKHURST, Mary (eds.). *On Directing: Interviews with Directors*. London: Faber & Faber, 1999.
GÓMEZ-PEÑA, Guillermo. Culturas-in-extremis: Performing Against the Cultural Backdrop of the Mainstream Bizarre. In: BIAL, Henry (ed.). *The Performance Studies Reader*. London: Routledge, 2004.
_____. *Dangerous Border Crossers*. London: Routledge, 2000.
GREEN, A. E. Ritual. In: BANHAM, Martin (ed.). *The Cambridge Guide to World Theatre*. Cambridge: Cambridge University Press, 1988.
GREEN, Eugène. *La Parole baroque: Essai*. Paris: Desclée de Brower, 2001.
HARGREAVES, Alec G.; MCKINNEY, Mark (eds.). *Post-Colonial Cultures in France*. London: Routledge, 1997.
HASTRUP, Kirsten. *A Passage to Anthropology*. London: Routledge, 1995.
HAYLES, N. Katherine. *How We Became Posthuman: Virtual Bodies in Cybernetics, Literature and Informatics*. Chicago/London: University of Chicago Press, 1999.
HEGGEN, Claire. Méditation. Poème à partir de photos d'Étienne Weill. In: PEZIN, Patrick, (dir.). *Étienne Decroux, mime corporel*. Paris: L' Entretemps, 2003.
HENRY, Phillippe. *Spectacle vivant et culture d'aujourd'hui*. Grenoble: Presse Universitaire de Grenoble, 2009.
HEYMANN, Pierre-Étienne. *Regards sur les mutations du théâtre public (1968-1998)*. Paris: L'Harmattan, 2000.
HISS, Guido. *Synthetische Visionen: Theater als Gesamtkunstwerk von 1800 bis 2000*. München: Epodium, 2005.
HOZIER, Anthony. Ritual. In: CHAMBERS, Colin (dir.). *The Continuum Companion to Twentieth Century Theatre*. London/New York: Continuum books, 2002.
IRVIN, Polly. *Directing for the Stage*. Mies: Roto Vision Stagecraft, 2003.
KANE, Sarah. *4.48 Psychosis*. In: _____. *Complete Plays*, London: Methuen Drama, 2001.
KENNEDY, Denis (dir.). *The Oxford Encyclopedia of Theatre and Performance*. Oxford: Oxford University Press, 2003.
_____. (ed.). *Foreign Shakespeare*. Cambridge: Cambridge University Press, 1993.
KOLTÈS, Bernard-Marie. *Dans la solitude des champs de coton*. Paris: Minuit, 1987.
_____. *Plays I: Black Battles with Dogs; Return to the Desert; Roberto Zucco*. Introd. David Bradby. London: Methuen, 1997.
LANTERI, Jean-Marc. Les Écritures théâtrales en Grande-Bretagne (1980-2000). *Écritures contemporaines 5. Dramaturgies britanniques*. Paris: Minard, 2002.
LAVENDER, Andy. *Hamlet in Pieces: Shakespeare reworked by Peter Brook, Robert Lepage, Robert Wilson*. London: Nick Hern, 2001.
LEABHARDT, Thomas. Physical Theatre. In: KENNEDY, Dennis (dir.). *The Oxford Encyclopedia of Theatre and Performance*. Oxford: Oxford University Press, 2003.
LECOQ, Jacques (org.). *Le Théâtre du geste, mimes et acteurs*. Paris: Bordas, 1987.

LEHMANN, Hans Thies. *Le Théâtre postdramatique*. Paris: L'Arche, 2002.
LEMAHIEU, Daniel. *Les Baigneuses*. Pézenas: Domens, 1999.
LES ESSIF. *The French Play: Exploring Theatre "Re-creatively" with Foreign Language Students*. Calgary: The University of Calgary Press, 2006.
LIARD, Michel. *Parole écrite, parole scénique*. Nantes: Joca Seria, 2006 (Prefácio de Patrice Pavis).
MAKEÏEFF, Macha. *Inventaire d'un spectacle*. Arles: Actes Sud, 2000.
MALLARMÉ, Stéphane. Crayonné au théâtre. In: _____. *Divagation*. Paris: Gallimard, 1997. (Col. Bibliothèque de la Pléiade).
MARTIN, Roxane. *La Féerie romantique sur le scènes parisiennes (1791-1864)*. Paris: Honoré Champion, 2007.
MCKENZIE, John. *Perform or Else: From Discipline to Performance*. London: Routledge, 2001.
MCLUHAN, Marshall. *The Gutenberg Galaxy: The Making of Typographic Man*. Toronto: University of Toronto Press, 1962.
MERLEAU-PONTY, Maurice. *Phénoménologie de la perception*. Paris: Gallimard, 1945.
MERVANT-ROUX, Marie-Madeleine. *Figurations du spectateur*. Paris: L'Harmattan, 2006.
_____. *L'Assise du théâtre*. Paris: CNRS, 1998
MEYER-PLANTUREUX. Chantal. *Un siècle de critique dramatique*. Paris: Complexe, 2003.
MICHAUD, Yves. *L'Art à l'état gazeux: Essai sur le triomphe de l'esthétique*. Paris: Stock, 2003.
MISES en scène du monde. *Colloque international de Rennes*. Besançon: Les Solitaires intempestifs, 2005.
MITTER, Shomit; SHEVSTOVA, Maria. *Fifty Key Theatre Directors*, London: Routledge, 2005.
MONDZAIN, Marie-José. *Le Commerce des regards*. Paris: Seuil, 2003.
_____. (ed.). *L'Assemblée théâtrale*. Paris: L'Amandier, 2002.
MONINGER, Markus. Vom "media-match" zum "media-crossing". In: BALME, Christopher; _____. (Hgs.). *Crossing Media: Theater – Film – Fotografie – Neue Medien*. München: Epodium, 2004.
_____. *Shakespeare inszeniert*. Tübingen: Niemeyer, 1996.
MORIZOT, Jacques; POUIVET, Roger (eds.), *Dictionnaire d'esthétique et de philosophie de l'art*. Paris: Armand Colin, 2007.
MÜLLER, Heiner. *Gesammlte Irrtümer*. Frankfurt-am-Main: Verlag der Autoren, 1986.
_____. *Rotwelch*. Berlin: Merve, 1982.
NDIAYE, Marie. *Papa doit manger*. Paris: Minuit, 2003.
PAVIS, Patrice. *Vers une théorie de la pratique théâtrale*. Lille: Presses Universitaires Septentrion, 2007.
_____. *Le Théâtre contemporain: Analyse des textes de Sarraute à Vinaver*. Paris: Armand Colin, 2002.
_____. (dir.). *The Intercultural Performance Reader*. London: Routledge, 1996.
_____. *L'Analyse des spectacles*. Paris: Nathan, 1996.
_____. *Marivaux à l'épreuve de la scène*. Paris: Publications de la Sorbonne, 1986.
_____ [1986]. Quelques raisons sociologiques du succès des classiques au théâtre en France après 1945. In: _____. *Le Théâtre au croisement des cultures*. Paris: José Corti, 1990.

PEZIN, Patrick (dir.). *Étienne Decroux, mime corporel*. Paris: L'Entretemps, 2003.
PHELAN, Peggy. *Unmarked: The Politics of Performance*. London: Routledge, 1993.
PICON-VALLIN, Béatrice (dir.). *Les Écrans sur la scène*. Lausanne: L'Âge d'homme, 1998.
POLIERI, Jacques. *Scenography and Technology*. Paris: Bibliothèque Nationale de France, 2004.
_____. *Les Marchands*. Arles: Actes Sud, 2006.
POSTLEWAIT, Thomas. Mise-en-scène. In: KENNEDY, Dennis (dir.). *The Oxford Encyclopedia of Theatre and Performance*. Oxford: Oxford University Press, 2003.
PRADIER, Jean-Marie. *La Scène et la fabrique des corps: Ethnoscénologie du spectacle vivant en Occident (V^e. Siècle av. J.-C-XVIIIe Siècle)*. Bordeaux: Presses Universitaires de Bordeaux, 1997.
PROUST, Sophie. *La Direction d'acteurs dans la mise en scène théâtrale contemporaine*. Vic la Gardiole: L'Entretemps, 2006.
RAPIN, Cathy; Hye-Gyông, Im. *Théâtre coréen d'hier et d'aujourd'hui*. Paris: L'Amandier, 2006.
RASMUSSEN, Iben Nagel. Interview. In: CHRISTOFFERSEN, Erik Exe. *The Actor's Way*, London: Routledge, 1993.
RENAUDE, Noëlle. *A tous ceux qui*. Paris: Éditions théâtrales, 1994.
RINPOCHÉ, Chogyam Trungpa. *Mandala: Un chaos ordonné*. Paris: Seuil, 1994.
RIVIÈRE, Jean-Loup. *Comment est la nuit? Essai sur l'amour du théâtre*. Paris: L'Arche, 2002.
SAISON, Maryvonne. *Les Théâtres du réel: Pratiques de la représentation dans le théâtre contemporain*. Paris: L'Harmattan, 1998.
SARRAZAC, Jean-Pierre. Reconstruire le réel ou suggérer le réel. In: JOMARON, Jacqueline de (dir.). *Le Théâtre en France*. Paris: Armand Colin, 1992.
SCHECHNER, Richard. *Performance Studies*. London: Routledge, 2002.
SCHNEIDER, Rebecca. *The Explicit Body in Performance*. London: Routledge, 1997.
SHEPHERD, Simon; WALLIS, Mick. *Drama/Theatre/Performance*. London: Routledge, 2004.
SMITH, Pierre. Rite. In: BONTÉ, Pierre; IZARD, Michel (dir.). *Dictionnaire de l'ethnologie et de l'anthropologie*. Paris: PUF, 1991.
STATES, Bert O. The Phenomenological Attitude. In: REINELT, Janelle G.; ROACH, Joseph R. *Critical Theory and Performance*. Ann Arbor: University of Michigan Press, 1992.
_____. Great Reckonings in Little Rooms. In: *On the Phenomenology of Theater*. Los Angeles: University of California Press, 1985.
TACKELS, Bruno. *Fragments d'un théâtre amoureux*. Besançon: Les Solitaires intempestifs, 2001.
THIBAUDET, Albert. *Physiologie de la critique: Conférences au Vieux-Colombier de 1922*. Paris: Nouvelle Revue Critique, 1930.
THOMASSEAU, Jean-Marie. Le Théâtre et la mise en scène au XIXe siècle. In: BERTHIER, Patrick; JARRETY, Michel (eds.). *Histoire littéraire de la France. Tome 3: Modernités. XIXe et XXe siècles*. Paris: PUF, 2006.
VILAR, Jean. *De la tradition théâtrale*. Paris: L'Arche, 1955.
VINAVER, Michel. Présentation. In: *Théâtre complet*. Arles: Actes Sud, 1986, v. I.
VITEZ, Antoine. *Écrits sur le théâtre*. Direction de Nathalie Léger. Paris: POL, 1995 (*Tome I – L'Ecole; Tome II – La Scène, 1954-1975*); 1996 (*Tome III – La Scène, 1975-1983*).

_____. *Le Compte-Rendu d'Avignon*. Arles: Actes Sud, 1987.
WADENFELS, Bernhard. *Phänomenologie der Aufmerksamkeit*. Frankfurt-am-Main: Suhrkamp, 2004.
WULF, Christian. *Penser les pratiques sociales comme rituel: Ethnologie et genèse*. Paris: L'Harmattan, 2004.
ZEAMI, Motokiyo. *La Tradition secrète du nô*. Paris: Gallimard, 1960.
ZOLA, Émile. *Le Naturalisme au théâtre*. In: *Oeuvres complètes*, Paris: Cercle du livre précieux, t. XI, 1881.

REVISTAS

ANTOINE, André. Causerie sur la mise en scène. *La Revue de Paris*, Paris, mars-avr. 1903. (Ed. bras.: *Conversas sobre a Encenação*. Trad., introd. e notas por Walter Lima Torres. Rio de Janeiro: Sete Letras, 2001.)
APPIA, Adolphe. Acteur, espace, lumière, peinture. *Théâtre populaire*, [S.l.] n. 5, 1954.
BENHAMOU, Anne-Françoise. Outre scène: *Revue du Théâtre National de Strasbourg*, Strasbourg, n. 5, mai 2005.
BROOK, Peter. *Travail théâtral*, [S.l.] n. 18, 1975.
BROWERS, Jeroen. L'Enfer d'un monde virtuel. *Théâtre/Public*, Paris, n. 127 [s.d.].
CANTARELLA, Robert. La Main-d'oeuvre. *Revue d'esthétique*, [S.l.] n. 26, 1994.
CHARVET, Pascal. Avant-propos. *Théâtre d'aujourd'hui*, Paris, n. 19, 2005. L'Ère de la mise en scène.
CORVIN, Michel. Mise en scène et silence. *Revue d'esthétique*, [S.l.] n. 26, 1994.
DERRIDA, Jacques. La Différance. *Bulletin de la Société française de philosophie*, Paris, sept. 1968.
DESCOLA, Philippe. Les Jivaros d'Amazonie et nous. *Le Nouvel Observateur*, 14-20 juill. 2005.
DIOT, André. Les Comédiens. *Actualité de la scénographie*, Nantes, n. 100, 1999.
DRÉVILLE, Valérie. Interview. *Bulletin du Centre national de Normandie de Caen*, Caen, mars-avr. 2006.
DURAS, Marguerite. *L'Arc*, Paris, n. 98, 1985.
FABRE, Valentin; PERROTTET, Jean. La Position du spectateur. *Actualité de la scénographie*, Nantes, n. 100 1999.
HAN, Jean-Pierre. *Théâtre d'aujourd'hui*, Paris, n. 10, 1959.
HEGGEN, Claire. Sujet-objet: entretiens et pourparlers. *Alternatives théâtrales*, Bruxelles, n. 80, 2003.
HOURBEIGT, Joël. Le Rapport salle-scène. *Actualité de la scénographie*, Nantes, n. 100, 1999.
JANVIER, Ludovic. Le Spectacle de la lecture. *Littérature*, n. 138, [S.l.], juin 2005.
JEANNETEAU, Daniel. Quelques notes sur le vide. Disponível em: <www.remue.net>.
_____. Entretien avec Georges Banu. *Nouvelle Revue Française*, Paris, 1999.
_____. Notes de travail. *Revue d'esthétique*, [S.l.], n. 26, 1994.
KOKKOS, Yannis. Entretien. *Opus*, [S.l], n. 84, 1982.
LALLIAS, Jean-Claude. Les Tensions fécondes entre le texte et la scène. *Théâtre aujourd'hui*, Paris, n. 10, 2005.

MAETERLINCK, Maurice. Menus propos: Le Théâtre. *La Jeune Belgique,* revue, Bruxelles, sept. 1890.

MAURIN, Frédéric. Scène, mensonges et vidéo. *Théâtre/Public,* Paris, n. 127, 1996.

MONDZAIN, Marie-José. Le Temps et la visibilité. *Frictions,* [S.l.], n. 8, 2004.

OBERENDER, Thomas. Mehr jetzt auf der Bühne. *Theater heute,* Berlin, n. 4. 2004.

PASQUIER, Marie-Claire. Claude Régy: Garder le secret du livre. *L'Art du théâtre,* Paris, n. 6, 1987.

PAVIS, Patrice. Impressions de théâtre à Séoul. *Culture coréenne,* n. 70, août 2005.

_____. Impressions de théâtre en Corée. *Théâtre/Public,* Gennevilliers, n. 175, oct.-déc., 2004.

_____. Woyzeck à la cour d'honneur. *Théâtre/Public.* Gennevilliers, n.175, oct.-déc. 2004.

_____. Du texte à la scène: un enfantement difficile. *Théâtre/Public,* Gennevilliers, n. 79, janv. 1988.

_____. Du texte à la mise en scène: l'histoire traversée. *Kodikas/Code,* Tübigen, v. 7, n. 1-2, 1984.

PEYMANN, Claus. *De Groene Amsterdammer,* Amsterdam, 21 abr. 1999.

PERCEVAL, Luk. La Contradiction, c'est la poésie de la vie. *Outre scène: Revue du Théâtre National de Strasbourg,* Strasbourg, n. 5, mai 2005.

PLANCHON, Roger. *Théâtre Populaire,* [S.l.] n. 34, 1959.

_____. Lecture des classiques: Entretien avec A. Girault, B. Sobel, R. Planchon, A. Vitez. *Pratiques* (Université de Metz), Metz, n. 15-16, 1977.

PLASSARD, Didier. Esquisse d'une typologie de la mise en scène des classiques. *Littératures classiques,* Toulouse, n. 48, 2003.

PODALYDÈS, Denis. Le Spectacle de la lecture. *Littérature.* [S.l.], n. 138, juin 2005.

POMMERAT, Joël. Vers l'autre langue. *Théâtre/Public,* Paris, n. 184, 2007.

_____. *Les Marchands.* Arles: Actes Sud, 2006.

QUILLARD, Pierre. De l'inutilité absolue de la mise en scène exacte. *Revue d'art dramatique,* [S.l.], mai 1891.

RASMUSSEN, Iben Nagel. La Dramaturgie du personnage. *Degrés,* Bruxelles, n. 97-98-99, 1999 (La Dramaturgie de l'actrice).

RAZGONNIKOFF, Jacqueline. *Journal des Trois Théâtres,* Paris, n. 18. janv. 2006.

REBOTIER, Jacques. Cocasseries et consonances. *Mouvement,* n. 21. [S.l.: s.d.]

RÉGY, Claude. Entre non-désir de vivre et non-désir de mourir. *Théâtre.* [S.l.], n. 5, oct.-nov. 2002.

SIVADIER, Jean-François. L'Acteur au rendez-vous de l'instant et du passé. *Outre scène: Revue du Téâtre National de Strasbourg,* Strasbourg, n. 5, mai 2005.

TACKELS, Bruno. Le "Jeune théâtre" de demain. *Revue d'esthétique,* Paris, n. 26, juil. 1994. Jeune théâtre.

TANGUY, François. Le Théâtre comme expérience. Entretien réalisé par Gwinóla David. *La Terrasse,* Paris, nov. 2005.

THALHEIMER, Michael. Sans passé, nous sommes incapables de vivre l'ici et maintemant. *Outre Scène: Revue du Théâtre National de Strasbourg,* Strasbourg, n. 5, mai 2005.

THEATER *der Zeit.* Berlin, n. 25, 2005. Radical Jung. Regisseure.

THÉÂTRE/PUBLIC, Paris, n. 50. 1983.

THOMASSEAU, Jean-Marie; GRÉSILLON, Almuth. Scènes de genèses théâtrales. *Genesis: Manuscrits, recherche, invention – Revue internationale de critique génétique,* Paris, n. 26, 2005.

VIGNER, Éric. Les Enfants de Duras. *Les Inrockuptibles,* Paris, n. 552, juin 2006.

_____. L'Architecture au théâtre. *Actualité de la scénographie*, Nantes, n. 100, 1999.

_____. *Revue d'esthétique*, Paris, n. 26, juil. 1994. ("Jeune Théâtre")

VINAVER, Michel. À brûle-pourpoint: Recontre avec Michel Vinaver. *Du Théâtre*, Paris, hors-série n. 15, nov. 2003.

VITEZ, Antoine. L'Ile. *Théâtre en Europe*, [S.l.] n. 18, sept. 1988.

_____. L'Art du théâtre. *L'Art du théâtre*, n. 1, printemps 1985.

_____. À propos d'*Électre*. *Les Lettres françaises*, n. 1125, mars 1966.

Glossário de Noções

Mais do que os termos de dramaturgia clássica, comumente definidos (por exemplo, em Pavis, *Dicionário de Teatro*, 2002), este glossário reagrupa as noções contemporâneas que "trabalham" os espetáculos na virada do milênio. Alguns termos definidos explicitamente no corpo do texto não foram retomados no glossário. O leitor encontrará facilmente sua definição graças ao Índice de Noções.

APRESENTAÇÃO E REPRESENTAÇÃO: o teatro, a partir de Aristóteles, é tradicionalmente considerado como a representação mimética de uma ação. Em contraste, a partir da performance dos anos de 1950, o ator faz antes de mais nada uma apresentação de si mesmo como pessoa privada e não como personagem: exibe a *persona*, sua pessoa e sua máscara, vê-se como um *performer* e não como um ator representando um personagem.

ARTE (TEATRO DE): conforme o nome do teatro simbolista de Paul Fort, fundado em 1890, o termo designa um estilo e uma concepção de encenação que rejeitam a exploração comercial para consagrar-se a uma arte elaborada e exigente.

ARTES DA RUA: espetáculos criados nas ruas ou em lugares públicos, sem se limitar ao teatro, porém abertos à dança, à performance e às artes plásticas.

ARTES VISUAIS (*VISUAL ARTS*): as artes plásticas, as instalações, as projeções e as mídias, a performance num museu, encontram muitas vezes o "teatro" propriamente dito na categoria das artes visuais.

ATUAÇÃO (ESTILOS DE JOGO DE ATUAÇÃO): maneira pela qual o desempenho do ator se inscreve numa estética definida por sua relação com o real, por exemplo: realista, naturalista, impressionista, expressionista, épica, pós-moderna.

AUTODIREÇÃO: maneira pela qual o ator, sem o olhar e a ajuda de um encenador, toma decisões sobre sua atuação e sua estratégia. Para Michael Chekhov, o gesto psicológico pode desempenhar seu papel, pois "guia você, dirige você, como o faria um amigo, um encenador invisível, que não recusa a você, nunca, um conselho quando precisar dele" (*Être acteur*, Paris: Pygmalion, 1989, p. 11 – Trad. bras.: *Para o Ator*, São Paulo: Martins Fontes, 2003).

AUTOR-IDADE: aquilo que o autor do texto ou da encenação, como senhor do sentido, está em condições de controlar e dirigir, por exemplo, numa encenação muito "dirigista", centrada em suas escolhas cênicas.

BODY-ART (ARTE CORPORAL): arte que toma por objeto o corpo humano, interrogado e provocado nos seus limites e nas suas possibilidades expressivas extremas.

CINESTESIA: percepção, pelo espectador, do movimento, especialmente o do dançarino ou do ator. A encenação e o desempenho do ator dão conta das reações dos espectadores, e estes percebem e também transmitem involuntariamente suas reações.

COLOCAÇÃO EM PISTA: organização do espetáculo de circo em função de artistas e suas ações no espaçotempo.

COLOCAÇÃO EM VISÃO: expressão de Eugenio Barba (em *Féral*, v. II, 1998, p. 103). Após ter-se feito a compreensão da história, e de tê-la posto no lugar e no tempo (decididos os deslocamentos e o ritmo), a colocação em visão consiste em "ressaltar aquilo que não é necessário, ou seja, simplesmente recortar", como para a montagem de um filme.

COLOCAÇÃO EM VOZ: leitura em voz alta da peça pelos atores, sob a direção do encenador, não somente para encontrar as entonações, mas para inventar os gestos vocais, sua estilização e seus efeitos no espectador.

COLOCAÇÃO NO ESPAÇO: escolha de opções espaciais para a leitura da peça e tentativas de traduzi-las nas posições e deslocamentos dos atores.

COLOCAÇÃO NO LUGAR: a localização de personagens, o estabelecimento de suas posições respectivas no espaço, o esquema de entradas e saídas dos atores.

CORALIDADE: a possibilidade, para o espetáculo, de tratar o palco de maneira coral, como um conjunto de elementos unidos e distintos, ao fazer atuar em conjunto ou uns contra os outros todos os componentes da encenação. Os coros não são unicamente vocais e musicais, eles reagrupam todos os materiais da representação. Não se trata de encontrar um ritual esquecido ou uma comunidade desaparecida, mas de dirigir e expor a comunidade de espectadores.

CORPORALIDADE: a soma das qualidades físicas do corpo do ator, especialmente sua aparência, a materialidade de seu corpo fisiológico e a ação "performática" que realiza.

CRIAÇÃO COLETIVA: trabalho que não está sob a direção exclusiva de um encenador, mas que deixa aos artistas, especialmente aos atores, uma grande parte de decisão. Quando se insiste na concepção coletiva e progressiva para a elaboração do conjunto do projeto, fala-se, em inglês, de *devised theatre*.

CRONOTOPIA: termo de Mikhail Bakhtin para a "fusão dos índices espaciais e temporais num todo inteligível e concreto". A encenação procura muitas vezes essa fusão, a fim de produzir um efeito de integração e metaforização dos materiais cênicos.

DESCENTRAMENTO: a encenação está descentrada quando não é mais construída em função de uma significação estável e identificável. O encenador ou os sentidos não são mais os elementos estáveis e centrais, perderam sua hegemonia, assim como qualquer autoridade filosófica, política, artística.

DESCONSTRUÇÃO: termo de Jacques Derrida. Processo que consiste em desfazer um sistema hegemônico, ao mostrar suas contradições, suas leituras múltiplas, suas interpretações moventes.

DEVISED THEATRE: termo inglês, dificilmente traduzível, para um método de trabalho que constrói o espetáculo passo a passo, sem esquema precedente impulsionado por um encenador autoritário. Todas as tarefas, escritura, escolhas de espaço e lugar de representação, atuação, trilha sonora etc., são abordados simultaneamente e sem hierarquia de valores.

DIFERENÇA: termo de Jacques Derrida. O fato de diferir o sentido, de remetê-lo para mais tarde, até que se torne claro que não se pode atingi-lo.

DIREÇÃO: organização material da encenação pelo *régisseur* ou diretor do palco. Não confundir com a encenação, organização artística do espetáculo.

DIREÇÃO DE ATORES: trabalho que se realiza durante os ensaios e que conduz sua relação, harmoniosa ou conflituosa entre o encenador e os atores, ao objetivo de descobrir seu personagem ou suas tarefas. Forma o centro da encenação.

DISSEMINAÇÃO: termo de Jacques Derrida. A impossibilidade de localizar e reificar o sentido no texto ou na obra de arte, para além de nosso desejo de coerência e de centralização da significação. Esta última não reside no texto, mas na sua performance, na sua dispersão e construção/desconstrução por meio de contextos os mais diversos.

DISTANCIAMENTO: ou mais exatamente "efeito de estranhamento". Termo de Brecht para o processo que consiste em tornar estranho e, portanto, criticável o que era muito familiar, com a ajuda de processos artísticos que denunciam a maneira habitual de representar um objeto depois de percebê-lo. Outras formas de distanciamento, menos políticas do que as de Brecht, como a desconstrução ou a disseminação, são o quinhão corrente de espetáculos contemporâneos.

EFEITO PRODUZIDO: aquilo que o espetáculo induz no espectador, como emoções e reações, a maneira pela qual o afeta. Hoje, às vezes parece mais fácil descrever esses efeitos do que interpretar a obra que os suscita.

ENDEREÇAMENTO: não apenas a maneira pela qual um personagem dirige-se às vezes diretamente ao público, mas a maneira pela qual o espetáculo, no seu conjunto, dirige-se para a plateia, como se não houvesse separação nem quarta parede.

ESCRITURA CÊNICA: termo empregado sobretudo nos anos de 1960 e 1970. A utilização, por um encenador, de meios cênicos para criar uma obra autônoma não depende, ou não mais, de um texto ou da "escritura dramática".

ETNOCENOLOGIA: "estudo, nas diferentes culturas, de práticas e comportamentos humanos espetaculares organizados" (Pradier, 1997). Amplia o estudo do teatro ocidental com relação às práticas espetaculares do mundo inteiro, particularmente aquelas que procedem do rito, do cerimonial, de *cultural performances*, evitando projetar nelas uma visão eurocêntrica.

EXPECTATIVA: aquilo que o público está pronto para receber, o horizonte que reconstitui em função de seus conhecimentos e experiências anteriores.

FENOMENOLOGIA: método filosófico, literalmente "ciência dos fenômenos", que através da descrição das coisas procura descobrir as estruturas da consciência. Da mesma forma que a encenação é a parte abstrata do espetáculo (que não vemos, mas que organiza todo o espetáculo), a fenomenologia constitui o sentido do fenômeno e relaciona esse fenômeno com o ato de consciência que o visa.

FIGURA: termo empregado para evitar o de *personagem*, julgado muito psicológico e mimético. A figura é a entidade estrutural que concentra ou dispersa elementos figurativos e abstratos ao mesmo tempo. O ator traça, no palco, figuras, quase coreográficas, que são a primeira e, comumente, a mais pertinente estrutura que dá a ver e a acompanhar o sentido.

FORMA BREVE: leitura de alguns minutos, representação teatral ou curto pedaço musical ou fílmico, vídeo. Essas formas breves, tal como um haikai, um *flash* de luz, são criados como reação contra a obra completa ou explícita.

GENÉTICA: a crítica genética examina a gênese de uma peça, necessariamente móvel e inacabada, até sua representação. Interessa-se pelo trabalho da encenação, especialmente pela maneira com relação a qual as escolhas cênicas reavaliam a leitura do texto dramático.

GESTO (TEATRO DO): o equivalente da expressão inglesa *physical theatre*. Forma de atuação baseada essencialmente no corpo do ator, às expensas do texto, da psicologia, do repertório, até mesmo da noção global e central da encenação.

GESTUS: termo empregado por Brecht para designar a qualidade social dos gestos de personagens, naquilo que revelam das relações de força ou de classe.

HERMENÊUTICA: método de interpretação de textos e imagens; é "o conjunto de conhecimentos e técnicas que permitem fazer falar os signos e descobrir seu sentido" (M. Foucault, *Les Mots e les choses*, p. 44 [Trad. bras.: *As Palavras e as Coisas*, São Paulo: Martins Fontes, 1987]). As encenações impõem uma hermenêutica de textos e práticas cênicas na perspectiva de sua produção (genética), de sua recepção nos quadros mais ou menos amplos, perspectivas do autor, da obra e, finalmente, do espectador. A encenação é, desse modo, uma regulagem hermenêutica do sentido, negociado entre a obra que é dada, o encenador e os atores que a interpretam e o público específico que a recebe.

INSTALAÇÃO: exposição de objetos, imagens animadas, obras plásticas. O visitante circula ao seu redor no seu ritmo e segundo seu próprio percurso. O teatro "se instala" às vezes também, tornando-se arte cinética, *site specific performance, land art*, dando a ver o texto, "pendurando-o" no espaço ao invés de tentar explicá-lo e encarná-lo.

INTERCULTURAL (TEATRO): teatro que, tanto na sua temática quanto na sua forma de interpretação e encenação, apela para elementos que pertencem, pelo menos em sua origem, a culturas diferentes.

KOAN: palavra japonesa para um problema destinado a fazer refletir. No pensamento zen, um problema colocado pelo mestre ao aluno, problema que não pode receber resposta na lógica tradicional, mas que provoca, no entanto, uma tomada de consciência súbita, uma iluminação (ou *satori*). Exemplo: o som de uma única mão aplaudindo.

KUT: cerimônia xamânica na Coreia conduzida pela *mudang* (xamã feminina), à qual uma comunidade assiste e participa e que compreende elementos espetaculares.

LIVE: atuação produzida diante do público ou retransmitida ao vivo por meios audiovisuais.

MUDANG: xamã coreana, geralmente uma mulher, realizando um ritual denominado *kut*.

MULTIMÍDIA (TEATRO): espetáculo que utiliza uma ou várias mídias à sua disposição, por exemplo, o cinema, o vídeo, as projeções, o computador.

PAISAGEM SONORA (*soundscape*, termo forjado sobre *landscape*): organização de sons, músicas, gravações, aquilo que forma um conjunto, uma composição que se acha inscrita no espaço graças à possibilidade de produzir fontes sonoras na paisagem do palco e da plateia.

PANSORI: poema narrativo cantado e falado por um único intérprete acompanhado de um percussionista.

PERFORMATIVO E PERFORMATIVIDADE: o verbo performativo realiza a ação na sua própria enunciação. Exemplo: "Eu te ordeno que..." Da mesma forma que o gênero (*gender*) constitui-se pela repetição normativa de comportamentos quase impostos pela sociedade, o espetáculo é uma repetição e uma realização de ações previstas pela encenação por uma série de convenções.

PERFORMER: o artista que, ao invés de interpretar um personagem como o faz o ator, revela-se como uma pessoa privada, realiza uma performance virtuosa e não repetível.

POLIFONIA: "Uma concepção unitária do teatro, quer esteja ela baseada no texto, quer no palco, está em vias de se esfacelar. Progressivamente, dá lugar à ideia de uma polifonia, até de uma competição entre as artes irmãs, mais do que contribuir para o fato teatro" (B. Dort, Le Texte et la scène: pour une nouvelle alliance, *Encyclopoedia universalis*, *Symposium*, p. 241).

POLÍTICO (TEATRO): se ele parece ter desaparecido a partir dos anos de 1980 e 1990, é porque está menos visível e menos militante frontalmente, porque visa mais a resistência do que a revolução, mais a performatividade do que a mensagem ideológica.

"PÔR EM JOGO", O: primeira etapa do trabalho com os atores; consiste em fazer dizer, interpretar e deslocar-se os atores no começo do processo de ensaios.

PÓS-DRAMÁTICO: termo de R. Schechner, depois de H. Th. Lehman (2001). Esse teatro não é um gênero novo e unificado, uma noção de conjunto, mas, para além do drama e do teatro, uma tendência da prática de colocar em questão a ação mimética, a fábula, o personagem, o conflito dramático, a atuação psicológica de tradição stanislavskiana.

SILÊNCIO: ausência de palavra ou ruído, mas também de movimento ou de sentido. O silêncio é... [sem complemento...]

Índice de Nomes

Abirached, Robert 360n
Abramovic, Marina 231, 263-268, 372
Adorno, Theodor 364
Adrien, Philippe 305, 306n, 307
Ahn, Chi-Won 71
Akers, Janice 329
Allain, Paul xxi, 105n, 249n, 256n
Allio, René 100
Anne, Catherine 108, 114, 115, 116, 130
Antoine, André 2, 4n, 10-13, 15, 16, 41
Appia, Adolphe 16
Aragon, Louis 26, 234
Araki, Nobuyoshi 260
Arcaix, Yves 250n
Aristóteles 3, 220n, 413
Aron, Paul 272n
Aronson, Arnold 86n
Artaud, Antonin 17, 18, 46, 47, 51, 217, 227, 234, 251, 288, 392
Auslander, Philip 186, 187
Austin, John L. 41

Baart, Corien 331
Bablet, Denis 84, 180n
Badiou, Alain 267
Bakhtin, Mikhail 415

Balme, Christopher 185n, 186, 384
Banham, Martin 141n
Banu, Georges 33, 34, 36n, 98n
Barba, Eugenio 61, 67, 151, 175, 234, 239-241, 273, 342, 401, 414
Barbero Corseti, Giorgio 181
Barker, Clive 56
Barrault, Jean-Louis 20, 47
Barthes, Roland 20, 40, 50, 216, 244, 253, 279n, 287, 307, 363, 364, 367, 370
Bartra, Roger 146
Basso, Marcelle 324n
Baty, Gaston 17
Baudelaire, Charles 205, 323
Baugh, Christopher 179n, 384n
Bausch, Pina 366
Beck, Julian 20, 234
Beckerman, Bernard 241
Beckett, Samuel 236
Béjart, Maurice 237
Belleau, Rémi 290
Bellugi, Galatea 258
Bene, Carmelo 207
Benhamou, Anne-Françoise 271, 281, 284, 312n
Benveniste, Émile 228

Bernard, Jean-Jacques 261n
Berthier, Patrick 1n, 90, 279
Besson, Benno 369
Betz, Will 343
Bial, Henry 138n, 147n
Binche, Gilles de 236
Blanc, Dominique 90, 288, 306
Blanchot, Maurice 225
Blusch, Hervé 181
Boireau, Nicole 48n, 50n, 51n
Bokhbza, Claude 243
Bolter, Jay 188n
Bon, François 164
Bondy, Luc 288, 360
Bonnaffé, Jacques 27
Bonté, Pierre 141n
Bottoms, Stephen 385
Boucris, Luc 85
Bouquet, Michel 298, 299
Bourdieu, Pierre 119n, 147
Bourg, Jean-Marc 126
Boyer, Myriam 329
Bradby, David 16n, 22n, 130, 316n, 326
Braun, Edward 22n
Braunschweig, Stéphane 58, 65, 102, 182, 183, 284, 285, 289, 293, 297, 300, 304, 312, 315, 338n, 373, 375n, 383, 391
Brecht, Bertolt 17-19, 47, 78, 110, 202, 207, 241, 242n, 272, 277, 278n 3000, 322, 374, 391, 416, 418
Bredoldt, Kai 238
Breton, André 234
Brook, Peter 7, 51, 53, 60, 62, 63, 67, 98, 134, 160, 166, 172, 174, 186, 234, 273, 279, 297, 302, 305, 342, 368, 401
Brouwers, Jeroen 331
Bruguière, Dominique 90
Brun, Gilone 108, 126, 130
Büchner, Georg 122, 282, 293, 367, 380
Burden, Chris 248, 254
Bush, George W. 58
Butler, Judith 64
Buyn, Jung-Joo 60, 70, 72
Byun, Jung-Joo 72, 75, 78, 80

Cage, John 20
Cahen, Claude 248
Cailleux, Jérôme xx
Callery, Dymphna 233n

Calvino, Ítalo 272
Cantarella, Philippe 373
Cantarella, Robert 131n, 169, 372n, 376
Carlson, Marvin 206n
Cassiers, Guy 331, 332, 334
Castellucci, Romeo 313
Castorf, Frank 181, 192, 193, 197-199, 203, 206, 216, 218, 229, 230, 294, 296, 297, 300, 303, 308, 309, 313, 315, 392
Caubet, Antoine 369
Causey, Matthew 180n, 187, 188
Chaikin, Joseph 50
Chambers, Colin 141n
Charvet, Pascal xxiv, 388n
Chekhov, Michael 17, 339, 414
Chéreau, Patrice 54, 56, 57, 59, 87, 89, 90, 100, 108, 109, 113, 206, 209, 210, 229, 288, 297, 327
Chétouane, Laurent 363
Choe, Jun-Ho 163
Choi, Jung-Woo 225
Chollet, Jean 101n
Christoffersen, Erik Exe 238n
Chung, Hyung-Woo 224
Claudel, Paul 362
Cloos, Hans-Peter 181
Cocteau, Jean 375
Cohen, Albert 94, 95
Collet, Yves 87, 88, 89
Collot, Joël 117, 118, 119, 120
Copeau, Jacques 12, 17, 21, 29, 41, 46, 48, 117, 160, 170, 297, 324, 367, 378, 402
Corman, Enzo 376n
Corneille, Pierre 279
Corvin, Michel 1n, 116, 324n, 376n, 37
Couder, Olivier 123, 124
Courtine, Jean-Jacques 249n
Craig, Edward Gordon 13, 16, 128, 367, 368, 378, 392, 393
Csikszentmihalyi, Mihaly 56
Cunningham, Merce 20

Dalmat, Aurélie 305n, 306
Danan, Joseph 29
Dannhofer, Florence 250n
Debray, Régis 178, 274
Decroux, Étienne 61, 120, 233, 235, 243, 244, 245n

ÍNDICE DE NOMES

Deguy, Marie-Armelle 116
Delavigne, Dominique 250n
Delcuvellerie, Jacques 369
Deleuze, Gilles 207n, 253
Delgado, Maria 326
Deligne, Manu 127
Delvaux, Martine 358n
Demarcy, Richard 89
Demarcy-Mota, Emmanuel 87, 88, 370
Derrida, Jacques 51, 54, 57, 187, 194, 195, 202, 203, 204, 205, 206, 208, 209n, 212, 213, 214, 216, 217, 218n, 224, 227, 228, 229, 230, 367, 390, 395
Descartes, René 168
Deschamps, Jérôme 233n, 245, 247n, 294
Descola, Philippe 68, 69n
Dias, Jean-Paul 120, 121
Diot, André 90n
Donnellan, Declan 60, 63-65, 304
Dort, Bernard 33, 50, 217n, 22, 235, 638, 419
Dostoiévski, Fiodor Mikhailovitch 136, 198, 199, 229, 218
Douglas, Mary 145
Dréville, Valérie 213, 214, 288
Duchaussoy, Michel 288
Dullin, Charles 15, 17
Dumora-Mabille, Florence 272n
Dupuis, Sylviane 381n
Duras, Marguerite 29, 91, 93, 334, 335, 336, 337, 338, 339
Durif, Eugène 108, 123, 124, 130
Dylan, Bob 238

Elam, Keir 50
Engel, André 51, 110, 112, 113, 131
Ésquilo 58, 320
Eurípides 58, 320
Evrêinov, Nikolai 21, 47

Fabre, Valentin 100
Féral, Josette 55, 375n, 414
Ferslev, Jan 238
Fisbach, Frédéric 287, 297, 303, 339, 340, 341, 342
Fischer-Lichte, Erika 212n, 379n, 384n
Foreman, Richard 20, 21
Forestier, Georges 295n, 296

Fort, Paul 13, 15, 360, 413
Fosse, Jon 29, 99
Foucault, Michel 20, 50, 54, 418
Fournier, Michel 358n
Fox, John 52
Früchtl, Joseph 22n
François, Guy-Claude 87, 96
Françon, Alain 130, 220n, 228, 358n
Freud, Sigmund 202, 220n, 309
Freydefond, Marcel 101n
Fusco, Coco 143

Gautré, Alain 233n
Geerts, Clifford 138
Gémier, Firmin 15
Genet, Jean 64, 109, 323, 324, 326
Giannachi, Gabriella 63n, 180n
Girault, Alain XXI
Glass, Philip 20
Godard, Jean-Luc 296
Goethe, Wolfgang von 89, 225
Goffman, Erving 229
Goldmann, Lucien 287, 307
Gómez-Peña, Guillermo 134, 135-153, 254, 255, 260, 342, 372
Gosch, Jürgen 308, 309, 310, 315, 384n, 392
Gotscheff, Dimitri 108, 113, 131, 327
Green, Eugène 208, 276, 287, 290, 295, 296n
Grégory, Pascal 209
Grésillon, Almuth 398
Gropius, Walter 180
Grosset-Grange, Odile 323, 324n
Grotóvski, Jerzy 172, 174, 175, 186, 234, 235, 242, 273, 280, 362
Grusin, Richard 188n

Habermas, Jürgen 146
Hastrup, Kristen 59
Hammer, Hellen 278
Han, Dukwha 167
Han, Jean-Pierre 364n
Han, Tai-Suk 170
Hargreaves, Alec G. 53n
Harima, Aiko 340, 341
Hartmann, Jürgen 315n
Harvie, Jen 249n, 256n
Haug, Helgard 343

Hayles, N. Katherine 176
Heggen, Claire 243, 245
Heidegger, Martin 204
Hemingway, Ernest 271
Henry, Philippe 360n
Hergenröder, Uwe 315
Hervieu, Dominique 190
Heymann, Pierre-Étienne 360, 361
Heyme, Hans-Günther 181
Hirata, Oriza 339, 340, 342
Hirschbiegel, Oliver 195
Hiss, Guido 15, 179n
Homero 320
Hong, Hae-Sang 168
Hourbeigt, Joël 101
Hozier, Anthony 141n
Hwang, Gi-Yoo 157, 160, 169
Hyun,-Sook Shin 85n

Ibn Conner, Ismail 328
Ibsen, Henrik 121, 156, 180, 285, 286, 304
Im, Hye-Gyông 155n
Im, Yông-Ung 170
Irvin, Polly 5
Izard, Michel 141n

James, Jeremy 258, 259, 260, 261
Jans, Erwin 332
Janvier, Ludovic 40
Jaques-Dalcroze, Émile 120
Jarrety, Michel 1n
Jeanneteau, Daniel 86, 87, 91, 93, 97, 98, 99, 102
Jo, Sunghan 224
Jomaron, Jacqueline de 13n
Jouvet, Louis 17, 64, 85, 117, 324, 378
Jung-Joo, Buyn 60, 70, 72, 80

Kacimi, Mohammed 366
Kaegi, Stefan 343, 345, 346
Kafka, Franz 205
Kane, Sarah 51, 220, 221, 222, 226, 399
Kantor, Tadeusz 28, 154, 174, 186, 233, 377
Kennedy, Denis 6n, 141n, 188n, 233n, 305n
Kienberger, Jörg 294
Kim, Chong-Ok 165
Kim, Dong-Guen 70n, 71

Kim, Ho-Jeong 223
Kim, Hye-Min 156
Kim, Hyun-Sook 159
Kim, Kwang-Lim 72, 76, 79, 159, 160, 161, 165, 167, 169, 171
Kim, Sôk-Man 165
Klein, Yves 126
Knipper, Olga 62
Kokkos, Yannis 91, 101n
Kolesch, Doris 186n
Koltès, Bernard-Marie 105, 108, 110, 113, 130, 208, 210, 229, 326, 327, 329, 362
Kosky, Barry 303
Kraemer, Jacques 311, 312
Kristeva, Julia 49
Köpping, Klaus-Peter 149n

Labbé, Louise 290
Lacan, Jacques 20, 50, 59
Lacascade, Éric 297
Lagarce, Jean-Luc 55
Lallias, Jean-Claude xxivn, 356, 388, 390
Lambert, Benoît 289, 290, 293, 315, 383n
Lambert-wild, Jean 65-69
Lanteri, Jean-Marc 108n, 124
Lassalle, Jacques 293, 315, 383n
Laub, Michael 263, 265, 266
Lavender, Andy 44
Lavocat, Bénédicte 290, 292
Lazaro, François 366
Le Brun 244
Le Chevrel, Hugues 323
Leabhardt, Thomas 233
Lecoq, Jacques 60, 61, 233, 235
Lecuq, Alain 366
Lee, Sang-Woo 160, 161, 162, 169, 170, 171
Lehmann, Hans Thies 176, 419
Lemahieu, Daniel 126, 366
Lemêtre, Jean-Jacques 96, 257, 262
Léonardini, Jean-Pierre 35n
Lepage, Robert 57, 181, 182, 183, 261, 268, 360, 384
Lessing, Gotthold Ephraim 302
Lévi-Strauss, Claude 69, 142, 228
Liard, Michel 250-253
Lim,Yoo 224
Lipszyc, Serge 315n
Littlewood, Joan 56, 277
Lord, James 91

ÍNDICE DE NOMES

Loyon, René 315
Lubitsch, Ernst 194
Luckhurst, Mary 63n
Lugné-Poe, Aurélien 13, 15
Lully, Jean-Baptiste 167, 295
Lyotard, Jean-François 50

Madrid, Karin 250n
Maeterlinck, Maurice 13, 29, 99, 100, 121
Maggiani, Sergei 30, 31
Magne, Claude 127
Makeïeff, Macha 245, 247n, 294
Mallarmé, Stéphane 13
Mankiewicz, Joseph Leo 194
Mantcheva, Dina xx
Maragnani, Frédéric 120, 121, 169
Marc, Yves 243, 245
Marey, Étienne-Jules 258
Marin, Maguy 235-237, 366
Marivaux, Pierre Carlet 59, 76, 275n, 311, 372
Marowitz, Charles 234
Marthaler, Christoph 122, 206, 216, 218, 229, 230, 294, 303
Martin, Roxane 2, 4
Maurice, Claude 117, 118, 119, 120
Maurin, Frédéric 180n, 181n, 182
Mauron, Charles 307
Mayenburg, Marius von 286
McBurney, Simon 57, 60, 61, 65, 268
McDonough, Tim 329
McKenzie, John 54
McKinney, Mark 53n
McLuhan, Marshall 26
Méliès, Georges 183
Merleau-Ponty, Maurice 53, 184, 247n
Mervant-Roux, Marie-Madeleine 381n
Meschonnic, Henri 214
Mesguich, Daniel 21, 54, 163, 207, 253, 296, 303, 376
Meyer-Plantureux, Chantal 33n, 36n
Meierhold, Vsevolod 14, 17, 21, 39, 41, 47, 180
Michaud, Yves 35
Minyana, Philippe 123, 130, 169
Mitter, Shomit 36
Mitterrand, François 21
Mnouchkine, Ariane 20, 52, 67, 87, 96, 134, 160, 161, 166, 174, 256, 257, 258, 273, 305, 311, 312, 401
Modol, Olivier 127
Molière 2, 117, 128, 156, 167, 272, 279, 285, 290, 291, 292, 312, 320, 349
Mondzain, Marie-José 189, 200, 220n, 228n, 358n, 372n, 379n, 380n, 381
Moninger, Markus 181n, 185n, 186n, 189n
Monory, Jean-Denis 208, 276, 290, 291, 292
Montalvo, José 190
Montet, Bernard 287, 303
Mota, Teresa 89
Mozart 303
Mühl, Otto 308
Müller, Heiner 132, 133, 151
Mukarovsky, Jan 379
Muybridge, Eadward 258
Nagel Rasmussen, Iben 238, 239, 240, 241, 246
Nancy, Jean-Luc 121
Nauziciel, Arthur 326, 327, 329, 330
NDiaye, Marie 108, 110, 111, 112, 113
Neumann, Bert 192, 197
Nitsch, Hermann 308
Noonan, Mary 105n
Nordey, Stanislas 55, 57
Novarina, Valère 366

Oberender, Thomas 198n
Oh, Tae-Sok 165
Ollivier, Alain 87, 99, 373
Ossart, Bastien 290
Ostermeier, Thomas 285, 293, 297, 367

Paik, Nam June 181
Pajon, Lisa 323, 324n
Park, Jun-Mi 70n, 71, 73
Park, Jung-Hee 170, 220, 221, 222, 224, 226, 227
Parry, Natacha 62
Pasquier, Marie-Claire 28n
Pavis, Marie-Christine xx
Pavis, Patrice 59n, 147n, 212n, 238n, 245n, 250n, 273n, 275n, 294n, 367n, 379n, 382n, 413
Pearson, Mike 52
Peduzzi, Richard 87, 89, 90

Perceval, Luk 301
Perrottet, Jean 100n
Peters, Caroline 193
Petrow, Daniel 329
Peymann, Claus 297, 356
Peyret, Jean-François 183, 184
Pezin, Patrick 243n, 245n
Phelan, Peggy 187
Piccoli, Michel 62
Picon-Vallin, Béatrice 180n, 183n
Pirandello, Luigi 88
Piscator, Erwin 180
Pitoëff, Georges 17
Pitoiset, Dominique 180
Planchon, Roger 20, 51, 52, 76n, 277, 279, 297, 371
Plassard, Didier 273, 293n, 297n, 312, 386
Podalydès, Denis 26, 28n
Poincheval, Annabel 22n, 316n
Polieri, Jacques 180
Pollesch, René 192, 193, 194, 195, 196, 308
Pommerat, Jöel 347, 350, 351, 352n, 397
Ponce de Leon, Carolina 138
Postlewait, Thomas 6n
Pradier, Jean-Marie 86, 175, 417
Proust, Marcel 30, 31
Proust, Sophie xx, 4n, 374n, 375n

Quillard, Pierre 13, 14, 22, 92n

Racine 90, 112, 168, 208, 250, 251, 252, 253, 272, 276, 287, 288, 289, 295, 301, 302, 306, 307, 320
Rapin, Cathy xx, 155n
Ravenhill, Mark 51
Razgonnikoff, Jacqueline 4n
Rebotier, Jacques 366
Régy, Claude 14, 28, 29, 30, 98, 99, 206, 213, 214, 215, 216, 229, 230, 363, 372, 379n
Reinelt, Janelle 53n
Renaude, Noëlle 108, 117, 118, 119, 120, 121, 123, 130, 169
Revault d'Allones, Myriam 220n, 381n
Rimbaud, Arthur 37, 38, 39
Rinpoché, Chogyam Trungpa 252
Rischbieter, Henning 34
Rist, Christian 37, 38
Rivière, Jean-Loup 5n

Rivière, Joan 64
Roach, Joseph 53n
Rocamora, Carol 62
Rois, Sophie 192, 193
Ronconi, Luca 360
Ronsard, Pierre 290
Roofthooft, Dirk 331, 332, 334
Roudinesco, Elisabeth 204, 205n, 209n
Rousseau, Jean-Jacques 143
Ruf, Éric 288

Sabbattini, Niccoló 86
Saint-Amant, Marc-Antoine Girard de 290, 291
Saint-Jacques, Denis 272n
Saison, Maryvone 353n
Sangaré, Bakary 111
Sarrazac, Jean-Pierre 13n
Schanelec, Angela 308
Schechner, Richard 3, 7, 9, 50, 73, 75, 8(81, 102, 234, 382, 419
Schiaretti, Christian 181
Schilling, Árpád 282, 308, 315, 397
Schneemann, Caroline 260, 248, 268
Schneider, Rebecca 260n, 268
Schoevaert, Marion 60, 70, 72, 75, 78, 7
Schubert, Franz 236
Searle, John 41
Segal, Georges 236
Sellars, Peter 57, 58, 181, 360
Serban, Andreï 299
Shakespeare, William 63, 65, 96, 156, 258 283, 301, 304, 305, 310, 311, 349, 397
Shepherd, Simon 50n, 241, 260, 261n
Sherman, Cindy 260
Shevstova, Maria 36
Shogo, Ota 30
Sifuentes, Roberto 143
Sivadier, Jean-François 282, 297
Skalo, Eik 238
Smith, Pierre 141n
Son, Chin-Ch'aek 165
Spengler, Volker 193
Spiess, Françoise 131n
Stanislávski, Constantin 17, 154, 362
States, Bert 53n, 380
Stein, Peter 297, 363
Stellarc 176, 248
Strehler, Giorgio 89, 100, 367

Stötzner, Ernst 284
Svoboda, Josef 180
Szondi, Peter xxvi, 121

Tackels, Bruno 364n, 370n, 387
Tanguy, François 211, 212n, 229, 313, 397
Taírov, Alexandre 17
Tchékhov, Anton Pavlovitch 14, 62, 121, 156, 362
Teillaud, Ophélia 287, 289
Thalheimer, Michael 297, 302
Therminarias, Jean-Luc 66, 67
Thibaudet, Albert 33
Thieme, Thomas 284n
Thomasseau, Jean-Marie xx, 1n, 4, 398
Tieck, Ludwig 144
Timar, Alain 87, 91, 93, 94, 95, 96, 323, 324, 326
Toller, Ernst 296
Tordjman, Charles 30
Tura, Paula 94

Ubersfeld, Anne 49n

Vakhtângov, Evgueni 17
Valie Export, Waltrau Lehner, dito 248
Vassiliev, Anatoli 279, 280
Viala, Alain 272n
Viebrock, Anna 294
Vigner, Éric 87, 91, 92, 93, 163, 167, 334, 335, 336, 337, 338, 339
Vilar, Jean 12, 20, 47, 48, 118, 164, 165, 274, 297
Villégier, Jean-Marie 64, 253, 376

Vinaver, Michel 16n, 70, 72, 76, 78, 79, 82, 108, 127, 128, 129, 130, 131, 362, 393, 394n
Vitez, Antoine 21, 26, 37, 41, 50, 52, 53, 54, 117, 128, 203, 206, 207, 208, 216, 228, 229, 253, 272n, 273, 274n, 276n, 277, 288n, 295, 298n, 302, 303, 338, 362, 368, 373, 374, 384n, 400n
Vivaldi 190, 191
Voltaire 272
Vorstell, Wolf 191

Wacquant, Loïc 119n
Wadenfels, Bernhard 189n
Wagner, Richard 13, 296, 303, 368
Wallis, Mick 50n, 241, 260, 261n
Weiler, Christel 186n
Werler, Georges 298
Wetzel, Daniel 343
Wilfred, Thomas 180
Williams, David 16n
Williams, Tennessee 329, 330
Wilson, Robert 14, 20, 21, 51, 154, 157, 158, 234, 278, 297, 313, 360, 377, 383n
Wulf, Christian 145n

Yoon, Jeong-Seop 157, 158, 160
Yoon, Young-Sun 156, 157, 160, 170

Zadek, Peter 297
Zarrilli, Phillip 30
Zeami 244
Zehme, Patricia 123, 124
Zola, Émile 2, 9, 10

Índice de Noções

alteridade 57, 85, 210
anagnorisis 264, 333
análise de espetáculos XXIV, 32, 33, 83
análise 8, 32, 33, 35, 148, 149, 185, 219, 220, 221, 295, 297, 320, 373, 398
antropologia, antropológico 6, 7, 48, 68, 69, 72, 86, 134, 137, 138, 140, 143, 234, 273
apresentação 3, 125, 129, 183, 194, 223, 229, 260, 413
arranjo 5, 152, 153, 211
arte conceitual 361, 364
assemblage 95, 151, 334-336
assembleia teatral 379-381
atitude 17, 31, 68, 73, 82, 160, 177, 276, 337, 339
audiovisual 32, 174, 175, 178, 180, 183, 184, 185, 200, 357
autor 2, 9, 10, 11, 16, 20, 22, 28, 44, 45, 98, 103, 105, 106, 107, 113, 114, 127, 132, 170, 284, 349, 350, 372, 373, 392
autor-idade 46, 55, 77, 313

biografia 61, 63, 263
body art 247, 248, 249, 250, 258, 259, 260, 267, 414
bulevar (teatro de) 62, 121, 361

camp 259
capocomico 2
captação 197, 198
cenografia 84
cerimônia 6, 7, 8, 40, 67, 75
cinema 102, 175, 182, 183, 184, 188, 195, 348, 349
cinestésico 95, 175, 191, 241, 339
clássicos 107, 129, 156, 207, 217, 272, 358, 394
coda 211, 212
colocação no corpo 59, 177
composição 71, 94, 120, 123, 238
comunicação 72, 85, 121, 122, 173, 174, 322, 323, 369, 370, 379
concretização 36, 276, 327
contemporâneo 106, 107, 129, 237, 274, 341, 357, 364, 396
contextualização, recontextualização 293, 327-328
convenções 9, 14, 109, 125, 131, 188, 189, 304, 315, 341, 342
coreografia 7, 71, 74, 75, 76, 77, 78, 82, 158, 188, 225, 235, 237, 329, 338, 377
corpo XXIII, 6, 7, 12, 14, 31, 32, 36, 50, 51, 55, 59, 73, 74, 76, 86, 89, 90, 91, 92,

93, 116, 145-148, 174, 175, 176, 177, 194, 200, 201, 233, 234, 235, 236, 237, 238, 239, 241, 242, 243, 244, 245, 246, 247, 248, 249, 250, 251, 252, 253, 254, 255, 256, 258, 259, 260, 261, 286-288
criação teatral XXIV, 84, 86, 365, 376, 398
crítica dramática 32, 33, 36, 37, 360
critical theory 51, 65, 80, 137
cultura 67, 71, 72, 78, 79, 81, 82, 147, 148, 155, 290, 317
cultural performance 3, 40, 52, 67, 75, 81, 135, 136, 319, 382, 396, 400, 417
cultural studies 51, 52, 401
cybertheatre 178, 179, 184, 185

dança 16, 20, 71, 74, 75, 81, 160, 161, 169, 174, 233, 235, 236, 287, 366, 377, 379
declamação 64, 276, 287, 290-292, 295, 296
deficiência 125
descentralização 20, 103, 262
descentramento 202, 208, 224, 228, 262, 415
desconstrução XXV, 8, 21, 53-55, 63, 77, 89, 170, 198, 202, 203-230, 279, 300, 307, 308, 316, 317, 358, 364, 367, 379, 402, 416
despedaçamento 275, 279
dessacralização 294, 308, 311
destinerrância 8, 57, 83, 202, 203
destino 195, 210, 218, 229, 395
devised theatre 255, 256, 262, 415, 416
diálogo 11, 48, 62, 105, 121-123, 185, 208, 209
dicção 29, 38, 64, 71, 99, 229, 251, 276, 279, 287, 288, 289, 293, 295, 329
diferença 202, 209, 210, 211, 214, 224, 225
direção de atores 4, 11, 62, 63, 79, 365, 374, 375, 392
diretor de teatro 11, 363
dispositivo 12, 31, 38, 46, 65, 67, 69, 73, 75, 88, 91, 94, 116, 181, 193, 209, 210, 215, 230, 237, 247, 261, 316, 324, 325, 332, 334, 336, 338, 344, 347, 375, 388, 397
disseminação 13, 122, 202, 224, 416
dramaticidade 39
dramaturgia XXV, 8, 19, 21, 33, 34, 39, 49, 58, 61, 71, 80, 81, 86, 91, 97, 121, 122, 152, 168, 170, 172, 195, 234, 238, 251, 253, 257, 258, 260, 267, 278, 279, 285, 291, 300, 302, 340, 358, 373, 374, 389, 413

efeito produzido 35, 53, 80, 186, 320-323, 378, 416
embodiment 59
embricamento 56, 212
encantamento 56
encarnação, incorporação 55, 59, 177, 334
encenação (*mise-en-scéne*) 8, 44, 46
ensaio 4, 43, 88, 90, 384
entretenimento 47, 164, 200
enunciação 26, 28, 31, 41, 55, 71, 73, 94, 110, 122, 128, 151, 193, 214, 283, 284, 304, 388, 391, 395, 398, 419
environmental theatre 102
epistemológico 3, 4, 15, 55, 73, 80, 123, 228, 249, 386, 387, 401
erótico 145, 249, 260n, 290, 292
escolhas dramatúrgicas 26, 220-222
escritura cênica 20, 49, 213, 368, 371, 384, 417
escritura dramática 107, 173, 220, 362, 374, 393, 396, 417
escritura XXIV, 29, 106, 107, 113, 114, 11, 122, 123, 130, 131, 132, 133, 169, 187, 215, 227, 255, 262, 268, 281, 315, 332, 335, 336, 337, 358, 361, 362, 372, 390
escuta 31, 98, 174, 228, 244, 250
espectador XXIII, 7, 8, 14, 16, 22, 27, 282, 29, 30, 32, 33, 34, 35, 36, 40, 52, 53, 56, 57, 58, 59, 64, 66, 67, 75, 81, 83, 86, 87, 88, 89, 90, 91, 92, 94, 95, 96, 97, 98, 99, 100, 101, 102, 103, 111, 112, 113, 120, 121, 125, 127, 128, 131, 132, 137, 138, 140, 141, 148, 150, 151, 156, 157, 158, 162, 169, 170, 172, 174, 175, 179, 183, 184, 186, 189, 191, 192, 196, 197, 198, 199, 200, 201, 202, 205, 209, 211, 212, 214, 215, 218, 219, 220, 222, 223, 225, 228, 229, 235, 237, 241, 244, 245, 246, 247, 253, 254, 256, 257, 259, 267, 269, 274, 275, 282, 283, 284, 286, 287, 292, 294, 296, 298, 299, 302, 306, 308, 310, 312, 318, 320, 321, 322, 323, 326, 328, 329, 330, 331, 333, 334, 335, 337, 339, 343, 346, 347, 350, 351, 352, 353, 354, 356, 357, 361, 364, 366, 368, 370, 373, 374, 376, 377, 378, 379, 380, 381, 382, 383, 390, 392, 394, 401, 402, 414, 415, 416, 418
espetacular XXIII, XXIV, XXV, 6, 9, 29, 35, 36, 39, 74, 84, 87, 107, 129, 135, 136, 168, 169, 173, 175, 179, 258, 267, 313, 316, 319, 346, 354, 355, 382, 400, 402, 417, 418

ÍNDICE DE NOÇÕES

espetáculo ao vivo 7, 172, 174-178, 179
espetáculo 3
essencialismo, essencialista 67, 109, 166, 174, 177, 186, 187, 216, 230, 242, 368, 396
estereótipo 108, 109, 142, 143, 147, 148, 290
estéticas 6, 7, 12, 13, 20, 32, 72, 125, 156, 322, 344, 360, 361
etnicidade 330
etnocenologia 86, 175
etnologia 68, 143, 150
evento, acontecimento XXIII, XXIV, 7, 17, 20, 32, 34, 56, 71, 395 118, 125, 194, 198, 200, 204, 272, 321, 347, 366, 384, 385
expressionismo 19, 46

fábula 11, 19, 51, 61, 75, 76, 78, 91, 94, 111, 113, 115, 157, 158, 160, 167, 195, 197, 211, 216, 218, 230, 246, 262, 275, 276, 277, 279, 287, 288, 290, 293, 299, 300, 305, 306, 308, 309, 313, 325, 330, 339, 342, 370, 373, 374, 379, 383n, 419
fechamento 202, 204, 217, 218, 229, 230, 279
fenomenologia, fenomenológico 53, 60, 83, 184, 228, 247n, 357, 358, 379, 380
festival 65, 117, 220, 274, 319, 327, 359, 365, 366, 367
fidelidade 281, 302, 312, 354, 382, 385, 386, 388, 391, 394
figuração 92, 99, 211, 219, 227, 304, 310, 315, 337, 349
fluxo 29, 56, 92, 97, 140, 210
formação 17, 54, 61, 116, 246, 393
fraseado (*phrasé*) 31, 116, 207, 241

gags 246, 289, 296, 361
gênero (*gender*) 64, 242, 249, 261, 330, 358, 419
genética 7, 256, 262, 398, 418
gesamtkunstwerk 14, 179, 368
gestus 59, 97, 147, 163, 241, 246, 250, 369
grafite 134, 136, 140, 141, 145, 147, 149, 151, 152, 153

habitus 119, 147, 163
happening 20, 47
háptico 244
harmonia 13, 210, 272, 318, 323-326, 393
hermenêutica 46, 52, 76, 103, 131, 199, 276, 379, 383n, 387, 418

historicização 275, 276

identidade 12, 37, 38, 56, 64, 65, 67, 69, 88, 109, 110, 113, 126, 134, 137, 138, 139, 140, 145-148, 149, 150, 160, 164, 166, 182, 193, 196, 199, 200, 206, 221, 222, 223, 225, 227, 235, 248-250, 254, 255, 259, 261, 267, 268, 306, 321, 328, 329, 330, 355, 356, 358, 365, 372, 377, 378, 396, 399, 400, 402
identificação 89, 183, 184, 195, 210, 219, 224, 247, 325
imagem XXIII, XXIV, 19, 21, 29, 34, 47, 51, 58, 61, 82, 87-92, 98, 99, 100, 103, 109, 116, 117, 127, 148, 158, 172, 174, 175, 178, 179, 180, 182, 183, 184, 189, 191, 192, 193, 194, 197, 199, 200, 208, 210, 212, 218, 219, 223, 225, 229, 259, 262, 278, 282, 286, 293, 297, 316, 323, 325, 328, 331, 332, 333, 343, 347-352, 356, 358, 365, 369, 376, 377, 380n, 383, 384, 389, 393n, 402, 418
improvisação 38, 39, 60, 344, 384
indeterminação 57
instalação 51, 65, 77, 122, 157, 185, 212, 397, 399
intercultural, interculturalismo, interculturalidade XXV, 65, 67, 71, 72, 73, 77, 134, 135, 136, 138, 139, 160, 161, 162, 165, 166, 169, 273, 297, 305, 306, 307, 340, 342, 369, 390, 401
intermidialidade 176, 185, 186, 358
interpretação XXIV, 2, 11, 12, 16, 17, 26, 27, 38, 43, 45, 57, 59, 64, 70, 71, 72, 75, 766, 77, 78, 82, 93, 103, 106, 107, 116, 117, 127, 137, 148, 156, 157, 159, 160, 168, 169, 170, 207, 209, 216, 223, 250, 253, 259, 269, 272, 275n, 276, 277, 279, 282, 286, 295, 296, 298, 306, 310, 311, 312, 313, 314, 324, 325, 328, 329, 330, 375, 377, 384n, 385, 394, 395, 416
intriga 61, 301, 304, 305, 325
ironia 113, 137, 144, 152, 195, 208, 216, 304, 350

julgamentos 37

koan 124, 337, 338, 380

legibilidade 359, 364, 389
leis subjetivas xx
leitura xxiv, xxv, 17, 19, 23, 25, 26, 30,
 31, 39, 40, 52, 62, 64, 75, 76, 79, 107,
 116, 119, 129, 130, 137, 156, 170, 177,
 208, 276, 278, 279, 281, 283, 285, 286,
 287, 296, 300, 307, 312, 315, 320, 324,
 325, 326, 330, 335, 337, 338, 357, 368,
 370, 385, 386, 389, 392, 395, 396, 398
leitura-espetáculo xxv
leitura cênica 7, 25, 26, 30
leitura pública 27, 129
lentidão 29, 99, 213, 214, 216, 230, 363
linguagem cênica 46, 322
literatura xxiv, xxvi, 16, 18, 29, 49, 132,
 133, 164, 168, 174, 177, 193, 205, 208,
 267, 273, 382, 391, 392, 393
live xxv, 7, 122, 176, 177, 185, 186, 187,
 188, 189, 193, 194, 197, 198, 200, 218,
 219, 264
logocentrismo 64, 132, 204, 215, 390

maître de jeu 2
maravilhoso 183, 185, 191
mediação 37, 177, 188, 189, 321
metafísico 18, 64, 89, 187, 204, 213, 215,
 216, 217, 230, 236, 352
metatexto 50, 57, 64, 342, 68
mídia 8, 32, 34, 158, 164, 172, 173-201,
 219, 255, 268, 325, 357, 358, 364, 366,
 390, 401, 414, 419
mimo corporal 120, 243
mise-en-perf 41, 60, 83, 266, 396
mise-en-trop 127, 129
mito 65, 67, 69, 135, 229, 275, 280, 281
modelo corporal 74, 256
montagem 30, 73, 74, 94, 115, 148, 188,
 238, 258, 262, 290, 292, 294, 350, 351,
 359, 394, 415
movimento xxv, 8, 11, 12, 16, 27, 29,
 32, 36, 37, 39, 44, 49, 56 ,57n, 64, 68,
 71, 73, 74, 78, 82, 96, 120, 134, 154,
 157, 158, 174, 175, 189, 191, 199, 200,
 203n, 209, 212, 220n, 227, 236, 237,
 239, 241, 247n, 257, 258, 287, 292,
 305, 321, 325, 342, 350, 380n, 393,
 398, 400, 414
multiculturalismo 134, 166, 305
musical 158, 170

não-encenação 23, 25, 28, 29, 30, 31,
 37, 62
naturalismo xxvi, 12, 13, 14, 19, 45,
 298, 304

ópera 71, 73, 74, 75, 76, 80, 82, 127, 190,
 191, 199, 246, 295, 296, 303

pansori 165, 167, 401
pele 112, 244, 245, 250-254, 310, 328, 33
percepção 56, 89, 98, 101, 175, 176, 179,
 180, 183, 184, 188, 198, 199, 200, 212,
 214, 215, 244, 267, 299, 300, 305, 357,
 364, 379, 401, 414
performance 3, 4, 44
performance studies 6, 21, 22n, 79, 80,
 81, 135, 177, 316, 401
performance theory 21, 54, 60
performatividade 39, 81
performer 6, 51, 78, 136, 151, 157, 171,
 176, 177, 246, 248, 250, 254, 255, 260,
 263, 282, 283, 372, 384, 397, 413
performise 39, 41, 60, 61, 63, 369, 402
poema, poesia 16, 26, 27, 28, 39, 40, 67,
 69, 124, 148, 157, 158, 160, 215, 216,
 221, 225, 241, 246, 276, 290, 291, 292,
 296, 344, 346, 419
polifonia 40, 122, 216, 368
política 3, 19, 20, 47, 58, 68, 70, 79, 81,
 112, 131, 134, 137, 139, 140, 146, 148,
 161, 162, 164, 166, 170, 189, 196, 198,
 215, 254, 255, 260, 273, 284, 295, 297,
 312, 314, 316, 322, 341, 346, 360, 366,
 369, 370, 375, 381, 415
political correctness 36, 67, 110, 305
ponto de vista 19, 62, 77, 101, 262, 276,
 314, 373
"pôr em jogo" (*mise-en-jeu*) xxiv, 7, 71,
 103, 105, 106 119, 127, 315, 357
pós-estrutural, pós-estruturalismo 21,
 34, 49, 50, 51, 205, 206, 228
pós-moderno, pós-modernismo xxv,
 21, 51, 62, 67, 77, 82, 85, 152, 161, 170,
 203, 205, 208, 210, 217, 227, 228, 229,
 237, 249, 256, 267, 268, 269, 312, 316,
 317, 357, 364, 367, 368, 369, 380, 391,
 399, 414
prática cênica xxvi, 16, 18, 47, 54, 132,
 169, 280, 388n

ÍNDICE DE NOÇÕES 433

prática significante 20, 49, 50, 275, 278
presença, presente 3, 13, 47, 90, 92, 95, 107, 109, 125, 144, 174, 175, 176, 183, 184, 185, 188, 193, 194, 198, 205, 206, 213, 215, 216, 219, 224, 264, 267, 268, 277, 281, 282, 283, 320
presentismo 269, 281, 317, 402
pretexto 29, 128
produção, production 20, 50, 44, 45, 371, 375
prolação (*mise-en-bouche*) 129, 331

quadros 61, 88,3 94, 95, 293, 349

racismo 80, 108, 109, 110, 111, 112, 113, 131, 166, 330
rastro 206
receptor 53, 177, 185, 244, 321, 322, 352, 369
reconstituição 67, 72, 79, 90, 137, 145, 208, 258, 275, 276, 277, 290
recuperação 275, 277, 278
reformador 9
regietheater 297, 391
régisseur 11, 302, 416
registro 106, 159, 174, 176, 187
regulagem 3, 163, 342, 354, 358, 377, 378, 388, 390, 398, 418
repetição 216, 217
representação 3
reteatralização 17
rezeptionsästhetik 52, 320
ritmo, rítmico 6, 29, 30, 31, 39, 40, 55, 56, 64, 71, 74, 76, 81, 95, 115, 117, 118, 119, 120, 122, 129-130, 159, 162, 163, 169, 191, 212, 224, 241, 247, 251, 252, 264, 279, 302, 305, 306, 338, 377, 393, 415, 418
rito, ritual xxv, 6, 7, 40, 53, 67, 72, 75, 135, 136, 138, 140, 141, 142, 145, 148, 149, 152, 216, 217, 328, 341, 415, 417, 419

semiologia, semiológico 8, 14, 32, 33, 35, 48, 49, 53, 55, 59, 60, 83, 140, 279, 357, 358, 367, 379, 380
silêncio 14, 29, 97, 116-118, 215, 225, 261, 347, 377, 420
simbolismo xxvi, 2, 12, 13, 19, 45, 158, 243, 304

sintético 15, 174
site specific performance 51, 52, 392, 418
sociologia, sociológico 1, 69, 80, 330, 359, 361
stage director (diretor de palco) 16
stand-up comedy 51, 60, 109
sublime 191, 209, 217, 221, 294, 307

teatralidade 39
teatro de arte 15, 20, 47, 134, 164, 297, 360, 371, 375, 388, 401
teatro do gesto xxv, 231, 233, 234, 243, 255, 267
teatro físico 50, 61, 233
teatro popular 15, 20, 164, 165, 207, 273
teatrologia 33, 122, 228
técnica corporal 73
tecnologias xxv, 67, 139-140, 143, 174, 178-179, 183, 187, 255, 384n
televisão 33, 137, 148, 162, 180, 181, 238n, 259
theatre studies 79, 80, 401
trabalho teatral 19, 170, 378, 363-364
tradição 207-2083, 295-298
tradução 302, 388
travestimento 64, 79, 259, 260, 290

valor 68, 145, 216, 222, 272, 274, 322, 346, 349, 361, 382, 392
vanguarda 8, 17, 46, 102, 337, 361, 362, 382
vetor 124, 191, 210, 212
videosfera 178
visível xxiii, 23, 84, 175, 176, 184, 185, 244, 375, 398
voz *off* 144, 335, 347, 351, 352
voz 12, 14, 16, 17, 23, 26, 27, 29, 31, 32, 55, 56, 65, 66, 67, 68, 69, 76, 82, 92, 94, 107, 116, 117, 118, 119, 121, 129, 130, 159, 174, 179, 187, 188, 190, 191, 192, 200, 211, 213, 214, 215, 217, 222, 224, 238, 239, 241, 242, 243, 244, 253, 260, 266, 268, 277, 299, 316, 333, 337, 349, 357, 377, 389, 390, 415

xamã 143, 150, 159

yin e yang 380

TEATRO NA ESTUDOS

João Caetano
    Décio de Almeida Prado (E011)

Mestres do Teatro I
    John Gassner (E036)

Mestres do Teatro II
    John Gassner (E048)

Artaud e o Teatro
    Alain Virmaux (E058)

Improvisação para o Teatro
    Viola Spolin (E062)

Jogo, Teatro & Pensamento
    Richard Courtney (E076)

Teatro: Leste & Oeste
    Leonard C. Pronko (E080)

Uma Atriz: Cacilda Becker
    Nanci Fernandes e Maria T. Vargas (orgs.) (E086)

TBC: Crônica de um Sonho
    Alberto Guzik (E090)

Os Processos Criativos de Robert Wilson
    Luiz Roberto Galizia (E091)

Nelson Rodrigues: Dramaturgia e Encenações
    Sábato Magaldi (E098)

José de Alencar e o Teatro
    João Roberto Faria (E100)

Sobre o Trabalho do Ator
    M. Meiches e S. Fernandes (E103)

Arthur de Azevedo: A Palavra e o Riso
    Antonio Martins (E107)

O Texto no Teatro
    Sábato Magaldi (E111)

Teatro da Militância
    Silvana Garcia (E113)

Brecht: Um Jogo de Aprendizagem
    Ingrid D. Koudela (E117)

O Ator no Século XX
    Odette Aslan (E119)

Zeami: Cena e Pensamento Nô
    Sakae M. Giroux (E122)

Um Teatro da Mulher
    Elza Cunha de Vincenzo (E127)

Concerto Barroco às Óperas do Judeu
    Francisco Maciel Silveira (E131)

Os Teatros Bunraku e Kabuki: Uma Visada Barroca
    Darci Kusano (E133)

O Teatro Realista no Brasil: 1855-1865
    João Roberto Faria (E136)

Antunes Filho e a Dimensão Utópica
    Sebastião Milaré (E140)

O Truque e a Alma
    Angelo Maria Ripellino (E145)

A Procura da Lucidez em Artaud
    Vera Lúcia Felício (E148)

Memória e Invenção: Gerald Thomas em Cena
    Sílvia Fernandes (E149)

O Inspetor Geral de Gógol/Meyerhold
    Arlete Cavaliere (E151)

O Teatro de Heiner Müller
    Ruth C. de O. Röhl (E152)

Falando de Shakespeare
    Barbara Heliodora (E155)

Moderna Dramaturgia Brasileira
    Sábato Magaldi (E159)

Work in Progress na Cena Contemporânea
    Renato Cohen (E162)

Stanislávski, Meierhold e Cia
    J. Guinsburg (E170)

Apresentação do Teatro Brasileiro Moderno
    Décio de Almeida Prado (E172)

Da Cena em Cena
    J. Guinsburg (E175)

O Ator Compositor
    Matteo Bonfitto (E177)

Ruggero Jacobbi
    Berenice Raulino (E182)

Papel do Corpo no Corpo do Ator
    Sônia Machado Azevedo (E184)

O Teatro em Progresso
    Décio de Almeida Prado (E185)

Édipo em Tebas
    Bernard Knox (E186)

Depois do Espetáculo
    Sábato Magaldi (E192)

Em Busca da Brasilidade
    Claudia Braga (E194)

A Análise dos Espetáculos
    Patrice Pavis (E196)

*As Máscaras Mutáveis do
    Buda Dourado*
    Mark Olsen (E207)

Crítica da Razão Teatral
    Alessandra Vannucci (E211)

Caos e Dramaturgia
    Rubens Rewald (E213)

Para Ler o Teatro
    Anne Ubersfeld (E217)

Entre o Mediterrâneo e o Atlântico
    Maria Lúcia de Souza B. Pupo (E220)

*Yukio Mishima: O Homem de Teatro
    e de Cinema*
    Darci Kusano (E225)

O Teatro da Natureza
    Marta Metzler (E226)

Margem e Centro
    Ana Lúcia V. de Andrade (E227)

Ibsen e o Novo Sujeito da Modernidade
    Tereza Menezes (E229)

Teatro Sempre
    Sábato Magaldi (E232)

O Ator como Xamã
    Gilberto Icle (E233)

A Terra de Cinzas e Diamantes
    Eugenio Barba (E235)

A Ostra e a Pérola
    Adriana Dantas de Mariz (E237)

A Crítica de um Teatro Crítico
    Rosangela Patriota (E240)

O Teatro no Cruzamento de Culturas
    Patrice Pavis (E247)

*Eisenstein Ultrateatral: Movimento Expressivo
    e Montagem de Atrações na Teoria do
    Espetáculo de Serguei Eisenstein*
    Vanessa Teixeira de Oliveira (E249)

Teatro em Foco
    Sábato Magaldi (E252)

*A Arte do Ator entre os
    Séculos XVI e XVIII*
    Ana Portich (E254)

O Teatro no Século XVIII
    Renata S. Junqueira e Maria Gloria C. Mazzi
    (orgs.) (E256)

A Gargalhada de Ulisses
    Cleise Furtado Mendes (E258)

Dramaturgia da Memória no Teatro-Dança
    Lícia Maria Morais Sánchez (E259)

A Cena em Ensaios
    Béatrice Picon-Vallin (E260)

Teatro da Morte
    Tadeusz Kantor (E262)

Escritura Política no Texto Teatral
    Hans-Thies Lehmann (E263)

Na Cena do Dr. Dapertutto
    Maria Thais (E267)

A Cinética do Invisível
    Matteo Bonfitto (E268)

Luigi Pirandello:

Um Teatro para Marta Abba
    Martha Ribeiro (E275)

Teatralidades Contemporâneas
    Sílvia Fernandes (E277)

Conversas sobre a Formação do Ator
    Jacques Lassalle e Jean-Loup Rivière (E278)

A Encenação Contemporânea
    Patrice Pavis (E279)

As Redes dos Oprimidos
    Tristan Castro-Pozo (E283)

O Espaço da Tragédia
    Gilson Motta (E290)

A Cena Contaminada
    José Tonezzi (E291)

A Gênese da Vertigem
    Antonio Araújo (E294)

A Fragmentação da Personagem no Texto Teatral
    Maria Lúcia Levy Candeias (E297)

*Alquimistas do Palco: Os Laboratórios Teatrais na
    Europa*
    Mirella Schino (E299)

*Palavras Praticadas: O Percurso Artístico de Jerzy
    Grotowski, 1959-1974*
    Tatiana Motta Lima (E300)

*Persona Performática: Alteridade e Experiência na
    Obra de Renato Cohen*
    Ana Goldenstein Carvalhaes (E301)

Como Parar de Atuar
    Harold Guskin (E303)

Metalinguagem e Teatro: A Obra de Jorge Andrade
    Catarina Sant Anna (E304)

Enasios de um Percusro
    Esther Priszkulnik (E306)

Função Estética da Luz
    Roberto Gill Camargo (E307)

Poética de "Sem Lugar"
    Gisela Dória (E311)

Entre o Ator e o Performer
    Matteo Bonfitto (E316)

A Missão Italiana: Histórias de uma Geração de Diretores Italianos no Brasil
    Alessandra Vannucci (E318)

Além dos Limites: Teoria e Prática do Teatro
    Josette Féral (E319)

Ritmo e Dinâmica no Espetáculo Teatral
    Jacyan Castilho (E320)

A Voz Articulada Pelo Coração
    Meran Vargens (E321)

Beckett e a Implosão da Cena
    Luiz Marfuz (E322)

Teorias da Recepção
    Claudio Cajaiba (E323)

A Dança e Agit-Prop
    Eugenia Casini Ropa (E329)

O Soldado Nu: Raízes da Dança Butô
    Éden Peretta (E332)

Teatro Hip-Hop
    Roberta Estrela D'Alva (E333)

Alegoria em Jogo: A Encenação Como Prática Pedagógica
    Joaquim C.M. Gama (E335)

Jorge Andrade: Um Dramaturgo no Espaço-Tempo
    Carlos Antônio Rahal (E336)

Campo Feito de Sonhos: Os Teatros do Sesi
    Sônia Machado de Azevedo (E339)

Os Miseráveis Entram em Cena: Brasil, 1950-1970
    Marina de Oliveira (E341)

Teatro: A Redescoberta do Estilo e Outros Escritos
    Michel Saint-Denis (E343)

Isto Não É um Ator
    Melissa Ferreira (E344)

Autoescrituras Performativas: Do Diário à Cena
    Janaina Fontes Leite (E351)

Este livro foi impresso na cidade de Cotia,
nas oficinas da Meta Brasil,
para a Editora Perspectiva.